沉重的启航

——晚清企业精神的兴起

温宏建 著

首都经济贸易大学出版社
Capital University of Economics and Business Press
·北京·

图书在版编目(CIP)数据

沉重的启航:晚清企业精神的兴起/温宏建著.—北京:首都经济贸易大学出版社,2014.12
ISBN 978-7-5638-2284-3

Ⅰ.①沉…　Ⅱ.①温…　Ⅲ.①企业经济史—中国—清后期　Ⅳ.①F279.295.2

中国版本图书馆CIP数据核字(2014)第239152号

沉重的启航——晚清企业精神的兴起
温宏建　著

出版发行	首都经济贸易大学出版社	
地　　址	北京市朝阳区红庙（邮编100026）	
电　　话	(010)65976483　65065761　65071505(传真)	
网　　址	http://www.sjmcb.com	
E - mail	publish@ cueb.edu.cn	
经　　销	全国新华书店	
照　　排	首都经济贸易大学出版社激光照排服务部	
印　　刷	北京京华虎彩印刷有限公司	
开　　本	710毫米×1000毫米　1/16	
字　　数	382千字	
印　　张	21.75	
版　　次	2014年12月第1版　2014年12月第1次印刷	
书　　号	ISBN 978-7-5638-2284-3/F·1298	
定　　价	55.00元	

图书印装若有质量问题,本社负责调换
版权所有　侵权必究

前言

虽然呈现在读者面前的这本书展示的是某些历史事实,但是本书不是经济史或者企业史的研究,而是对企业的研究,并且主要是集中在企业精神结构方面的研究,只是这个研究通过利用某些经济史和企业史的资料展开。我的兴趣始终在理论上,企业家的作用是我关注的一个理论问题。这个问题被我置于企业-市场这个当代经济体系的核心结构之下加以观察。我花费了很多时间力图搞清楚市场机制是如何一步步从历史的角落里走来,最终占据了当代经济体制的主导位置。这部分成果尚需很多努力才能呈现给读者。而经济体制中另外一个备受争议的主题是企业和企业家的作用,这也是我关注的焦点问题之一。实际上,在现代经济、社会体制和机制中,企业发挥着基础性的作用。在管理学中,人们一直在探索企业和企业家的作用,不过这种讨论是在一个相对比较边缘的位置上。管理学本来是脱胎于经济学的,很多理论范式来源于经济学,但是,主流经济学对这个主题显得无能为力。因此,对这个问题的研究一直处于相对沉寂的状态。

第一次引起我的注意,是 1991 年在法国国际行政管理学院(Institute International d'administration Publique IIAP)听巴黎第一大学的法学教授卡罗(Dominique Carreau)的国际经济法课程时,他提示了在 19 世纪与 20 世纪国际法主体的差别:19 世纪的国际法只是约束几个欧洲国家,而 20 世纪国际法的主体中大量增加的对象,最重要的就是那些富可敌国的企业,以及远比一般国王、总统更有权势的企业家。

大量的经验研究指出了企业家在经济发展中的作用,并且关注企业家对社会发展和精神发展的影响。如何确定企业家的角色身份,如何区分企业家的类型,如何理解企业家的作用机理,这些都是社会管理者和决策者需要关注的,不同的学科从不同方面努力,力图给这些问题一些答案。分散在不同学科中的探索提供的理论线索需要验证和分析,而企业不同构成要素的精神发展则是一个从韦伯开始就吸引学者关注的重要命题。中国学术界经历了 20 世纪 80 年代对文化的热烈讨论的人们,难免留下对这个问题持续探索的情怀。尤其此后 30 多年中国经历快速的增长,使我们这一代人眼看着中国在贫穷的土地上构建了一个耀眼的现代化大厦。人们对国家建设中的突飞猛进的变化感到眼花缭乱的不适应,同时对发展中的问题感到困惑、迷茫甚至愤怒,其中,在经济发展中那些弄潮儿尤其被社会以严厉的眼光在审视:一面是艳羡的目光,一面是愤怒的指责。人们对那些创造了经济财富的企业投资者和组织者的作用感到不解和迷惑,不知所措地看着企业在推动着经济成长,同时看到它带给人们的损害。我们需要理解企业和企业家,需要理解管理者和投资者,我们关注他们在带来财富时,到底给我们的精神发展提供了哪些影响?在丰富人类的精神方面,企业和企业家们提供了什么选项?我们的现代权利意识的成长和成熟与企业有什么关系?企业和企业家在哪些方面丰富了我们对世界的认知?这是本书关心的核心问题。

　　本书之所以采用企业史的资料展开对相关主题的研究,有学术上的考虑。企业史的资料把相关的企业精神的基本要素在发生学的角度以原生态的方式展开,可以让我们更为有效地观察到一些在成熟形态上不容易看到的现象。这是我选择这种题材来处理企业精神主题的一个重要原因。当然,对历史题材的喜爱,也是我们生于50年代的人难以摆脱的旨趣。我也属于老去的一代,带着这一代人的历史背影。

　　虽然本书主题,是企业尤其是企业精神,但毕竟是利用经济史尤其是企业史的资料展开的,为了研究结论的可靠,必须保证使用资料的完整可靠。因此,本研究一方面要保持对科学问题的严肃态度,所有的探索都围绕理论和模型展开,以验证和发展相关的理论模型;另一方面要保持对历史事实的尊重,严格检验事实的可靠性和真实性,毕竟这些事实有独立性,并非为构造理论而生。所以,虽然理论研究是依据历史事实展开的,对相关的资料进行了审慎的评判和选择,利用一手资料来建立自己的学术意见,以保持研究结果的可靠性,但是我并不想冒昧在众多的史学大家之外,以外行人的身份再增加一个无足轻重的研究,而是期望通过对相应的企业史资料来检验和发展对企业精神的认识。感谢那些经济史和企业史研究的前辈,他们不仅留下了很多精彩的研究文章,还收集和编辑了大量的资料,本书正是立足于这些资料和档案展开研究的。

　　我在本研究中使用了一些罕见甚至从来未被使用过的资料。例如,唐廷枢的研究中,除了传统的经济史资料外,最重要的一个资料是20世纪50年代刘广京研究怡和洋行的英文档案发现的唐的一批英文书信,这些书信是唐廷枢买办时代的活动记录。我在国家图书馆的缩微资料中,发现了19世纪中叶香港出版的刊物 *The Chinese repository*,里面记载了马礼逊学校从诞生到衰亡的全部历程,包括很多日常生活的场景,甚至还有学生作业,这为我们了解少年时代的唐廷枢和容闳等人提供了一手资料。至今我们对这段历史的了解主要是依据容闳的《西学东渐记》,而容闳这部书关于马礼逊学校的记载是在半个世纪后的追忆,很多记忆是模糊或者错误的。而在这个英语杂志的连续记载中,一些场景被展现了出来。当我在阅读器上展开这些杂志时,心中的兴奋之情难以言表,因为这些资料只有在顾长声的著作《从马礼逊到司徒雷登》中偶有提及,还没有另外的人系统地利用①。正是利用这部分资料,使我在对唐廷枢的研究中,将他的思想状态和早期学习建立了联系,对我理解唐廷枢的精神世界提供了很大的帮助。我除了利用这些资料写了一篇关于马礼逊学校的研究之外②,大部分都体现在对唐的精神世界的研究成果中了。

对轮船招商局的研究,除了唐廷枢、徐润的资料之外,我从20世纪90年代就把《郑观应集》读过很多遍,以后又通读了盛宣怀的《愚斋存稿》。我也利用了已经出版的盛宣怀档案,可惜一直没有机会见到上海图书馆的盛宣怀档案原件。

研究中国电报局这家清末的国有企业主要是依据了两部分资料,一部分是中国第一历史档案馆的邮传部文件,这部分资料是清政府1906年的机构改革之后形成的,毕竟是官方文件,对于电报的早期发展留有系统的记载。其中一些资料从未被人利用,本书大量使用了其中的资料,其中有一个电报发展概略作为附录,供读者参考。另一个资料是关于当时一个地方电报子局的案例。为研究当时企业的分支机构打开了一个难得的窗口。我一直很奇怪,为什么在中央政府的文件中留下了这个小小分支结构的一个卷宗。关于清末电报局国有化的资料则主要是利用了当时的报纸记载,尤其是关于国有化的辩论资料,从《新闻报》和《申报》的文章中可以窥见当时的思想转变,也可以从商人的角度看到电报国有化的进程。官方的动作和意见主要是通过袁世凯和盛宣怀等人的文集和档案展示的,这部分资料被利用得较为充分,在本书中反倒没有突出,只是作为商民的对照来使用的。为了清晰地把握当时思想界和商业界的动向,我花费了好几个星期的时间,把从1901年两宫西狩还都之后一直到1908年的《申报》从头到尾逐日翻阅浏览一遍,并且对主要内容做了一个摘录和笔记。可以说,本书对清末电报局国有化的历史氛围的把握是基本准确的,因为我对相关资料的利用到了一个极限了。

研究张謇的主要资料是《张季子九录》。我曾经到南通去考察过所有张謇留下的故迹,并且接触到了当地博物馆一些博学而并不知名的学者,例如纺织博物馆的姜平先生,在那台罕见的丰田纺织机前给我讲解厂房的建设和张謇的知识与无知。他以他的学识向我展示了张謇的一生,他对史实细节的把握和了解不仅给我留下深刻印象,而且对我此后的研究提供了很多线索和指南。这也包括了以濠南别业为基础建立的南通博物馆中的赵鹏先生等人,都对我这个陌生的访客给予指点。在此一并对这些人表示迟到的感激。

---

① 汪敬虞先生在2000年以后的研究中提过这个杂志的资料,但是是通过另外一个英文的资料转引的。

② 本书中一个专门的章节,也是唯一一个不涉及企业的章节,但是之所以放在这里,主要是本书研究的是企业精神。马礼逊学校为理解中国早期的企业精神发展提供了一个观察的角度。

本书中有一章是针对常宗虎博士的《南通现代化：1895～1938》一文的商榷文字。我并不认识常博士，这只是读了他的著作后的一点评论。本章写于2003年，可惜常博士英年早逝，看不到本文了。放在这里，也是对逝者的纪念。

轮船招商局的研究资料除了《中国近代航运史资料》和《中国近代工业史资料》之外，一直想利用相关的档案。1999年深圳招商局档案馆刚刚成立时，曾去拜访，但是没有什么收获，此后这个愿望也没有实现。

汉冶萍的研究则主要依据湖北档案馆编辑的《汉冶萍公司档案史料选编》。这是在湖北档案馆去查阅资料时，档案馆的工作人员向我推荐的。虽然是公开出版的，但是也属于难得的资料。这部份档案的开始部分，就是张之洞电报欧洲购买炼铁设备。当年大学刚毕业时，曾在研讨会上听到过张之洞的一个故事，说他买设备时很大方地说：中国之大无所不有，先就最好最贵的买来再说。看了档案之后，才知道这种说法的荒唐，但是符合当时的内在逻辑。

铁路研究一向名家辈出，是近代史研究的一个热点。本书主要是从企业家、投资者和职业经理人成长途径被堵塞角度展开相关分析，并且把这个主题放在了企业史的角度展开。文献主要依靠宓汝成的《中国近代铁路史资料》，但是也大量参考了中外文献，其中外国文献部分国内研究较少提及，是一个补充。

资料只是基础，研究主题的提炼则是关键，这个过程漫长而痛苦，常常停滞不前，甚至觉得走入绝境。靠了几分兴趣和一分坚持，才取得了今天这点成果，所以即使在别人觉得所得无多，自己还是敝帚自珍。

选择企业精神作为研究主题是20世纪80年代的事情了。年轻时候，面对国家悲怆的历史和不确定的前景，心中充满了困惑，何以中国不发达，何以中国企业不发展，未来的中国和中国企业的前途在哪里？为了解除这些困惑，从上大学开始就一直孜孜不倦地读书思考，但是一直找不到解决心中疑惑的途径。那时候跟随潮流尝试过从文化角度解释，读了很多文化方面的书，更多的是回顾和反思，但一直不得要领，20世纪80年代在迷惘中度过了。

中国近现代的命运一直是与西方的影响密不可分，我开始从比较的角度发现解决问题的线索，1990年第一次出国所报的题目就是比较管理。在20世纪90年代初期读到豪夫斯泰德（Hofstede）的书，韦伯对资本主义精神发展的研究一直吸引着我，可惜80年代一直没有读到好的译本，反倒迷上了法国克罗齐埃所开辟的组织社会学的思路，他在组织研究中，与法国的文化建立了联系。受他的启发，我当时也力图在企业发展与传统文化的联系上寻找解释方案。循着这个思路很自然转向研究传统文化，当时杜维明和余英时等人的研究成果已经在大陆有了很大的影响，因此，企业家精神的概念串起韦伯到东亚企业的关系，我第一次觉得找到了一

| 前 | 言 |

个可以深入思考的途径。但是,要把韦伯的思想、哈贝马斯的模式、法国的组织社会学、美国学者对日本研究的成果、中国传统文化和中国企业发展这些零散的主题集中在一个框架内,是我一直无法解决的问题。因为学无本源,管理学背景的我却一直在哲学和社会学之间徘徊,找不到问题的答案,甚至也找不到解决问题的路径和方法,20世纪的最后10年在这样的徘徊中过去了。

2000年以后,我利用工作之便寻访了唐廷枢的祖居地珠海唐家镇,容闳的祖居地中山的雍陌村,陈启沅创立继昌隆的南海简村,也访问了张謇的家乡南通,在那里停留了几天。当然,寻访对象不仅是企业家,也包括了洪秀全、康有为、梁启超、孙中山等人的故居和读书地等旧迹。在珠江三角洲方圆不过几百平方公里的地方,在清末前后几十年中,燃起了中国近代史上辉煌的火炬。我力图通过这些寻访建立对这些历史人物的直观认识。随后就开始埋头资料档案之中,就是那时候开始学习利用档案馆,阅读泛黄的古籍。不过我心里很清楚,虽然沉浸在故纸堆中,但是面对的却是现实问题。我的焦点开始逐渐集中在了企业中不同角色的精神建构这个问题上。先是从分析企业家的精神发展入手,而理解企业家的精神发展需要首先鉴别这个社会角色的特征,我从熊彼特的分类开始,着手建立对企业家和资本家角色的区分。2001~2003年,阅读了大量的企业家理论的文献,包括从亚当·斯密开始,中经瓦尔拉斯、马歇尔、奈特、熊彼特,直到现代的柯兹纳等人的著作(大部分著作都是英文的),集中在经济学上,梳理了经济学对企业家认知的过程。也阅读了McClelland的《成就社会》(The Achieving Society)以及对中国、亚洲乃至发展中国家企业家的研究。这个工作的结果是在韦伯理论之外,建立了对企业家认知的另外一块坚实的基础。

阅读思考的同时,我开始了对企业家的个案研究,早期的研究分散在清末到民国广阔的时间范围内,简照南、卢作孚、范旭东等都进入过我的视野。很快,为了凝练问题,我把注意力集中在了清末最后50年的企业和企业家身上,并且把注意力集中在了他们的精神建构上面。于是开始逐一对唐廷枢、盛宣怀、郑观应、张謇等人展开研究,并把这个研究延伸到了相关的企业和行业中去。

至此,经过了20多年曲曲折折的探索,最终找到了一条狭小但充满了启示和挑战的路径,就是通过企业精神的探索,逐步靠近问题的答案。有了这个确定的路径,继续探索就有了一个方向,可以走下去。这个研究路径的形成是在2004年。

随着对企业和企业家研究的展开,我意识到企业股东意识的觉醒过程,尤其是在分析19世纪70~80年代官督商办的企业内在转化时,发现了股东作用的转变以及股东意识的觉醒。这个看法被中国电报局国有化中商股股东的抗议所证实。

企业第三个层次是管理者。我一直困惑的一个问题是清末那些现代企业的管

理者的管理方式和管理知识是从哪里来的。于是沿着最为清晰的脉络,追踪了科学管理在中国的推广过程。这是本研究唯一超出了原来设定的清末50年的时间范畴的部分。但是,作为中国企业精神构成的一个组成部分,这是必不可少的。在这个部分的研究展开后,企业精神这个概念所包括的主要要素就基本完整了。为了更为全面地追溯这个历史,我还专门了解和阅读了清末民初大学商学院的课程和教科书。对1902年壬寅学制和1904年的癸卯学制做了初步研究。

上述工作大致在2005年就完成了。随后的工作主要是在已经完成构图的画面上添加细节。2007年时,我忙于其他工作,但是闲下来,还是抽时间撰写一些企业(如招商局等)的早期历史。这个阶段资料缺乏,因此没有太多的脚注和引用,主要是利用成熟资料加以思考的结果,更多是关于人物和企业的评价。应该说,这部分思考非常专业,虽然不符合历史语境,但是这样重现历史,是对历史事件和人物的一种解构,为人们理解历史提供了新的视角。

在理论思考与企业史的相互印证和相互发现之中,企业精神构成和作用,作为主题的探索逐步进展,最终形成了相对比较成形的结果。这些结果构成了我这个研究的关键部分,这个框架为进一步分析当今的企业和经济发展提供了一个参照。在这个主题提炼完成,理论结构构建完毕之后,又花费了一段时间通读那些断断续续写作了十几年的稿件,发现其中主要思想的线索早就在其中了,不过我还是按照最后成形的理论结构对全部稿件重新做了梳理,并且不得不完善以往工作,补充不足,以便更好地展示理论假设和结论。大生企业系统、汉冶萍公司、缫丝产业的发展、上海机器织布局创立等几个部分,涉及企业家的出现、分类、管理者的作用等部分内容,是2012年至2013年完成的部分,在全书接近完成的时候,下定决心,花了四个月的时间,把一直不敢轻易触碰的清末铁路发展的过程加以梳理,最终成稿。这一章完成,不仅是对最重要的企业史案例的补充,也使本研究的逻辑脉络连贯起来。直到此时,才感到如释重负。

企业家理论部分也在重读文献的基础上推翻重写。不过最后定稿时,出于体例的考虑,把这部分内容删除了,另寻机会发表。

本书的题目颇费踌躇,最终选定了启航这个航运词汇,很大程度上因为我最早研究和用力最多的是江南造船厂和轮船招商局,同时也是中国现代企业的源头,都与航运有关。而用沉重来形容这个启航,以此来比喻中国企业兴起过程的艰难,同时纪念个人对这个过程追踪的心路历程。

本书借鉴了很多先辈和同辈研究者的成果,丰富的资料更是主要依靠先辈研究者留下的,很多看法形成也是在前次研究者的启发下形成的。在此向他们表示感谢。

同时,本书付梓之际,要特别对我的父母表示衷心的感谢,他们平和的生活态度,对子女无限的热爱,使我能够享受到温馨的家庭气氛,一直激励我去追求。夫人在身体状况不好的情况下,对我的研究活动提供了最大限度的支持。弟弟妹妹承担了反哺父母的责任,让我这个做大哥的常常感到惭愧。这项研究工作能够最终完成,也有他们的贡献。

目录

1	导言	中国企业精神及其早期发展
23	附录	几个关键概念的辨析

第一篇　企业家和企业家精神

27	第一章	从唐廷枢看近代中国企业家精神的产生与发展
53	第二章	马礼逊学校研究
69	第三章	几位企业创办人的评价
89	第四章	企业家与中国近代缫丝产业的关系
104	第五章	上海机器织布局与中国企业家精神的成长环境分析
130	第六章	张謇在大生纱厂创办中企业家精神的成长
155	附录	张謇的创业动机与企业家角色分析——常宗虎博士论文的两点质疑

第二篇　企业:管理者和股东

169	第七章	清末的轮船招商局
190	第八章	中国电报局与清末中国电报事业的发展
205	链接	夔州电报子局案例
208	附录一	中国电报沿革(清)
214	附录二	电政局沿革概略

· 1 ·

217	第九章　清末中国电报局的国有化
236	第十章　开平矿务局
255	第十一章　汉冶萍创建史
275	第十二章　大生企业创办
287	第十三章　清末中国铁路失败与企业精神发展的迟滞及不平衡的关系
309	后记
312	参考文献
318	人名索引

导言
中国企业精神及其早期发展

本书通过历史研究企业,主要研究企业的精神层面的内容,研究的是中国的企业精神兴起,以此来理解企业精神在社会经济发展中的作用。本书的一个总的概念是企业精神,包括企业家精神、股东意识和职业理性三个部分,分别对应企业家、投资者和企业内部的管理者与员工。为了理解企业精神,首先要理解企业家、资本家(投资者)、管理者等不同企业角色的概念和区别。

一、企业精神的概念

(一) 企业精神的概念[①]

企业精神是本书的核心概念。企业精神的提法是从韦伯和桑巴特的资本主义精神演化出来的。但是基于学术原因,本研究不使用资本主义精神,在韦伯和桑巴特的时代,没有区分企业家和资本家,因此,对于企业家精神和股东意识也无法区别,这样就导致了近代对于企业精神层面理解的含混不清。随着后来熊彼特、奈特和柯兹纳等人的不断努力,现代的经济学家已经可以有效区分企业家和资本家了,对于原来混为一谈的企业精神发展自然也应该分别来考察。本书区分为企业家精神、股东意识和职业理性,这三者都是以企业为基础发展起来的,因此,统一在企业

---

① 企业精神的概念有几个不同的文献系统。本文采取的文献体系是一个社会学为主的体系,但是关于企业家的定义采取的是经济学为主的体系。另外一个企业家精神的研究是管理学为主的体系,建基于对 entrepreneurship 的解释性基础之上。这个体系的文献对 entrepreneurship 的解释有两个不同的方向。一个是从创业的角度展开的,另外一个是从企业家精神展开的。可以参考:Shane Scott, S Venkataraman. The promise of entrepreneurship as a field of research, The Academy of Management Review, 2000, 25(1):217 - 226. 以及 Davidsson Per & Wiklund Johan. Levels of analysis in entrepreneurship research: Current research practice and suggestions for the future. Entrepreneurship Theory & Practice, 2001, 25(4):81 - 100。中文文献参考:时鹏程,徐磊. 论企业家精神的三个层次及其启示[J]. 外国经济与管理,2006,28(2):44 - 51. 其实,entrepreneurship 本身看不出任何精神的含义,从研究的角度,为了测度和衡量,这些研究建立了很多指标,这些指标是对企业家构成要素的测度,具有主观性,实际的内容具有某种精神要素的含义。但是,把这些作为企业家精神是不适当的,尤其是不能与传统的 spirit of entrepreneur 的讨论统一起来。这种管理学的讨论是汉语文化圈的讨论,因为概念定义问题,所以出现了歧义。本研究在讨论企业家定义和作用时,接受管理学体系对 entrepreneurship 的讨论结果,但是对企业家精神的讨论范围限制在 spirit 的范围内。

精神之下是一个合理的选择。

当然,采取企业精神而不是资本主义精神确实有更为复杂的考虑。资本主义在20世纪成了一个意识形态的概念,其内涵与外延已经严重不清了。19世纪末期和20世纪初期,资本主义更多的是一种经济制度的形态描述。20世纪资本主义与社会主义的竞争整整持续了70多年,直到世纪末才有了一个暂停,但是资本主义这个名称并没有恢复道德名誉。无论是赞成还是反对者,都对资本主义的内涵抱有道德上的偏见,这样一个概念是不适合作为一个科学分析的对象的。

现代的社会主义理念与市场制度的融合已经成为了潮流,而企业家精神是市场发展的一个有力的推动力量,在这个理论框架下,把企业家、投资者和职业精神都纳入到企业精神的框架下,是一个更为包容和可扩展的体系。

实际上,20世纪80年代在对东亚兴起的讨论中,学者们虽然以韦伯的命题为基础展开,但是,很多学者已经采取了企业精神来取代资本主义精神①。其实,这种替代是不严格的。熟悉韦伯著作的人都知道,韦伯《新教伦理与资本主义精神》这个小册子的前言中就对资本主义精神的构成做了一个分类描述,他特别强调资本主义精神的理性特征,他按照企业主和企业员工来分别描述相关精神起源。不过,韦伯的研究重点在企业家这个层面上,对于职业理性,他仅仅是一笔带过,并没有充分展开。这样就使后学很容易混淆,把资本主义精神等同于企业家精神。显然,在韦伯这里已经看到了企业家精神和职业理性的差别②。只是韦伯把这两个不同的精神要素统一在资本主义精神之下了③。而实际上应该明确区分企业家精神和职业理性,还要加上韦伯并没有明确区分出来的股东意识。因此,人们讨论资本主义精神的时候,把企业家精神作为同义语来使用,实际上,企业家精神只是资

---

① 杜维明先生的一个讨论东亚企业兴起的文集就采用了"企业精神"的概念,而他的讨论的命题基础就是韦伯的资本主义精神与新教伦理的关系。他不过是把这个讨论去西方背景并转移到东亚。实际上,杜维明先生已经意识到东亚兴起过程中,与西方制度结构的差别是明显的,而相连接的精神发展基础也极不相同,用西方资本主义概念无法概括这种现象。此后,中国在社会主义制度框架下的崛起,把韦伯命题的讨论复杂性大为提高,从概念的定义角度,显然需要较资本主义更为适当的概念。企业精神是资本主义精神的一个好的替代。参见:《新加坡的挑战——新儒家伦理与企业精神》,三联书店,1989年,《现代精神与儒家传统》,三联书店,1997年。

② 桑巴特认为资本主义精神是由企业家精神和市民精神两者构成的。他也是发现了现代企业精神并非由单一的精神要素构成。

③ 韦伯在《新教伦理与资本主义精神》第一章中,专门论述了天主教与新教家庭(在他看来是资本主义来源)在职业选择上的差异:"在手工业者中,天主教徒更趋于一直待在他们的行业中,即更多地称为本行业的师傅;而新教徒却更多地被吸引到工厂里以填充熟练技工和管理人员的位置。对于这些情况无疑只能这样解释:由于环境所致的心理和精神特征决定了对职业的选择,从而也决定了一生的职业生涯。"(《新教伦理与资本主义精神》,三联书店,1987年,25页)显然,这里已经把企业的下层员工和管理者纳入到了资本主义精神覆盖范围内了。

导言 中国企业精神及其早期发展

本主义精神的一个侧面和组成部分,以企业家精神取代资本主义精神是不严谨的,这两者的内涵与外延均不相同。如果采用更为科学和中性的观点,应该把企业精神作为一个总的名称,取代资本主义精神,在其下包括上述的企业家精神、股东意识和职业理性三个构成部分。这样,这个概念的框架就可以在相对比较宽广的视野下展开对不同社会经济制度下的相同问题的讨论了。

(二)企业精神的构成和起源

这包括了几个不同构成部分,与企业的构成部分相关联。首先是企业家精神,第二是股东意识,第三是职业伦理和职业理念。这对应了企业家、投资者和企业的员工。其中员工又分为管理者、专业人员和一般员工。

二、企业家精神

企业家是企业中的一个重要角色,是企业发展的推动力量,学者们长期以来并没有区分企业家和资本家,是因为早期企业发展中,企业家和资本家往往混合在一个人或者集团身上,如家族企业。直到股份公司发展之后,学者们才逐步意识到企业家和资本家的差别。人们对企业家作用的认识才从资本中独立出来,形成了新的研究领域。所以,人们以企业家精神取代资本主义精神,虽然按照上述的看法是一个不相称的取代,但是并非没有道理。

中国的企业家是在近代化的过程中,伴随企业发展出现的,中国企业家的精神是在这个发展过程中形成的。详细分析我国早期企业家的精神特征,可以分离出理性原则、危机意识、人文情怀三个基本要素。另外创新和民族主义是中国企业家精神的基础。这些不同要素共同构成了中国企业家的精神特征。而这些在早期企业家阶层兴起过程中形成的精神特征代际相传,一直流传到了今天,虽然在此后的发展中有些转变。

(一)理性原则

理性原则是企业精神的首要特征。经济学把利润动机作为企业的基本动力来源。韦伯对这个看法做出过自己的批评[①]:贪婪不是资本主义精神,因为历史上其他经济形态中的各种不同的人从来不缺乏贪婪,从他们身上没有发展起现代企业。从起源上看,现代企业起源于理性的生活态度和工作态度,其中并没有直接的利润动机。在韦伯那里,他把早期的企业家动力结构与宗教联系了起来,新教提出的严谨的生活态度不仅是对世俗活动的肯定,也是推动早期企业发展的基本动因,其中

---

① 利润动机不是企业家的基本动力来源,而是资本家的行为动力。早期学者不区分资本家和企业家,把这两个社会角色混为一谈,也把他们的精神结构混淆起来。

渗透了理性的精神。虽然这个假设至今依然需要证明,但是其所包含的内在逻辑结构却可以从中国的企业家发展历史上得到证实。张謇、卢作孚和范旭东等早期企业家的内在动力结构确实与对个人名利甚至企业的直接利润无关,他们关注的是更为宏大的社会和历史命题,他们的精神发展体现了传统伦理中的家国命运和历史责任的观念,只是这些观念在新的历史条件下获得了新的表现形态。因此,这里更多的是表现为一种价值理性。

更早的唐廷枢等人作为商人创办现代企业,似乎可以直接看到利润动机的推动作用。不过,考诸历史事实,他的行为的更为本质的特征是价值理性与工具理性的良好结合,并非单纯的利润动机所能够解释的。首先,当时的历史条件和社会舆论下,唐廷枢对于商人社会作用的评价是积极的,他认为从商是一个值得骄傲的职业。这种观念明显不同于中国传统的价值判断,而是直接取自他所受的新教伦理对劳动价值的肯定[①]。在这个价值理性的支配之下,他在处理企业问题上反复强调"商业规矩",这个规矩的核心实际上就是工具理性。在他所创办和掌管的轮船招商局和开平矿务局中,他的行为体现对于科学和规则的尊重,渗透了一种现代的理性精神,而利润的驱动是在理性原则之下展开的。

高度理性始终是企业家最显著的特征,这一点全面贯彻在企业家的行为当中。当然,并非每一个企业家在所有行为中都能够彻底贯彻理性精神。企业家也是人,人所可能犯的错误,企业家都可能犯,不过,就其职业而言,企业家与军事家一样应该是最为清醒和理性对待一切事物的人。企业家应区分风险,辨别差别,估计各种可能,企业家应该抱严谨的生活和工作态度,一个好的企业家应能够服从理性。这是理想的企业家的典型特征。

(二) 危机意识

对于在市场竞争的漩涡中奋力向前的企业家而言,危机意识几乎是一种本能的反应。不过,按照韦伯的看法,早期企业家的危机意识并不是来自外部压力,而是来自内心的精神紧张。

近代中国企业家精神与危机意识的发展是有内在联系的。郑观应在《盛世危言》中就表达了这样的危机感。在唐廷枢、徐润和郑观应这一代企业家中,企业经营和创办还是一个商业活动,因为他们都是商人出身,是依靠商业活动来安身立命

---

① 马礼逊学校中一篇学生作文专门谈论劳动的作用。汪敬虞先生认为这篇作文是唐廷植所做。不过,作者是谁实际上对于本书并不重要,相信这个看法是当时这所学校教育的一个普遍观念。参见汪敬虞:《从唐氏三兄弟的历史看近代中国资产阶级的产生》,《近代中国》,第十二辑,2002年,73-99页,同时参见顾长声. 从马礼逊到司徒雷登[M]. 上海:上海人民出版社,1985:98.

的。不过是唐、徐较早接触了近现代企业的业务，积累了相应的经验，随后，在机会适当的时候，转向了创立中国自己的股份公司，成为中国近代第一批企业家。在他们的意识中，危机问题即使存在，也与他们的职业行为无关。与唐、徐不同，郑观应明确表达了与家国命运相关的危机意识，但是，这个表达是在显性的意识层面，还没有与自己的职业行为明显联系起来。这种说法不是胡乱推断，从郑观应在轮船招商局、汉阳铁厂、粤汉铁路等企业的任职经历看，他主要是以个人的利益为出发点的。

但是，到了张謇这一代人，情况有了根本的变化，以张謇的知识分子身份，传统儒家思想的教育将家国命运之感深植于其内心，在列强环伺、危机四伏之下，他毅然开始了艰难的企业创业之路。在营利活动很难获得正面社会评价的条件下，周旋于官府、商人之间，没有使命感是难以坚持的。而这种使命感来源于危机感，从此开始，中国几代企业家都是在危机感的促动下，开始创业和企业经营的。可以说，中国近代企业从发展初期，就把危机意识注入了企业家精神之中，成为中国企业家精神的一个核心构成部分。此后的卢作孚、范旭东直到当代的企业家，都存在这种危机意识。

危机意识和风险观念有内在联系，但是至少在中国当时的背景下是不相同的。一般人都愿意把企业家认作风险承担者，认为能够承担风险是企业家的最基本的人格特征。其实这是一个误解。承担风险是一切商人的共同特征。按照韦伯和桑巴特的看法，资本主义企业家"所有这些西方资本主义的特点之所以获得了重要意义，归根结蒂，是因为它们与资本主义的劳动组织方式联系着。即使通常所谓的商业化、可转让证券的发展、投机的理性化、交换等等一类东西也是与之联系的"①。无论是冒险还是正常的贸易，中心是理性和节制，这两点与贸易的结合才是企业家精神的本质。企业家当然敢于承担风险，但是这是一种理性节制下的英雄主义精神。但是，中国企业家内在的危机意识是与家国命运的关切密切相关的，而这种危机意识的具体表现就是企业家内在的紧张情绪。这是当时国民普遍情绪的一种反映，但是企业家更多的是把这种内心紧张转化为一种企业行动，成为一种救国救民的行为。

（三）人文情怀

企业家对于国家命运的关注产生了危机意识，而对于黎民生活的关注，产生了人文情怀。这种精神有不同的源头，其中造福乡梓、服务黎民是一种传统的民间精神。而儒家为代表的古典伦理渗透着更为高尚的情怀，很容易转化为一种人文关

---

① 韦伯. 新教伦理与资本主义精神[M]. 北京:商务印书馆,1987:12.

怀。但是,前者与后者的性质和特点不同。前者是一种直接的人间情感,体现了民间的博爱精神。当时在广东、福建的民间,人有了钱财之后,都有修桥铺路、捐款赈灾的强烈愿望,并且有相应的民间机制来协助这种愿望的实现。这种做法尤其在民营企业家中表现强烈。人们评价黄佐卿时,有过如下说法:"他是一个胸怀宽大、进步和慈善的商人,并且获得二品顶戴。他曾经经常地深切关心于使中国强大和改善他的同胞的处境的计划。"① 这种评价普遍见于相关的企业家的生平,如对徐润,"货殖稍振,即有志于公益"②。而轮船招商局创办人之一的朱其昂甚至殁于赈灾的任上。这些都可以看作人文情怀的民间版本。

知识分子从儒家的人间关怀角度,从更为宏大的视角来审视人民的命运,这些伦理化的精神自然很容易转化为一种人文情怀。

(四)创新

创新是企业家的最本质、最根本的特征,在熊彼特的企业家特征的描述中,创新是企业家的历史使命和社会作用的核心。

中国早期的企业家是当时社会上最具创新精神和创新意识的群体。不过,中国早期企业家的创新主要表现在对商业模式的创新和使用上。陈启沅创立继昌隆缫丝厂,无论从设备使用、组织形式和工艺过程,都具有创新性,可以看作企业家创新的一个典范。而轮船招商局、中国电报局和开平矿务局等的创办,创新是多方面的,从企业的形式到组织结构,从经营方式到领导方式,在在需要创新,所以,中国早期企业家是天然的创新者,这种评价是不为过的。对照熊彼特的企业家创新的几种类型,在中国早期企业家中都可以发现相关的典型。创新主要集中在产品销路、新产品和新工艺的引入等方面,而新的生产方式的引入较为罕见。但作为企业家的核心特征,创新这一点毫无疑问是中国早期企业家的主要特征。

(五)民族主义

里亚·格林菲尔德(Liah Greenfield)对资本主义精神发展的研究认为,推动近代企业精神发展的主要动机是民族主义。他对形成于西欧,并且蔓延到美国、日本的资本主义精神发展的历史进行了追述,强调了民族主义的历史作用。他接过了韦伯资本主义精神起源的宗教渊源的命题,转而把民族主义的历史内容注入到了韦伯的结构中,使这个结构有了更为具体的历史内容,并且至少在中国企业家精神

---

① 《捷报》,1902年7月16日,转引自:汪敬虞:《中国近代经济史资料》,第二辑下册,北京:科学出版社,954页。

② 赵叔雍:《人往风微录》,《古今半月刊》,1944年2月15日。参见:汪敬虞:《中国近代经济史资料》,第二辑下册,北京:科学出版社,966页。

的起源上更具解释力。

例如,何以解释张謇等知识分子孳孳于利地从事一向为传统道德所不齿的治生活动?格林菲尔德分析了个人层面上的耻于言利和社会层面上的对利益追求的正当性的转化。在他看来,个体对利益的追求,在历史上从来都存在,但是,无法成为社会的主流价值观。"为什么在个体层面上被界定为合理的私利,构成了人的自然属性,而且在社会层面上被界定为共同福祉和最高集体利益。我认为社会对物欲驱动力及其戏剧性的稳定机制的态度变化的背后存在着一个新的世俗集体意识形态(及由此而来的一种新的伦理标准体系):民族主义。"①他指出:民族主义"重新界定了社会阶层的性质,在缺乏异动对立因素的情况下,它提高了传统上受贬抑职业的威望,特别是那些利润追逐型的职业,使它们成为吸引人才的磁铁——韦伯将该功能归因于加尔文主义教义的宿命论的天职观。同时,由于民族成员对民族尊严——即民族的威望的投入,而对民族威望的评价是相对于其他民族的地位的,所以,民族主义也意味着国际竞争"②。

这个分析结构中解析出来的民族主义要素,可以有力地解释何以在甲午战争之后,那些知识分子争先恐后投入到创办实业中去。显然,民族危亡下的民族主义起到了关键性的作用,而这也成为后来几代企业家的共同精神支柱。

三、企业家精神的起源

从中国早期企业家精神的起源上看,有不同的方式。第一种是企业家精神的直接移植,主要是接受西方教育的结果。有一小部分人从小直接接受西方的教育,并且在西方企业或者机构中工作,这样,西方的精神包括企业家精神就直接植入了他们的心灵之中,如唐廷植、唐廷枢等三兄弟。其中,唐廷枢可以作为一个代表,他从小接受西方教育,然后在西方机构或者企业中工作,自然接受了西方企业家的行为准则,成为一代企业家的杰出代表。

第二种模式是对西方企业家行为模仿的结果。从缫丝工业发展的案例可以看出,第一代企业家的主要精神来源是行为改进的自然结果,从根源上包括两个方面,一是对国际市场操作规则的学习,二是对西方商人的仿效,这两者都表现为一个共同的内容,就是模仿。

缫丝产业发展包括了两个不同的商业过程,就是国内贸易和国际贸易。在五

---

① 里亚·格林菲尔德. 资本主义精神——民族主义与经济增长[M]. 张京生,刘新义,译. 上海:上海世纪出版集团,2009:24.
② 里亚·格林菲尔德. 资本主义精神——民族主义与经济增长[M]. 张京生,刘新义,译. 上海:上海世纪出版集团,2009:26.

口通商之后，主要改变就是原来由十三洋行控制的国际贸易开放了，地点也从广州移到了上海。这个变化导致了中国出现了与洋行配合的买办商人，这些人的商业行为受到了洋行商人的指导、制约，使他们的行为模式与原来的国内商人相比发生了改变。这个改变不是发生在缫丝产业的全链条上，而是发生在买办这个直接与洋行的西方商人相接触的环节上。至于丝栈、丝行等环节，还保留着传统商业的行为模式。因此，第一代企业家主要是在买办中产生的。

  缫丝产业的演变中最重要的改进因素还不是西方人的介入，而是机械缫丝带来的工业企业的诞生。这个演变是催生现代企业家的关键因素，这在中国也是最值得分析的一个环节。这个演变存在两种模式：长江三角洲模式和珠江三角洲模式。前者以租厂制为主，后者以直接投资为主。这两个不同的模式给我们观察近代企业家诞生提供了一个很好的对比和参照，同时也为我们观察企业家和投资者（资本家）的差异提供了一个范本。

  租厂制是长江三角洲地区机械缫丝业中流行的一种模式：机械缫丝设备和场地的投资者并不直接经营企业，而是把企业转租给营业股东，厂房设备的投资者坐享租金收入。产生这个制度的原因是多方面的，但是，最主要的是长江三角洲的缫丝企业集中在上海或者周围的几个大城市中，距离蚕茧产地尚有一定距离，而且长江三角洲的蚕茧生产每年只有一熟或者两熟。这样均衡生产对于制造企业就是一个难题。加之国际市场的竞争，导致缫丝工业成为一个价格波动剧烈的行业，充满了风险。这样，一部分人就以投资建厂来获取高于利息的固定收入，将风险转嫁给了更愿意承担风险的经营者。虽然从经营上看，缫丝企业的设备投资均不是很大，营业股东的主要投资都是收购蚕茧等的流动资金①。看起来，营业股东更具有投机性，因此属于传统商人范围，但是，这部分人需要对现代企业的经营知识有更多的了解，同时有掌握市场变动的基本能力，因此，在营业股东中，经市场淘汰机制的不断筛选，最终更具近代企业家精神的人留存下来。这部分人更能够理性处理风险，更掌握企业运作的方法，对市场的估计更为准确。相反，在投资建厂的实业股东中，可能还留存着大量的传统商人。

  当然，在其他环节上，还是传统商人占据主导地位。典型的案例就是胡雪岩在蚕丝市场上的大规模投机行为，这种行为显然不符合现代商业的规则。

  珠江三角洲的模式是另外一种类型的企业家推动的。这些企业家在商业机会面前，以创新的手段抓住并不断扩大利用这些机会。陈启沅就是这样的人物。他本人不是买办，也许在国外的生活与西方行为方式有过接触，但是，他更多是在商

---

① 根据相关估算，流动资金占整个生产过程的 70%–80%，其中工资仅占 10%。

业机会面前受到了吸引之后直接行动,寻找最适当的方式。这种人物实际上是西方早期企业家的一个翻版。问题是何以这种方式能够在这个时候出现?可以假设,其实这种方式是常常出现的,但是在19世纪的这个时候,这种企业家行为方式被环境所允许,能够有效成长起来。

当然,企业家精神的出现还有张謇模式。这与前几种模式很不相同,是在对环境挑战的直接反应基础上,在传统伦理范围内直接改变的结果。

四、股东意识

(一)股东的产生和发展

作为近代企业的投资者,股东的产生早于作为组织者的企业家。中国最早的企业股东是附股于西方企业的投资者。通过向西方企业投资,使中国的传统商人和官僚地主,开始实质了解和接触现代企业的经营管理方式,最早的企业家大部分都有附股西方企业、作为股东的经验。按照汪敬虞的估计,整个19世纪,中国商人附股的西方企业共有62家,实收资本达4 000万以上,这还是不完全统计①。这些人中就诞生了最早的一批近代企业股东。从时间上看,最早的附股企业出现于1859年,而19世纪六七十年代以后,附股活动变得非常活跃。早期的怡和洋行的华海轮船公司中,唐廷枢的股份就占了1/4,旗昌轮船公司的最大股东也是中国人。银行中也有华商附股情况,如大东惠通银行,外国人只有很少股份,大部分投资者是中国商人②。

这些作为股东参与西方企业经营活动的人,得到的不仅是物质财富,而且也通过这些活动对西方企业的运作建立了初步的认识,了解了自己的权利和义务。同时,随着向西方企业投资活动的活跃,早期投资者也建立了股票价值的概念,这个观念在商民中普及的速度远较对公司的认知更快,促成了股票交易的活跃。这些经济活动又促使人们反过来反思企业的制度建设。

这些早期投资者很快就意识到了企业作为一个现代经济机制,不仅是个人获利的工具,还具有商战的意义,因此,集股设立企业成为时尚。这一点对投资者确认自己的社会地位具有很强的锚定作用。

(二)利润观念的合理化

利润是市场化企业的核心动力和根本目标,对于这一点,从韦伯到桑巴特都做出了明确的阐述。这一点也是现代经济学对企业目标的描述。但是对这个问题的

---

① 汪敬虞.唐廷枢研究[M].北京:中国社会科学出版社,1983:97.
② 汪敬虞.唐廷枢研究[M].北京:中国社会科学出版社,1983:106.

认识有一个发展过程。股东意识发展的根本就是对传统蔑视金钱思想的颠覆,完成了对利润动机的肯定。

中国传统的思想体系中,逐利被纳入到义利之辨之下,并给予否定。义利之辨一向是古典哲学的一个重要命题,同时也是士大夫修身立命的根本所在,义利关系,成为了一个跨时代的思潮必须面对和处理的问题。传统上,这个关系的基础是由孔孟所奠定的,经过宋儒二程和朱熹等人的再思考,形成了整个的思想体系。所谓"君子寓于义,小人喻于利","王何必言利,亦有仁义而已矣。"也就是义高于利,以义统利。这种导向是最基本的价值判断。科举选官体制下,读书人以读书考试进阶,口念圣人之书,进阶之后,以天下为己任,身登天子堂,生存问题自然解决。表面上义利隔绝,实际上义利统一。加之士农工商四民阶层分明,凡是读书之人,不仅耻于言利,更不会从事工商牟利之行。

近代的转变中,首先就是对利润的肯定。这个转变是企业精神形成的一个历史前提,如果没有对利润动机的肯定,企业的合理性就无法获得。但是,企业和利润的合理性不是直接通过商人的行为能够完成的,而是通过知识分子和官僚体系的参与,经过理论范式和思想方法的转变才完成的。这个过程实际上是经过一系列微观步骤逐步完成的。首先是政府认识到企业对于社会经济体系的重要性,并且对企业家和投资者的作用有了肯定性认识,这个过程才开始启动。这个过程于19世纪60年代以后,洋务派创立新型企业之后才开始。早期洋务派官僚认为这些企业的创立是一个管理和技术活动,直到早期的军工企业发展遇到了资金和管理问题之后,他们才逐步意识到了民间投资和企业家的作用。这个过程应该是从创办轮船招商局开始清晰起来的。实际上,对利润动机的肯定是认识民间投资作用和企业家能力的连带效应,并不是一个主动追索的结果。不过,这个过程确实起到了颠覆传统思想的作用,为利润动机合法化提供了第一块基石。

但是,这时候对利润动机的肯定带有偶然性和暂时性,因为并没有从思想体系中构造出利润动机合理性的结构,利润动机的肯定还只是清政府一些官员的政策性思考中的选项,并没有获得思想和学术上的地位。因此,在企业创立活动开展20多年以后,张謇等人创办企业时,依然抱着一种自我牺牲的精神,而他所谓的自我牺牲主要是以状元之身份,从事孳孳于利的企业活动。这种想法就是当时对企业的商务活动的社会评价和必要性之间的一种冲突。一方面,社会的主流思想依然认为商务活动并非一种高尚的职业,甚至还保留着否定性的评价,另一方面又看到了商务活动对于扭转当时的危局的重要性和必要性。但对于企业追求利润,依然没有直接加以肯定,只是认识到企业对于国家的重要性,因此,要给商民利益,利润动机才在这个基础上获得了肯定。随后,在社会的急剧转变中,从西方输入的经济学和法律思想中,最终找到了为利润动机辩护的思想武器,这就是市场经济与"看不见的手"的论证,这才完成了为利润正名的历史过程。

具体地说,在清末中国企业兴起的过程中,上述这个转变过程可以分解为如下几个基本阶段:

第一阶段,四民阶层关系的重新定位。从洋务运动开始,近代企业发展,使企业经办人才成为稀缺资源,不仅获得了官方政治上的承认,也因此提高了其社会地位,所以唐廷枢等人曾说过:商人践土食毛,为国赤子,言中显露骄傲之意。随着官督商办企业①向商办企业的转化,在企业内部,四民地位尤其是官商关系转化为股东关系,官商平等的观念开始被广泛接受,四民关系被一层层重新改写,从隔膜和不平等转向了相容和平等。

第二阶段,为企业及其相关职业合理性的辩护。早期创办企业的都是封疆大吏,他们自然是从富国强兵的角度来看待和阐述这些企业的作用的。随着军工企业的发展,投资巨大导致的财源紧张,使这些早期企业创办者意识到了企业的创利作用,于是,开始了新式民间工商业的投资,轮船招商局、上海机器织布局等企业开始兴办。这些企业的谋利作用是被置于第一位的,这样利益合理性的问题被第一次严格地提出来。不过,从宏观层面上,利益合理性是置于家国危难的前提下,从挽回漏卮的角度展开命题的,因此,尽管人们从传统的义利之辨角度提出了很多质疑,终究能够为政府和知识分子所接受。

第三阶段,晚清进化论思想传入之后,人们的视野更加开阔,从传统的家国转向了世界,视天下为争利的天下,视时代为争利的时代,则企业为争利的工具,从事这种活动与传统的军事活动有了相同的保家卫国的作用,其合理性浮于社会②。张謇等人创办企业就是从这个角度看待其意义的。这样,虽然利益问题获得了合理的存在,但是,与义的关系还是隐藏在传统的思辨结构之下,并没有获得新的阐释。

这种论证有三个层次,首先是政府的认识,第二是商人的认知,第三是知识界的认识。

甲午战败之后,政府已经把经营商业置于国家发展和生死存亡的高度来认识

---

① 官督商办是原来中国传统上盐引的办理方式,李鸿章等人将其引入到近代企业的创办中来。第一家官督商办企业就是轮船招商局,早期唐廷枢时代,主导招商局经营的是商人,建立了初步的议事机制,虽然很不完善,股东还是有一些发言权。这时候是商办重于官督。随着1883年盛宣怀接管招商局,设立督办职位之后,招商局就进入了官督时代,商办流于形式,加之上海机器织布局创办失败,中国官督商办企业步入了歧途,刚刚初步建立的股东权利受到了严重侵害,这种形势扭曲和迟滞了股东观念的发展。

② 《申报》载有《利弊相因论》(1903年2月8日),指出:"今天下,一言利之天下也。利何在? 首推商务,商务当以银行为领袖,银行之初尤以纸币为最。"

了。"通商惠工,为古今经国之要政。自积习相沿,视工商为末务,国计民生,日益贫弱,未始不因乎此。亟应变通尽利,加意讲求。"①同时,政府制定的《公司律》等法律,不仅是一个书面的体系,也具有移风易俗的作用,通过这些法律,使已经存在了几十年的近代企业、企业家的地位发生了变化,实施"商总其成,官为保护"的方针,官商关系从商为官用变为官为商用②。

知识阶层对企业营利活动的认识直接影响政府的认知。这时候虽然独立知识分子并不多,大部分知识分子还是读圣贤书为主的传统知识分子,但是,从19世纪70年代之后,很多知识分子就已经开始学习西方的知识,西方的思想通过译著和介绍,开始在中国产生影响。这些思想经过知识分子结合中国国情的再思考,在郑观应、马建忠、薛福成、王韬等人的疾呼中,通过大众媒体和书籍开始影响到社会各个阶层。如薛福成就曾经说过:"商之勤勉胜士,商之活动胜士,商之言行相近胜士,商之取材胜士,余所去士而投身商者为此也。"③

第四阶段,知识分子从事谋利活动,最终促使人们探索这些活动与个人之间的关系。随着西方思想的传入,对个人利益的辩护有了新的思想资源,尤其是经济学的发展,把利润动机的合理性做理性阐发,从而使社会对这个问题的认知发生了彻底转变。随着企业规模和数量的发展,新的动力结构开始形成,利润动机取代了传统的家国之感,成为企业发展的主要驱动力量,传统义利之辨的结构被彻底颠覆④。在现代经济学和相关的学科领域中,利益尤其是企业的利润获得了高度理性的形式化的论证。如果说前一个阶段中,对利润的肯定还是与家国命运相联系的一种价值判断,并以此为基础使其获得肯定的表达,第四阶段的进一步的发展则是使利润追求获得形式化的表述,这是工具理性发展的一个标志,表明人们对利润追求的价值判断进入成熟阶段,是作为一个中性的东西来看待。

利润动机的合理化是通过形式化的工具理性论证完成的。也就是说,利润的合理性在法律和经济学中,在学术体系中获得了辩护性的论证,利润合理化的进程才基本完成。1904年《公司律》等法律文件颁布,此后,近代科学思想开始取代传统的古典思想,随着这些思想的普及,利润的合理性获得了学术和思想辩护。当然,这个过程实际上非常漫长,并且一直在与不同的伦理评价和社会评价相互纠缠,对利润动机的正面和负面的看法相互碰撞,这个过程至今也仍在进行

---

① 朱寿朋.光绪朝东华录[M].北京:中华书局,1958:5013.
② 虞和平.清末民初经济伦理的资本主义化与经济社团的发展[J].近代史研究,1996(4).
③ 乐正.近代上海人社会心态[M].上海:上海人民出版社,1991:65.
④ 梁启超曾对私的概念做了如下铺陈:"中国人号称利己心重者,实则非利己也。苟其真利己,何以他人剥夺己之权利,握制己之生命,而恬然之,恬然之,曾不以为意也。"

当中。

(三)股东权利意识的形成和发展

股东权利是随着近代企业的建立而出现的,是对投资者权利的确认和保护。这种意识是在商业和企业实践中出现的,经过法律和经济学说等方式获得了一种正式的表达,经过教育和宣传反过来贯穿到了社会中,并且成为投资者诉求的要点。

独资公司中更为重要的是债权人的权利,而投资者的权利问题并不突出。投资者权利是随着合资公司的出现而变得尖锐起来的。19世纪七八十年代中国创办的企业已经有商人合股的公司了,但是当时却没有股东会和董事会。如最早由李鸿章创办的轮船招商局(1872年)、开平矿务局(1877年)和上海机器织布局(1878年),名均称局,采用官督商办的形式,而管理者均由李鸿章任命。"19世纪70年代关于对董事会和股东的法人团体管理责任的概念,中国投资者还几乎一无所知。"①

中国的早期民间投资者,主要是为了获取企业利润。这些早期的企业投资者从做洋行买办开始,投资企业的收益逐步在社会上体现了出来,于是就有一些可以接触到这些投资者的富人在求田问舍的传统投资之外,开始考虑向近代企业投资。不过,这时候的中国既没有公司法,也没有相应的制度保证,因此,他们的投资主要出于信任而投向熟悉的经理人。他们主要的保证就是两点:第一是自己信任的经理人的信用,第二是官督商办企业中的主要官员的承诺。除了这两点之外,就只有听天由命了。虽然传统上的股东也有一些权利,但是,这些权利没有任何法律保证,听由民间的传统发挥作用。他们既无权过问企业日常经营,也无法要求年终分红,只有通过要求官利来保证制度化的利益诉求,而恰恰是这一点,不符合现代企业的经营原则。

经过轮船招商局和开平矿务局等近代企业的实践,投资者学会了利用股票市场,并且逐步明白了自己投资企业所获的权利。这些企业实践推动了股东意识的形成,并且推动了公司法和相关法律的制定。而这些法律又反过来以专业的方式推动了股东意识的成熟和发展。

在中国的铁路创办和电报国有化过程中,股东意识的觉醒表现得特别强烈,因为股东权利受到了侵害,而投资者无法以正常的方式维护自己的权利,最终使经济诉求转化为政治行动,推动了政治革命,最终引发了辛亥革命,使清王朝在愤怒的铁路股东代表的新的利益群体面前失去了合法性,走向了覆灭。

---

① 费惟恺. 清末现代企业与官商关系[M]. 北京:中国社会科学出版社,2010:79.

五、管理知识生产和传播

企业中不仅存在着企业家和投资者,还存在着高级管理者,在有效区别资本家和企业家之后,应该区分企业家和高级管理者。管理者有不同于前两者的职能,这就是承担企业日常经营管理活动。

企业精神不仅包含创造性的企业家精神和投资者的股东意识,还包括更直接参与企业经营活动的管理者、专业人员和雇员的意识。这主要包括管理知识和职业准则的发展。

在1911年之前,管理从来不是一个可以教育和传播的学科体系。清末中国企业发展中,对于管理知识的探索和追求经历了几个发展阶段。早期的对管理的探索是建立在传统方式的基础上的,主要是通过师徒相传的方式;随着西方企业进入中国,买办商人最早接触到了西方企业,并且有机会近距离观察西方企业的经营与管理,获得了最初的认识;随着中国商人投资入股西方企业,他们获得了物质财富的同时,由于利益关系,开始关注西方企业的经营管理,并且以股东和董事的身份参与其中,获得了直观的经验;随后,在19世纪70年代以后,商办企业的出现,使这些最早的西方企业的参与者开始直接掌管近代企业,有了直接实践的机会。他们是最早有了近代企业管理经验的商人,通过各种方式积累了最早的近代管理知识;到了19世纪末20世纪初,在国家危难的时候,政府对以近代企业为核心的经济活动的认识发生了颠覆性的转变,兴办实业和实业教育成为政府的中心工作,其中西方企业的管理知识也在这个教育中获得了检验、整理和传播。

(一)对企业的认识的发展——早期管理知识的形成和吸收

企业这种制度建构是从西方传入中国的,相关的认识和知识也是随着制度的传播而传播开来的。但是在西方的企业制度传入中国之前,中国也有相应的工艺制造和商业机构,只是这些机构还是以传统的形式存在,没有获得现代的形式和现代的精神。而这些传统商业机构的管理知识与商务知识一样,是通过学徒制的方式传承的。这种方式显示了旧式商业保守的特点。

最早直接接触西方企业制度的是早期的买办,这个接触也分为几个阶段,即交易阶段和附股阶段,华商附股活动加深了他们对近代企业的认识,很多人还参与了企业的经营管理活动。此前商人参与西方企业的在华活动,主要是以买办身份,但是由于投资入股,在19世纪60年代以后,很多人不仅成为了股东,还以董事的身份参与了西方企业的管理活动。据统计,这个时期,至少有18人曾出任西方公司的董事①。

对于西方企业的投资以及由此带来的对西方企业的经营管理活动的参与,是中国人取得对近代企业认识的直接途径。通过这些经营管理活动的参与,中国的商人们了解了西方企业的组织体系、法律基础、管理方式和经营理念等。这是现代企业经营与管理知识进入中国社会的最早尝试②。不过,虽然这些知识是直观的,但是它们来自于对一个或最多几个企业的直接经验,因此,这些知识往往是破碎的,并且是非常浅薄的。这些知识被中国商人片面和零碎地获取,并且往往停留在潜在的状态,未经深刻的反思和批判,如果没有实践的机会,这些知识也就无法获得检验,因为没有形成完整的理论形态,也就无法传播。这时候,中国并没有独立的商业研究机构和教育机构,不存在独立的理论研究者和传播者,也就没有人主动去收集、分析、整理和传播这些知识。因此,这个时代,即使商人们获取了一些管理和企业经营的知识,这些知识也只能零散地存在于商人的头脑中,只有通过人际传播影响周围很少的人。

但是恰是这些人最早建立了对于近代企业的初步认识,并且有了初步的企业管理经验。只是这些知识不仅不完整,而且大部分是间接的、潜在的,未经实践,也未经检验,以经验形态零散地存在于商人的头脑中,没有书面的记载,也没有理论的形态。

(二) 管理知识的初步积累

这些附股于西方企业的中国买办商人中诞生了最早的企业家和管理者③,如唐廷枢、徐润、郑观应等人,他们随后集股创立了轮船招商局、开平矿务局和上海机器织布局等现代企业,而朱葆三是美国鸿源纱厂的董事,后来也自己创立了企业。应该说,唐廷枢等人创立轮船招商局时所设立的管理制度,撰写的企业文件,是建立在对近代企业认知的基础之上的。在没有现代商科教育基础,没有相应的教科书的情况下,获得这些知识的主要途径就是直接参与西方企业经营活动。而招商局的创办,使这些具备了一些潜在管理和企业知识的商人有了实践和检验相关知识的机会。对于社会而言,这些以潜在状态存在的知识也有了被激活的机会。这

---

① 汪敬虞.19世纪外国侵华企业中的华商附股活动[J].历史研究,1965(4).
② 李玉.晚清国人公司意识的演进[J].四川大学学报:哲学社会科学版,1996(1):78.
③ 正如这个时期投资者与企业家无法分离,很多企业家同时就是管理者。这些身份的混杂是早期企业实践中广泛存在的现象。只有经济和企业发展到一定程度之后,企业家、投资者和管理者的角色才开始清晰分离。企业知识也是随着实践的发展而分离出专门的知识领域。相比于对企业的投资者权利的认知,理论形态的管理知识是出现得更晚的知识形态。直到20世纪初期以后,这些知识形态才开始独立为一个知识领域。

些企业实践,使这些掌握了相应初步管理知识的商人通过实践检验、修正、积累了相关的企业和管理知识,并且使这些知识在中国商人之中获得了传播①。

(三)企业和管理知识的供给与需求

中国最早的这些近代企业实践,不仅激活了相应的知识,而且还有另外一个作用,使一部分有心之士开始关注这些问题,使这些知识不仅被创造,而且通过独立知识分子开始被审视、被积累和被批判,从而使这些实践中的经验知识开始具备了初步的理论形态,为这些知识在社会上传播提供了前提条件。试想,如果没有轮船招商局等企业的实践,郑观应、王韬等人怎么会有兴趣去探索企业组织、管理结构和商业运行等相关的知识呢?早期较为系统和主动探索相应的知识的人主要是那些具备理论兴趣的买办和有西方知识的知识分子。

而晚清社会也培养出了一些对这些知识的需求者。第一批主要的管理知识需求者是那些向新式企业投资的人。上面介绍近代企业的股东时已经提及,这些早期投资者,主要是那些与企业家有关系的少数"富翁",这些人对企业的投资主要是为了获取利润。这些投资者未必有相应的近代企业知识,他们的投资主要是基于对被投资者的个人信任。不过可以想见,资金一旦投入到企业中去,这些投资者就会关注企业,希望了解企业的经营状况,为此,他们很自然就把这些关注延伸到了企业的组织形态和管理方式等影响企业效益的要素上来。他们也会进而谋取对企业的合理干预和发言权。这些人也就成了企业管理和组织知识的需求者。

(四)企业和管理知识的个体生产和传播

只要存在着管理和企业知识的供给者和需求者,一个管理知识形成和发展的市场就自然形成了。这种管理知识的需求与供给状况今天依然存在,但是今天的形势已经有了根本改变。虽然管理知识的需求者依然主要是商业实践者,但是知识的供给则是通过独立于企业的知识分子来实现的。这些知识分子主要是研究者和教育者,存在于大学、专业的研究机构和咨询机构中。100多年以前,中国并没有商学院和独立的研究机构,因此,这些知识的供给者主要是以零散的商人和独立的知识分子身份存在的。这些知识是在企业实践中逐步形成的,并且以零散的形态存在于不同的企业中。从理论上看,这些知识未经科学的审视和归纳,未经精确地测量和数据收集,也未经严格的验证,知识本身也没有统一的概念框架。这些知

---

① 华东师范大学常国良先生2006年的博士论文《近代上海商业教育(1843-1949)》(9-29页)对早期上海的商业教育做了一个比较全面的介绍,根据相关资料列举了当时上海的业余西方学堂。这些学堂主要是以英语教学为主的,但是也包括一些商业知识和近代的科学技术知识,如算法、地理等。同时,在这篇论文中,他也分析了洋行买办如何通过附股西方企业,接受西方企业的观念和知识。

识最多是经验的总结,还不是严谨的科学。可以想见,当初唐廷枢与徐润在轮船招商局中从事近代企业的经营管理,大部分知识应该都是以往在洋行的活动中积累起来的,另一部分则是通过同行之间的交流得来的。当然,轮船招商局的企业经营为他们带来很多新的经验积累,例如,此后唐廷枢、徐润在开平矿务局的管理中,就表现得更为纯熟和老练,管理经验也更为丰富。

当然,商人们之间的直接交流对于相关知识传播起到了主要作用。例如,当初张謇为了学习纺纱厂的经营管理,就去找有经验的人以学徒的方式了解相关的知识。不过可以想见,这种学习有很大的局限性,难以系统了解关于企业的全面的知识。

这个阶段有关管理和企业组织的知识是以个体的小生产的方式产出的,显然是低效和零散的。

这个时期的管理知识传播也主要依靠非专业的手段,其中影响最大的是大众传播媒介。当时的报纸已经在中国出现,对日常生活的影响日渐明显,尤其是在经济消息和知识的传播中占据着重要的地位。报纸对于商业知识传播起到了类似课堂、教科书的作用,在相关版面上以知识介绍、商业评论等方式,传播了大量的市场、企业、经济与管理知识。尤其是在遇到一些重大问题时,会激发各方面人士的讨论,在报纸上形成知识交流和思想交锋,进一步被实践、评判、整理、检验和传播。报纸的这种作用在本书关于电报国有化的讨论中可以清晰看到。

通过独立知识分子和作为大众传播媒介的报纸,管理知识的生产和传播获得了基础和平台。

(五)技术人员出身的管理者

很多制造企业的管理者出身于技术人员,直到今天,这仍然是一个常例,而在19世纪时更是如此。中国最早的技术人员来源于附属于企业的学堂,一部分甚至就是企业培养出来的。但是,最主要的来源是留学生,这包括当时清政府派往美国的100多名留学生,以及由马尾船政局派往欧洲的留学生。当时派出的学生都是为了学习技术,很少学习法律等学科,但是,这些学成回国的人当中很多都成为可以掌管一方的管理人才。例如,薛福成在介绍马尾船政局派往欧洲的学生时,除了介绍他们所学专业之外,对很多人的介绍中还专门提到了他们的管理能力:"林庆生、张金生可派管理铁厂,并添设钢厂。林日章可派管铁厂之化学学堂。"①实际上,近代工业企业的管理不同于一般的商业企业,需要精深的专业知识作为管理的基础,因此,在这些学有所成的留学生中产生最早的管理者是顺理成章的事情。在

---

① 薛福成:《出使英法义比四国日记》,3卷,23页。

开平矿务局和汉阳铁厂等制造企业中,这种从技术人员中成长起来的管理者也有许多,并且推动了专业管理知识的发展。

(六)管理知识的专业生产和传播——大学和实业学堂的管理教育①

管理专业的知识生产包括研究者的资金、时间和精力的投入以及他们之间的交流,还包括教科书的编写和课程的开设,以及专业协会的建立与专业刊物的开办。现代企业管理知识的专业生产主要是依靠大学和相关的研究机构进行的。

现代管理科学诞生的标志性事件是 1911 年美国人泰罗发表《科学管理原理》一书,这一年恰好在中国发生了辛亥革命,结束了清王朝的统治,开始了新的历史进程。1911 年以前的中国企业管理应该是处于前科学的时代,管理知识还没有科学的形态,没有管理科学的系统研究和系统教育,没有相应的教材。管理知识是管理人员在摸索中形成的,是在日常交往中传播的,这种知识的人际传播效率低、影响小、范围窄。大众传播媒介在管理知识传播中占据着重要地位,但是,大众传播媒介,尤其是报纸中出现的管理知识未经专业人员的评判,因此不仅肤浅,而且支离破碎,鱼龙混杂,无法形成一个统一的知识体系。所以,大众传播媒介,尤其是报纸在管理知识的传播中起到了一定的作用,但是单纯依靠报纸,无法达到更深入探索和凝练知识的目标。

美国 1881 年就建立了第一所商学院,中国直到 20 世纪初期才开始着手建立现代的商科教育,管理知识的生产传播才开始进入专业时代。此前有一些技术学校在科学技术教育的同时,也有过一些管理学科方面的初步教育,例如,附属于马尾船政局的学校就有一些最基本的管理教育。

最早提出在教育体系中设立商学教育的是郑观应,他是一位买办出身的商人,受到过中国传统的古典文献教育,但是这种教育很早就中断了。郑观应到上海之后,为了更好地从事买办活动,勤奋学习西方的语言,并且通过买办的经验,掌握了很多西方的商业知识。在《盛世危言》一书中,他提出了根据中西学术设立六科的教育分类建议,其中包括文学科、政事科、言语科、格致科、艺学科和杂事科,其中杂事科中,"凡商务、开矿、税则、农政、医学之类皆属焉"②,几乎包括了所有的实用学科,显然是以商科为主,包括经济与管理的内容。但是,这还是一个在野人士的民间主张,并没有得到实行。

此后,清政府在戊戌变法中设立京师大学堂,作为脱离传统教育体制的一所大

---

① 更详细的内容请参考华中师范大学吴玉伦博士 2006 年论文《清末实业教育制度研究》;李霞. 近代中国实业教育的历史考察[J]. 湘潭大学学报:哲学社会科学版,2005,29(2). 126 – 131.

② 郑观应. 盛世危言[M]. 郑州:中州古籍出版社,1998.

| 导 言 | 中国企业精神及其早期发展

学,京师大学堂的教育教学体系中融入了很多西方的知识体系,以传统四艺与西方的语言、工程等知识相结合。1901年,张之洞等人上奏《筹议变通政治人才为先折》,提出设立七科,其中包括经、史、兵、农、工、政治和格致,这显然是一个中学为体、西学为用的方案。次年张百熙主持制定了"壬寅学制",在公布的《钦定京师大学堂章程》中,将学科定为政治、文学、格致、农业、工业、商务、医术七个方面,商科教育正式进入了官方的教育体系。此后,大学分科体系历经修订,但是商科在大学的地位始终未再动摇①。

另外,清政府还主张设立专门的实业学堂②,1903年制定了《实业学堂通则》,把实业学堂分为农业、工业、商业和商船四种类型,分别培养实业人才。在清末,实业的概念是从日本引入的,涵盖的范围包括农工商等技艺性的学科,这与传统中国教育中的道德文章有很大的差别。农工商等技艺性的李科,传统一直被视为雕虫小技或者奇技淫巧,但是,在与西方的交往和冲突中,尤其是甲午战败,一个泱泱大国败于蕞尔日本,使中国老大帝国被猛击而醒,意识到必须发展经济,而发展经济必须兴办实业。于是,清末的变法就从兴实业和办教育入手,而这两者的交叉点就是实业教育。其中,商科教育是最后加入的,但是此后成为一个重要的学科,取得了无可替代的地位。

当时的实业教育中,无论农工商三者,都是以工程技术和商业业务为主,其中并没有完整的管理知识,而管理知识都是融于专业之中的。但是,因为近代教育替代了传统教育,管理知识的研究和传播有了一个稳定的基础和平台。

1904年,南洋高等专科实业学堂开学,是近代第一所高等商科大学③,也是最早设立管理科的学校。据目前的史料,辛亥革命后不久,南洋大学即开始设立铁路管理科,主要教授会计和运输规章等,第一届毕业生于1920年毕业。在这之前,南洋公学也曾办过商科,应为中等教育,但是后来其中有六人去国外留学,大约在宣统年间回国,杨德森先生回国后于宣统三年,应清廷留学生考试及格,授商科进士。杨锦森先生亦参加留学毕业试,得商科进士,于宣统二、三年间在母校教授英文;林则蒸回国后不久在京沪铁路会计处任副处长;胡鸿猷回国后任交通部科长,兼任北平铁路管理学校校长;赵景建亦曾在北平交通部任职科长;徐经郭久在沪校任英文

---

① 关于清末大学教育体系的演变,参考肖朗. 中国近代大学学科体系的形成——从"四部之学"到"七科之学"的转型[J]. 高等教育研究,2001,22(6):99-103.

② 在1902年之前,清政府的地方大员就开设了实业学堂,最早的实业学堂被认为是1866年附设于马尾船政局的求是堂艺局,学校名称屡变,称为英语学校和法语学校,后来改为前学堂和后学堂,培养了大量的造船和航海人才(见:林庆元. 福建船政局史稿[M]. 福州:福建人民出版社,1999:115-132.)。此后,又有很多实业学堂次第举办。

③ 郑淑蓉,吕庆华. 中国商学教育的历史演进[J]. 天津商业大学学报,2011,31(3):62-68.

教员,兼附属中学主任①。

而早在1909年,徐世昌在北京创办铁路管理传习所,这应该为中国管理高等教育之始,1910年更名为交通传习所。

中国的近代管理虽不能说是完全来源于国外,但是管理教育肯定是来自国外。最早的管理教育是利用外国师资,随后有留学生加入。而中国铁路像西方铁路一样,不仅改变了人们的出行方式,而且改变了传统的管理方式和企业组织方式,对近代中国的管理发展做出了重大的贡献。

虽然商科教育在清末就进入了大学教育体系,但是,当时的商科教育还是以贸易为核心,不像后来的商学院那样以管理和组织为核心。另外就是当时缺乏合格的教师,没有系统的教科书,因此,当时的商科教育水平也与管理学发展水平相当,处于一个相对比较低的水平上。这种状况,到了20世纪20年代以后才开始逐步改观。

六、以企业家精神为核心的企业精神模型及其作用

本书研究的一个关键立足点是对企业家、资本家、管理者和普通员工做出区分,认为企业家是不同于资本家和高级管理者的一个社会职能承担者,其最大的特点就是创新。创新活动类别多样,但是创新本质上是一种渗透到经济发展中的精神要素。因此,企业家的本质特征就是创新精神,当我们提及企业家和企业家精神时,几乎是作为同义语使用的②。

企业家的本质是创新,近现代社会的创新活动集中体现在企业家身上。这并不是说技术人员和科学家不创新,他们也是创新的主体,但是,他们的创新活动只有经过企业家的组织和推动,才能转化为经济和社会发展的动力,而科学与技术发展本身并不能直接带来社会进步。

区分企业家与资本家和管理者,是一个重要的理论任务。通过这种区分,可以把企业家从经济发展中辨识出来,肯定他们的活动价值,围绕着发挥企业家作用来评价经济社会制度的合理性和有效性,并通过这种评价来构建相关的宏观和微观制度。

资本家和管理者都是市场活动被动的服从者。虽然他们也力图控制市场,但是他们的资本和劳动都是向市场投入的要素,这种要素是通过竞争形成价格,这就是利息和薪酬的来源。企业家作为创新活动的体现者,他们获得市场的利润,经济

---

① 凌鸿勋:校史杂忆,http://www.sjtu.edu.cn/chinese/Web7/recall/r11.htm。
② entrepreneur和entrepreneurship的汉译面临着困难,前者翻译为企业家,后者翻译则较为混乱,常翻译为创业、企业家精神等。

学中的超越均衡价格的利润是一种超额利润,是创新活动带来的。

创新活动不仅给企业家个体带来利润,也给整个经济制度和社会制度提供发展的动力。市场制度本身并不直接带来发展,而是围绕着均衡波动的。企业也不是必然带来发展,传统的作坊一直就在一个狭小的市场空间中徘徊,却没有持续的进步和发展。这些事例说明企业和市场制度本身并不具有内驱力,只有企业家因素介入,企业和市场才有了发展的动力。因此,企业家给社会和经济制度注入了一种活力,这种活力主要是一种精神因素。

传统认为资本主义发展的动力来源于资本的冲动,这种观念存在误解。资本确实有发展的冲动,但是,这种冲动的本性是一种贪婪,对市场制度往往造成损害。只要是在规范的市场范围内,利息就是资本的价格,这个价格是市场竞争的结果。资本若能够获得超越这种价格的收益,则是由于它破坏市场甚至政治经济制度的结果。

劳动的价格是工资,这种工资的高低取决于劳动力的供求,也取决于劳动与资本的对抗能力。前者是在市场范围内解决的,后者是在社会经济制度的范围内决定的。劳动无法创造超额财富,也无法取得超额利润。

社会在资本和劳动之外,必须找到发展的持续动力,这就是创新。创新当然不是脱离劳动与资本完成的,但是创新是一个精神要素,转化为种种不同的行为。这些行为的类别,熊彼特已经给了一个初步的分析,加上对创新活动领域的区分,就可以有效鉴别熊彼特和柯兹纳提出的不同的企业家创新类型。企业家是这些创新活动的组织者和体现者。我们的制度创新一直在走不同的路线,实际上是在不同的制度要素上选择。计划经济本质上是建立在劳动这个要素的基础上的,而市场化改革后,又把制度基础建立在资本要素上。前者带来了平均主义,后者带来了贪婪和两极分化。制度建设的基础应该转移到企业家的创新上来,这样才能找到经济发展的实际动力,围绕着这个动力构建的制度才能充分发挥市场制度的作用,推动经济和社会持续发展。

企业家带来的不仅是经济的持续发展,而且也对社会伦理道德发展带来正面的影响。本书指出了企业家精神的构成要素,包括理性原则、危机意识、人文情怀、民族主义等不同的方面。同时,企业家的创新需要以勤奋、责任等品质为基础,这与资本的贪婪是不同的精神要素。创新带来的竞争推动市场制度的良性发展,也在消除社会惰性,并且削减偶然性给人带来的财富差距。因此,制度构建,尤其是经济制度构建应该以企业家精神为核心。而且,评价一个制度也可以其是否发挥了企业家精神为准则。

作为社会特性角色,企业家可谓是当代社会的一个特性角色的代表。所谓特性角色是麦金太尔提出来的一个概念,包括两层含义:一是指社会尊重的体现者,二是社会伦理准则的体现者。这两者有相通之处,社会尊重是对职位和地位所体现的道德的尊重,而社会特性角色所体现的道德也是赢得社会尊重的本源。企业家应该作为中国社会特性角色的代表,但是要清晰地定义企业家和企业家精神。

企业家精神不一定由企业家个人体现,可以由一个创业团队体现,可以表现在企业活动的不同层面上,包括内部创业活动,就是 entrepreneurship。中国计划经济时代的创新活动主要表现在技术活动领域,市场经济发展把这种创新活动拓展到了企业活动的不同领域,从采购到销售,包括中间的生产环节以及财务、物流、质量等不同的辅助环节和管理环节。但是,这些创新都是按照资本主导的原则,把基层员工的努力都排除出去了,这就导致了创新活动的狭窄,没有充分发挥企业不同要素的作用。

企业家精神应该是社会对这个特性角色的投射的结果,而不是具体某一个企业家的具体精神体现。因此,应该展开对企业家精神的精确研究,为社会推广企业家精神提供理论框架和精神范式。

同时要对企业家精神的成长环境和发展机制进行广泛的研究,以推动企业家精神成为社会主流价值。

附录　几个关键概念的辨析

1. 企业与企业家(enterprise & entrepreneur)

后者来自前者,指能够创立和经营前者的主体。而前者则是指一个经营单位,这个概念最早来源于法语,是 Says 首先在学术界采用的。显然,entrepreneurship 来源于 enterprise。

2. 企业家与资本家(entrepreneur & capitalist)

前者的汉译是企业家,后者是资本家。前者是指企业的创立者或者实质的创新者。后者则是企业的投资者,一般采用股东的概念标识。因为早期企业的创立者通常就是企业的所有者,尤其是在中小企业的发展过程中,这种现象非常普遍,企业家与资本家(所有者或者股东)很难区分,因此,人们常常纠缠于资本家的作用,无法区分企业家和资本家。但是资本家与企业家的社会作用、形成机理、精神气质等完全不同。对这两个社会角色的区分是新制度构建的一个必要前提,不有效地区分企业家与资本家,就无法确立一个对企业家保护和激励的制度。

3. 企业家(所有者-管理者)与管理者[entrepreneur (owner -manager) & manager]

前者是通过创新活动来实现自己的经济功能,因此是利润的创造者。而后者则是被雇佣阶层,通过自己有条理的工作获取薪酬。

4. 企业精神和资本主义精神(entrepreneurail spirit & the spirit of capitalism)

前一个概念是从 the spirit of capitalism 转化而来的,主要是为了去除 capitalism 中的意识形态含义,同时也是因为企业精神更多地反映了企业主导的社会中不同社会角色的划分。尤其是在区分出企业家与资本家之后,企业家精神(entrepreneurail spirit)的含义比资本主义精神更为精确地反映出相关的内容。显然,资本主义精神的内涵更为广泛,企业精神则只是资本主义精神的一个构成部分。但是,它确实是其中最为活跃和最具创造性的。

5. 企业家精神和企业家(the spirit of entrepreneur & entrepreneurship)

entrepreneurship 的概念在汉语世界有不同的翻译,第一种沿用 entrepreneur 的概念,是一个学理化的企业家概念;第二种翻译为创业,相关的学科也被称为创业学,这显然是强调 entrepreneur(企业家)的创业作用和功能;第三种被汉语世界中一些人翻译为企业家精神,这显然是强调企业家活动中的精神因素。但是,即使翻译成企业家精神,与 spirit of entrepreneur 也是不同的,从学说体系上,前者是管理学的概念,后者则是社会学的概念。

本书采认 entrepreneurship 作为企业精神的一个构成部分。

6. 企业家、资本家和管理者

资本家可以通过继承而产生,管理者可以通过培训而产生,企业家则既不能通过继承而出现,现代的教育也很难直接生产出合格的企业家。企业家是实践的产物。虽然家庭环境可以带来一些知识和财富,为创业活动提供一些必要的前提,但是,企业家的创业更多地来自坚强的意志品质和敏锐的判断能力等。

7. 企业家与实业家概念的辨析

企业家是一个西方引入的概念,在西方的理论和思想史上,企业家与资本家的区分一直是一个长期令学者困惑的问题,直到熊彼特之后,这个区分才有了明确的标准。但是,这种区分的意义和价值,乃至区分的方法,都没有被广泛接受和传播。

实业家与实业概念相关,是实业概念的延伸。实业是一个东亚的概念,中文将其作为学术概念和媒体语言,是晚清从日语中借用来的①,实业家的概念并没有清晰的定义,既可以指在实业上的投资者,也可以指企业的组织者,还可以涵盖对企业经营有重大作用的人。因此,民营资本家、官僚资本家和企业家都可以纳入到实业家的概念中来。随着西方理论的普及,这个概念在学术上逐渐被淘汰,但实业家仍不失是一个概括性很强的概念,其中包含了资本家和企业家,但是不包括管理者与员工。出现这个概念,第一是因为当时人们还无法区分企业家和资本家,第二是确实需要一个对企业内部强势角色的描述。因此,就出现了实业家。由于在西方文献中没有确切的对应,在现代经济学和管理学文献中,实业概念已经没有了存在空间,只有在日常生活的语言中还能见到这个用法。

---

① 查阅相关的文献,在 1900 年左右的中文中,还没有使用实业概念,但是此后这个概念就流行起来了。学者陈锦江认为中文"实业"来自日语。

第一篇 企业家和企业家精神

第 一 章
从唐廷枢看近代中国企业家精神的产生与发展

唐廷枢一生最重要的贡献是创立了轮船招商局和开平矿务局,两局在其掌管之下,均达到了当时的营业高峰,成为19世纪中国最成功的近代企业①。同时代的中外人士对唐廷枢有很高的评价②。但是唐廷枢一生行而不述,留存的文字资料很少,可据研究的资料缺乏③,因而为后来研究企业史的人所忽视④。仅有的一些专题研究中对唐廷枢的评价依然很高:刘广京先生在其《唐廷枢之买办时代》一文中开宗明义地评价唐廷枢"乃同治光绪年间中国杰出之企业家,渠以通事买办出身,受李鸿章之付托,经营轮船招商局及开平矿务局,为官督商办时代中国第一等实业人才"⑤。汪敬虞先生在《唐廷枢研究》中虽声明说不对唐廷枢做盖棺之论,但是,在与郑观应的反复对比中,多次指出唐郑的"高下轩轾之分"⑥。

本文不对唐廷枢的生平历史做全面研究,而是从唐廷枢实业经历中透视中国早期工业化过程中⑦企业家精神的起源和发展问题。本文共分四个部分:第一部分概括唐廷枢的经历,重点分析唐廷枢管理思想和方法形成的背景,对生平中的盲

---

① 19世纪公认最成功的近代企业还有中国电报局,经元善、郑观应均有此评价,可见是时人的通行看法。见聂宝璋:《中国近代航运史资料》,第一辑下册,969页、970页,简作《中国近代航运史资料》。

② 在唐廷枢参与的洋务活动中,直接负责的官员对其在招商局、开平煤矿及其他方面的活动均给予很高评价,而外国一般商人对唐廷枢入主招商局也抱积极态度,如 F.B. 福士说:"估计唐廷枢的轮船公司将比怡和更为成功。"唐廷枢入局后即召集数十万股本,显然是商人对其信心的表现。

③ 目前研究唐廷枢的一手资料除招商局和开平煤矿的档案外,只有其自己所著《英语集全》一书,刘广京先生《唐廷枢的买办时代》一文中摘录的唐廷枢在怡和洋行的一些文件对研究唐廷枢可谓弥足珍贵。

④ 据目前掌握的资料,唐廷枢研究一直是一个相对冷僻的领域。2000年以前只有少数论著发表,重要的如刘广京发表于台湾《清华学报》上的《唐廷枢之买办时代》,汪敬虞先生的《唐廷枢研究》及陈绛发表于《近代史研究》上的《唐廷枢与轮船招商局》。聂宝璋《中国买办资产阶级的发生》中,主要是利用当时的西方文献中关于唐廷枢的活动记录。比起同时代的盛宣怀甚至唐廷枢助手郑观应,对唐廷枢的研究显然很薄弱。虽然三位研究者背景和时代不同,但是均对唐廷枢做出较高评价。近年来关于唐廷枢研究的论文数量增加了,甚至出现了相关的博士论文,但是所依据的资料没有新的开掘。

⑤ 刘广京.唐廷枢之买办时代[J].清华学报,1961(6).下简作《唐廷枢之买办时代》。

⑥ 汪敬虞.唐廷枢研究[M].北京:中国社会科学出版社,1983:152.下简作《唐廷枢研究》。

⑦ 关于中国现代化和早期工业化的讨论,参见王庆成为费维恺《中国早期工业化》一书所撰前言。

点随资料简单讨论,不做重点;第二部分讨论唐廷枢管理思想和方法的内容、形成和发展;第三部分从熊彼特式企业家功能理论出发讨论唐廷枢的历史作用;第四部分从韦伯等人的观点出发探讨唐廷枢的精神气质,并讨论早期现代化过程中企业家精神的起源问题。

一、唐廷枢的生平

按其经历的不同,可以把唐廷枢的一生大致分为四个时期:
第一时期:幼年及早期教育阶段(1830～1851年)①;
第二阶段:供职香港殖民政府和上海海关(1851～1861年);
第三阶段:做怡和洋行总买办,从事商业活动阶段(1861～1873年);
第四阶段:转入轮船招商局后,开始企业活动阶段(1873～1893年)。

(一)家庭及早期教育

唐廷枢出生于1830年左右②,其家乡在香山县唐家镇(现为珠海唐家镇)。此地比邻澳门,与香港隔海相望,因清朝政府早期的闭关政策,外商只能通过被葡萄牙强占的澳门与内地贸易。清政府开放广州口岸后,澳门又成为与广州贸易的重要口岸,香山一带也因此得风气之先,成为买办的摇篮③。

唐廷枢的父亲是传教士布朗先生④的听差,唐廷枢兄弟三人,他排行第二。其兄唐廷植(字茂枝)出生于1828年,早年也供职香港殖民政府,从其在香港和旧金山的经历来看,他也受过很好的西方教育是确切无疑的⑤。唐廷枢还有一个弟弟唐廷庚,曾长期担任轮船招商局的经理⑥。

由于地近港澳,兼其父亲的职务方便,因而从1839年起,唐廷枢就进入在澳门开办的教会学校——马礼逊学校接受"英华教育"⑦。这种家庭背景和西式教育对唐廷枢的影响将在第四节中讨论。但是从唐廷枢这一代开始,这个家族就成为赫赫有名的买办家族⑧。

---

① 离开马礼逊学校后的教育还缺乏资料,倒是有资料显示其曾在拍卖行做过助手,但是,因其教育似乎一直在继续,故暂定教育阶段结束于1851年,后边还要讨论这一问题。
② 唐廷枢出生年月的考察可参见汪敬虞.唐廷枢研究[M].北京:中国社会科学出版社,1983:154.
③ 易惠莉.郑观应评传[M].南京:南京大学出版社,1998:5-6.下简作《郑观应评传》。
④ 布朗(Samuel Robbins Brown),美国传教士,其生平见容闳的《西学东渐记》及顾长声.从马礼逊到司徒雷登[M].上海:上海人民出版社,1985:94-102.《洋务运动》八中误为医生。
⑤ 汪敬虞.试论中国近代的买办阶级[J].历史研究,1990(3):89-108.
⑥ 汪敬虞.唐廷枢研究[M].北京:中国社会科学出版社,1983:154.
⑦ 刘广京.唐廷枢之买办时代[J].清华学报,1962(6):163.
⑧ 汪敬虞.唐廷枢研究[M].北京:中国社会科学出版社,1983:156.

第一章 从唐廷枢看近代中国企业家精神的产生与发展

（二）供职香港殖民政府和上海海关

从1851年开始，唐廷枢在香港巡理厅中做一名翻译①。他的英文确实很好，多次受到外国人的称赞②。如琼记洋行的行东Fearon就曾说："他说英语就像不列颠人。"1858后他转到上海海关，先后担任副大写、正大写和总翻译。在此期间，他于1862年出版了《英语集全》一书，这是目前所知的唯一出自唐廷枢手笔的著作，据说对研究19世纪中叶中国的买办制度极有价值③。

在政府做事的过程中，唐廷枢开始了他的商业生涯。据其给怡和洋行行东机昔的信，他在香港就曾开设两家当铺。在上海时，唐廷枢也曾和林钦合办过修华号花行④。但这已是与怡和洋行接触之后的事了，与其以后所从事的商业活动的规模比较，这些活动只能被看作热身了。

（三）买办时代（1863～1873年）

目前研究唐廷枢买办时代的一手资料主要是刘广京先生所披露的怡和洋行的档案材料，另外，汪敬虞和郝延平对买办制度的研究中涉及唐廷枢的地方甚多，可以作为参考。

唐廷枢是1863年接替林钦成为怡和洋行的总买办（General Comprador），开始并不受怡和洋行外方行东的信任，不仅被查账⑤，而且一向由前买办林钦掌管的金库权限也一再被压缩⑥。但是在1868年庄森掌管怡和洋行上海办事处后，唐廷枢的办事能力受到了重视，并取得了庄森的信任，成为怡和此阶段市场开拓的主要负责人⑦。

怡和洋行是当时上海最著名的外资企业，唐廷枢出任的又是总买办。而上海开埠后，因其地近中国经济中心和丝茶产地，所以很快就取代了广州第一通商口岸的地位。在这种宏观和微观环境下，各洋行对上海的重视自不待说，对上海洋行买办的要求自然也就与其他地区的买办不同，上海洋行买办要承担更为复杂的责任。郝延平在其《19世纪的中国买办》一书中，对各地洋行的不同功能区分做了分析："尽管买办有其一般职能，但是各职能的重要性则因地而异。例如，广东和香港的买办主要扮演房屋经纪人的角色，而福州的买办主要从事乡村的货物购买。上海买办的价值在于其有效的执行总

---

① 汪敬虞. 唐廷枢研究[M]. 北京：中国社会科学出版社，1983：157.
② 刘广京. 唐廷枢之买办时代[J]. 清华学报，1962(6)：143，145，169.
③ 刘广京. 唐廷枢之买办时代[J]. 清华学报，1962(6)：170.
④ 汪敬虞. 唐廷枢研究[M]. 北京：中国社会科学出版社，1983：160.
⑤ 刘广京. 唐廷枢之买办时代[J]. 清华学报，1962(6)：145.
⑥ 汪敬虞. 唐廷枢研究[M]. 北京：中国社会科学出版社，1983：161.
⑦ 刘广京. 唐廷枢之买办时代[J]. 清华学报，1962(6)：153.

买办职能的能力,包括监督长江和中国北方各港口的买办,并按企业方式处理公司的各项业务。天津和长江各口的买办则作为代理商负责货物买卖和运输,而日本的买办则利用自己在茶叶生意方面的专业知识帮助洋行。"① 这里大致概括了各地买办所从事的不同业务活动。除此之外,买办还承担其他的管理和市场职能。尤其是上海买办的业务活动范围远不止上海一地,唐廷枢在怡和洋行时即承担以下一些基本职能:

1. 一般商务职能

唐廷枢经常在各通商口岸出差,发展一般商务关系,并负责处理洋行行东们指定的各项任务②,例如进行纠纷调解和翻译等。

2. 商业信息收集

唐廷枢帮助怡和洋行分析各种商业机会,并为各项业务的开展进行活动。根据年谱的介绍,唐廷枢不仅向中国商人推广怡和的保险股份,招揽保险业务,而且为怡和联系船运代理,开展福州、天津一带业务,分析各地米、盐、糖甚至鸦片的市场行情和投资机会③。

3. 财务管理

唐廷枢掌管怡和洋行的金库。尽管在接任买办后,怡和洋行的资金管理制度发生了改变,更多依靠上海的中外银行,但是,唐廷枢对资金的支配依然有很大的权力④。在19世纪60年代晚期,更随金融业务的发展,担负起拆票业务的职责⑤。

4. 保险和担保

唐廷枢为洋行在各地的中国买办或商人担保。这是当时的惯例,洋行通过买办与中国商人打交道,为保险起见,要求买办为中国商人担保,以杜绝买办和商人勾串。从刘广京提供的怡和档案中可以看到唐廷枢为中国商人担保并被牵连的事情⑥。而郑观应因担保失误,被港英政府扣押长达一年之久⑦。

通过这些商务、企业、管理和金融活动,唐廷枢积累了大量的经验,拓展了视野,为随后在轮船招商局和开平矿务局的发展奠定了基础。

---

① Hen-pi'ing Hao. *The Comprador in Nineteenth Century:China Bridge Between East and West*. Harvard University Press,1970:84.

② Hen-pi'ing Hao. *The Comprador in Nineteenth Century:China Bridge Between East and West*. Harvard University Press,1970.

③ 汪敬虞. 唐廷枢研究[M]. 北京:中国社会科学出版社,1983:164-173. 刘广京. 唐廷枢之买办时代[J]. 清华学报,1962(6):153-163.

④ 汪敬虞. 唐廷枢研究[M]. 北京:中国社会科学出版社,1983:161-162.

⑤ 汪敬虞. 唐廷枢研究[M]. 北京:中国社会科学出版社,1983:163. Hen-pi'ing Hao. *The Comprador in Nineteenth Century China Bridge Between East and West*. Harvard University Press,1970:86-87.

⑥ 刘广京. 唐廷枢之买办时代[J]. 清华学报,1962(6):152.

⑦ 易蕙莉. 郑观应评传[M]. 南京:南京大学出版社,1998:343-344.

第一章 从唐廷枢看近代中国企业家精神的产生与发展

十年买办生涯中,唐廷枢还开办了多家新旧企业,这种经营活动加上买办所获取的财富,使他在进入招商局前就成为殷实商人,并赢得了广泛的社会尊重①。

(四)进入洋务企业

在怡和洋行后期,唐廷枢的兴趣就逐步转向新式的轮船企业②。因而在推荐唐廷枢担任招商局总办的奏章中,李鸿章用了"精习船务生意的粤人唐廷枢为坐局商总"③这样的评价。

关于招商局的缘起已有诸多研究,从目前掌握的第一手资料看,同治六年(1866年),容闳、许道身就曾拟订一个轮船招商的章程④,但因故一直拖延未办,至1872年,李鸿章毅然奏请招商承办。开始委派的是负责漕运的沙船主朱其昂、朱其诏,本意是利用其漕运经验和沙船主的关系,达到创局和集资两个目的⑤。但是创办之初,集资过程并不顺利,到1872年(同治十二年年底),实收商股仅一万两⑥,动员江浙富商的目的也显然没有达到。而且李鸿章发现朱氏兄弟对经营近代企业也并不在行⑦。这使李鸿章不得不把目光转向与江浙商帮素相争胜的广帮商人,初想约请叶廷眷入局以招广商⑧,但最后还是确定启用唐廷枢为商总办,保留原来朱其昂为会办,负责漕运事宜。这种人事安排显然有以下几种考虑:首先对广帮商人办理漕运并不放心;第二,广浙商帮素来不和⑨,又都是势大财雄,为了集股,两派都有自己的代理人自是好办法。事实上,从招商局随后的集股情况上来看,这个目的是达到了,当时入股者以粤、苏、皖三省商人为主⑩。

唐廷枢是1873年中接手招商局的。由于唐廷枢在实业界声誉素著,因而其入局的消息传出后,获得了中外商人的齐声喝彩⑪。《申报》发表的看法代表了当时

---

① 唐廷枢不仅支持同学容闳的《汇报》,还是广肇公所的创办人。参见《唐廷枢研究》。
② 根据汪敬虞先生的《唐廷枢研究》所搜集的材料,唐廷枢在怡和时至少担任了两家外轮公司的董事,并附股多家企业,为怡和洋行撮合轮船代理等项业务。
③ 《洋务运动》六,89页。
④ 容闳:《西学东渐记》,149页,《中国近代航运史资料》,第一辑下册,779-781。当时容闳从苏州返沪,上奏清朝廷,请许道身代为捉刀。
⑤ 《中国近代航运史资料》,第一辑下册,781页。李鸿章在不同时期分别谈过委任朱其昂的目的。
⑥ 《中国近代航运史资料》,第一辑下册,786页。
⑦ 《中国近代航运史资料》,第一辑下册,839页。李鸿章评价朱说:"朱道熟识官场漕务,人尽知之,而与懋迁之辈,不甚通气。"993页,刘坤一认为:"朱其昂自知才力不及,于同治十二年,即邀唐廷枢、徐润接管,更定局章。"
⑧ 《中国近代航运史资料》,第一辑下册,787页。
⑨ 上引书,787页。易蕙莉《郑观应评传》对此有专门分析,见226-232页。
⑩ 郑观应:《盛世危言后编》,船务。
⑪ 关于唐廷枢进入招商局后各方的反应,可以参见陈绛.唐廷枢与轮船招商局[J].近代史研究,1990(2):35-37. 郝延平:《19世纪的中国买办》,140页。

的社会评价:"唐君阅历外务,洞悉西船载运法则,以此任属之,真可谓知人善任者也。想轮船公事从此日渐起色,其利益岂浅显哉。"①这之后,集股之事也出现了显著进展,至其履任时,就招商股 37 万两,实收 18 万两。至 1874 年招股已达 1 024 股,(每股 100 两),局中股本达 60 万两②。

除了在上海商界的声誉外,李鸿章聘唐廷枢入局主事,显然也是看中了他在航运业方面的知识和企业经营管理方面的经验,以及与洋商打交道的能力。反过来,进入轮船招商局,对唐廷枢也是一个重大的人生转折,从洋行买办转变为一个官督商办企业的管理者,从商人转变为一个近代的企业家。轮船招商局为他提供了一个宽广的舞台,在这里,在上述几个方面,唐廷枢不仅发挥了而且也发展了自己多方面的才能。

唐廷枢专心主持招商局局务不过三年时间,以后就兼顾开平矿务局开办和招商局的局务及市场开拓,常川驻局主持工作主要是徐润③。

除集股一项外,唐廷枢主要负责制度制定,组织与人事的掌管,市场开拓及其与洋行的竞争等几个方面的工作。依靠其良好的教育背景、长期的企业运作经验及对先进管理方式的掌握,这几个方面的工作均取得了相当的进展。下面对其工作做一基本概括,管理、制度和竞争方面的问题下节则有专题分析。

1. 市场拓展

由于唐廷枢担任买办期间的主要任务是开拓市场,他对揽载及各口岸的货流情况非常熟悉,因而在新航线的开辟上不仅重视,而且确实进展顺利。关于国内航线,他上任伊始,除上海、天津外,第一年便开辟了牛庄、烟台、福州、厦门、广州、香港、汕头、宁波、镇江、九江、汉口等江海局栈④。在唐廷枢经营招商局期间,他还陆续开辟了长崎、神户、新加坡、槟榔屿、安南、吕宋等国际航线。以后又在 1879 年开辟美国旧金山航线,1881 年开辟英国航线,并曾亲往巴西考察,拟开巴西航线⑤。并于南洋各国建立招商局分局,形成与太古等洋商全面竞争的态势。

2. 市场拓展和竞争

唐廷枢、徐润上任伊始就充分估计了与外国轮船的竞争方式和后果,对此没有丝毫的侥幸心理。他们认为,招商局以漕运为业务基础,加之国内企业费用节省,揽载

---

① 《申报》,1873 年 6 月 9 日。
② 《中国近代航运史资料》,第一辑下册,786 页。
③ 关于徐润在招商局的地位,需专文研究。
④ 《中国近代航运史资料》,第一辑下册,1002 – 1003 页。
⑤ 汪敬虞. 唐廷枢研究[M]. 北京:中国社会科学出版社,1983:179,196 – 198.

第一章 从唐廷枢看近代中国企业家精神的产生与发展

较易,因而不怕洋商削价竞争①。事实上,招商局刚刚开业,外国公司的竞争矛头就指向了它,1974 年福士报告说:"我们在他们轮船预定的启航的当天把运费减半。"②《申报》也说:"凡招商轮船有船将开,乃将水脚减去一半",但即使如此,"闻招商局争得货物,仍可较多云"③。在激烈的价格竞争中,招商局及外国公司太古、怡和和旗昌均感到极大的压力。招商局在收购旗昌后,也曾主动压价竞争,"企望最终他们能迫使英国公司承认整个长江贸易实际由中国人掌握"④。但是,这个目标显然没有达到。于是,唐廷枢、徐润与太古公司施怀雅签订了齐价合同,合同规定,长江各开放口岸生意,按招商局和太古公司五五和四五分账⑤。这样就避免了残酷的价格竞争,使招商局经营立见起色⑥。这成为后来与洋商竞争与妥协的例常办法⑦。

唐廷枢倾毕生知识积累和经验所办的最成功的企业是 1877 年开始创办的开平矿务局。与此前所从事的各项投资和企业活动不同,开平矿务局是一种新型的企业投资,规模之大,与招商局相垺,而从筹划到创办运转,均由唐廷枢一手操办,可以说是倾注了他的全部智慧和心血,成为继招商局后的一个百年佳作⑧。在开平矿务局创办后的 15 年的经营中,唐廷枢的管理能力、创新精神和经营智慧被最大限度调动了起来。

1876 年(光绪二年)九月二十九日,唐廷枢从李鸿章处领命对开平一带考察后写下了《查勘开平煤铁矿务并条陈情形节略》⑨,拉开了筹组开平矿务局的序幕。这篇 3 500 字的节略,对从开平的山川形势到未来的筹组方案做出了精到分析。文中对成本与价格,竞争与市场,产品与运输等做了全面的分析,在《满盘筹算》一节中,更是煤铁并举,对投资与回报、运输方式等做统筹考虑,文中所透出的理性精神和举办信心,至今读来依然跃然纸上。难怪李鸿章事后评价说:"唐廷枢熟精洋学,于开采机宜、商情市价详稽博考,胸有成竹。"⑩唐廷枢的精明不仅在生产经营,对于体制也有统一考虑。吸收招商局的教训,招收官股后,官方干涉,动辄得咎,因

---

① 见唐廷枢、徐润预算节略,《中国近代航运史资料》,第一辑下册,848 – 850 页。
② 刘广京:《英美在中国内河的轮船》,转引自《中国近代航运史资料》,第一辑下册,1164 页。
③ 《申报》,同治十三年四月二十八日,《中国近代航运史资料》,第一辑下册,1167 页。
④ 《申报》,同治十三年四月二十八日,《中国近代航运史资料》,第一辑下册,1207 页。
⑤ 《申报》,同治十三年四月二十八日,《中国近代航运史资料》,第一辑下册,1206 – 1213 页。
⑥ 《申报》,同治十三年四月二十八日,《中国近代航运史资料》,第一辑下册,1242 – 1242 页。
⑦ 招商局后来又在 1880 年和 1890 年与外国公司签订齐价合同。
⑧ 郑观应说过:"查中国所谓大公司者,惟电报局、轮船招商局、开平矿务局。"见《中国近代航运史资料》,第一辑下册,969 – 970 页。
⑨ 孙毓棠:《中国近代工业史资料》,第一辑下册,617 – 622 页。
⑩ 孙毓棠:《中国近代工业史资料》,第一辑下册,646 页。

此在开平招股中,他不招官股①,这在日后经营中省却了无穷是非②。

二、唐廷枢的管理思想和经营方式

唐廷枢一生留存的文字资料甚少,除官样文章外,很少有一手资料可供参考,更难深入其内心世界。这为研究唐廷枢带来了困难。但是,企业的风格就是管理者的风格,企业就是管理者和经营者的作品。下面就根据唐廷枢在轮船招商局和开平矿务局所留下的各种资料对其管理思想和经营方式做一初步分析。

(一)企业的治理结构

无论是在轮船招商局还是在开平矿务局,唐廷枢均坚持商办原则③。唐廷枢到招商局后,首先将原轮船招商官局的名称改为轮船招商总局④,表示其商办的立场。更重要的是唐廷枢对招商局中的治理结构重做安排,从中体现出其商办的决心与做法。

当时中国并无商律和公司律,一般官员和商人也没有新式企业治理结构的相应概念,既谈不上股东意识,也没有对管理者的切实约束。官督商办原则的提出,实际上是把监督权交与官府,这也是一种对投资者保护的制度安排。但是官场腐败,商办企业难免受其拖累。因而唐廷枢、徐润接办招商局后,确定商办原则,首先在治理结构上做出一些带创新性的制度安排:

1. 股东会议

首先是在招商局设立股东议事机制。唐廷枢制定的局规规定:"有关局务,以及更改定章,或添置船只,兴造码头、栈房诸大端,须邀在股诸人集议,择善而行,拂得偏执己见,擅动公款,致招物议。"⑤这为避免办事人员、管理人员擅权做出了制度约束,遇有重大问题先要集议。应该指出,目前所掌握的资料,这应该是中国企业最早的一项切实保护股东利益的措施,事实上是股东大会的雏形。同时也应当指出的是,并没有资料显示这项措施在招商局中被彻底遵行⑥,虽然如此,作为一种制度安排,这种思想在当时是先进的。

---

① 汪敬虞先生对此有评价,见《唐廷枢研究》,152-153页。
② 关于开平矿务局的股本构成,参见王玉茹. 开滦煤矿的资本集成和利润水平的变动[J]. 近代史研究,1989(4):148-166.
③ 关于商办原则,在唐廷枢的禀帖和奏折中多有反映,如"章程八条"等,参见《中国近代航运史资料》,第一辑下册,847页。
④ 关于商办原则,在唐廷枢的禀帖和奏折中多有反映,如"章程八条"等,参见《中国近代航运史资料》,第一辑下册,845页。
⑤ 《中国近代航运史资料》,第一辑下册,845页。
⑥ 只是在收购旗昌的过程中,有过大股东集议的事,从资料上推断,这种集议似乎经常进行,但缺乏完整的文字资料支持这种推测。

第一章 从唐廷枢看近代中国企业家精神的产生与发展

2. 董事会制度

董事选举和任期制度。按官督商办,商总、会办由北洋大臣檄委。但是,唐廷枢的局规仍然规定了商董、总董的推举制度:"每百股举一商董,于众董之中推一总董,分派总局各局办事,以三年为期,期满之日,公议或请留,或公举,仍由总局将各董职衔、姓名、年岁、籍贯,开单禀请关宪转大宪存查。"① 当时中国并无董事会建制,也没有选举习惯,这种制度是从西方企业那里学来的。局规中还规定了商总、商董的罢免和重选的制度:"商董若不称职,许商总禀请大宪裁撤,另行选举,商总若不胜任,亦应由各董联名禀请更换。"②

3. 商总负责制

局规规定:"商总为总局主政,以一二商董副之,如商总公出,令商董代理,其余商董分派各分局任事,仍归总局调度。"③ 这是明确的行政首脑负责制。在今天看来是常识性的事情,但是当时并非尽人皆知,直到20世纪初创办粤汉铁路时,行政机构还是分兵把口的体制。所以这种首脑负责、相互监督的体制在当时是先进的,与后来盛宣怀时期的督办负责制比起来,更显出唐廷枢时期制度的先进性。

这些措施大致勾画出一个股份公司的治理结构,其中选举监督和行政权利均有安排,尽管疏漏很多,很多措施还流于形式,但在当时的背景下④,这些制度安排已属可贵了。

(二)人事劳动制度建设

唐廷枢、徐润出自外国洋行,对西方企业管理制度的严格合理有深切体会,因而在轮船招商局和开平矿务局的经营中,始终注重管理制度的建设。

1. 人事制度

轮船招商局的用人明确规定按商局规矩办理,除商总、商董公举之外,其余人员选用遵循以下几个原则:首先是节省经费,不得人浮于事。据此原则,章程明确拒绝官方派出各种人员⑤。其次,司事人员的选用,除查明来历外,还要由董事具结担保,才能使用⑥,其余人员归总局聘用。这是一种集权的、商业

---

① 《中国近代航运史资料》,第一辑下册,845,847页。
② 《中国近代航运史资料》,第一辑下册,845页。
③ 《中国近代航运史资料》,第一辑下册,845页。
④ 关于当时股东与管理者的关系,基本是没有监督意识的。参见:陈锦江. 清末现代企业与官商关系[M]. 王笛,等,译. 北京:中国社会科学出版社,1997:79-81.
⑤ 《中国近代航运史资料》,第一辑下册,847页。
⑥ 《中国近代航运史资料》,第一辑下册,845-847页。

化的人事管理制度,实际上,轮船招商局的用人大权归唐廷枢、徐润,其余人很少能够染指①。这种大股东保举司事人员的制度在开平矿务局时期更加明确:大股可保举人员,"经试用如不合格,再由原荐者更换,但以一次为限"②。至于任何职务、多少薪水,则由局公定。这种人事安排在今天看来自是问题多多,但是在当时历史环境下,为避免人浮于事、徇情枉法的事情,确有实效。唐廷枢为此在招商局也得罪了不少人③。

2. 劳动管理

轮船招商局的各船及各分局、栈房工作人员的管理没有专条,基本采用的是承包制。而开平矿务局从一开始就对工人的录用、奖惩、管理及工资等立有专条专规。从机构上,开平矿务局立有考工房,负责工人的雇佣、记工考勤、工资发放及制修工人的管理④。对工人的劳动纪律,1882年制定了《窑工规条三十二则》,1887年修订为《煤窑工作规条二十八则》⑤。这不仅是开平最早的矿工管理制度,"也是中国煤矿较早较全的、具有近代工业企业性质的管理办法"。这两个规条对雇工的合同签订,凿石挖煤的作业规程、工价记账、违规处罚、工伤工亡的抚恤以及不准吸烟喝酒均做了规定,还规定了三班制的井下作业方式⑥。

不过,开平的早期劳动管理制度仍带有明显的封建性质,主要表现在里外工制度、把头制度⑦和对工人的设刑处罚制度⑧,尤其是包工头制度,后来成为阻碍煤矿管理的恶性肿瘤。

(三) 财务管理

财务管理包括以下几个方面:

---

① 盛宣怀作为会办曾想安排自己的亲友入局,委托朱其昂向唐廷枢通融被驳回。见:夏东元. 盛宣怀传[M]. 天津:南开大学出版社,1998:34-35.
② 《开滦煤矿志》,第三册,新华出版社,81页。下简作《开滦煤矿志》。
③ 唐廷枢致股东的说帖中曾愤然说道:"往往有人误会招商局系一官局,欲来谋事,欲受干脩,欲叨免水脚,欲借盘川等情,不一而足。而若辈因不遂所求,故造谣言,乃必有之事。"《中国近代航运史资料》,第一辑下册,824页。
④ 《开滦煤矿志》,第三册,131页。
⑤ 《开滦煤矿志》,第三册,203页。
⑥ 《开滦煤矿志》,第三册,203页。
⑦ 《开滦煤矿志》,第三册,169页;《中国近代工业史资料选辑》,第一辑下册,1245-1246页。
⑧ 唐廷枢以外来土棍勾结工人聚赌和土匪偷窃等为名,要求由煤矿就近处理,被李鸿章批准。见《中国近代工业史资料选辑》,第一辑下册,1243页。

第一章 从唐廷枢看近代中国企业家精神的产生与发展

1. 记账

轮船招商局和开平矿务局均采用传统的四柱记账法①。这是传统的记账方法,并没有采用西方的借贷记账法进行财务处理。

2. 核算

轮船招商局明确按船清厘,需列细账:"其进出钱数,每日有流水簿,每月有小结簿"②,"每届三个月小总,一年记大总。"③开平矿务局也实行类似的制度,但是更趋完善,《办事专条》规定:总账房专管银钱总账,一进一出,分门别户,留存该欠,逐日登记,每月一小结,每年一大结。总分各局所支工料、所收煤款,录登清白,所有本局银单存折地契粮串一切要件均归总账房注册收藏④。

3. 费用承包

轮船招商局从1879年后实行按分局的费用承包制度,以节省开支。开平矿务局也实行了类似的制度。

4. 利润分配

招商局内每百两提五两经费,官利十两⑤。如有盈余,八成作为股东溢利,二成分与商总、董事等人⑥。

无论是轮船招商局还是开平矿务局,整体的财务管理还是前现代化的方式,对流动资金和固定资产不作划分⑦。官利的提取虽是当时的惯例,但是,这种做法使股东兼有债主的身份,而轮船招商局开办的前几年甚至不提折旧,这是唐廷枢等人的取巧之处。

(四)企业的组织建设和控制方式

近代企业组织的实质是一种行政体系⑧。完善的组织研究20世纪才在西方开始,但是,近代企业组织在确定的治理结构之下,从其诞生之日起就开始发展了。以主要股东或合伙人兼任高级管理人员的企业组织,还是一种介于传统商业组织

---

① 四柱记账法按转、收、支、存四项分列,实际是流水账。
② 《中国近代航运史资料》,第一辑下册847页。
③ 《中国近代航运史资料》,第一辑下册845页。
④ 《开滦煤矿志》,第三册,新华出版社,713页。
⑤ 1884年改为官利六厘,见十二届账略,《中国近代航运史资料》,第一辑下册,979页。
⑥ 1884年改为官利六厘,见十二届账略,《中国近代航运史资料》,第一辑下册,847页。
⑦ 《开滦煤矿志》,第三册,新华出版社,714页。
⑧ 这是韦伯的观点,后来法国学者克罗齐埃发挥了这一看法,参见韦伯的《儒教与道教》,商务印书馆,克罗齐埃的《科层现象》(法文),上海人民出版社。

和现代企业组织之间的过渡性结构,并不属于现代企业行政组织①。显然,轮船招商局是典型的过渡性企业组织结构,开平矿务局则略有进展,但是离现代企业组织还有相当的距离。

轮船招商局的组织可以分为横向的总局业务结构、纵向的总分局结构及外围企业等三个方面。总局业务主要是漕运、揽载,还有就是管车、管银和管船等方面②。漕运揽载是业务,车船是从技术上的管理,银钱是财务经济管理。总分局结构包括中外27个分局机构,这是企业内的行政组织。另外还有通过投资形成的外围的关系企业,如保险公司、铁厂、矿山等。

在唐廷枢主政期间,轮船招商局组织体系最大的问题是组织或业务的二元化结构:即漕运与揽载在业务上的分离导致组织系统的二元化,并进而导致组织行为的二元化。

唐廷枢入局之后,李鸿章虽任命唐廷枢为商总办,但出于多种考虑,依然保留朱其昂的会办职务,并任命盛宣怀为会办,明确指定他二人负责漕运③。漕运是政府对招商局的支持措施,业务稳定、水脚很高。但是这种业务的存在,事实上导致唐廷枢和朱其昂的各负其责,而漕运一块独立于市场之外,导致招商局一方面不受市场约束,另一方面却又面临各方面的压力④。而这种分工在章程中也确有明确规定⑤,这就使统一指挥这一基本组织原则得不到完整的贯彻。

从业务上,开平矿务局较招商局更为复杂,不仅包括煤矿,还有运河、铁路、各地码头、矿区医院、修理厂,甚至还有水泥厂等,形成了一个庞大的企业组织系统。其中内部组织包括所谓的八大房(图1-1)。所属业务单位结构见图1-2⑥。唐廷枢在办理开平矿务局时力避官方干涉,为此决不吸收官股,因而企业组织基本保持了统一的指挥,避免了如轮船招商局那样的二元组织结构。

---

① 关于现代企业组织的特征,钱德勒在《看的见的手》一书中有明确的说明,即由多个部门构成,由支薪的中高层人员管理。但他认为,这种组织在美国到1840年还没有。而传统的企业组织是由合伙人或直接股东任高级管理人员占主导地位。参见钱德勒. 看的见的手[M]. 北京:商务印书馆,1987:2-3。

② 郑观应:《禀北洋李傅相条陈轮船招商局利弊》,见《中国近代航运史资料》,第一辑下册,1071页。

③ 《中国近代航运史资料》,第一辑下册,836页。

④ 正因为存在这块业务,所以各方人士纷纷插手,下面还要分析这一问题。

⑤ 《中国近代航运史资料》,第一辑下册,847页。

⑥ 《开滦煤矿志》,第一册,新华出版社,1998年。

第一章 从唐廷枢看近代中国企业家精神的产生与发展

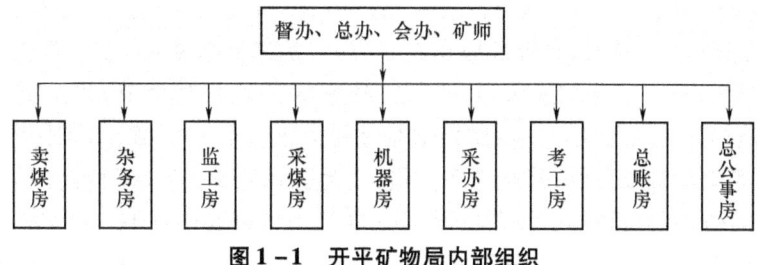

图1-1 开平矿物局内部组织

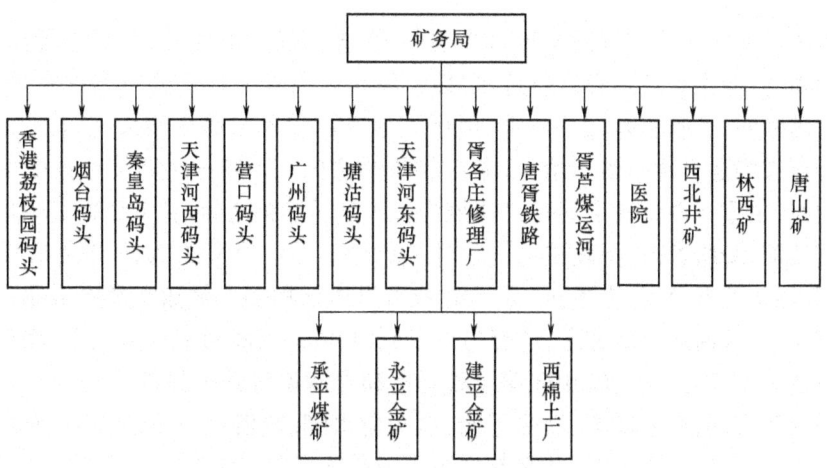

图1-2 开平矿物局所属业务单位结构

(五)管理方式的失误和改进

在轮船招商局的办理过程中,唐廷枢也有不少失误之处,其中重要的有以下两点:

1. 用人太滥

这一点屡被指责。这是御使董儁翰光绪三年上奏中的一个重点。在锺天伟《轮船电报如何剔弊持久策》中,指出招商局八弊,其中最后一弊就是:"用人太杂,不能事事秉公。"①马良《改革招商局建议》则指陈招商局的弊病,第一条就是用人之弊,失之太滥。并逐一指出:"甚至首领要缺,委之庖代,如北栈管总、广州局总、各船之总,皆不在其事,但挂名分肥而已。又局中司董,均无保单,故挂欠水脚,挪用银两,无从追缴。推其不用保单之故,因系总办亲友可靠,而不知舞弊则亲友更甚。'总'之缺,向归总办分派,非唐即徐,间用他姓,则须打通关节,与局中有力者

---

① 《中国航运史资料》,第一辑下册,1076页。

分做,即暗地分财之谓也。"①对此指责,唐廷枢、徐润有一个辩护:"关于用人方面,航海经商,本为粤人所长,且局商股东泰半粤人,是其多用粤人,与文案之多江浙籍人,可谓趋势由然。"②他们还认为,招商局系商办企业,一切撙节,并无用人太滥的问题③。他们认为这种议论的根源恰恰是在用人上他们坚持商办原则引致议论纷纷:"景星等禀除官场习气,裁汰漕务冗员,实为造忌之源。"④这确实点出了当时一个很大的问题。招商局早期经营中漕运一直是一个重要的财源,也是官府支持招商局的一个重要措施。因此,1873年唐廷枢任招商局总办后,漕运还一直由朱其昂负责,因而有各地官员借此荐人。关于招商局用人,李鸿章1877年(光绪三年)一个折子上这样认为:"又原奏用人太滥一节,查该局专讲贸易,所用必所习,与官场情形隔绝,应由该商总等自行选派,以一事权。臣等及各关道向无荐人之事,每遇载运漕粮时,各省容有转荐员绅,臣屡饬朱其昂等不可碍于情面,滥行收录。"⑤这等于说在漕运上确有碍于情面,滥行收录的情况。光绪三年御使董儁翰谈招商局问题时,也重点谈到这个问题:"闻该局每年遇运漕粮之际,各上级暨官亲幕友以及同寅故旧,纷纷荐人,函牍盈尺。平时亦复络绎不绝,所荐之人,无非各谋薪水起见,求其能谙练办公者,十不获一。"⑥这也可见唐廷枢等人裁撤冗员要得罪多少人了。事实上,招商局冗员充斥,还有另一个原因,就是招商局中官本太多,因而被一般官员认为是官局,从而转相推荐。唐廷枢和徐润说过其中甘苦:"往往有人误会招商一局系官局,欲来谋事,欲受干脩,欲叩免水脚,欲借盘川等情,不一而足。而若辈因不遂所求,故造谣言,乃必有之事。或受人所愚,徇情泄怨,欲将此局播弄,或将局员污蔑,亦难保其无。盖当道不知本局底细,不阅本局定章,不谙生意之道者甚多;而外又错认资本全是官款,或疑枢等藉此差使发财者,又甚多。"⑦郑观应更明确指出:"招商局因官有漕粮帮助,凡官荐之人,势不能却。"⑧总结招商局的经验教训,唐廷枢与徐润、叶廷眷重新拟订章程八条,增加了用人一节,并且在办理开平矿务局中,再也不招一分官股,以杜绝用人上的容情现象。

2. 靡费过多

这一点也是被指责最多的一项问题。连一向回护招商局的李鸿章也不得不私

---

① 《中国航运史资料》,第一辑下册,1080页。
② 《中国航运史资料》,第一辑下册,1032页。
③ 《中国航运史资料》,第一辑下册,898页。
④ 《中国航运史资料》,第一辑下册,1032页。
⑤ 《中国航运史资料》,第一辑下册,896页。
⑥ 《中国航运史资料》,第一辑下册,1029页。
⑦ 《中国航运史资料》,第一辑下册,825页。
⑧ 《中国航运史资料》,第一辑下册,1031页。

第一章 从唐廷枢看近代中国企业家精神的产生与发展

下承认:"招商局用费浮滥。"①唐廷枢接手招商局时所定章程,只有费用从收入中逢百扣五的规定,没有局费承包一项。因而招商局费用支出浩大,不仅社会上传言甚多,而且为此屡屡被参。更兼分局董事非亲即旧,因而招致批评,与用人太滥被联在一起,使问题更加突出。事实上,这个问题的背景很复杂,但最重要的是管理制度不健全的缘故。唐廷枢毕竟是买办出身,而招商局是一个总分机构27个的大型企业②,各分支机构在全国甚至世界星罗棋布,人员分散,管理手段也落后,因而没有一个好的制度建设是不能解决这个问题的。在1877年(光绪三年)招商局被参之后,光绪四年,叶廷眷进入招商局会办局务,对章程细加斟酌。他回忆这段时光时说:"鄙道服官虽久,于生意一途,实不明悉。1878年(光绪四年)秋间,朱道其昂故后,奉南北洋大臣禀派鄙道会办,饬令协同唐徐各道等认真整顿,以维大局。自知才力不及,彼时即力辞,未蒙宪允,捧檄回沪,即与原办各员筹商,设法整顿。只以源无从开,惟有节流一法,是以事之搏节,务期核实,并禀明试办一年,与唐道等和衷共济,勉撑危局。……迨十一月间返沪,适原办之唐道等均在沪局,互相商酌,变通旧章,将总分各局一切用费交款,责令经手之人,分别包办,大加节省。"③这次改革不止此项措施,最后形成了章程八条。这些措施,尤其是承包,在社会上引起积极反响。《华北捷报》谈到这次改革时说:"无疑五六年以前商人或买办的董事会采取的对招商局开销及管理的改革措施,吸引了许多中国资本家对招商局的信任。"④清政府内的官员对此次改革也给了积极评价。刘坤一谈到这个过程时说道:"自唐廷枢创立沪局,力图振作,始有转机。而盛宣怀于光绪三年,收买旗昌洋行轮船,自谓可以垄断,乃本届亏折更甚,其故何欤?自非唐廷枢等禀请叶廷眷入局督公,复联络太古、怡和洋行毋相搀夺,则招商局必不能支矣。臣调查叶廷眷经手办理第六届册报,是年进款颇少,而长银二十九万有奇;又查前届进款较多,而短银二十四万六千有奇。可见局务之赢输,不仅在生意之旺淡,叶廷眷一经搏节,即省出银五十三万六千两,此其明效大验也。"⑤李鸿章对此也赞不绝口:"道员叶廷眷……回沪与唐廷枢等商议,将总分各局用费,责成经手之人包办,稍得节省。"⑥

叶廷眷的入局和出局,引发了王先谦对招商局的弹劾,并促成了1879年唐廷

---

① 《中国航运史资料》,第一辑下册,1033页。
② 光绪三年,李鸿章奏折,《中国航运史资料》,第一辑下册,896页。
③ 《中国航运史资料》,第一辑下册,1039页。
④ 《中国航运史资料》,第一辑下册,842页。
⑤ 《中国航运史资料》,第一辑下册,1040页。
⑥ 《中国航运史资料》,第一辑下册,1039页。

枢对招商局的改革。章程八条就是在这种背景之下出台的。

上述问题的实质是管理问题,对此,赫德的报告说的很清楚:"该局之病首在缺乏历练,并不善于管理。"他认为,唐廷枢"论历练识见,似不足以专管如此之局","其他会办各员,历练更觉不足。"① 可贵的是,唐廷枢的改革取得了成绩。这次事件,不仅促使唐廷枢改进了招商局的管理,而且也使其对开平矿务局的管理有了更好的基础。

三、作为企业家的唐廷枢

尽管最早的现代企业诞生于英国②,但是关于企业家的职能、作用与精神的系统研究几乎是在法德学者中展开的。美国的中国研究者们,对中国早期工业化时期企业家的研究,主要依据熊彼特式企业家理论③。早期研究者根据熊彼特的理论,对照中国的情况,认为早期工业化过程中没有熊彼特意义上的企业家④。而近期美国研究者的研究,依据新发现的资料,并深入参照熊彼特的意见,认为中国不仅存在企业家,甚至存在企业家阶层⑤。而中国的研究者们,或明确认为盛宣怀为第一代实业家⑥,或径直认为唐廷枢等人称不上是企业家⑦。而郝延平则根据熊彼特的观点认为,买办是中国最早的企业家温床⑧。

为对此问题有一个大家能接受的讨论框架,避免各说各话,有必要把关于企业家创新的理论做一简单回顾。

最早对企业家功能进行研究的是重农学派的魁奈,其后不断有人拓展他的观点⑨。20 世纪初,法国学者芒图在其名著《18 世纪产业革命》一书中,从起源的角度探索了企业家的职能⑩。他把大工业的企业家的职能归结为以下几个方面:企业的组织才能,即筹集资本、制造设备等,以及劳动力的招募与训练问题;管理工

---

① 易惠莉. 郑观应评传[M]. 南京:南京大学出版社,1998:248-249.
② Schumpeter. *The Creative Response in Economic History*, Essays. Transaction Publishers, New Brunswick, 1997:256-257.
③ 费惟凯. 中国早期工业化[M]. 北京:中国社会科学出版社,1990:73. 高家龙. 中国的大企业[M]. 樊书华,等,译. 北京:商务印书馆,2001:9,335-340. 郝延平在《19 世纪的中国买办(英文)》215 页中均对此问题发表了看法。
④ 中国的大企业[M]. 樊书华,等,译. 北京:商务印书馆,2001:10.
⑤ 中国的大企业[M]. 樊书华,等,译. 北京:商务印书馆,2001:335-340.
⑥ 夏东元. 盛宣怀传[M]. 天津:南开大学出版社,2007.
⑦ 易惠莉. 郑观应评传[M]. 南京:南京大学出版社,1998:354-355.
⑧ 易惠莉. 郑观应评传[M]. 南京:南京大学出版社,1998:215.
⑨ Schumpeter. *The Creative Response in Economic History*, Essays. Transaction Publishers, New Brunswick, 1997:256-257.
⑩ 芒图. 18 世纪产业革命[M]. 北京:商务印书馆,1983:296-324.

第一章 从唐廷枢看近代中国企业家精神的产生与发展

厂,进行计划与监督;解决产品的销售问题①。熊彼特在 20 世纪中叶发表的一系列杰出论文不仅回顾了对企业家作用和职能的研究历史,而且系统分析了企业家的历史作用和具体职能。他认为,企业家与一般管理者的区别在于企业家对于环境变动做创造性反应,而不是适应性调整,因而企业家就是创新者②。他对企业家的具体职能做了如下分析:引入新的产品;在原有生产方式中引入新技术;引入新的商业组合,例如开辟新的市场或开拓新的供应渠道;对产业重组等③。

根据芒图和熊彼特所提供的关于企业家的参照标准和目前所掌握的材料,总体判断,说买办是近代企业家固然偏颇,但是,进入轮船招商局的唐廷枢是符合企业家标准的。

（一）寻找和引入新的产品与新的商业机会

唐廷枢早年在香港办过两个当铺④。进入怡和洋行后,初期所从事的也是的丝茶生意,目光主要还是集中在传统的商业形式上⑤。唐廷枢介入新式企业大约是在 1867 年以后谏当保险行(Canton Insurance Office)投资入股⑥。1868 年,他已担任了两家轮船公司的董事,介入了现代航运业⑦。唐廷枢介入轮船运输业的动机很少有史料说明,郑观应提供的一种说法是:唐廷枢从香港回沪,在船上遇见风浪,船主给乘客每人每天一瓢水,而船上的一群羊则无限供水,这促使唐廷枢介入轮船业⑧。这个说法缺乏足够的史料支持,但是,在进入轮船招商局前,唐廷枢就已自己投资进入航运业确是实情。1870 年 7 月,唐廷枢购买南浔号轮船,交怡和代理,并因此设立了自己的办事处⑨。在轮船招商局引入保险虽非始自唐廷枢,但是,唐廷枢是中国最早介入保险业的实业家,不仅做买办时就投资或代理保险业务,进入招商局后,更创立仁和水险公司⑩。除航运保险外,他创立的开平矿务局是中国第一家成功的机器采矿业企业,他还对石油、铁路、煤气、水泥等新式企业进行投资,有成有败。但是显然,1867 年以后,他的主要精力集中

---

① 芒图.18 世纪产业革命[M].北京:商务印书馆,1983:304 – 308.

② Schumpeter. *The Creative Response in Economic*. History,Essays,Transaction Publishers, New Brunswick 1997:221 – 230.

③ Schumpeter. *The Creative Response in Economic*. History,Essays,Transaction Publishers, New Brunswick 1997:225.

④ 汪敬虞.唐廷枢研究[M].北京:中国社会科学出版社,1983:158.

⑤ 例如他曾鼓动怡和洋行介入盐业和当铺。参见刘广京.唐廷枢之买办时代[J].清华学报,1961(6):156 – 162.

⑥ 刘广京.唐廷枢之买办时代[J].清华学报,1961(6):155.

⑦ 汪敬虞.唐廷枢研究[M].北京:中国社会科学出版社,1983:164.

⑧ 汪敬虞.唐廷枢研究[M].北京:中国社会科学出版社,1983:175.

⑨ 刘广京.唐廷枢之买办时代[J].清华学报,1961(6):166 – 167.

⑩ 汪敬虞.唐廷枢研究[M].北京:中国社会科学出版社,1983:183.

到新式企业的投资机会上来①。

（二）在原有生产方式中引入新的技术

唐廷枢在这方面的行为集中表现在开平矿务局的创办与发展上。开平煤矿的开采建议虽出自李鸿章，但是从勘察、计划、设计、集资筹办到运转成熟，都是唐廷枢一手操持，成为当时第一家采用机器开采的现代化煤矿。不仅如此，在开平事业的创立上，从一开始就有两点被唐廷枢反复强调，第一是煤铁共办，第二是采用铁路解决煤的运输问题②。铁路开办并非一帆风顺，开办铁路的建议一经提出，就遭遇各种反对意见：或者因铁路经过旗地，线路迂回，成本过大；或者担心北方车马过多③。火车开行后，一开始由自制的火车头"火箭号"拖动④，一段时间后，因言官连奏弹章："谓机车直驶，震动东陵，且喷出黑烟，有伤禾稼。奉旨查办，旋被勒令禁驶。"⑤后在唐廷枢坚持之下，才取消前令，又从英国进口两台机车⑥。这是中国铁路之始，仅此一项，唐廷枢就足以彪炳史册了。

（三）市场开拓与供货渠道开拓

这是唐廷枢有别于其他早期企业家的一大特征。轮船招商局在唐廷枢的主持下，总分机构共有27个，轮船不仅在中国沿江沿海航行，而且远航至南洋、日本及英美等地，业务推广不断向前。

事实上，唐廷枢已经具备了现代企业家的某些行为特征，他在招商局为管理全国的机构，几乎常年奔波在外⑦。其实，观察一下就知道，奔波是古代商人和现代企业家的共同行为方式，现场感和市场感只在这种奔波中才能被挖掘出来。

（四）集资和筹办企业

集资上的成功上很少有人能超过唐廷枢。

招商局在唐廷枢入主之前仅招到一万两银子。唐廷枢入局之后，招到现银18万两（最成功的招股是1889年开平的扩股）。

当然，唐廷枢不是现代企业家的理想类型⑧，但是作为中国早期工业化进程中企业家们出类拔萃的代表，他是当之无愧的。

---

① 参见汪敬虞《唐廷枢研究》中《唐廷枢年谱》有关内容。
② 唐廷枢：《开采开平煤铁并兴办铁路》，见《中国近代工业史资料》，第一辑下册，623页。
③ 《中国近代工业史资料》，第一辑下册，638页。
④ 《中国近代工业史资料》，第一辑下册，652页。
⑤ 汪敬虞. 唐廷枢研究[M]. 北京：中国社会科学出版社，1983：202.
⑥ 《中国近代工业史资料》，第一辑下册，650页。
⑦ 所以有人嘲讽地说道：唐道终年在外，徐道终年买地。
⑧ 理想类型是韦伯提出的一个概念，见《新教伦理与资本主义精神》一书52页脚注。

第一章 从唐廷枢看近代中国企业家精神的产生与发展

四、唐廷枢与中国企业家精神的成长

企业家职能不一定是由一个人来体现的,经常是体现在一群人或一个机构的功能上①。因此,承担企业家职能并不意味着他就是企业家,只有具备了企业家的精神,才能称为真正意义上的企业家。同样,作为企业家基础的企业家精神也常常是与企业的组织形式分离的②。企业家精神是市场经济中最活跃的、最具创造性的因素之一。关于企业家精神的最著名的讨论是围绕着韦伯的《新教伦理与资本主义精神》一书展开的,这是韦伯一个广泛的社会研究计划中最引人入胜的结果。虽然韦伯研究了资本主义精神③,并在他的另一部著作《儒教与道教》中对中国企业家精神之所以没有成长也做了分析。但是,至少在中国,很少有人把他的理论引入到历史分析中来,相反围绕着韦伯命题展开的关于东亚现代化和儒家历史命运的讨论倒确实是热火朝天。

韦伯在这部著作中讨论了新教伦理与资本主义精神的发生之间的关系。

韦伯的中心论点留下了几个重要的子命题:①什么是资本主义精神;②资本主义精神的产生;③新教伦理促生的企业家精神所特有的精神气质④。从第二个子命题中派生出来的问题是儒家伦理与资本主义的关系,这曾引起广泛的讨论。但是,对于这个问题,本文无法提供任何赞成或反对的意见;相反,韦伯的观点却在一些关键点上引导和支持了本文所发展的假设。

按照韦伯的看法:"资本主义精神的发展完全可以理解为理性主义的整体发展的一部分。"⑤资本主义精神确实有一系列外在的表现:节俭、守信、守时、富有进取心等,但是,近代企业精神的内在要求却是合理化。奇怪的是,合理化的手段却守着一个非合理化的前提:即否认享乐主义⑥。韦伯分析中最引人入胜的部分就是对新教伦理促成资本主义精神成长的部分,同时,在《儒教与道教》的讨论中,韦伯堵死了中国儒道伦理与企业家精神之间关系的进路。学者们近来进行了修正性的讨论⑦。唐廷枢确实为中国企业家精神的成长做出了自己的贡献。不过追溯唐廷

---

① Schumpeter. *The Creative Response in Economic History*, Essays. Transaction Publishers, New Brunswick, 1997:270.
② 韦伯. 新教伦理与资本主义精神[M]. 北京:商务印书馆,1987:48.
③ 韦伯在其著作中并未在资本主义精神中明确区分资本家精神,他谈到过适应资本主义的劳动者精神问题,但是,他的讨论重点依然是资本家精神,参见《新教伦理与资本主义精神》第二章中的相关分析。
④ 韦伯明确提出这一点,并指出这是最难把握的问题,参见《新教伦理与资本主义精神》,142页。
⑤ 参见《新教伦理与资本主义精神》,56页。
⑥ 参见《新教伦理与资本主义精神》,37页。
⑦ 见杜维明《现代精神与儒家伦理》中的回顾性讨论。

枢的经历,根本无法证明儒家伦理在其中的作用,反倒可以说,他的成长可以确认韦伯提出的假设。

唐廷枢某些反思性的看法确实在同时代人之上,如他对商人的社会作用和地位的认识:"商人践土食毛,为国赤子,本不敢于官商二字,稍存区别。"①19 世纪 70 年代,中国近代的意识形态虽在开始发生变化,对社会四民等级认识的传统开始背离,但是,公开宣称官商一体,并要官尊重商,这在当时还是很罕见的。不过,除了凤毛麟角般的反思性言论之外,最重要的是唐廷枢处处表现出来的内在的理性主义。

唐廷枢的理性主义精神,集中体现在其对企业经营的冷静算度与非人格化的管理方式。企业家应该是理性的化身,除了赢利目的本身是非理性的之外,其一切行为都以赢利为旨归,按照理性原则从事企业活动。这一点可以说在唐廷枢身上完整地体现了出来。理性主义的企业活动首先表现在对企业实行新式的核算制度上,唐廷枢在轮船招商局和开平矿务局中,曾反复强调"事属商办,似宜俯照买卖常规,庶易遵守。"②所谓买卖常规,当然不止核算一条,但是核算确实是其中最重要的一条。理性主义还表现在对科学的尊重③,在开平矿务局的举办中,唐廷枢深入现场,严密调查,并且依赖科学,从而得出符合实际的结论,保证企业一举成功。近代企业家精神的进取心也被韦伯反复强调④。唐廷枢一生,不断在实业上推进,由商业而航运业,由航运业而采矿业,而铁路、而电报、而保险……不一而足。对旗昌的购买是中国近代第一宗购并案,与太古、怡和的价格竞争是中国有史以来规模最大的与外国企业的商业竞争。他心无旁骛地在实业界中扩展,可以说是最有进取心的企业家了。近世企业精神不是孤立地存在于企业之中,而是企业家对整个世界所采取的一整套理性主义观念中推导而出的。唐廷枢确实具有这样一种理性主义的世界观。在对轮船招商局的改革上,在对开平矿务局的管理上,他的适应环境、与时俱进的精神都是可贵的。在唐廷枢的行为中确有一种冷峻的理性主义贯穿其中。

支持唐廷枢理性主义的显然是与传统儒家伦理不同的另一种道德伦理。这种伦理是以追求合理化为核心,有很强的功利性,与传统追求至善的伦理有本质的区别。在唐廷枢的行为言论中这种伦理处处均有体现。对这种伦理的评价不能由传

---

① 招商局章程八条,见《中国近代航运史资料》,第一辑下册, 847 页。
② 招商局章程八条,见《中国近代航运史资料》,第一辑下册,847 页。
③ 韦伯说:"资本主义的独特的近代西方形态一直受到各种技术可能性的发展的强烈影响。其理智性在今天从根本上依赖于最为重要的技术因素的可靠性。然而,这在根本上意味着它依赖于现代科学,特别是以数学和精确理性实验为基础的自然科学的特点。"韦伯. 新教伦理与资本主义精神[M]. 北京:商务印书馆,1987:14.
④ 韦伯. 新教伦理与资本主义精神[M]. 北京:商务印书馆,1987:48 - 49.

第一章 从唐廷枢看近代中国企业家精神的产生与发展

统的至善的伦理出发。应该说,唐廷枢基本能恪守商德,因此不像当时的买办商人那样丑闻缠身,不仅盛宣怀、徐润,即使郑观应也因挪用亏欠而官司缠身,名声受损。而唐廷枢则对金钱谨慎处置,这也是他有很高人望的重要原因。他当然不是传统意义上的道德楷模,但是在开启商业社会道德规范上确实起着开山的作用。从这个意义上,唐廷枢为中国的道德建设注入了新的因素,即由德行的道德向规则的道德过渡,为现代商业道德建设提供了一个样本①。

与同时代甚或稍后的企业家比起来,唐廷枢所表现出的精神气质和这种冷静态度,以利害为基础的企业家精神与伦理道德确实是一种孤独的存在。他不同于郑观应的大声疾呼,也没有张謇那种以天下为己任的古典抱负,在行为中看不到盛宣怀那种权术叠出的官场作风,与一般买办的唯利是图也有区别。读过现在所能够看到的相关资料后,对他的印象就是精明、务实、可信、干练,是可以倚重的企业家。问题是,这种精神气质是如何产生或养成的?追溯这一点对理解中国近代企业家精神的起源有重要的启示作用。

对唐廷枢的精神成长起重要作用的早期因素应该是教育和家庭。下面就这两个因素对唐廷枢精神成长的作用做一简略分析。

(一)唐廷枢的家族

广东是中国家族势力最为强大的地区之一。按照韦伯的看法,家族观念是近代资本主义精神尤其是企业家精神发展的巨大障碍②。把事务与家庭分离是近代企业组织发展的前提之一。关于家族观念阻碍中国近代企业家精神形成的观点,集中表现在马里恩·利维的研究中。他认为,中国商人把资本用于追求绅士地位,并要求其子孙也这样做,从而阻碍了企业家精神的形成。他指出,家族观念在两个方面阻碍企业家精神的形成:首先是在价值观上,中国商人认为最成功的商人其后代应当不是商人。另外,家族导致的裙带关系也阻碍企业的发展和企业家精神的形成③。高家龙认为家族观念对中国近代企业精神的形成有负面作用,但是,不能否认家族在早期工业化过程中的作用:"企业家创新精神要么因家庭关系而加强(企业家可据此筹集资金,组成像南洋那样可信的企业组织),要么受家庭关系的束缚(它使不那么具备企业家能力的管理人员居于要职)。"④这一观察应该说是全面的。

确实,在中国早期近代企业的发展中,家庭在资金筹集中起过极大的作用。以

---

① 石元康. 从中国文化到现代性:典范转移[M]. 北京:三联书店,2000.
② 韦伯. 新教伦理与资本主义精神[M]. 北京:商务印书馆,1987:11-12.
③ 高家龙. 中国的大企业[M]. 樊书华,等,译. 北京:商务印书馆,2001:10.
④ 高家龙. 中国的大企业[M]. 樊书华,等,译. 北京:商务印书馆,2001:340.

唐廷枢创立的开平矿务局为例,该矿之能筹集巨资,主要是通过故唐茂枝氏的巨大势力和努力奔走。这位哥哥对事业心更强的弟弟在这个事业上的帮助非常得力①。这种现象在中国早期企业史上不是孤例。谈到轮船招商局集资过程,唐廷枢和徐润亲朋的作用是巨大的,甚至唐廷枢能顺利离开怡和洋行也得益于其兄接替其总买办的职位。

在近代中国早期企业家家族当中,唐家也是一个特殊的家族。

唐廷枢的父亲是美国布朗的听差②,因而唐廷枢能够成为马礼逊学校的第一批学生。据文献,唐廷枢之兄唐茂枝也是布朗的学生,也有说是广州一所教会学校的学生③。1844年,唐茂枝进入华人香港户籍司,充任翻译④。五年后,1849年,唐茂枝来到美国旧金山,很快成为当地侨领,为维护华侨利益做了大量工作。汪敬虞先生对其做了如下评价:"在唐茂枝的青年时期,亦即在他从美国回来前的一段时期,他是19世纪中国最先接触西方科学和文明的人物之一。他早年在美国的一段历史,是一个爱国者的历史,具有鲜明的开拓型的经历。"⑤1861年后唐茂枝回国发展的经历曲折。但是,汪敬虞先生认为,这"反映了中国资产阶级产生的曲折过程"⑥。

从唐茂枝和唐廷枢的经历来看,尽管他们都有供职洋行和殖民政府的经历,但是,从他们的经历和归宿来看,称得上爱国者。

中国确有商人后代读书取士,以求正途的传统,很多文献对此做过广泛的研究。但是,唐家兄弟的后代几乎都是中国第一代留学生,而至今没有看到参加科举考试的记录。这当然和唐茂枝兄弟的经历有关。事实上,当时一般家庭对容闳所组织的留学美国并没有太大的兴趣⑦。

唐廷枢之子唐国安、唐茂枝之子唐杰臣及其家族成员唐绍仪等,均为最早的官费留美学生。在以科举取士的年代,家族的这种选择的意义,自有专家评论。但是从子侄辈后来大量从事工商教育事业的结果来看,唐氏家族的传统与中国普通士

---

① 《捷报》1897年9月3日。转引自:《唐廷枢研究》,155页。
② 汪敬虞. 唐廷枢研究[M]. 北京:中国社会科学出版社,1983:154.
③ 汪敬虞. 试论近代的中国的买办阶级[J]. 历史研究,1990(3):90. 根据 Chinese repository,1839年时,当时学生有6人。容闳《西学东渐记》记他1841年入学时五名学生中没有唐茂枝,而广州和香港当时并无其他教会学校。英华书院1843年才迁来香港。根据布朗1843年在马礼逊基金会上的报告,1839年六名学生中,只有一人是唐家镇人,参照《西学东渐记》,这个人显然应是唐廷枢。因此,大致可以断定唐茂枝不是马礼逊书院的学生,但是从他的经历来看,应该是受过较好的外国教育。
④ 汪敬虞. 试论近代的中国的买办阶级[J]. 历史研究,1990(3):90.
⑤ 汪敬虞. 试论近代的中国的买办阶级[J]. 历史研究,1990(3):93.
⑥ 汪敬虞. 试论近代的中国的买办阶级[J]. 历史研究,1990(3):93.
⑦ 容闳招第一批留学预备班时,在上海的30个名额没有招满,只得赴港继续招生,其中半数为香山县人。见容闳《西学东渐记》,154页。

第一章 从唐廷枢看近代中国企业家精神的产生与发展

大夫家族不同,甚至与普通商人家族也不同。这对家族内部企业家精神的薪火相传是起到促进作用的。汪敬虞先生评论唐茂枝之子唐杰臣创立新式企业时说:"儿子实现了父亲的遗愿,完成了内地上海自来水公司的创建,并担任了公司的总董。成功地克服了所有的中国现代企业在中国官场和商界中所面临的困难。他不仅投资工业,而且涉足矿业和航运。他曾是开平煤矿的大股东,又是运河轮运的筹办者,他还办新式医院、新式学堂,提倡科学技术活动。在他去世之前,当上了上海商业会议公所的总董,成为上海资产阶级的头面人物。"①唐廷枢家族的这种结构既是他成长为第一代企业家的原因,也是其企业家作为的结果。

(二)唐廷枢的早期教育

追溯唐廷枢的早期教育,对理解唐廷枢的一生有重要意义。

唐廷枢自称受过"彻底的英华教育"②。他是中国第一所新教创办的教会学校——马礼逊学校第一批六名学生之一,于1839年11月4日③在澳门入学④。

马礼逊学校是为纪念第一位新教来华传教士马礼逊所建,属马礼逊教育基金会。学校的主持人布朗毕业于耶鲁大学,是美国长老会教徒,1839年受美国耶鲁大学三位教授推荐,接受马礼逊基金会的聘请,来华创建马礼逊学校。1839年学校开学后,布朗把课程安排为半天中文,半天英文,每天早晨六点起床,晚上九点睡觉。除了八个小时的学习以外,其余时间是课外活动,包括体育和游戏⑤。除了上午中文,下午英文以外,课程还包括算术和地理。1842年11月,马礼逊学校迁往香港。学生人数增加到20余人,课程也渐趋正规,中英文以外,还有地理、历史、算术、代数、几何、初等机械、生理学、音乐和化学等,除中文外,所有课程均为英文讲授。

---

① 汪敬虞. 试论近代中国的买办阶级[J]. 历史研究,1990(3):94-95.
② "Having received a thorough Anglo - Chinese education",见刘广京. 唐廷枢之买办时代[J]. 清华学报,1961(6):165.
③ 容闳《西学东渐记》记载为11月1日。事实上,当时马礼逊学校的负责人布朗夫妇是11月1日搬入学校,于11月4日开学的。容闳的著作写于此事半个多世纪后,记忆不确之处很多。参见 Chinese Repository Victoria, Hong Kong,1841:569.
④ 根据容闳《西学东渐记》记载,容闳于1841年入学时(其实是1840年11月),当时在校学生六人,包括唐杰。根据沈潜、杨增麒注解,这个唐杰就是唐廷枢。而马礼逊基金会提供的报告中指明,在容闳入学前,学校曾收过两批学生,第一批六人,第二批四人,到1840年11月容闳入学时,只有四人在校。其中唐家镇的学生只有一名(唐廷枢为唐家镇人),注音名字为 ACHIK,此人应为唐廷枢。文件记载他入学时年龄11岁,按中国记岁的方法,应为1829~1830年初生人。汪敬虞先生《唐廷枢年谱》引《徐愚斋自叙年谱》的资料认为,唐廷枢1842~1848年在马礼逊学校学习,因资料最初来自报纸,可靠性较低,应以容闳所记及当时文献的记载为准。如果这个结论是正确的,唐廷枢的出生年月就被上推到了1829~1830年了。
⑤ The Third Annual Report of the Morrison Education Society, *Chinese Repository*,1841:569.

沉重的启航——晚清企业精神的兴起

唐廷枢在这所学校所受的教育对其知识结构和人格形成有重要的影响。从知识上看,他是第一批学生,布朗倾注的心血最多,而且他完整经历了八年学习,因此可以说,他是马礼逊学校中受到最完整教育的几个学生之一。通过学校的教育,唐廷枢比较全面地掌握了近代西方的科学技术知识和文化基础,并且很好地打下了中国传统文化的基础。他所受教育比较全面,并且水准也很高①,从他以后的工作经历上可以看出这种知识的影响。学校对学生教育的另一成果是精神上的影响,这一点较为复杂。总的讲,布朗先生有很完整先进的教育观念,在1840年4月29日第一次向基金会做的报告中,针对马礼逊学校的办学宗旨,布朗谈了自己的教育理念:"这不仅仅是一个教学机构,更是一个教育机构,它的目的是从体力、智力和道德上训练完整的人。"②从布朗提供的历次报告中看,对学生的道德教育一直被放在一个重要的位置上,关于上述观念,也被他反复强调。如1844年的报告中,他针对中国传统教育的缺陷提出:教育应当训练人从事健康、优雅的活动,发展人的智力、体力、情感和良好习惯③。在教会学校学习,自然要接受新教教义的灌输,1843年,学校将《圣经》列为必修科目,使学生接受西方科学的同时,也接受西方的伦理价值观念。这种教育对学生的影响是深刻的,唐廷枢一生行事严谨规范,不能不说是这种教育的结果。

从目前留下的文献资料上,很难直接窥到唐廷枢的内心世界,其中一些关于个人的重大决定究竟怎样做出,至今人们也无法知道他经历了怎样的心路历程。但是,他在马礼逊学校所受的早期教育却能给我们观察他的精神世界提供某些线索。在接受了西方的科学教育后,学生们理解了知识的作用,一个学生以《知识就是力量》为题写了一篇作文,对知识与国家富强、民族昌盛的关系做了论述④。而新教伦理也随着教育渗入学生的思想中,一篇学生的习作认为:"劳动应被认为是人生中一件最重要的事情。"⑤这一观点对理解唐廷枢至为重要。韦伯在《新教伦理与资本主义精神》一书中,对起自路德宗经加尔文宗到清教的教义演变进行了追溯,认为从使命(Calling)到命定论直至对劳动的肯定这一认识是近代资本主义精神的重要源头和基础。马礼逊学校学生的这种看法显然是接受教育的结果。这为我们观察唐廷枢的内心世界提供了一个重要的视角。我们可以从唐廷枢一生看到这种

---

① 关于马礼逊学校的教学水平,根据容闳等人留学美国的经历推断,八年教育应大致相当大学预科的水平。
② The Third Annual Report of the Morrison Education Society, *Chinese Repository*,1841:569.
③ The Sixth Annual Report of the Morrison Education Society, *Chinese Repository*,1844:631.
④ 顾长声. 从马礼逊到司徒雷登[M]. 上海:上海人民出版社,1985:98.
⑤ 顾长声. 从马礼逊到司徒雷登[M]. 上海:上海人民出版社,1985:99.

第一章 从唐廷枢看近代中国企业家精神的产生与发展

教育的影响:即对劳动和世俗职业的肯定的道德评价。这可以解释为什么唐廷枢可以平静地辞去政府的职务转而从商,更可以解释为什么唐廷枢可以很快从买办转入洋务企业,而没有如郑观应那样掀起巨大的心理波澜①。事实上,唐廷枢所受教育使他对商人地位有不同于当时人的评价。1873年他接手招商局时,在所制定的章程中就骄傲地宣布:"查商人践土食毛,为国赤子,本不敢于官商二字,稍存区别。"②19世纪70年代,中国社会还很守旧,商人地位不要说和官员不能比,就是和农工相比,也是等而下之的。但是,唐廷枢不但把官商并提,甚至斗胆请官员在企业中回避,这应当是其发自内心的一种反应。

在马礼逊学校学习期间,唐廷枢于1843年冬被派往上海一个外国人办公室做助理,实习一年。对这段实习,马丁基金会1844年年会上的发言中给予了很好的评价:"他们③的良好个性使他们成为办公室中自信和可信赖的助手。"④

应该说,马礼逊学校的教育使唐廷枢有了一个较为完整的知识结构和一个健全的心智结构,使他的识见远在当时一般中国知识分子之上。这为其一生的事业奠定了基础。

按照马礼逊学校的学制,唐廷枢应在1848年左右毕业。有史料记载,其毕业后曾入英国教会学校继续学习,根据相关资料推断,这所学校应为英华书院。这所学校是马礼逊于1820年在马六甲创立的,1843年迁往香港⑤。这所学校在马六甲时的目标是培养传教士,迁往香港后,成为招收当地人的教会学校,当时的校长是理雅各(James Legge),唐廷枢如果确实进入这所学校的话,则他的学习一直持续到1851年进入香港殖民政府工作为止。

五、结论

把唐廷枢一生作为个案,可以较为明确地观察到中国近代企业家和企业家精神的起源:唐廷枢受过系统的西方教育,基本上接受了西方的知识体系和价值观;在西方人主导的政府机构和西方企业的工作经历,使唐廷枢又较为系统地掌握了近代企业的管理方法和管理制度。他的后半生一直在为发展民族产业和民族企业努力。利用他的知识和管理能力,不仅使他主持的轮船招商局和开平煤矿成为当时国内的一流企业,而且直接带动了19世纪70年代末期中国第一次近代投资热

---

① 关于这一点,参见汪敬虞. 唐廷枢研究[M]. 北京:中国社会科学出版社,1983:151-152.
② 招商局章程,《中国近代航运史资料》,下册,847页.
③ 当时同时实习的还有一位新加坡籍的学生.
④ The Sixth Annual Report of the Morrison Education Society, *Chinese Repository*, 1844:620.
⑤ 顾长声. 从马礼逊到司徒雷登[M]. 上海:上海人民出版社,1985:124-125.

潮,促进了民族产业的发展。

仅从唐廷枢的个案来观察,发源于西方的企业家精神是通过教育和创办企业平行移入中国的,这为中国近代民族精神的成长注入了新的要素。这是观察唐廷枢的一个重要收获。

唐廷枢的个案有某种特殊性:他是当时企业家中接受西方教育最系统的,并且有在西方官僚机构和第一流企业的工作经验,这种经历是独特的。可以说,他的科学素养、知识结构及管理能力远在同时代一般中国企业家之上。唯其如此,使唐廷枢在同时代人中略显孤独。而这提醒我们,在观察近代中国企业家精神起源时,唐廷枢的个案仅提供了一个很特殊的角度。而对中国近世企业家精神的起源和发展,我们仍需做更广泛的调查和案例分析。

第二章
马礼逊学校研究[①]

马礼逊学校是中国19世纪中叶第一所系统提供西方教育的学校。虽然存在的时间很短暂(1839~1850),但是马礼逊学校几十位学生中涌现了中国19世纪后半期一大批杰出的人物,包括周文、容闳、唐廷枢、黄宽等在各方面做出过杰出贡献的政治家、实业家和科学家等。

一、学校的创办

马礼逊学校全称是马礼逊教育基金会学校(The School of the Morrison Education Society),附属于马礼逊基金会,是中国19世纪中叶第一所系统提供西方教育的机构。

(一) 背景

马礼逊基金会是为纪念第一位来华的新教传教士马礼逊爵士所设立[②]。马礼逊不仅是第一位来华传教的新教传教士,而且把圣经译为中文,并编纂了第一部《华英字典》[③]。1834年8月1日马礼逊逝世于广州[④]。为纪念这位传教士,1835年,寓居澳门的西方商人发起筹建马礼逊基金会。1836年9月28日在广州的美国商馆举行了马礼逊教育会成立大会。大会通过了章程[⑤],理事会于1837年9月和1838年10月先后召开了第一届和第二届年会。大会向英美两国发出呼吁,请他们派遣教师来华办学,经费由基金会支付[⑥]。呼吁发出后,英国方面没有反应,而美国耶鲁大学三位教师古德里奇、吉布里和赛来门(Silliman)从耶鲁毕业生中选择了

[①] 关于新教在传教中传播西方科学知识的研究,一直认为新教在19世纪中叶对举办教育持否定态度,这种态度的转变发生在新教传教士在华第一次大会(1877年)前后,此后状况才发生变化。但是,本文提供的资料说明,至少在1840年前后,新教传教士就曾通过办学的方式系统地传播西方科学知识,并且在中国社会的精神发展中起到了积极作用,尤其是容闳和唐廷枢兄弟。

[②] 见容闳. 西学东渐记[M]. 郑州:中州古籍出版社,1998:73-74.

[③] *Chinese repository*, Victoria, Hong Kong, 1835:249-251.

[④] 见顾长声. 从马礼逊到司徒雷登[M]. 上海:上海人民出版社,1985:95.

[⑤] 见顾长声. 从马礼逊到司徒雷登[M]. 上海:上海人民出版社,1985:95.

[⑥] The Third Annual Report of the Marrison Education Society, *The Chinese repository*, Victoria Hong Kong 1841:567.

塞缪尔·罗宾斯·布朗(Samuel Robbins Brown)作为教师派往中国,时任耶鲁大学校长的杰里迈亚·戴(Jeremiah Day)博士于1838年10月12日,在布朗夫妇来华前夕,亲自签署介绍信,对布朗的资格做了肯定。

1838年10月17日,布朗夫妇登上了马礼逊号帆船,经过四个月零六天的航行,于1839年2月23日到达中国,次日在澳门登陆,然后启程去广州。在广州,布朗夫妇受到基金会理事们的欢迎。在广州期间,布朗详细了解了基金会办学的要求、计划及课程安排的打算,然后就回到澳门,一边筹备马礼逊学校,一边学习汉语①。

经过一年半多的准备,马礼逊学校1839年9月4日开学②。

（二）马礼逊学校的宗旨

马礼逊基金会是为纪念传教士马礼逊所设,其成员也很复杂。这其中既有传教士,也有政治家,还包括像颠地这样的不法商人,甚至颠地曾被选为会长。因而,在对办学宗旨的看法上,有相当大的差异。学校章程规定:"本教育会的目标,是采取开办学校和其他办法,改进和推动中国教育。"③但是,在对举办马礼逊学校的看法上,基金会理事们是有差异的,颠地在1841年9月29日基金会第三次理事会的会议中,列举马礼逊学校学生在鸦片战争早期入林则徐幕做翻译的例子④,宣称要用西方教育来"消除这里人民反对外国人的偏见"⑤。而作为马礼逊学校实际主持人的布朗则对办学宗旨有另外一种不同的表述:"这不仅仅是一个教学(teaching)机构,更一个教育(education)机构,它的目的是从体力、智力和道德上训练完整的人。"⑥作为传教士,布朗当然不放弃对学生进行宗教灌输,但是,在其主持马礼逊学校的七年中(1839~1846年),他始终关注的是学生心灵智慧的开发和知识的启迪,力图把学生训练为"更勤奋、更可靠、更有活力和更有秩序、更快乐、有远见和节俭的人,使他们成为社会中有价值的成员"⑦。

---

① The Third Annual Report of the Marrison Education Society, *The Chinese repository*, Victoria, Hong Kong 1841:567-569.
② 《西学东渐记》误为9月1日,事实上是布朗夫妇于1839年9月1日搬入基金会租用的房屋。
③ 顾长声.从马礼逊到司徒雷登[M].上海:上海人民出版社,1985:95.
④ 关于这个学生,根据容闳《西学东渐记》及注释,应为周文,其在林则徐幕中,所译英文书报成为后来魏源撰写《海国图志》的资料来源。参见《西学东渐记》沈潜、杨增麒注,76页。
⑤ The Third Annual Report of the Marrison Education Society, *The Chinese repository*, Victoria, Hong Kong 1841:566.
⑥ The Third Annual Report of the Marrison Education Society, *The Chinese repository*, Victoria, Hong Kong 1841:569.
⑦ The Sixth Annual Report of the Marrison Education Society, *The Chinese repository*, Victoria, Hong Kong 1844:639.

第二章 马礼逊学校研究

没有必要美化布朗等人,他们在教学中肯定向学生灌输多种不同的政治观念,其中包括不适当的东西。但是,马礼逊学校这种开放心灵式的教学宗旨,培养了学生独立思考的能力,因此,在长期接受西方教育之后,马礼逊学校中最优秀的毕业生仍然是19世纪中国可敬的爱国者。

二、马礼逊学校的教师与学生

马礼逊学校在其十年的存续时间中,共有布朗和威廉·麦西(William Macy)两位专职教师,多位兼职教师,先后在校学习的学生达50人以上,其中不乏以后对中国做出巨大贡献的人。

(一)布朗

作为马礼逊学校的实际创办者,布朗先生主持校务达七年之久,对马礼逊学校的创办与发展做出的贡献是其他人无法比拟的。

布朗是美国长老会信徒,1810年6月生于美国康涅狄格州,1839年被封为牧师。根据耶鲁大学校长所签发的推荐信可知,布朗先生是耶鲁大学1832年的毕业生,在校取得学士学位后,在纽约市一间聋哑学校担任教职,对于布朗这一段工作经历,校长在推荐信中引用其他同事的看法所做的评价是:"不同寻常的热情,精力充沛和百折不挠。"①

容闳在《西学东渐记》中描写布朗:"勃先生一望而知为自立之人,性情态度沉静自若,遇事调处秩序井然。其为人可蔼可亲,温然有礼;且常操乐观主义,不厌不倦,故与学生之感情甚佳。其讲授教课,殆别具天才,不须远证,而自能使学生明白了解,此虽由于赋性聪敏,要亦阅历所致。盖其未来中国,未入耶鲁大学之前,固已具有教育上之经验矣,故对于各种学生,无论其为华人、为日人或为美人,均能审其心理而管束之。知师莫若弟,以才具论,实为一良好校长。"②

容闳赴美系由布朗带领,到美国后初时也是住在布朗父母家,布朗有恩于容闳,因此,容闳在回忆往事时,一往情深,难免有溢美之处。但从布朗1840年4月29日呈交马礼逊基金会的报告中,也可以看到他与学生在早期教学生涯中的这种融洽关系:"他们(指学生)融入我的家庭,我们把他们作为自己的儿子们对待,并鼓励他们把我们作为最好的朋友来信任,他们可以自愿参加我们家的早祷或晚祷,

---

① The Third Annual Report of the Marrison Education Society, *The Chinese repository* Victoria, Hong Kong 1841:568.
② 容闳. 西学东渐记[M]. 郑州:中州古籍出版社,1998:75.

总之,我们力图使他们感到这里是他们的家。"①

从布朗在马礼逊学校期间每年向基金会递交的报告上看,他对教育抱有极大热情,并且对教育与社会的关系有透彻的理解。他明确区分教学与教育,反复强调教育对人的发展的重要作用,并且每次报告都是从知识学习、道德灌输和游戏体育等几个方面进行总结。尽管作为传教士,他有他的使命,但他并未强制学生按宗教洗礼。尽管他曾向学生灌输了一些错误观念,如在纠正学生不良习俗时使学生鄙视中国人②,但总的说来,他是一位优秀的教师③。

根据顾长声先生的著作《从马礼逊到司徒雷登》介绍,布朗在1846年回美国后继续从事教育,后于1861年10月和1878年两次来中国访问,并由马礼逊学校的毕业生黄宽等人安排至上海、北京等地游览,从中也可看到布朗在学生中的影响。

(二) 其他教师

1845年3月以前,学校一直由布朗主持,但是仍有一些人参与了学校的教学。

马礼逊学校开设中文课程,而布朗的中文水平似乎一直没有太大的进步,因而中文课程一直由一位中国老师来讲授。关于这位中国老师,目前留下的资料中连姓名都无法查证,只是布朗在报告中多次对其进行过一些介绍:他是一位年龄较大的学者,其对中国古典文献的学识水平应当是比较优秀的,而且他对自己的教学工作抱着应有的热情,早期他沿用中国私塾的教育方法,让学生背诵全部所学的东西④。但是,也许是在布朗的干涉之下,他的教学方法也在改进,1844年布朗向理事会提交的报告中可以看到,在每天早饭前,孩子们围坐在中文老师周围,听老师讲解课文,并同时指导学生们中文的造句和写作,这已经是一种改进了的教学方法了⑤。

威廉·麦西是1845年3月到达马礼逊学校的,他也是耶鲁大学毕业生,根据容闳的介绍,他来华前似乎没有多少教育经验,在校执教四年后,于1850年马礼逊学校解散后返回美国,复入耶鲁大学。随后受教会派遣,于1854年与容闳同船来

---

① The Third Annual Report of the Marrison Education Society, *The Chinese repository*, Victoria, Hong Kong 1841:570.

② The Fifth Annual Report of the Marrison Education Society, *The Chinese repository*, Victoria, Hong Kong 1843:628.

③ 布朗因为身体原因于1846年冬回到美国,并带黄胜、黄宽和容闳三人赴美留学,从而造就了中国第一批留学生。他于1848年底正式提出辞职。

④ The Third Annual Report of the Marrison Education Society, *The Chinese repository*, Victoria, Hong Kong 1841:571.

⑤ The Sixth Annual Report of the Marrison Education Society, *The Chinese repository*, Victoria, Hong Kong 1844:630.

第二章 马礼逊学校研究

中国传教①。

除上述主要教师外,从布朗先生的报告中可见,先后参与马礼逊学校教学的还有米尔恩(Milne)、哈珀(Happer)牧师和伯内(S. W. Bonney)等人。

1842年,米尔恩曾在马礼逊学校短期任教②,而哈珀牧师从1844年12月至1845年4月期间,任马礼逊学校二班和四班的教师,随后由伯内接替哈珀担任这两个班的老师。从布朗1845年的报告情况来看,伯内是一个认真负责并且有相当经验的老师,在教学中对二班学生的英语学习帮助很大③。

(三)马礼逊学校的学生

1839年11月4日学校开学时共录取了六名学生④,录取工作是夏天完成的。除一名澳门孩子外,其余均来自内地。在1843年之前,由于各种原因,学校的学生一直非常不稳定,流失率很高。从1843年报告的附表及相关资料分析,学校在1840年3月又有五名学生入学⑤。但是到1840年12月容闳入学时⑥,当时在校的学生只有四名⑦,以后,这些人组成了一班,加上复学的学生,一班学生一直稳定在五到八人之间。

第三批学生共招收14人,于1841年10月入学,这个班组成了后来的二班⑧。至1842年学校迁往香港后,这个班只剩下了三个孩子。

早期学生流失率较高是多方面原因造成的。首先是学生家长对孩子放在教会学校学习并不放心,尤其是学校要与家长签订合同,保证八年学习,这令家长担心⑨。因家长领走而流失的孩子在前三批中至少有四人,而1842年学校从澳门迁到香港,很多学生离家太远,这样使很多学生不得不离开学校,这样的学生有六人⑩。因此,

---

① 容闳. 西学东渐记[M]. 郑州:中州古籍出版社,1998:75.
② Mr. Brown's Report of the School, For the Year 1842, *The Chinese repository*, Victoria, Hong Kong, 1842:554.
③ Report of the Marrison Education Society, *The Chinese repository*, Victoria, Hong Kong, 1845:479.
④ The Third Annual Report of the Marrison Education Society, *The Chinese repository*, Victoria, Hong Kong, 1841:569.
⑤ Report of the Marrison Education Society, *The Chinese repository*, Victoria, Hong Kong, 1845:470.
⑥ 容闳在《西学东渐记》中说其入学日期是1841年,但是,1843年布朗报告附表记载的南屏镇Awing入学日期为1840年12月1日。按:容闳英文名字为Yung Wing。
⑦ *The Chinese repositor*,1843年,623页附表。但容闳《西学东渐记》中记为五名,因为《西学东渐记》写于60年后,其中时间等错误很多,因而应以布朗报告记载为准。
⑧ The Fifth Annual Report of the Marrison Education Society, *The Chinese repository*, Victoria, Hong Kong, 1843:621. 所附名单中为16人,但在入学后半个月内就辞退了三名。
⑨ Report of the Marrison Education Society, *The Chinese repository*, Victoria, Hong Kong, 1845:483.
⑩ The Fifth Annual Report of the Marrison Education Society, *The Chinese repository*, Victoria, Hong Kong, 1843:621.

前三批(包括中间个别录取的如容闳)学生先后共录取了近30人,1841年年底在校学生还有17人,而1842年11月学校迁址香港后,实际上只剩下了11人①。

学校迁到香港后,发展趋于稳定,此后学生的流失率大大减少。1843年4月1日,学校又招收了13名学生,使学生总数达到了24人,这批学生组成了三班②。这一年中只有两个孩子离校,而1844年学校又招收了十名儿童入学,使在校学生人员达到32人,除两名死亡者外,没有一人流失③。1845年和1846年,学生人数均没有大的变化,只有一名从新加坡来读书的学生在派往上海实习后留在了上海洋行工作④。这时的中国家长对学校的教育条件表现了充分的信心,其中一位三个孩子都在马礼逊学校的学生家长的话透露了这种信心:三个在校的孩子没有受到伤害,而且都学习得很好,老大已经成为一名翻译⑤。

1843年以后,学生的来源也增多了,除了香港、广东地区外,还有来自宁波、南京甚至新加坡的学生。

(四)马礼逊学校培养的优秀人才

容闳,中国近代著名的思想家,第一位从美国耶鲁大学毕业的中国人,因而被称为留学生之父。他从美国学成回国后,历经曲折,后入曾国藩幕,不仅倡导办银行,办轮船公司,而且创办《汇报》,并在曾国藩支持下,组织了三批学生赴美留学,为中国近代的人才培养做出了卓越的贡献。

唐廷枢,马礼逊学校第一届毕业生,1851年起任职香港政府和上海海关。随后进入洋行,1873年转入轮船招商局任总办,1878年又创立开平矿务局,是近代中国最有成就的实业家。

黄宽,与容闳同时赴美,随后于1849年赴英国爱丁堡学医,成为中国近代著名的外科医生。

三、马礼逊学校的变迁

(一)澳门建校,迁址香港

布朗夫妇1838年到达澳门后,先后与卫三畏(S. W. Williams)及斯奎尔牧师

---

① The Fifth Annual Report of the Marrison Education Society, *The Chinese repository*, Victoria, Hong Kong, 1843:621-622.
② The Fifth Annual Report of the Marrison Education Society, *The Chinese repository*, Victoria, Hong Kong, 1843:622-623.
③ The Sixth Annual Report of the Marrison Education Society, *The Chinese repository*, Victoria, Hong Kong, 1844:621.
④ Report of the Marrison Education Society, *The Chinese repository*, Victoria, Hong Kong, 1845:475.
⑤ Report of the Marrison Education Society, *The Chinese repository*, Victoria, Hong Kong, 1845:470.

(E. B. Squire esp.)等人居住在一起,直到学校开学前四天,于 1839 年 9 月 1 日才迁入基金会为马礼逊学校所准备的房屋①。

1842 年南京条约签订后,香港被英国占领,出于多方面的考虑,基金会在布朗建议下,决心将学校由澳门迁往香港,于是向当时的英国全权代表、侵华军司令璞鼎查提出申请,被批准后,就开始着手搬迁事宜。1842 年 8 月 5 日,合同签订,开始在香港岛一个小山上建筑新学校。至 1842 年 11 月 1 日,布朗即率大部分学生来到香港,布朗夫人率其余学生随后搬来②。

根据布朗先生的记述,学校将校址迁往香港出于以下考虑,首先是建立永久校舍,以节约租金;其次,由于学校由基金会和私人出资捐助建立,搬往香港,外国人居住集中,因而更容易吸引公众的注意力③,这对于吸收捐助有很大帮助。

搬迁对学校的正常运行还是带来了短期的负面影响。首先是因为迁到香港时,校舍并未全部建好,布朗夫妇和学生们只得在已建好的两间房子里过冬,而因为教室尚未准备完毕,布朗又忙于搬迁事宜,因此,学校的英语教学一直到 1843 年 4 月 7 日才恢复④。其次就是学校搬迁引起学生流失。

尽管有这些影响,毕竟这是马礼逊学校发展的一个转折点,学校教学生活条件有了改善,每个孩子都有自己的房间,这使孩子们有了更多的空间,同时使学生们个人可支配的时间更多了。他们可以在院子里游戏,回到自己房间学习而不受干扰⑤。

由于教学生活条件的改善,一直困扰学校的生源问题也解决了,不再为寻找学生而发愁。虽然布朗在 1843 年报告中说,学校从不存在生源问题⑥,但从搬迁前后学生的流失率上看,搬到香港后对稳定学生起到了重要的作用。

(二)学校的经费

学生在校的一切费用均是免费的,学校经费大部分来自基金会,也有部分学生的费用是由个人捐助的。例如,在 1841 年报告中提到当时的九名在校学生,有四名由基金会支持,另外五人由私人捐赠支持⑦。

---

① The Third Annual Report of the Marrison Education Society, *The Chinese repository*, Victoria, Hong Kong, 1841:569.

② Report of the Marrison Education Society, *The Chinese repository*, Victoria, Hong Kong, 1845:470 – 471.

③ The Fifth Annual Report of the Marrison Education Society, *The Chinese repository*, Victoria, Hong Kong, 1843:620 – 621.

④ The Fifth Annual Report of the Marrison Education Society, *The Chinese repository*, Victoria, Hong Kong, 1843:621.

⑤ The Fifth Annual Report of the Marrison Education Society, *The Chinese repository*, Victoria, Hong Kong, 1843:624.

⑥ The Fifth Annual Report of the Marrison Education Society, *The Chinese repository*, Victoria, Hong Kong, 1843:622.

⑦ The Third Annual Report of the Marrison Education Society, *The Chinese repository*, Victoria, Hong Kong, 1841:570.

中国教育自孔子始就实行"自行束脩以上,未尝无诲"的方式,免费的事情确实罕见。因而,对此方式,中国家长顾虑重重。一位家长曾对布朗说:"我们不明白,就问第一个把孩子送到学校来的人:为什么外国人免费抚养和教育我们的孩子,我们想,这里一定有什么坏打算在其中。也许是诱使孩子离开家长和国家,把他们带到外国去。"①对孩子们进行免费教育当然不是魔鬼的想法,但是,各人的动机也是不相同。传教士当然是出于宗教动机,也有如颠地这样的人,则有明显的政治动机,当然,这里面确有人出于慈善心理出资支持中国学生读书。

基金会早期制定的章程规定:捐款人成为会员,必须捐 25 元,或每年捐款不少于十元。现在没有文献说明基金会具体收支状况,但是,在早期澳门办校时期,学生人数不多,学校开支较小,1842 年学校迁往香港后,基金会 1843 年的收支第一次出现赤字②。这主要是因为学校建筑费用超出了合同规定,并且建筑本身也比计划扩充了一些③。

根据报告所提供的情况,除极个别情况外,基金会的资金主要来自港澳和内地的外国人的捐款,来自海外的很少。

(三)学校的设施

在澳门时,除课室和宿舍外,还有一间大房子供学生游戏使用④。学校搬入香港后,条件有很大改善。1843 年底以前,学校已经有了供 24 名学生居住的宿舍和教室⑤,学生们不像在澳门那样挤在一间卧室里,而是每个人都有了自己的房间⑥。1843 年第五次年会上,学校提出了一个进一步的计划,再继续建一座宿舍楼,并且为了安全和保持水土的原因,按照香港政府的要求,要修建围墙和栅栏,加盖房顶等⑦。

学校迁往香港后,有了自己的图书馆。1843 年学校图书馆共有藏书 3 500 册,

---

① Report of the Marrison Education Society, *The Chinese repository*, Victoria, Hong Kong, 1845:474.
② The Fifth Annual Report of the Marrison Education Society, *The Chinese repository*, Victoria, Hong Kong, 1843:619.
③ The Fifth Annual Report of the Marrison Education Society, *The Chinese repository*, Victoria, Hong Kong, 1843:620.
④ The Third Annual Report of the Marrison Education Society, *The Chinese repository*, Victoria, Hong Kong, 1841:569.
⑤ The Fifth Annual Report of the Marrison Education Society, *The Chinese repository*, Victoria, Hong Kong, 1843:622. 另外参见 Report of the Marrison Education Society, *The Chinese repository*, Victoria, Hong Kong, 1845:471.
⑥ Fifth Annual Report of the Marrison Education Society, *The Chinese repository*, Victoria, Hong Kong, 1843:622 - 624.
⑦ Fifth Annual Report of the Marrison Education Society, *The Chinese repository*, Victoria, Hong Kong, 1843:620.

但是,有 1/3 是被污损而基本不能使用的①。而至 1845 年,藏书增至 4 142 册,图书种类包括语文、地理、历史、文学、神学、法律、艺术、科学及有关中国的读物。布朗强调图书馆对学生学习的重要性,认为学校图书馆无法适应学习的需要②。

图书很大一部分来自捐赠,在 1843 年的报告中,布朗提到两个捐赠者,其中一位是英国牧师威廉·贝尔,他曾是马礼逊基金会的理事,1843 年回国后,给马礼逊学校带来了很多图书;另一位捐赠者是美国人巴特雷(D. E. Bartlett),也给学校捐赠了很多图书③。从布朗叙述的情况看,学校教科书的取得还是有相当困难的。

1846 年的报告中,布朗提到的图书捐赠人有了新的增加,除了前述威廉·贝尔先生之外,还有英国的 British and Foreign Tract Society 和 American Tract Society 向学校图书馆捐赠图书④。

1848 年报告中,英国牧师威廉·贝尔的捐赠仍在继续。

从 1848 年的报告中可见,学校设施已经很破败,房顶被台风所摧毁,需要修理,而图书馆也进行了搬迁⑤。

四、马礼逊学校的教学

(一) 课程体系

唐廷枢几十年后曾说他:"受过彻底的英华教育。"⑥这不是夸大之辞。

学校在澳门期间,学生人数较少,又是刚刚开学,学生的教学安排均是上午中文,下午英语。布朗在 1840 年描述学校刚刚开学的情形:我把每天中的一半时间分配给中文,另一半时间给英文,每天从早晨六点钟开始,至晚上九点钟结束。就是说,八小时分配给书本,其余时间露天锻炼或游戏⑦。这种上午中文、下午英文的时间分配一直被马礼逊学校坚持着。

中文教学是学习中国古典文献,与私塾教育中所采用的教材和教法没有什么两样,

---

① Fifth Annual Report of the Marrison Education Society, *The Chinese repository*, Victoria, Hong Kong, 1843:628.
② Report of the Marrison Education Society, *The Chinese repository*, Victoria, Hong Kong, 1845:482 – 483.
③ The Fifth Annual Report of the Marrison Education Society, *The Chinese repository*, Victoria, Hong Kong, 1843:626 – 627.
④ The Eighth Annual Report of the Marrison Education Society, *The Chinese repository*, Victoria, Hong Kong, 1846:614.
⑤ Report of the Marrison Education Society, *The Chinese repository*, Victoria, Hong Kong, 1849:44.
⑥ 刘广京. 唐廷枢之买办时代[J]. 清华学报,1961(6):165.
⑦ The Third Annual Report of the Marrison Education Society, *The Chinese repository*, Victoria, Hong Kong, 1841:569.

因为布朗中文不好,因此在早期,尽管他对教材和教学方法有自己的看法,但是一直任由中国教师自己掌握。根据1842年的报告,大部分学生已经能够背诵四书,有的孩子正在读《朱子语录》①,而1843年报告中,布朗认为马礼逊学校学生的中文水平像中国其他学校的学生一样好②。教学方法也在改变,老师对课文逐句讲解,而这一点是中国其他学校所没有的。1844年报告中提到的中文教学方法中,除了早饭前的讲解外,还增加了中文造句和写作,可见教学方法已经有了相当的改进,当时已经完成了《大学》的讲解③。

除中文外,学校陆续开设的课程包括地理、算术、代数、历史、几何、生物、力学、机械、音乐和化学。所有这些课程均是以英文讲授,而英文的学习则包括读、写和作文等。

从一班1839年至1846年的学习情况看,其每年的课程和进度如下:

1839~1841年:英语,地理[帕利(Parley)的地理学],算术[戈登(Gordon)的教材],中文。

1841~1842年:中文(背诵四书),英文,算术。

1842年:中文,英文写作,盖司(Guy's)地理学,英国历史,科坡伦(Golburn)数学,普莱非尔(Playfair)几何学。

1843年:中文,英国历史,数学,英语的写作与书法。

1844年:中文:《大学》的讲解;

历史:已结束学习查理一世阶段,进入伊利莎白阶段;

地理:结合天文学和自然哲学;

力学:学习了三大定律;

数学:用科坡伦的续书;

英语的阅读、写作。

1845年:数学,地理,机械,英语的读、写作及其音乐和圣经。

1846年:英文:已完成旧约的阅读;

写作:造句,时态语态,命题作文;

中文:中英文互译;

地理:采用马斯教科书(Marse's school atlas);

---

① Mr. Brown's Report of the School, For the Year 1842 *The Chinese repository*, Victoria, Hong Kong, 1842:546.

② The Fifth Annual Report of the Marrison Education Society, *The Chinese repository*, Victoria, Hong Kong, 1843: 624.

③ The Sixth Annual Report of the Marrison Education Society, *The Chinese repository*, Victoria, Hong Kong, 1844: 630.

代数:科坡伦代数(Colburn's Algebra);
化学:由巴尔弗(Balfour)医生进行讲座,每周两次①。

从这份课程清单来看,当时马礼逊学堂的学生所受的教育让他们接触了几乎所有近代主要学科,其视野和知识都不是传统学塾的学生所能比的。

(二) 教育方法和效果

关于教育方法,布朗和麦西在历次报告中多有讨论,其中,1845年马礼逊基金会第七次年会上,布朗对其教育教学方法的总结比较有代表性,他总结其教学方法有三条:第一,适当的时机给予适当的知识,不超过学生的心智发展水平;第二,开发学生的心灵,而不仅仅是单纯地传授知识;第三,用高尚的动机激励学生,使他们明白不能唯利是图地苟存于世②。

在历次报告中,对于教育教学成果的汇报,布朗和麦西都是从知识、品德等各个角度展开的,这可以反映出他们的教育观念。

关于马礼逊学校的教育水平,没有什么直接证据可以证明,但是,六年学习应大致可以相当于初中毕业,因为容闳和黄宽1847年到达美国后,即入孟松学校(Mansen Academy)。当时美国学制没有高中,只有大学的预备学校。两年后,黄宽赴英国读医科,而容闳则于1849年考入耶鲁大学,这可以看作马礼逊学校的教学水平的参考③。

但是,容闳和黄宽都是第一届学生,而第一、二届学生由于人数较少,入学较早,布朗先生能够专注地进行管理与教学,因而成绩较好(1840年报告中,布朗曾说力图把第一班学生培养成以后的样板)。以后,随着学生人数增加,而新来的教师迟迟不能到位,教学进度明显拖缓,从教学进度分析,三班在入学三年时,无论所学课程及进度,均较一班在1842年时的水平为差,这说明,马礼逊学校的整体教学水平在1843年后有所下降,1845年麦西来到后抓二、四班,全校的水平有短暂的回升,但是,随着布朗的离去,学校的教学水平全面下滑④。但是,布朗留下的教学成果还在不断地显现出来⑤。

---

① The Eighth Annual Report of the Marrison Education Society, *The Chinese repository*, Victoria, Hong Kong,1846:611.
② Report of the Marrison Education Society, *The Chinese repository*, Victoria, Hong Kong,1845:482.
③ 容闳:《西学东渐记》,第四章。
④ 1847年初,布朗回国后,原计划继续招收一个班级,从以后的文件看,这个班级一直没有进校,但是中间教师有了更换,从教学进度上看,整体教育水平还保持得不错。
⑤ 1846年,一位一班学生翻译了一部英文著作《政治经济学手册》。

(三) 考试制度

教育中的考试是为了检查和督促学生学习,也是为了检验教师的教学成果,但是马礼逊学校的考试还有特殊意义。因为马礼逊学校是由公众赞助建立的,考试制度的设立,既是为让捐助人了解学生情况的重要途径,也是吸引新的捐助人的手段。因此,公开考试(public examination)一直在马礼逊学校中占有重要地位。

马礼逊学校的第一次公开考试是 1842 年 6 月 22 日在澳门布朗夫妇寓所,也即学校所在地进行的,这次考试引起了公众的注意,西方在华媒体进行了全面介绍。

考试于当日中午 12 时开始,共有 17 名学生参加了考试。一班六人,在校两年半;二班十人,在校学习七个月。考试从二班开始,包括英文的朗读、拼写和口译,而一班的考试持续了两个小时,首先是阅读《新约》,老师随意翻开一页,任意指定,由学生开始朗读,当时学生的阅读流利正确,发音准确。然后考试的是翻译、地理、算术和代数,其中两个孩子学习了几何,也进行考试。考试还包括在前一个周末所写的一篇英文作文。总的评价很令观者满意①。

布朗认为,除每年的报告之外,理事会及热心的赞助人了解学生情况应当通过考试,在 1843 年的报告中,布朗提出建议,为减轻他个人向公众的宣传负担,便于展示教育成果,应当在每年年会举行期间举行公开考试②。看来理事会是接受了这个建议,1844 年 10 月 10 日举行的年会,理事会集体出席了学校的公开考试,并且还有其他的公众参加③。

1845 年第七届理事会年会上采用了两项新的措施,第一是成立考试委员会,负责组织和监督学校的学习成果,并出版考试报告④。第二项是建立月考制度,委员会决定每月第二个星期五晚上为考试日⑤,考试委员会的成员很好地履行了职责,每月到指定日期均有一两名成员来到学校监督考试。

1846 年年会期间,考试委员会的成员出具了两份报告,对学生在算术、代数、

---

① Examination of the school of the Morrison Education Society, *The Chinese repository*, Victoria, Hong Kong,1845:337 - 340.

② The Fifth Annual Report of the Marrison Education Society, *The Chinese repository*, Victoria, Hong Kong,1843:627.

③ The Sixth Annual Report of the Marrison Education Society, *The Chinese repository*, Victoria, Hong Kong,1844:624 - 625.

④ Report of the Marrison Education Society, *The Chinese repository*, Victoria, Hong Kong,1845:474.

⑤ The Eighth Annual Report of the Marrison Education Society, *The Chinese repository*, Victoria, Hong Kong,1846:615.

几何上的学习成绩评价很高,而且对整个学校教学给予了良好的评价①。

可见,学校的考试制度是逐步走向制度化和正规化的。

1847年以后,公开月考制度一直被坚持着②。

五、布朗对中国教育制度的观察与批评

马礼逊学校是中西文双语授课,实际上是中国与西方两个教育体系和教学方式并存,西方教育方式主导的局面。布朗作为一个有经验的西方教师和学校的负责人,从一个西方人的角度对中国传统教育体制进行了批判,这些内容至今读来仍有参考意义。

(一)对中国经典的看法

布朗认为,这些古代经典作为针对少年儿童的教材根本不合适,在他的早期报告中,就对这些教材的使用表示了不满。他说,从来没见过英美儿童在那样小的时候就去试图接触这些高深的道德理论和政治经济学的内容,这些内容太高深,根本不适合这个年龄人使用③。

1844年的报告中,布朗用了史无前例的尖刻语言对中国的教育体制、教育方法和教育成果进行了全面的批判。其中,他不仅认为学校所使用的教材不适合儿童的心智水平,而且对几乎所有经典做了全面否定,他认为《三字经》枯燥无味,内容陈旧荒谬,因为凑字数而过于简略,不适合儿童使用。在四书五经中,他说《诗经》过于晦涩难懂,《书经》的历史很古老,需要掌握一部中国文献知识后才有可能理解这部经书,而《易经》的荒谬,使其只有作者才能明了其中的意义,《礼记》规定了从人出生一直到死亡的全部行为规范。但布朗认为,《孟子》一书中有不少对话,如果能够掌握其风格和主题,不失是一部有意义的书,只是因为其叙述风格,使孩子们理解起来非常困难④。

布朗对中国经典的批评不乏偏颇之处,其中夹杂了很多对中国人和中国文化的偏见。但总体来说,从作为教材的角度来看,他认为这些东西不适合初级教育的看法是正确的。他在1845年报告中主张编写一些介绍西方科学的基础读物作为

---

① The Eighth Annual Report of the Marrison Education Society, *The Chinese repository*, Victoria, Hong Kong,1846:616-618.

② 见1847、1848、1849年的报告,并参见 Report of the Marrison Education Society, *The Chinese repository*, Victoria, Hong Kong,1849:41.

③ The Third Annual Report of the Marrison Education Society, *The Chinese repository*, Victoria, Hong Kong, 1841:571.

④ The Sixth Annual Report of the Marrison Education Society, *The Chinese repository*, Victoria, Hong Kong, 1844:633-637.

课本。杰休茨(Jesuits)已经编写过一些数学和天文学方面的汉语著作,但这些是为翰林们编撰的,他认为在数学上编写实际上可能更容易一些。布朗认为,要完成这些工作,就必须有精通中英两种文字的人,因此,他在这里第一次提出马礼逊学校的一个具体目标:培养能够编写教材的学者①。

（二）对中国教学方法的批评

布朗首先观察到了中国式教学方法的呆板,孩子们只是在教师指导下背书,通常用五至七年把经典全部背下来,但是却不知道其中的含义是什么。他曾想与中国老师讨论教学方法的改进,但早期可能因为他中文水平不好,因此一直没有干涉中国老师的这种教学方法②。

布朗认为,这种教学方法的形成是因为孩子不理解所学的内容,而又是因为教材的主题和风格过于古老陈旧和高深。1842年的报告中,布朗经过三年的观察,对中国教学体制的弊端提出了系统的批评。因为教材不适合儿童的心智水平,孩子根本无法理解教材,孩子只能背诵。他认为,问题表现在老师的教法中,但实质是出在教材上,因此,他后来要求中文老师讲解课文就是出于这种动机③。

（三）教育结果

布朗在对教材和教法展开批评的同时,对中国传统教育的结果做了自己的总结,他认为这种教育的结果是灾难性的。

首先,传统中国的教育不是全面自由地开发人的天性,而是严重扭曲了中国人的心灵。因为没有科学方面的训练,因而中国的教育结果是刻板、僵化的,而且一代一代地没有改变④。他认为,这种教育对中国人的心灵影响是巨大的,而且是负面的,使中国人只会被动接受,不会推理和思考⑤。

其次,这种教学方法只能培养出耐心的听众,勤奋而呆板的国家公务员⑥,还

---

① Report of the Marrison Education Society, *The Chinese repository*, Victoria, Hong Kong,1845:474.
② The Third Annual Report of the Marrison Education Society, *The Chinese repository*, Victoria, Hong Kong, 1841:572.
③ Mr.. Brown's Report of the School, For the Year 1842 *The Chinese repository*, Victoria, Hong Kong, 1842:548.
④ The Sixth Annual Report of the Marrison Education Society, *The Chinese repository*, Victoria, Hong Kong, 1844:631.
⑤ Mr.. Brown's Report of the School, For the Year 1842 *The Chinese repository*, Victoria, Hong Kong, 1842:549.
⑥ The Sixth Annual Report of the Marrison Education Society, *The Chinese repository*, Victoria, Hong Kong, 1844:631.

有一些"书橱"①，但是绝对培养不出独立思考，善于学习的个人。

在做这些批评时，布朗反复强调他的教育哲学：教育应当训练人从事高雅和健康的活动，发展人的智力、体力、情感、良好的习俗与处事方法②。总之，要培养有责任感、有自尊、有知识、对社会和家庭有用的人。

从布朗发表这些言论到今天 180 多年了，我们已经全面引入了西方的教育体制，但是对照布朗的批评反观中国现存教育体制的弊病，依然能惊出我们一身冷汗。

六、马礼逊学校的财政危机

从 1843 年迁往香港后，学校出现了财政赤字，但是，以后的报告中，并未显示出马礼逊学校的财务状况有什么问题。从相关资料可以看出，马礼逊学校创办前，基金会募集了 \$7 000，而 1843 年由于修建新校舍支出了 \$3 000，当年出现了 \$250 的赤字③。根据 1847 年的一份资料，每个学生每年 \$35 的费用。以 1844～1848 年学校人数最多时计，40 人左右，每年花费大约 \$1 500④，而布朗的工资据推断应在 \$1 050⑤。据报告显示，1845～1848 年捐助仅为 \$1 366，收入为 \$3 810，可看出其中约 \$2 500 是结转的收入，应是往年的节余⑥。

1848 年的第十届年会中，马礼逊基金会的财政问题成为会议的中心议题，报告显示，当年收入为 \$3 810.85，支出为 \$4 300.44，有 \$489.50 的赤字，而从 1845～1846 年财政年度以后的三年，捐款数目大幅度下降，分别为 \$3 092、\$2 390 和 \$1 366，因此，司库马瑟森(Matheson)指出，这种状况如无改善，1848～1849 年度将出现 \$3 000 的赤字。

事实上，基金会从 1846 年就发现这一问题，并采取了一些措施：首先是设定了马礼逊奖励基金，由 Messrs Dent&Co. 投资 \$12 000，每年基金运作的利息用于学校；第二是马礼逊基金会向香港政府申请 \$1 200 的补贴。据说，这项补贴被总督璞鼎查所批准，但香港总督更换后，这项补贴又被新总督所否决⑦。基金会不得已

---

① Mr. Brown's Report of the School, For the Year 1842. *The Chinese repository*, Victoria, Hong Kong, 1842:549.

② The Sixth Annual Report of the Marrison Education Society, *The Chinese repository*, Victoria, Hong Kong, 1844:631.

③ Report of the Marrison Education Society, *The Chinese repository*, Victoria, Hong Kong,1845:471.

④ Report of the Marrison Education Society, *The Chinese repository*, Victoria, Hong Kong,1847:54-55.

⑤ 据 1841 年报告推断。

⑥ Report of the Marrison Education Society, *The Chinese repository*, Victoria, Hong Kong,1849:35-36.

⑦ Report of the Marrison Education Society, *The Chinese repository*, Victoria, Hong Kong,1849:35-36.

向公众、香港政府、东印度公司甚至清政府发出呼吁,以多方筹集资金①。

造成捐助下降的原因主要是五口通商后,在华外国人居住地向各处分散,原来在华只有马礼逊一家教育机构,此时在中国各开放口岸的教育机构有所增加,因而捐款流失了。

另外一个原因只是推测。新教的教会被认为对办学是持否定态度的,因而缺乏强有力的后援,致使马礼逊学校的举办中途而废。这个过程要到几乎 30 年后才重新开始②。

马礼逊基金会的财务状况在此后看来没有改善,1850 年 2 月 13 日,基金会召开会议,以投票方式决定奖励基金停止运作,并决定成立一个委员会处理学校的房产③。没有资料显示学校何时停学,但是,最迟至此时,成立已十年的马礼逊学校的历程就已经完结了。

七、结 论

马礼逊学校是最早在中国建立的西方教育机构。这所学校,不仅为中国培养了一些近代社会需要的人才,而且也为中国古老的教育体系带来了新的参照系,从而使中国人第一次系统地接触到西方教育,打开了中国人的眼界。马礼逊学校的教师对中国传统教育体系的观察和批评,也是较早的西方对中国教育制度的反映,是 19 世纪中西文化碰撞的一个缩影。考察这段历史,对我们理解现实的中国教育甚至中国社会都有重要的参考价值。

---

① Report of the Marrison Education Society, *The Chinese repository*, Victoria, Hong Kong,1848:596.
② 费正清. 剑桥中国晚清史[M]. 北京:中国社会科学出版社,1993:636.
③ *The Chinese repository*, Victoria, Hong Kong,1850:675.

第 三 章
几位企业创办人的评价

本章评论四个早期的企业人物,朱其昂、唐廷枢、盛宣怀和郑观应。之所以不称为企业家评价,因为盛宣怀不是严格意义上的企业家,而郑观应也并不符合熊彼特或者奈特眼中的企业家的定义。但是他们在中国早期的企业创立上,各自有不同的贡献和地位。本章的关注点还是企业精神的成长,尤其是企业家精神的成长。

一、朱其昂评价

当代研究者对早期轮船招商局创办人的了解是非常不平衡的,除了李鸿章之外,人们了解最多的是盛宣怀,另外对不是创办人的郑观应了解也很多,但是,对招商局的实际创办人唐廷枢的了解就要少得多了。而作为轮船招商局的第一位实际创办人,人们对朱其昂的了解可以说是少之又少,而且这种了解不可能有更大的进展,因为留下的资料太少了。这也说明了对于了解历史人物的一个很重要的限制性条件:他们留下了多少资料!人们习惯于按照资料的丰富程度来对历史人物加以评价,把资料的丰富程度作为对历史人物重要性评价的一个指标,甚至是基本指标。人们了解郑观应,因为他是当时的畅销书《盛世危言》一书的作者,而盛宣怀有留存文档的习惯,除了存世的《愚斋存稿》之外,他的大量档案留存在上海图书馆,成为挖掘和了解这个人物的重要的资源库。因此,对这两个人的研究就多、就丰富,对他们的评价也往往很高,至少与留下资料较少的人相比似乎更为重要。相比之下,唐廷枢留下的资料非常少,除了一些公牍文章之外,基本上没有能够了解他日常生活交往的文件存世,所以,他在去世之后很快就淡出人们的视野,与他留下的辉煌企业相比,他成了历史上一个淡淡的影子。幸好刘广京在伦敦发现了一批唐廷枢在怡和洋行工作时的英文书信,对他的买办生涯有了一个了解,同时也有了了解他的个性和能力的一个窗口。而马礼逊学校资料的挖掘,为了解他的早期教育提供了更为清晰的线索。相信如果进一步挖据英文资料,还能够找到更多关于唐廷枢的资料,对于他的认识还有机会更加深入。毕竟他在香港和上海海关工作过,在怡和洋行也有很长时间的买办生涯,而这些机构的档案并没有被深入研究过。

作为沙船商人的朱其昂的经历决定了他既没有盛宣怀那样丰富的档案资料,

也没有更多的历史记载,人们对他的了解更少。所以,在这里对他的评价主要是根据现存的一些零散资料进行的。人们在撰写他的简历的时候,甚至连他的生卒年月都不能完整准确地说出来。

人们知道朱其昂,首先因为他是沙船商人,并且凭此致富。沙船是一种平底帆船,在中国沿海运输中,船民们根据不同区域的海洋特点制造出不同的船型,沙船是其中的一种。明茅元仪《武备志·军资乘·沙船》中对沙船有一个介绍:"沙船能调戗使斗风,然惟便于北洋,而不便于南洋,北洋浅南洋深也。沙船底平,不能破深水之大浪也。北洋有滚涂浪,福船、苍山船底尖,最畏此浪,沙船却不畏此。"因为北洋航线航道浅、多沙滩,在此航线,这种平底船最适合,所以称为沙船。中国的沿海航运,向来分为南洋和北洋不同航线,北洋的沙船主要是从牛庄等地运送大豆产品,被称为豆石。五口通商之后,这部分运输被外国的轮船和夹板船所取代,沙船运输迅速衰落。恰于此时,黄河再次决口,导致本已淤塞的运河断航,漕运陷于困难,沙船运输转向了南漕运输。漕运,一向被称为天庾正供,是明清中国最大的政治经济问题。清代京畿粮食主要来自鲁豫皖苏浙赣鄂湘八省,分为南北漕,以南方六省的南漕为主。明清漕运,原来主要是依靠运河,后来运河淤塞,清中期以后,改为沙船海运漕粮,因此,很多人依靠沙船致富,最多时上海一带密集四五千艘沙船。

沙船运营都有官府发给的证书,而且有人承管,即所谓的管理人员。这些管理人员"多系举人生监,并有官职身家殷实之人"①。按现代语言说,就是一些知识分子,都读过书但是无法取得更高功名。这个机构的管理者既不是列入编制的政府官员,但也不是平头百姓,大概算是一个事业单位的工作人员。在那些沙船主看来,他们代表政府,而政府不过是通过他们联络沙船主,以便互通信息,并且把政府的一些管理意图和管理制度贯彻下去。朱其昂就是这个机构的人员,这种人的作为有两种不同方式,一种是仗着官府的威风作威作福,欺压同行;另外一种则是能够利用自己的职务为同行谋利益,保护同行。

朱其昂是后面一种人。按照上面的说法,他应该是读过书的人,有一些古典文献基础,但是他没有按照知识分子的路线走功名的途径,而是经营沙船致富。那时候的沙船已经主要是经营漕运为主了,与官府少不了打很多交道,因此,他就按照惯例交钱捐了一个候补同知的官职,相当于现在的正处级,但是没有实授的官职。这种捐官,在政府是一个财源,在民间则是从富转贵的一个方式:捐点钱,然后得个候补职位,可以在手刺中显示,与官府民间打交道都多了一个保护。

据散碎的资料显示,朱其昂在沙船业中急公好义,善于排解纠纷。沙船都是小

---

① 《筹办夷务始末》(道光朝),38卷,38页。

第 三 章 几位企业创办人的评价

本经营,很多人一块从事共同的生意,难免发生矛盾,出现问题,朱其昂就出面调解,类似及时雨宋江的角色,因此有很高的江湖地位。这个特点比较好理解,在干粗活的劳动者之间,本来知识分子就受到尊重,如果你能够秉公办事,更受尊重。即使如此,那也算不得什么,顶多是一个江湖好汉,偏偏这个人还好与洋行联络,懂得一些洋务。根据史料记载,他甚至成功调停过旗昌洋行买办与外国行东之间的矛盾,可见此人的为人豪爽正派。

由于这些经历,其眼界就不是一般的沙船主所能够比的。例如,他对沙船和轮船差别的理解比一般商人更为深刻,对于漕粮的河运和海运也有自己的独到见解。按照当时的形势,沙船业是集体反对轮船的,轮船对中国海运的渗透,导致了沙船的豆石生意衰落,沙船业主对此恨之入骨,想来朱其昂也是这种心情。但是,朱其昂还保持着一种客观的态度,在光绪四年的一个上奏中,他提出的方案是河海并用,以轮船海运为主,他还从利权、海防角度论证了发展轮船的作用,这可不是一般沙船商人所能有的见识①。从这里可以看到朱其昂能够有勇气面对时代的转变。正因为他能够有自己的独立见解,熟悉漕运,并且能够联络众商,所以,李鸿章第一个找到他来组建轮船招商局。

但真的做起来,就暴露了朱其昂能力上的弱点了。他虽然熟悉漕运,有商人和沙船经验,有一定的人脉关系,按理说招商应该是没问题的。但是,他熟悉的商人主要是两类:一是沙船主,本小人轻,并且对轮船有一种怨恨的心理,这些人自然不会投资;二是一些大商人如李振玉和胡雪岩等,但都是旧式商人,对于新的现代产业了解很少,因此也踌躇不前,最终临阵脱逃。招商局第一件事是招商,招不来商人投资,一切都无从谈起,因此,朱其昂虽然拟定了章程,并且勉强举行了开业仪式,但是,招商局经营的基础始终没有落实。另外,他购买的轮船,无论是价格和样式,都一再出现差错,被外国人讥为"低能"。可见,朱其昂在招商和轮船经营上都能力不足,因此开业仪式之后不久,李鸿章不得不另选总办,唐廷枢由此走马上任,轮船招商局从此走上了正轨。

对唐廷枢的评价别处再议。朱其昂作为前任总办,被转任会办,就是说,原来的总经理现在变成了副总经理,这种地位的变动一般人哪里能够接受?但是,从现有的记载上,没有看到朱其昂在这个问题上有什么过分的举动,他和盛宣怀去管漕运,盛宣怀不来局里上班,实际上负责这件事情的就是朱其昂。从现在的记录上看,早期的漕运业务开展得很好,对于轮船招商局的发展提供了牢靠的基础,使唐廷枢和徐润负责的揽载业务有了从容发展的余地。目前的史料记载中,在唐、徐掌

---

① 《皇朝经济文编》,52卷,12-20页,参见《中国近代航运史资料》,第一辑下册,801-803页。

握招商局期间,盛宣怀小动作不断,很多内部矛盾都是这个很少到局上班的副总经理闹出来的,后期盛宣怀还挑唆朱其诏,但是看不到朱其昂与唐徐之间的问题。这并不能说明他们之间没有矛盾,但是至少没有影响到招商局的业务开展。这里可以看到朱其昂的品德,这可不是一般人随随便便就能做到的。我们从几十年以前就教育干部要能上能下,到如今能上能下的干部又有几个?这样看,朱其昂对自己的能力有正确的评估,对于职位的变动并不十分在意,这种胸襟几人能有?!

他在担任总办时购买轮船,因为外行,一再出错,不是质次就是价高,面对这种局面,朱其昂都是自己掏钱弥补损失。当时还没有职务行为这种说法,面对国有资产的损失,作为经营者的朱其昂自己掏钱弥补损失也不是一个必须之举,但是,他这样做了,可见这个人做人、做事注重名节,也敢于承担责任。

像当时很多绅商一样,朱其昂也很关注公益事业,在赈灾等事情上舍得投入资金和精力,不仅自己掏钱,还出面组织。这种组织往往是非常吃力的事情,不仅要动员社会各界,还要把各界的捐助想方设法转运到灾区。这可不是民办官助,而纯粹是民间的事业。组织赈灾往往是劳神费力,最终,这个上海的沙船商人,轮船招商局的创始人之一朱其昂,因劳累过度病逝于天津工作岗位上。

从总体上评价,朱其昂并不是一个合格的近代企业家,在创办近代企业上,他的能力不如唐廷枢,在与官府打交道的能力上,又不如盛宣怀。虽然有一定的现代企业的知识(这从他撰写的轮船招商局的早期章程和局规上能看出来),但是,缺乏把这些知识落实的近代技术和管理知识。不过,朱其昂品行端正,为人正直,所以,他融入了轮船招商局的唐廷枢创业团队,轮船招商局的商办成功留下了他的印记,做出了他自己的贡献。因此,历史本不应该把朱其昂忘记得如此彻底①。

二、唐廷枢评价

清末三大国有企业是轮船招商局、中国电报局和开平矿务局。这三家企业在清代的历史实际上是和三个人紧密相连的,第一个是李鸿章,他是三大企业的创办人,以北洋大臣的身份,一直代表官方控制这几个企业的人事安排,直到1895年甲午战败才结束。由于李鸿章的作用,招商局、电报局和开平煤矿都留给了北洋通商大臣,成为这个职务的附属,游离于清政府的控制之外。

另外两个人物就是招商局的实际的一把手,唐廷枢和盛宣怀。不仅如此,清末三大国有企业:招商局、电报局和开平煤矿,这三个企业的历史也是和上面这两个

---

① 至今还没有一篇以朱其昂为主的研究论文,中国知网上,只有一篇关于他出生年月的考证文章,专门的研究论文居然一篇都没有。

第三章 几位企业创办人的评价

人紧密相连的,唐廷枢和盛宣怀是招商局的创办人,唐廷枢另外创办了开平煤矿,并且一直掌管至1892年去世。盛宣怀是电报局的创办人,一直掌管至清朝灭亡,所以,讲清末的国有企业,就必须讲到这两个人。

唐廷枢参与轮船招商局创办之前,朱其昂已经开始着手招商局的创办,这个人是沙船主,熟悉漕粮运输,懂得一些轮船,也和洋人打过点交道,并且也捐了一个官衔,看来是沟通中外、连接官商的一个适当的人选。但是总的看他是旧式商人,其联络的商人如胡雪岩等也是旧式商人,对于投资新式产业不太懂,也没有信心,虽然承诺在前,但是到了关键时刻都临阵退却,所以招股集资的事情进展很不顺利。在这种情况下,李鸿章经人推荐,把当时是怡和洋行总买办的唐廷枢和宝顺洋行的徐润招至麾下。果然,唐廷枢等人加入后,局面立刻改观,招股的事情很快就解决了:原来的目标是招股60万,短短一个多月,就完成了这个目标。所谓招商局,关键的第一点就是招商,唐廷枢出马,招商目的马上就实现了,可见唐廷枢的本事确实在朱其昂之上。

之所以出现这个局面,有几个因素:第一,唐廷枢的号召力,他本身是殷实商人,而且对于轮船运输是一个行家,当时他已经是三家外国轮船公司的董事。对于他的出山,当时的舆论,无论中外,是一片喝彩。《申报》评价:"唐君阅历外务,洞悉西船载运法则,以此任属之,真可谓知人善任者也。想轮船公事从此日渐起色,其利益岂浅显哉。"外国媒体带着嫉妒说,这家伙从外国人那里学来了本领,现在要损坏外国人的利益了。可见他的号召力是很大的。第二,唐廷枢和徐润的带头入股,起到了很大的号召作用。

从此,唐廷枢开始了自己的真正的现代企业经营之旅。招商局创办过程中,招商集股问题一经解决,剩下的就是企业的正常运作问题了。这又包括两个方面的问题:一是管理结构的建立,另一个是业务的展开。其中业务的展开是企业生存的关键,对于船运公司主要是揽载,这也是招商。在这点上,唐廷枢等人是有把握的。

在招商局走入正轨之后,外国企业的竞争越来越激烈,招商局以眼还眼,跌价竞争,生生把当时位列第一的旗昌轮船公司给挤垮,被招商局收购,而其他几家外国公司也和招商局坐下来谈判价格,商定了所谓齐价合同。这些事情都是在唐廷枢的主持下进行的,尤其是和外国人谈判,这是唐廷枢的长项,这种事情他可以亲自出面,不经中间环节。例如,第二次齐价合同谈判中,他在访问欧洲的时候,把怡和等的老板请来,直接谈判,对于合同最后签订起到了关键作用。此后,他又创立开平煤矿,创办中国第一条铁路,等等。唐廷枢办事沉稳低调,所以,史上名气不大,他的助手郑观应声名显赫,同事盛宣怀恶名远播,反倒是开创者唐廷枢湮没无闻,几乎从史家的视野中消失。唐廷枢的家乡在香山县唐家镇,现属珠海。但是,如今去唐家镇大街上去问,知道他的几乎没有了,倒是他的侄辈人物唐绍仪还保留有旧居。唐廷枢以巨富入主招商局,随后又创办开平矿务局,主持至其辞世,前后20年,却落得身后萧条,说起来让人唏嘘。

具体说唐廷枢做了哪些工作呢?

首先就是收购当时的竞争对手旗昌轮船公司。旗昌轮船公司是此前长江运输的霸主,在招商局进入长江航线后,各方展开激励的价格竞争,旗昌公司亏蚀甚巨,加之经营策略变动,向美国国内转移投资,因此决定出售公司资产,包括船只和码头栈房。最终,在唐廷枢、徐润和盛宣怀的劝说和主持之下,清政府批准了这个收购计划,并提供了资金支持,顺利完成了收购。在这次收购中,上述三人各自发挥了自己的作用,一般认为,在说服南洋大臣时,盛宣怀发挥了作用,徐润则是此事的挑头人,但是关键的谈判则是唐廷枢完成的。这是中国历史上第一起近代企业之间的并购案,其间的经验教训百年多以来众说纷纭,但是不得不说,这次收购是中国近代企业之旅中的一个优秀作品。

其次是签订齐价合同。收购旗昌公司后,招商局实力大增,加上漕运等基本业务,招商局在现代航运中的竞争地位大大增强,和剩余的几家外国公司展开了价格竞争,一时硝烟四起,价格打到了原来的1/3甚至1/5。最后,在激烈的价格竞争中不堪重负的太古公司和招商局坐下来进行谈判,签订了齐价合同。所谓齐价合同,就是签订合同双方按照固定比例瓜分航运收入,这样,就可以避免企业之间两败俱伤的价格竞争。这种做法在今天是法律禁止的垄断做法,但是当时对于招商局业务的开展起到了稳定作用。这件事情后来成为招商局和电报局应对竞争的一种标准做法。这些案例对于竞争策略和博弈论研究有很好的参考价值。

在唐廷枢主政期间,是招商局开辟国际航线最多的时期,先后开辟至日本、东南亚、欧洲、南北美等多条航线。这些航线有成有败,但是,从业务上看,是招商局最有进取心的时期,此后半个世纪,招商局的航路所及再也没有超过唐廷枢时代。

唐廷枢主政期间,招商局是按照近代商业企业的运作方式经营的。这和唐廷枢的信念有关。

首先,唐廷枢主张招商局要按商业原则经营,他说过:"轮船归商办理,请免派委员,除去文案听差等繁文名目,其造册报销各事,均照买卖常规。"[①] 所谓照买卖常规,就是按照企业规则。在唐廷枢主持之下,招商局建立了股东议事机制,确定了商董负责制,并建立了商总负责制。这些制度在今天是寻常事情,但是在当时,这些制度的创立都带有创新的意义。例如,在唐廷枢之后,中国很多企业还是采取

---

① 《中国近代航运史资料》,第一辑下册,847页。

第三章 几位企业创办人的评价

分工负责的制度,互相牵制,勾心斗角。而盛宣怀采取的督办制度,更是诸事不与股东商量,不仅严重侵犯股东权利,而且大大迟滞了股东制度在中国的发展。由此可见唐廷枢做法有多超前。

唐廷枢之所以这样做,和他对商业与商人职责的认识有关,他曾骄傲地说过:"商人践土食毛,为国赤子,本不敢于官商二字,稍存区别。"①这在当时是振聋发聩之言,也是其内心表白,所以他不惧洋人,也不怵官府。

唐廷枢在经营中也有一些被时人指责的地方,例如他的用人,就被内外同指太滥,不能事事秉公。外部董儁翰、锺天伟,内部朱其诏,都有相同说法,这主要是指他用人偏重粤商。不过,唐廷枢也有很有力的解释:"关于用人方面,航海经商,本为粤人所长,且局商股东泰半粤人,是其多用粤人,与文案之多江浙籍人,可谓趋势由然。"也就是说,轮运人才,广东特长,所以任用人才中,广东的居多,是正常的。他还辩解说:"景星等禀除官场习气,裁汰漕务冗员,实为造忌之源。"②因为很多人以为招商局是官方企业,所以纷纷推荐人才,因为他一再拒绝,所以得罪了人,被诬陷。正因为如此,在此后办理开平矿务局时,唐廷枢拒绝任何官股,就是为了用人不受官府制约。此后反倒没有了用人太滥的指责了。

招商局之后,唐廷枢一手创办了开平矿务局,从地质勘探、开采出煤、机构组建等,无不是他一手操持。开平矿务局不仅是中国第一个成功的近代机器煤矿,而且建立了中国第一条铁路。

唐廷枢的上述成功不是偶然的,这和他的教育背景有关,也和他的工作经历有关。当然,也和他的沉稳性格有关。

唐廷枢自称受到过彻底的"英华教育",他的英语好到了英国人从里屋听他在外屋说话时,误认为他是不列颠人。因为从小他受的是外国人的教育,他是在港澳的马礼逊学校读了八年书,他读书时这个学校学生不多,他这一届只有六人,从教育内容到方法都是西方式的,课程包括数学、物理、化学、地理等,方法上讲究德智体美全面发展。主持人美国的布朗先生还适当保留了当时的中国古典文献课程。这一届毕业生大都成为后来的栋梁之才,其中,容闳成为中国第一位留美的学生,在耶鲁毕业,另外还有黄宽,也是留英回来,成为外科大夫,悬壶济世。唐廷枢则进入香港海关做翻译,然后随李泰国从香港到上海海关,做到了总翻译和总大写。此时他不过20多岁,可以说是春风得意,没想到他放弃官身,加入怡和洋行,下海成了商人,并且以此致富。到了19世纪70年代,唐廷枢已经成为上海绅商无可争辩

---

① 招商局章程,转引自《中国近代航运史资料》,第一辑下册,847页。
② 《中国近代航运史资料》,第一辑下册,847页。

的领袖人物,又没想到,跨国公司的经商经历嘎然而止,他加入了招商局,成了官督商办民族企业的领头人,此后20年心无旁骛地从事新式企业的创办和经营活动,成为中国第一代真正意义的企业家。

唐廷枢能够在新式企业的创办中取得成功,还有一个重要因素,是他有外资企业的工作经验,懂得新式企业的运作方式。他做当时最大的外国洋行怡和洋行的总买办将近十年时间,在这里他不仅熟悉了外国公司的运作,而且接触到了船舶运输和保险等新式投资方式,并熟悉了这些业务。因此,他进入轮船招商局的时候,外国报纸不无嫉妒地说,他要用他在一流外国企业所取得的知识来损坏外国公司在华的利益了。

三、盛宣怀评价

盛宣怀是一个争议极大的人物。一方面,清末的国有企业和一些经济事业都或多或少地与盛宣怀相关,渗透了他的心血;另一方面,此人口碑不好,其贪腐作风使其备受指责。这些导致了对于他的评价分歧较大。

与李鸿章相比,盛宣怀既没有进学的资格,也没有在曾国藩那样的重臣手下任职的经历,所以对于学问之道是不精的,不仅新学不懂,旧学也没有根基。其为人处事,不受旧礼教的约束,也没有新道德的影响,比李鸿章更是等而下之。他只是遵循向李鸿章所说的:办大事,做高官,以此为做人原则,真是俗气逼人。盛宣怀可以说是在清末政治泥潭中滚了一身泥,无法洗刷,却不以为耻,毫不奇怪。不过,也许正因为如此,他思想不同于旧的士大夫,不是仅仅不遵从旧道德,也干了很多旧的士大夫不愿意做的新事业,如创办招商局、电报局、织布局和修建铁路,等等。这在当时虽然备受非议,但也是盛宣怀名留于史的一个原因。

以我的看法,盛宣怀虽然在企业创立上出力甚多,但是就其根本言,是功过相抵,过大于功。这样评价有什么依据呢?主要是他在企业中引入了官府的作风和官府的习气。这使企业偏离了经济的发展轨道,在经济和政治的相交点上摇摆,对于中国近代企业的发展产生了重大影响,并且这些影响至今尚存。盛宣怀这个人至今还有标本意义,也就是说,像他这样的人,至今还有,在现有的体制之下,这些人还活的好好的,继续采取当初盛宣怀那样的手段损害社会,损害企业,损害股东,却还在社会上光鲜地身居高位,获得企业家的荣誉,却不承担企业家的风险和责任。所以,认识盛宣怀这个人,对于今天的中国还是有很重要的意义的。

商人参与企业经营,世俗目的是获取利润,高尚的则是回报社会。这些商人要承担风险,如履薄冰地遵循商业规则,随时准备为危机做准备。而盛宣怀是把企业作为晋身之阶的。所以,他不会完全按照商业原则处理各项管理和经营活动,怎么

第三章 几位企业创办人的评价

样处理有利于他晋身,他就会怎么样处理企业的问题。这样,也许有时候能服从经济原则,但是在很多情况下会牺牲企业利益。所以,在盛宣怀那里,虽然可以看到一些正确主张,说明他不是不知道企业经营,但是,看到更多的是他朝云暮雨,反复无常。

盛宣怀为人刁钻,拉帮结派,剪除异己。在轮船招商局的创办和初期经营中,他处于非常次要的角色,论洋务,他远不如唐廷枢,论商务,何以比徐润?论船务漕运,又不是朱其昂的对手,但是他一直谋求总办的位置,先是拉拢朱其昂排挤唐廷枢,接着是拉拢马建忠排挤唐廷枢和徐润,然后又排挤马建忠,朝三暮四,翻云覆雨,目的只有一个,就是要控制招商局,使招商局成为自己的晋身之阶。最终他以变商局为官局的手段,设立督办职位,终于把招商局控于股掌之上。招商局这个变化不是一般的人事变动,而是招商局的一个转折点,从一个商局变为一个官局。从此之后,轮船招商局就进入了一个完全不同的发展轨道,商人在经营管理中的支配地位丧失,成为了官场竞争的工具。

盛宣怀的手段完全是出自一己之私,挑拨是非,飞短流长,对于当时招商局领导层内的和衷共济的局面有极大的负面影响,以致作为盛宣怀后台的李鸿章都认为"局中如唐徐朱近均和衷,惟杏荪多崎龅"①。所以对于盛宣怀的争权夺利,李鸿章也表示了不满,认为就是因为他的做法不妥,搞得招商局内风浪暗生。

盛宣怀对于招商局的权力争夺是有一个过程的,一开始他希望由他来主导招商局的组建,所以李鸿章召他和朱其昂等人去天津商讨组建事情的时候,他就以脚疾为由滞留上海,以静制动,静观变化。当知道自己没有机会做总办时候,就干脆称病不出。后来唐廷枢主持大局,他看李鸿章明显不会在这个时候任用自己,又看到朱其昂无法撑起局务,自知自己气力不逮,所以踏实了一阵,勉为其难做了会办。但是随着时间推移,他自认为历练成熟,争权夺利开始变本加厉,尤其是在收购旗昌过程中,他利用自己亦官亦商的身份,在筹款上做出了自己的贡献,觉得羽翼丰满了,争夺权力的步伐更为加快。其手法是以退为进,并且寻衅生事,在李鸿章和沈葆桢面前攻击唐廷枢和徐润。他居然说和唐廷枢等势不两立,要求李鸿章给他正定名分,以便名正言顺地做事,搞得李鸿章好不为难。恰好此时发生了御史王先谦弹劾盛宣怀之事,盛宣怀极力推脱,恨不得把所有责任推到唐廷枢和徐润那里,反倒是关键时候,唐廷枢挺身而出,为盛宣怀洗脱罪名,保全了体面。其实,此时恰是盛宣怀和朱其诏排挤唐廷枢、徐润最关键的时刻,从这件事可以看出唐徐与盛宣怀的人品高下。虽然唐廷枢为盛宣怀说话,但是李鸿章应该是知道盛宣怀为人的

---

① 《李鸿章集》,朋僚函稿,17卷。

真实面目的,为了息事宁人,最后只能让他暂时离局。这样既躲避了弹劾,也避免和唐廷枢等人的正面冲突。但是因为招商局经营蒸蒸日上,所以,在盛宣怀等官僚的眼里,这块肥肉如何叼到嘴里是一件关乎前途的大事,必欲把总办一职拿到手中。最后,他终于乘唐廷枢出国考察,鼓动李鸿章,把招商局由商办改为官督商办,他名正言顺地成为了官局的督办。

轮船招商局设立督办,看起来是一个职位的变迁,实际上对近代企业家精神的发展起到了很坏的压制作用。在唐廷枢时代的商办方针下,已经初步形成了一个近代股份公司的基本格局。商董、商总都是企业管理者,与股东之间存在的是商业合作关系,但是官督商办的督办代表的是官方。这样在企业内部就出现了官商关系的问题,而在传统的政治格局之下,不仅官尊商卑,而且上下隔膜。实际上,官督商办把一个刚刚建立的以商人平等合作为基础的企业内部治理机制后退到传统的政治格局之下,导致了近代企业家精神的发展受到了强力的压制。这个格局到甲午战争之后才在外部压力之下开始转变。实际上,轮船招商局和中国电报局的官督商办体制延缓了中国近代企业家精神发展至少20年。

盛宣怀对于商股的掠夺和排挤是他最后能够稳住在招商局地位的关键措施。他这样做既有政治目的,又有商业收获,可以说是一箭双雕。唐廷枢、徐润主持招商局期间,任用私人、违法经营的问题就广泛存在,盛宣怀曾提出了一些改进的想法,很多学者认为据此可以看出盛宣怀的正确性,其实这是典型的书生之见。指出问题和解决问题是两回事,其中盛宣怀很多主张是在作为会办之时隔靴搔痒的局外人之见。例如,关于任用洋人和任用私人问题,这些问题有很复杂的背景,很多做法在当时还是可以辩护的。关于人员任用问题,唐廷枢曾经讲过,粤人长于商务船务,所以,局中多粤人是情有可原的。而当时的附局经营的船只,以及在经营中做自己私人的生意,这些事情是不能按照现在的标准去看待的,当时洋行的买办都是在自己的办公室内同时处理个人生意和洋行事务,所以,唐徐把这些作风带入招商局并非不能容忍之事,也为时人所接受。但是,盛宣怀把贪腐风气带入招商局,并且以损人利己的方式从事这些事情,就是一种公开的掠夺了。尽管他有如上主张,但是他接管招商局后,上述问题非但没有解决,反而更加恶化。可见,一些写于纸上的主张并不能反映一个人的真实想法,要听其言而观其行。其实,在招商局收购旗昌公司的时候,盛宣怀就有从中作弊的事情,在他独掌招商局大权之后,更是巧取豪夺。例如,在购买过程中收受贿赂,收取佣金,据资料披露,盛宣怀每年的额外收入高达20万两白银。

不仅如此,盛宣怀还直接侵夺股商的财产,其中最严重的就是侵夺徐润的财产。徐润作为招商局最早的创始人之一,放弃买办生意,带着48万两巨资入股招

第三章 几位企业创办人的评价

商局,他和唐廷枢配合密切,尤其是在唐廷枢长期出差的情况下,独立主持招商局,所谓"局务全靠徐雨之独立撑持","无雨之则见倾覆"①。但是盛宣怀对于唐廷枢和徐润恨之入骨,一定要把这两个人排挤出局,尤其是徐润,备受排挤。盛宣怀乘徐润被参的机会,对徐润进行清算,不仅把徐润搞得倾家荡产,而且乘机低价收购徐润股份。1883年上海发生股票危机,银根紧缩,出现了清末第一次倒账风波,徐润亏欠招商局巨产,濒临破产。恰好李鸿章札委盛宣怀到招商局查处,因为历来在招商局与徐润之间的矛盾,此次查处,盛宣怀挟私报复,手段残忍恶劣。徐润亏欠招商局16万两,本来想以个人资产抵押向亲朋好友筹措资金,希望盛宣怀代为向上面乞恩宽限时日,并且希望免除处分。这些要求并不是非分之请,关于商人利用股东款项做生意在当时也不是完全不可原谅的错误,这一点费惟凯曾做了说明。但是,盛宣怀不予通融,上报李鸿章,最后,徐润以自己的巨额股票和房地产作为抵赎,其中一部分房产即被盛宣怀收入私囊。对此次清算,徐润一生耿耿于怀。夏东元先生在评论这件事情的时候说道:在此事的评价上,确实是盛宣怀有官府支持,而徐润禀性耿直,势单力孤,加上盛宣怀以泰山压卵之势,使徐润无法抵抗,只能忍气吞声。比较起来,盛宣怀在此前被王先谦参奏时,唐廷枢和徐润出面为其解脱,双方为人处世的差别就可以清晰地看出来。

这种手法盛宣怀也用在别的股商身上,利用别人危难之际,低价吸纳别人股份,这种做法一直持续到19世纪80年代末,盛宣怀已经占有了招商局25%的股份,成为巨富。所以,外国人批评招商局和盛宣怀说:"公司以官督,事权号令,皆出其手,任意吞蚀,莫敢谁何。诸商股息越数岁而不给,良法美意,以官督而悉败矣。否亦一人专制,听其经画,既患才绌,复至侵吞,名虽为商,以君权而行之民事,安在其不败矣。"②(麦孟华)

不仅是股商们,盛宣怀在招商局与马建忠之间的关系,可以反映出盛宣怀为了个人的名利,不仅和商人们斗,也在官场上与马相互倾轧。

盛宣怀最大的问题是把官僚作风带入了招商局。在盛宣怀重新入局作为督办之后,他把招商局分为八股,揽载、修念、翻译归马建忠,保险、煤料和案牍归沈能虎,漕运和钱粮归谢家福。盛宣怀对他们采取互相勾稽的方法,实际上是互相限制,互相牵制。原来在唐廷枢时代,虽然存在漕运和揽载的二元化结构问题,但是唐廷枢是强调统一指挥原则的。而盛宣怀则从机制上就为统一设置障碍,他不是不要统一指挥,而是不允许别人指挥。本来他不能常川驻局,谢家福等人提出设置

---

① 《李鸿章集》,朋僚函稿,17卷。
② 《皇朝经济文编》,46卷,7页。

商总位置,以便统一事权,连李鸿章都认为是可行方案,但是盛宣怀害怕大权旁落,所以坚决反对,宁愿事情做不好,也不让权力受到威胁。

不仅如此,"合肥复用盛宣怀,肖小竞进"。在唐廷枢时代,虽然也有人议论招商局用人问题,但是,唐廷枢等人终究是按照商业原则办企业,对于官府所荐之人几乎一概拒绝。为此还开罪于当时的很多人,但是终究因为漕运是官府照顾的生意,所以,这一块实际上控制不严。为此唐廷枢后悔不已,在后来办理开平矿务局的时候,再也不招官股,就是为了避免官方干预用人。但是盛宣怀掌握招商局期间,视招商局为私产,盛宣怀的姻亲施紫卿数代任职招商局汉口分局,俨然世袭领地。可以想见,"兄授其弟,父传其子,恬不为怪!"上有所好,下必甚焉,上行下效,互相援引,把招商局搞得乌烟瘴气,酿成民国有名的招商局三大案。连盛宣怀都认为招商局任用私人可以说是人山人海。

除了上述非法敛财之外,盛宣怀还用很多极其特殊的方法,采用投资和经济的手段,假公济私,扩大私人财富。据相关资料分析,盛宣怀采用的方法主要是三种:第一是拆分股份,侵吞财富;第二是操纵漕运,谋取私利;第三是连环投资,从中渔利。例如,操纵漕运,就是建立一个私人公司,然后利用招商局独揽漕运的机会,分包给自己的私人公司华大公司,成为敛财的重要手段。连锁投资更是盛宣怀上下其手,公开敛财的手段。在一系列复杂的投资环节中,不仅股东无法知晓其中奥秘,就是朝廷也只能听其调遣。盛宣怀利用其亦官亦商的身份,到处投资,到处敛财,到处插手,到处兼职,成为了炙手可热的一代官僚财阀。

研究盛宣怀的标本意义在于:盛宣怀收敛钱财,攀援权贵,这样一个长袖善舞、左右逢源的人,在清末居然成为朝廷办洋务不可或缺的人才,虽然被多次参奏,但是还能够步步高升,可见其能量之大。盛宣怀所采用的手法,虽然卑劣,但是却为官场所容忍、所接受,可见当时的社会风气和政治结构,对于腐败已经习以为常,见怪不怪了。

其实盛宣怀的手段没有太多奥秘,首先是以办企业作为敛财和晋身的手段,然后把所敛之财以报效等手段贡献给官府,甚至公开行贿,博得官府的支持,这样就在企业和官府之间搭建了一个循环往复的桥梁。

盛宣怀的夺权手段每次几乎如出一辙。首先是以某事需要办理为由,要求辞去自己所兼任的职务,然后陈述所辞职务的重要性,最后落实在官督的重要性。在招商局督办职位的争夺上,这种手法即被采用了多次。

第一次是在朱其昂被李鸿章委为总办之时,第二次是在唐廷枢受邀加入招商局的时候。此后盛宣怀在招商局处于无权的地位,按照他自己的说法是"滥竽四年","局内视为无足轻重之人"。但是在收购旗昌轮船公司过程中,盛宣怀利用自

第三章 几位企业创办人的评价

己的特殊地位,在说服南洋大臣筹集资金上做出了贡献,他以此为契机,转而向南北洋大臣进言,要求把招商局变为官办之局,并且婉转地要求督办之权。他在给沈葆桢的禀文中完整地采取了上述的手法:先是显示收购旗昌的功劳和作用,然后,提出自己兼差太多,请求辞去招商局会办职务,最后提出招商局应设立督办一职,代表官府总管一切。这种手法被易惠莉称为"以退为进,谋求督办职权的策略"。盛宣怀不但向上陈述,而且随着他在招商局的夺权行为的展开,引发社会上对于招商局到底是官办还是商办问题的注意——市面上盛传官方借款将改为股份,商局将变为官局,并且引起监察御史董儁翰对于招商局的整顿奏议。然而,招商局虽然有内外矛盾,但是在李鸿章看来,一切尚属顺利,所以,他坚持支持商办原则。在1877年的天津会议上,李鸿章对于唐廷枢、徐润做出了安抚和许诺,以漕粮加成和官款缓缴官利的措施支持唐徐,维持商办格局。这次盛宣怀的夺权失败了。不过,因为在收购旗昌的过程中,官方支付的资金超过了总股本数量的1/3,因此,商办基础已经受到了威胁,这也是盛宣怀能够发难的基础。

盛宣怀不仅对同事和同僚攻击,甚至对于他的恩师李鸿章也敢于在关键时刻落井下石,抱怨发泄。在盛宣怀的成长中,作为世交和长辈的李鸿章对他关爱有加,其中有批评、有指导、有提携、有鼓励,说得上是饱含深意。例如,当年李鸿章批评和提醒盛宣怀不要赌博嬉戏,寻花问柳,要尽心工作。另外在不同的时刻,李鸿章随时给予指点,而盛宣怀的晋升也都是来自李鸿章的举荐。但是,甲午战争失败后,李鸿章失意官场,在最需要帮助的时候,盛宣怀却抱怨说,李鸿章在盛宣怀的成长过程中,一直是压抑,而且这种压抑是因为李鸿章有私心,害怕自己的下级功劳太大。盛宣怀还把李鸿章与曾国藩、胡林翼和张之洞做了比较,尤其是对于张之洞,虽然此前他也抱怨过张之洞,但是这时候却说张之洞知人善任,所以,在用人上高于李鸿章。这样的话实在让人心寒。

附:夏东元先生《盛宣怀传》中的不当评述举隅

夏东元先生在《盛宣怀传》中对盛宣怀做了全面研究,基本上做出了正面的评价。夏先生研究所依据的史实基础牢靠,见解深刻,使读者受益甚多。下文只是从企业和管理的角度对夏先生对盛宣怀的一些评价提出若干不同看法。

1. 关于总办会办的轮换坐庄制

在赫德批评招商局后,盛宣怀提出一些改进意见,其中一条是总办会办的轮换制。盛宣怀说:"自本年六月始,在局五人分年轮驻沪局坐办,一切悉归其调度,仍以四人副之,和衷商权,力破积习。坚韧不渝,功过亦五人与共。其应轮驻坐办之员,不准藉端推诿,庶利弊可互相兴除,勤惰可互相规劝,盈亏亦可互相比较。"夏先生赞扬说这个改进管理的意见是高明的。

其实无论从动机还是从管理的角度看,这个意见是错误的。从管理角度看,一个企业的领导有正副之分,行政机构的统一指挥要求上下级分明,不能今天上明天下,更不能互不统属。其实盛宣怀所谓的互相推诿不能依靠轮流坐庄的方式解决,而是要划清职责。而且招商局在初期五个人的责任是清晰明了的。所以盛宣怀这个意见不是一个正常的管理改进措施。之所以提出这个意见,很大程度上是盛宣怀为了通过这种方法来夺取招商局的主导权。

2. 关于1878～1881年招商局盈利取得中盛宣怀的作用

夏东元先生认为这几年经营成绩的取得"虽有唐廷枢、徐润等人共同努力的结果,但盛宣怀出的好主意所起的作用也是不可磨灭的"。

这种看法过于溢美,恐怕盛宣怀难当此誉。因为管理和经营靠的是一点一滴的具体工作,不是几个好主意即可奏效。更何况盛宣怀的主意都是泛泛而谈,诸如提取折旧、降低成本、任人唯贤等,不是什么秘诀,唐廷枢、徐润何以不知道这些?之所以做的不好,是因为很多具体问题,这些具体问题的解决要靠一点一滴的努力,远不是几个泛泛而谈的主意能解决的。更何况,经营靠大势,管理靠琐碎的工作。老实说,要不是唐廷枢、徐润开创招商局早期的辉煌,不要说生瓜蛋子的盛宣怀,就是老练如朱其昂也无法独立支撑招商局大局。

在很多关于盛宣怀的评述中,大家非常注意盛宣怀意见的正确与否。其实,一个商业上的意见虽然可以有是非,但是商业争论远不是是非能够论定的。因此,要看提出意见的目的,如果是出于经营目的,可以争论,但是最终要服从相关主管的意见。盛宣怀很多关于经营管理的意见,其提出的目的往往不在经营管理本身,而是有权力上的目的,往往是为了排斥异己,攻击对手,所谓顾左右而言他,醉翁之意不在酒。在招商局早期发展中,他提出了很多经营改进意见,大部分不是真为了改进经营,而是为了攻击唐廷枢、徐润,这些建议本身的对错根本不重要。企业中常常有这样的例子,下级自以为是,不断寻找口实攻击上级,不过这一般属于个性问题。但是,盛宣怀是把官场权谋做法带入企业,商人们不习惯这种官场做法,对这些意见往往茫然不知所措,最终成为这些权谋的靶子。虽然李鸿章尚属明白的大臣,也难免判断失误,最终倒向阴谋制造一方。

3. 关于盛宣怀贪财的指责

"向之论者,常常说盛宣怀贪得无厌赚取钱财,并以此作为鞭挞他的理由。这是不对的。剩余价值规律曾经是推动历史前进的巨大杠杆力量,追逐剩余价值和尽可能高的利润,是资产阶级的本性,它曾起到推动历史发展的作用。"

第三章 几位企业创办人的评价

其实一般人说盛宣怀贪财,是指他贪得无厌,甚至贪污腐败。而贪得无厌是不是一个问题要看出于什么样的动机,为了一己私利,不守规则,就是应该受到指责的。至于贪污腐败,无论何种社会,都是为主流价值观所不能接受的。并不是提倡市场经济了,所有赚钱的事情就都是好事情了,即使是为企业赚钱,不守商道也要受指责。盛宣怀在这些方面,无论对公还是对私,都是有愧商道的。尤其是关于盛宣怀财富的问题,根据学者的论述,盛宣怀财富在一千万到一亿两之间,夏先生的解释是他家庭本来殷实,又因为善于投资,所以能够积累后来的财富。可是同为招商局股东,唐廷枢、朱其昂都是身后萧条,徐润也是几近破产。总不能说这些人做生意的本领小于盛宣怀,也不能说他们在经营上没有办法。尤其是唐廷枢,开平煤矿办得非常成功,但是,对于他个人没有什么太多好处。两相比较,可见差别。

夏先生是学者,看人出于善良动机,对于官吏的贪污手段了解不足。尤其是像盛宣怀这样的人,留下了很多冠冕堂皇的文件,一般人很容易看到他的努力和付出,对于背后的龌龊手段往往看不到。看到他做了一些事情,对其阴暗面容易忽略,甚至面对对他的指责产生同情之心。其实,现实中,像盛宣怀这样的贪腐之吏何止万千,他们的手法哪里是善良人能够看到和知道的?但是,只要看他们家资千万,再和他们的职位联系起来,就可以知道他们是如何贪腐的。这就是为什么至今很多官员反对公布财产的深层原因。财产公布后,数字就说明一切。盛宣怀不是唐廷枢和徐润,甚至他也不是张謇,他从来都是代表官府出面的,这种身份积累巨万财富,能说自己清白吗?作为研究者,对于具体的问题需要审慎地利用资料来说明,但是,对于贪官污吏,即使从最坏的地方去推测,也很难穷尽他们的恶行。从这个意义上,把盛宣怀的贪腐问题研究清楚是有意义的,因为他是社会中官员以办企业致富的典型例子。

4. 关于压制"野鸭船"

在19世纪90年代,招商局和太古、怡和签订齐价合同之后,开始在长江里排挤"野鸭船"。此前史家通常认为这种做法是排挤民间资本,所以是压制民族资本主义的发展。夏东元先生对于这一点从根本上做了辩驳,认为当时长江里主要是外国资本,所以不存在对于民族资本的压制问题,然后笔锋一转,说盛宣怀的做法是符合剩余价值规律的,是无可非议的。这里面有两点值得探讨:第一,从马克思主义的理论出发,追求剩余价值是资产阶级剥削的秘密,不能说是无可非议的。第二,其实就算站在西方经济学的立场,通过垄断的方式追求利润也是违背竞争道德的,并且在20世纪以后是要受到法律制裁的。这种做法虽然在19世纪非常流行,政府往往给一些企业以所谓的专利权,就是保护这些大多数有官方背景的企业,但是不能因此就说这种做法是正当的。

5. 盛宣怀代表商民利益

夏东元先生的《盛宣怀传》中,多次根据盛宣怀的招商文件和所作所为,认为盛宣怀的作为是代表商民的利益的。其实是不是代表商民的利益,有两个观察角度,第一是主观上的看法,第二是客观上的效果。所谓主观上的看法,是盛宣怀对做这些事情的认识,他到底是不是代表商民利益,是不是主动想代表商民利益,或者仅仅是要利用商民。从他的地位和权力来源角度讲,他没有主动代表商民的意识基础,因为他是官府的人,他的权力来源于上级的任命,所以,他即使认识到商民在企业创立和运行中的作用,他也不会主动代表商民的。从他的地位看,即使他认识到商民的利益,他也仅仅是从利用的角度来看待商民作用的。从他掌管中国电报局的过程看,就可以看到他对企业中商人作用的看法是随着他的地位而变的,并没有一定的理性认识作为主导。在电报局初创时,他为了强化自己的控制权,有独立于北洋大臣的独立运作空间,想方设法把电报局国有化。但是,在袁世凯争夺电报局的所有权时,他又为了自己的利益,反对国有化,仅仅几年以后,他做了邮传部尚书,牢牢掌握了对轮、电的控制权之后,就不顾后果地开始了电报国有化和铁路国有化,主要是为了加强他个人的控制权,最终把清王朝引入了灭亡的轨道。在这个过程中,看不到他的商民意识,能够看到的就是对个人权力的追逐,甚至是不顾后果的追逐。从这个意义上看,他的认识水平和行为模式与那些封疆大吏如李鸿章、张之洞还不一样,那些封疆大吏还是以王朝的利益为先的,而盛宣怀这样的人,很像现在的那些贪官污吏,根本没有大局意识,更没有对国家和民族命运的使命感,有的就是个人的利益。在与个人利益一致时,他可以利用或者简单地顾及商民利益,一旦与个人的利益不一致,他就会抛弃一切地捍卫个人的利益。这个人不是能力不成,而是人品不成,非无能也,是无德也。

夏先生是史学大家,研究广泛深入,成果丰厚。想来先生日常生活也是敦厚老实的知识分子,对人对事的看法往往从善的角度出发,难免为盛宣怀这样的墨吏脱罪提供说辞。现在距先生写作《盛宣怀传》已经过去多年了,看多了社会上那些贪官污吏的龌龊之后,再回过头来研究盛宣怀,对他身上的阴暗面就会有更清醒的认识了。

四、关于郑观应的评价

郑观应是一个特殊的人物,因为此人在清末写过一本书《盛世危言》,对于当时的时政发表了很多意见,且还很有见地,在当时的舆论界和思想界产生了广泛的影响,成了一时洛阳纸贵的畅销书。所以,在学者中,此人名气很大,一般人把他划入思想家的范畴,受到了很多追捧。其实,郑观应的职业不是学者,而是商人,而且

第三章 几位企业创办人的评价

是一个买办出身的商人。正因为他的买办身份,他熟悉洋务,和外国人接触较多,见识自然也和一般的士大夫不同,所以,虽然是照葫芦画瓢地提了很多意见,但是还是引起当时社会的很大反响。

应该说,郑观应在商业上算是成功的,曾经做过太古轮船公司的总买办,后来又做过招商局的会办,也就是副总经理,还曾组建过上海机器织布局,辛亥革命前做过汉阳铁厂和粤汉铁路的总办等。所以他是一个思想和商业两栖的人物,虽然在两个方面都没有达到最高峰,应该说是二等人物,但是在两个方面还都算成功。尤其是后人评价前人,往往是从资料出发,郑观应有书传世,也因此成就了他的盛名。

在招商局,郑观应做过会办,这是在招商局唐廷枢和徐润主政的后期。这时候,招商局出现了人才空缺的危机,朱其昂辞世,徐润丁忧,唐廷枢外调,这时候亟需一个懂得航运尤其是揽载业务的人物。作为太古洋行总买办的郑观应入选,应该说是顺理成章:第一,他懂得揽载和轮船业务;第二,此人是广东香山人,与唐廷枢、徐润有同乡之谊;第三,此人还与江浙商帮存在广泛联系,填补朱其昂和徐润的空缺是一个难得的合适人选。易惠莉在《郑观应评传》中对于郑观应游刃有余地游走于江浙和广东商帮之间的情形做了生动详细的描述。可以说,郑观应毕生是这样左右逢源地生存于两个商帮之间。不仅如此,郑观应还游走于商人与官府之间,游走于商人和学者之间。这种亦商亦学、亦官亦商、亦浙亦粤的多个双重身份成为郑观应最主要的特点。

以郑观应的出身看,他不可能达到唐廷枢能够达到的高度,也成不了盛宣怀。前者所受教育是很正规的西式教育,又有在西方官僚机构的工作经验,随后从商,起点高,声望卓著,可以和洋人平等对话,这是他的一大优势。盛宣怀则和李鸿章有世谊,从一开始走的就是仕途,一直把办企业当作自己的晋身之阶,所以,唐廷枢和盛宣怀可以说是目标明确,因此,虽然行为各异,但都是毫不犹豫。郑观应则是买办出身,如果认真做事,心无旁骛,可以成为一个徐润,是个一等一的商人。但是,偏偏郑观应不甘心于这种社会地位,所以一生中左冲右突,力图在商人生涯之外开辟出一个新的生存局面,虽然想法可以理解,但是,这样反倒导致郑观应一生犹豫彷徨,三心二意,很多问题就由此生出。一般人认为郑观应是一个成功的人物,品格高尚,其实按照职业准则来看,他还是存在很多弱点的。现在很多对郑观应的评价是过誉了,还是汪敬虞先生在把唐廷枢和郑观应对比后所做的评价更为准确,也就是说唐与郑之间的品格还是有高下之分的。

汪老先生做出这个评价,说的是进入招商局这个问题:唐廷枢义无反顾,郑观应犹豫不决。虽然唐廷枢进入招商局比郑观应早八年,但是,唐进入时是怡和洋行的总买办,是上海商界的头面人物。以他曾经的上海海关总大写的职务,以及和李泰国的关系所带来的特殊身份,他在洋行内部不是作为洋人的附庸的一般买办,而是少数一些在洋人中有独立和平等地位的商人。不过,在李鸿章的邀请之下,他毅然加入招商局,从此以后就义无反顾地一直在清末的中国企业中工作,成就了轮船招商局和开平矿务局两个百年企业。虽然他个人身后萧条,但是,后人追思起来,可以说是功勋彪炳,不枉一生。

相比之下,郑观应在加入招商局问题上犹豫不决,即使加入,此后也是三心二意,机器织布局失败,他去办海防,然后在家赋闲八年,又重出招商局。郑观应后半生颠沛流离,晚年为了一个有薪水的职务,几乎是祈求周遭朋友,虽然是时运不济,但是也是咎由自取,都和他的三心二意有关。所以,和盛宣怀一样,郑观应也是一个有标本价值的人物,值得分析和解剖。

如果把郑观应的一生分期的话,至少可以分为两个时期,第一个时期的顶点是做太古的总买办,然后办理津沪电报局。其实,从办理津沪电报局开始,郑观应就从一个外国买办转到了国内商人上来,这个转变不是郑观应一个人特有的经历,唐廷枢和徐润也经历了这样一个转变过程。但是,郑观应的转变是在唐徐之后,应该说唐徐还是有示范作用。唐徐在当时是这种转变的成功范例,这肯定对郑观应有积极的影响。但是,郑观应好舞文弄墨,所以,这个转变过程中留下了不少资料,可以让后人窥探到他的内心世界的犹豫徘徊。他在从洋行买办转为国内商人的过程中,主要是犹豫两点:第一是做洋行的买办收入稳定,待遇优厚,转为商人后,这些保障就丧失了。另外就是进入官督商办企业,实际上是进入了官场,需要适应官场上的风风雨雨,郑观应自知他很难适应这个局面,事后的经历证明他的这个判断不是没有道理的。但是郑观应从买办转为官督商办企业的老总的过程一开始太顺利了:首先是受到札委出面筹建上海机器织布局,这件事情实在是非常荣耀。然后是办理津沪电报局,这个过程顺利得出乎意料,这样就导致郑观应信心爆棚,希望一鼓作气地干下去,成就一番事业。

可是,此后事情不如想象得那样顺利,机器织布局的筹建迟迟不见实质进展,反倒受到1883年经济危机的影响,亏得一塌糊涂。郑观应在这个关键时刻,不但没有挺身而出积极解决问题,反而挂冠而去,办理南洋军务,致使事态恶化,最后被追究责任,使郑观应身败名裂,蛰居乡间达八年之久。此后虽然复出,但是终究没有了当年的锐气,除了《盛世危言》足以耸动视听之外,在实业上几乎再没有任何进展,落魄到寄人篱下的地步。

认真地评价郑观应的失败,可以说,虽然是时运不济,也是咎由自取。前者还

第三章 几位企业创办人的评价

好理解,是遇到了 1883 年的经济危机,咎由自取则至少包括两个方面的因素:第一,能力不足。在筹办上海机器织布局之前,郑观应没有做过实业,所从事的都是商务活动,实业活动所涉及的大规模组织与管理,其复杂性远远超过了商务活动。很显然,郑观应缺乏这方面的能力和见识。比照唐廷枢创办开平矿务局时的情况,唐廷枢那时候已经在轮船招商局的组建中积累了实质性的经验,虽然开平矿务局作为实业,复杂性在招商局之上,但是,之间的障碍不是不可跨越的。而对于郑观应来说,从太古洋行的总买办跨越到机器织布局,中间的跨度远较招商局总办与矿务局总办之间的距离要大。第二,知识不够。虽然唐廷枢和郑观应都是买办出身,对于洋务商务都有见识,但是,唐廷枢所受的正规西方教育和仅仅受过初步中国古典教育的郑观应比起来,对于实业的理解远不是郑观应所能够比拟的。看一看郑观应在办理机器织布局过程中的那些文章,与唐廷枢办理开平矿务局的那些报告相比,就可以看出双方知识的实质性差距。第三,郑观应在办理机器织布局过程中,三心二意,不能事必躬亲,不够吃苦耐劳,不能倾尽全力,这些也是导致事情进展不顺利的原因。易惠莉在其所著《郑观应评传》中对于郑观应的做法提出了批评性的见解,应该是非常中肯的。

当然,对于郑观应不能简单地评价,毕竟郑观应是一个思想和实业双栖的人物,要了解这个人,就要了解他的思想,要了解他的思想,还要了解他的实业活动。在清末那样万马齐喑的环境下,郑观应是一个善于思考的人物,提出了很多见解,虽然受时代甚至是时势的影响,有些飘忽,但是,主旨是清楚的,在中国人的思想启蒙中,起到了相当的作用。作为后人,我们知道他的思想和行动相比,行动常常和思想不一致,想到的不能做到,这样就有了行动和思想的分离。在别人看来,郑观应有很多不好理解之处,主要是思想的激进和行为的迟疑之间的矛盾。这是一个很有意思的现象,不仅发生在郑观应身上,也发生在变革时期的很多人身上。他们的脑袋走到了时代的前面,可是两条腿还留在后面。例如,郑观应的经商经历,在做了太古轮船公司总买办之后,再也没有了辉煌的成功,他办理织布局失败了,做招商局的会办中,自鸣得意的事情就是两次齐价合同的谈判,但是,第一次的主持人是唐廷枢,他只是一个助手。做汉阳铁厂总办,也是三心二意,最后留下一个烂摊子走人。办理粤路搞得身败名裂,虽然这种事情非常复杂,但是他声望不足和能力不够都在这里表现了出来。

郑观应是那个时代的优秀人物,虽然是买办出身,但是心系国家,一直在思考如何为国家的富强出谋划策,不懈思考。另外他的买办生涯,使他能够比较早地接触到西方的文化和思想,他也积极吸收这些知识,结合中国的实际加以思考,所以他能够写出《盛世危言》这样产生广泛影响的著作。他在商业上也做了不少工作,三次进入轮船招商局,创办津沪电报局,为这些企业的发展做出了应有的贡献。但是他的性格和能力决定了,在这些领域他都无法达到当时的顶点。

第 四 章
企业家与中国近代缫丝产业的关系

本章不是对缫丝产业的历史研究,而是要根据这段历史检验企业家理论。中国近代缫丝产业发生了两次重大转变,其中的事实,可用以检验柯兹纳和熊彼特的企业家理论。

第一次转变是鸦片战争之后,五口通商导致国门洞开,对外贸易中心由广州转移到上海。中国的丝茧产地主要在江南一带,商业中心的转变,导致了运输路程大大缩短,税收减低,成本大幅度降低,因此,丝的出口大幅度增加。原来广州作为通商口岸,丝商只能将产品卖给十三行,尚属旧式商业模式。而转移到上海之后,丝产品的商业结构发生了重大变化,出现了更为商业化的丝栈,并且与传统的丝行、丝庄连为一体,成为一个新的进入国际市场的营销渠道。其中丝栈的出现是对传统内销渠道改造的结果。

第二次转变是19世纪70年代在广东兴起的缫丝工业,改进了传统的手工剿丝工艺,建立了新型的工业组织。这个变化引发了商业结构的演变,首先是厂丝质量良好,市价远高于手工丝,后者被称为土丝。市场上的产品结构发生了变化,随之,渠道结构也发生了变化,通商口岸有了专门经营厂丝的丝号,并且有了专职收购茧子的茧行和余茧行商,还有茧贩。如果说,第一次转变导致了柯兹纳式企业家出现并且主导了产业,是机会推动的商业结构演变,第二次转变则是比较典型的熊彼特式企业家推动的转变。但是,由于清末的长江三角洲和珠江三角洲分别在缫丝产业上采取了不同模式,因此,为观察企业家的不同类型留下了更大的空间。

一、研究概述

关于湖州七里丝和湖州丝商的资料,主要是民国年间的《南浔志》。关于珠三角的缫丝业发展,当地志书也多有记载,可供参考。

广东的地方史志对南海顺德的机械缫丝工业发展有一些原始记录。

编写于20世纪50年代的《中国近代工业史资料》,对缫丝生产和贸易结构,在第一辑、第二辑和第四辑中,都辟有专门章节,收集了大量不同时代的资

料,至今还是研究这个问题最基本的资料集。彭泽益编纂于同时代的资料集《中国近代手工业史资料》第二卷,亦有相应资料,可以相互参看。

许涤新等人所撰写的《中国资本主义发展史》一书的第二卷中,对鸦片战争以后的近代生丝的贸易、生产方式变革和结构都做了详细的分析,其中很多内容也具有很强的资料性。

1989年台湾近代史研究所的陈慈玉所著《近代中国的机械缫丝工业》,以及1990年徐新吾主编的《中国近代缫丝工业史》,都是分析这个行业的专门著作,资料丰富,分析全面。

1989年张国辉发表的文章《甲午战后40年间中国现代缫丝工业的发展和不发展》,从广东与江南缫丝工业发展模式的差别入手,对缫丝工业中租厂制的特点做了分析,并且把中国缫丝工业的发展纳入到世界市场的范围内观察,分析了中日竞争的影响。1991年吴振兴发表于《广东社会科学》上的《近代珠江三角洲机械缫丝业的发展及其对社会经济的影响》,不仅介绍了缫丝业的发展,尤其就缫丝业发展对外贸、商业、金融以及经济结构的影响做了一个概略的分析。王新生《广东与长野器械缫丝业比较研究》,比较了发端时间近似的中国广东和日本长野的缫丝业发展。这篇文章的视角独特,从竞争对手和模式本身做分析,所得出的结论极具启发性。同时,这篇文章大量使用了日本文献,填补了国内文献的空白。可惜这个研究再无后续,成为绝响。2001年汪敬虞先生发表的《从中国生丝对外贸易的变迁看缫丝业中资本主义的产生和发展》,从国际贸易的视角,对中国近代缫丝业的资本主义因素发展做了分析,这个分析的链条从国外延伸到国内,通过对公和永与继昌隆两个代表性企业的剖析,对长江三角洲和珠江三角洲缫丝业发展的历史路径差异做了分析。该文虽然篇幅不大,但是视野宽广,具有空间和历史洞察力。张茂元和邱泽奇发表于《中国社会科学》上的《技术为什么失败——以近代长三角和珠三角地区机械缫丝业为例(1860～1936)》,从社会学角度,分析了技术与社会结构互动对产业发展的影响,文章对于在资本、技术、市场、原料均占有优势的情况下,何以长三角的机械缫丝业发展长期落后于珠三角的问题进行了全面解剖,作者认为,技术所带来的社会后果是导致技术本身存在状况的基本条件,而所谓社会后果主要是技术红利的分配是否导致更为合理的利益格局。还有一些研究对长江三角洲和珠江三角洲的机械缫丝工业发展做了专题分析。例如,彭雨新《辛亥革命前后珠江三角洲乡镇缫丝工业的发展及其典型意义》(中国社会经济史研究)虽然发表较早,但资料丰富,对珠三角茧市的分析,虽然简略,却弥补了中国资本主义发展史缺少的环节。

二、研究结构

(一) 缫丝生产与贸易方式

中国蚕丝的生产有几千年的历史,至少在青铜器的铭文中就有相关记载①。工业革命之前,全球贸易中最主要的产品是茶、丝和瓷器。因为中国丝产业的发达,所以就有了沟通中亚、欧洲的著名的丝绸之路。而通过海路的丝绸贸易,至少也有 500 年以上的历史了②。直到鸦片战争时,中国的生丝出口高居世界首位,每年高达万担③。

传统的生丝主要是在国内销售,政府对丝织产品的国际市场销售有严格的控制。例如,1759 年中国政府下令丝斤不得出口,此后不久虽然弛禁,但是依然有很严格的限制。对于输往东西南洋船的运载数量、出口地点,均有严格的规定④。

(二) 五口通商后丝商结构的转变

1. 出口扩大与丝商结构的第一次转变

鸦片战争之后,五口通商,生丝出口脱离政府羁绊,开始大规模地发展。此时,外国洋行从广州大规模转移到了上海,这也是导致生丝贸易规模不断扩大的另外一个原因。但是,由于外国人不能深入内地,因此生丝的采购等主要是依靠买办。而设置在上海这个主要通商口岸的生丝交易机构是丝栈,丝栈向上联系丝行,而丝行则向直接收购农民生丝的丝庄收购。这样,农民通过一系列中间商,再经洋行转手,生丝产品最终进入了国际市场,早期市场主要是意大利和法国,后来又开辟了美国市场。经过一系列的市场拓展,生丝销量不断上升。生丝产业结构的链条一如图 4-1 所示。

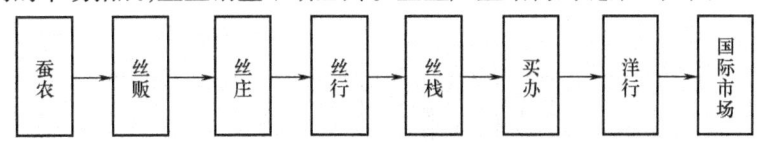

图 4-1 生丝产业结构链条一

---

① 对于中国丝蚕养殖的考古发现已经所在多多,时间期限可以上溯到公元前 5000 年左右。甲骨文中,蚕、桑、丝、帛等已经形诸文字,可见已经相当成熟。参见顾国达,徐俊良. 论我国蚕丝业的多中心起源[J]. 浙江大学学报:人文社会科学版,2003,33(3):42-48. 李艳红,方成军. 试论中国蚕丝业的起源及其在殷商时期的发展[J]. 农业考古,2007(1):166-168,204.

② 汪敬虞. 从中国生丝对外贸易的变迁看缫丝业中资本主义的产生和发展[J]. 中国经济史研究,2001(2):23.

③ 汪敬虞. 从中国生丝对外贸易的变迁看缫丝业中资本主义的产生和发展[J]. 中国经济史研究,2001(2):24. 20 世纪 50 年代的一个油印文件中记载中国在鸦片战争后,中国土丝和丝织品出口达 4 万担。参见陈真. 中国近代工业史资料[M]. 第四辑. 北京:三联书店,1961:101.

④ 范师任. 中国丝业对外贸易之史的观察[J]. 社会杂志,1933,1(2).

这种结构是鸦片战争之后形成的,中国国内的贸易链条基本上还是传统的商业结构,并没有特别突出的新的因素出现。不过,因为是进入国际市场,所以,国际市场的竞争会促使中国政府和商民形成新的态度和做法,积极探索相关的管理和技术知识。这样,近代的企业精神就开始注入生丝产业。不过,从整个链条的角度看,依然是传统的商业精神居于主导地位,只是在买办这个环节开始出现了一些对国际市场的谨慎反映,并对国际市场的变化有了相应的预测和分析。不过,由于买办并没有直接参与国际市场的竞争,因此,在这个阶段,虽然有新的理性精神的注入,但是规模和程度都很有限。相比日本,中国商人和政府的态度都不够积极。商人们满足于国际市场销售量的增长,而政府对新技术的普及和新的生产方式持一种游移态度,力图根据社会的接受程度,采取措施,保持不同利益者的平衡。而日本和意大利的增长速度远高于中国,因此,在不多年以后,日本的国际市场销售额就超过了中国。这在某种程度上可以看出中国企业的发展速度较慢。

国际市场主要的生丝消费国是法国和美国,而国际市场上的竞争主要是来自意大利和日本。

2. 厂丝和丝商结构的第二次转变

以工业方法改进手工缫丝,生产出来的生丝被称为厂丝,是相对于手工的土丝而言的。机械缫丝大幅度提高了缫丝的生产效率,并且使丝的质量大幅度改善,从而增强了生丝产品的竞争力并提升了价格。因此,在鸦片战争之后,机械缫丝业就开始发展起来。机械缫丝工业的发展,不仅改进了产品质量和提高了效率,实际上是一个生产方式的重大变化,使缫丝从手工业的个体和家庭劳动转变为近代企业内的集体劳动,从而改变了整个生丝产业的生产方式,生丝产业结构链条二见图4－2。

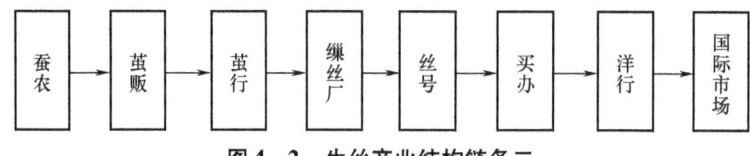

图4－2 生丝产业结构链条二

从整个产业链条看,缫丝这个环节原来在家庭内部完成,现在转移到了工厂中①。这样,就有了一个新的产业链条,就是蚕茧的收购和转移。原来在农民家中完成的蚕茧养殖和缫丝现在分离为两个阶段,因此,农民出售的就不是生丝,而是

---

① 日本学者林晁《近代中国缫丝业》中指出,五口通商之后,中国的土丝生产就已经开始转移到工场,但是国内文献没有见到这方面记载。参见《中国近代工业史资料》,第四辑,111－112页。

第四章　企业家与中国近代缫丝产业的关系

蚕茧。这样,商人主要是收购蚕茧而不是生丝了,在原来的纯粹商务环节中插入了一个生产环节,使产业链条发生了性质的变化。而厂丝的出现,改进的不仅是前端的内容,缫丝之后的产业链条也发生了改变。厂丝的终端是丝号,而不是丝栈。

显然,机械缫丝推动了民营企业的诞生。经济史学界公认的第一位中国本土的民营企业家就诞生于缫丝领域,这就是陈启沅。而企业的经营与管理,自然不同于私人作坊,在设备的管束之下,人们需要学习相关的技术和管理知识。

三、企业家的兴起与商业结构

机械缫丝企业的兴起,推动了中国企业家阶层的诞生和成长。而长江三角洲和珠江三角洲的不同缫丝企业发展模式,对我们观察企业家的类型提供了一组可以比较的事实。

珠江三角洲的缫丝业一直领先于长江三角洲。珠江三角洲机械缫丝业的最早开创者陈启沅,创立了继昌隆缫丝厂,这不仅是中国第一家机械缫丝企业,也被认为是中国第一家民营工业企业[①]。

陈启沅无疑是熊彼特式企业家的代表。按照熊彼特对企业家行为的描述或者定义,陈启沅引入了一种新的生产方法,同时也引入了一种新的组织方式。前一种行为主要是指启沅提供了机械缫丝的方法,后一种是在生产技术基础上建立的现代工厂制度。

广东一向是传统的蚕丝生产基地,至少自明清以来,这里的蚕丝生产规模就一直在扩大,并且在原来果基鱼塘的基础上,形成了桑基鱼塘的生态模式。应该说,在陈启沅创立继昌隆缫丝厂之前,这里就有了一个基本的缫丝生产环境,也就是说,这里存在着桑蚕养殖传统,有熟练的养蚕人员和缫丝经验,有广泛的桑树种植基础。近代对外贸易推动了这个产业的发展。但是,在19世纪70年代之前,广东南海、顺德一带的产业发展还是传统的延续,并没有太多新的因素加入。推动这个改变的是企业形式的机械生产的介入,更为准确地说,是企业家意志的介入。

对于陈启沅创立继昌隆的动机,人们有各种推测。但是,提高生丝的质量,应对国际竞争应该是一个很重要的动力来源。按照汪敬虞先生的考察,当时中国出口西方的生丝质量不好,而且逐次下降,已经引发了西方的抱怨。汪敬虞先生认为,有南洋生活经验的陈启沅一定了解这方面的消息,因此决意兴办机械缫丝厂,

---

① 对陈启沅和继昌隆的研究很早就展开了。汪敬虞先生20世纪60年代《关于继昌隆缫丝厂的若干史料及其值得研究的几个问题》使用的资料较丰富,对这个工厂的历史背景、在全球贸易中的地位等做了分析。此后相关的研究不绝如缕,但是,史料上没有重大突破,包括对一些基本史实都难以确定,例如,至今对继昌隆的创办时间都没有准确的确定,从1872年到1874年,有多种不同说法。

改良质量①。当然,陈启沅还有其他方面的动机,例如,利用当地的资源优势来造福乡里,这是广东很多海外富人的共同愿望,还有就是建立属于自己的事业。说他希望利用机会获取财富也是正常。最为重要的就是陈启沅投资了新兴的现代加工企业,成为第一家民间投资的近代企业,这个当时也许是不经意也不起眼的举动,实际上却开启了一个新时代。

这个举动的结果是复杂的。从市场上看,机械缫丝的生丝质量高,在国际市场上受到了广泛的欢迎,因此,实际上提高了中国生丝产品在国际市场上的竞争力。相对于土丝,厂丝出口的价格更高,增长速度更快。当然,这一点是相对的,在中国广东厂丝出口的同时,日本的生丝质量也在不断改善,并且从国际市场上的配角,逐步取代中国产品,占据了主导地位。但是,如果没有陈启沅在广东的带动作用,中国生丝产品在国际市场上对日本产品将没有任何抗衡力量。这从下列事实就可以看出,从1883年开始,广东厂丝开始有出口记录,当年为1 200多担,而日丝出口已达30 000多担。但是到了1900年,广东生丝出口34 600担,而日丝为45 900担,显然已经改变了日丝的绝对优势地位②。如果没有现代工业的创建,这种国际竞争力是无法建立的。

缫丝厂的建立,改变了当地的产业结构。这是陈启沅未必意识到,但却是比提升国际市场竞争力更容易为时人和后人直接观察到的现象。由于机械缫丝的发展,桑蚕养殖与缫丝分离,完成了一次产业内部分工,生产效率大幅度提高。从前端角度看,家庭作为最基本的生产单位,原来分散在养蚕和缫丝两个环节上,而现在集中在养蚕上,这样就可以提高家庭的单位养殖数量,从而提高总的蚕茧生产数量。此后,桑田面积不断增加,桑蚕养殖规模持续扩大,就是这种劳动分工和机械生产介入的双重结果。这样就最终导致当地农民改稻为桑,引发了当地的产业转移。与此同时,蚕茧的交易催生了专业交易市场的发展。说到底,这些都是企业和企业家带来的变化。

而现代企业家的作用不止如此。机械缫丝的发展,推动了整个生丝相关的全产业链条和商业链条的演变,推动了上游采购环节相关的专业墟市的发展,下游则推动了相关贸易方式的演变。

机械缫丝的发展,还推动了社会生活的变化,妇女集中到工厂中,催生了第一

---

① 汪敬虞. 关于继昌隆缫丝厂的若干史料及其值得研究的几个问题[J]. 学术研究,1962(6):62.
② 根据:汪敬虞. 关于继昌隆缫丝厂的若干史料及其值得研究的几个问题[J]. 学术研究,1962(6):69. 附表1. 张国辉. 甲午战后四十年间中国现代缫丝工业的发展和不发展[J]. 中国经济史研究,1989(1):125. 附表5的数字是31 038担。数字略有差异。

第四章 企业家与中国近代缫丝产业的关系

代女性工人,使已经存在的自梳女现象的大幅度蔓延①,社会心理发生了重大的变化。

工厂不同于家庭,与作坊也不相同,大量的工人集中在一个工作地点,一定会引发管理问题,这样就催生了最早的对企业管理的探索。同时,由于机械设备的使用,形成复杂的组织,成为管理者和投资者必须面对的问题,这样也推动了早期的管理探索。

但是,陈启沅的继昌隆从一出现就面临着一些挑战,其中有些还很严峻。例如,机械缫丝打破原来的局面,引发很多依靠土丝的丝绸纺织业者的危机感,使他们对机械缫丝有天然的反感。于是他们就采取各种措施对抗机械缫丝产业,最激烈的甚至是采取捣毁机器的方式②。虽然这次行动不是直接针对陈启沅,但是,对抗行动的效果是长远的。官府对这个问题的处理是折中,虽然对带头闹事的人绳之以法,但是对机器工厂并没有支持态度,反而认为这种工厂不仅导致了失业的增加,而且带来了很多无法控制的后果,所以基本上持一种否定的态度③。为此,陈启沅的工厂一度转移到了澳门,以规避内地的各种不安定因素。不过,陈启沅是一个很有智慧和很有人文精神的企业家,他后来对当时的家用缫丝设备加以改良,使之成为一种效率较高的可以在家庭使用的缫丝机,这样就提高了家庭作业效率,提高了民间对机器设备的认知,同时缓和了手工工人与机器工厂之间的矛盾④。陈启沅作为早期的企业家,不仅显示了勇于创新的精神品质,也表现出了悲悯情怀,为后代的企业家做出了一个勇气与智慧并重的榜样。

长江三角洲是当时中国经济最发达的地区,靠近上海的湖州等地生产的湖丝是质量最好的生丝产品。五口通商之后,上海凭借长江三角洲的经济实力,很快就取代了广州,成为最为重要的通商口岸,也成为最为重要的经济中心。不论从桑蚕

---

① 邵一飞. 试析自梳女习俗的起源、构成和基本特征——以广州地区自梳女习俗为例[J]. 文化遗产,2012(2):143-152.

② "先是乡间缫丝,循用旧法,闻启沅提议创用汽机,咸非笑之。及工厂已成,果著成效,机房中人又联群挟制,鼓动风潮,谓此风一开则工人失业,生机力夺,无知之民相率附和,几欲将丝厂毁拆,经当道劝喻,此事乃寝。"(《南海县志》,宣统二年,21卷)

③ "今裕厚昌等店擅置机械缫丝,并未禀明立案,以致失业庸流借端肇衅,在机工藉端酿事,固应严惩,而所用机器俗名鬼濩,又名丝偈者,俾state详加考察,每偈约用女工四百余人,男工一百余人。无论男女混杂,易生瓜李之嫌,且一工之作,可抵十工之用,统计江浦一带共有机器十一座,应用四千四百余工,以一敌十较之,实夺四万四千余人之生业。夫以十一家殷商之攘利而失数万家贫户之资生,我国家民为邦本,非同外夷上下交利之邦,自应永远劝停,以安民业。"(南海知县徐赓陛《办理学堂乡情形第二禀》,《不慊斋漫存》,6卷,26页)

④ "启沅知汽机之利十足兴起蚕业,勉力提倡,后人必有德我者。当时风潮最剧时,亲友危之,宗族议之,亦绝不为劝,其魄力之雄毅有如此者。然由事招众忌,乃改创缫丝小机,以便小资本家经营,功用则与大机无异,而小机之利尤普,卒之风气日开,南顺各属群相仿效。"(《南海县志》,宣统二年,21卷,6页)

的生产历史,还是蚕丝的质量和数量看,长江三角洲都高于珠江三角洲。加上长江三角洲的技术储备和资金力量都高于珠江三角洲,这里在近代缫丝工业的发展上发挥了更为重要的作用。

长江三角洲的第一家机械缫丝厂是1860年由怡和洋行创办的怡和纺丝局①,而上海一带出现第一家中国本土投资的缫丝企业确实比珠江三角洲晚了很多,是1882年创立的公和永丝厂,创办者是浙江籍买办黄佐卿。创办投入的资本是十万两,丝车100部。这个规模比起九年前在广东成立的继昌隆已经大了很多②。而且当时在上海创立的机械缫丝厂,不仅设备先进,其技术指导也是聘请的外国工程师③,与广东的自主创业的方式有很大的区别。此后,华商投资的缫丝企业在上海及其周边发展了起来。

长江三角洲的缫丝工业发展采取了一种不同的模式,上述规模、设备和技术输入的差别还不是最为重要的。最重要的差别是股东和经营者的分离。按照当时的说法,存在着营业股东和实业股东的区别。这个区别来源于租厂制的经营模式。所谓租厂制,是指缫丝工厂的固定资产,包括厂房与设备由一方投资,然后投资者把场地设备出租给相关的营业股东,由他们负责具体的经营。早期上海华人的缫丝厂中,9/10都是采取这种制度,仅有少数规模大,投资多的缫丝工厂是独自投资经营的④。这种做法被当时的人指为投机,因为这种做法的前提是缫丝厂的经营股东资本投入不足,因此,缫丝厂的实际经营者把注意力直接放在了尽快出货上,以便回收资金,重新投入到生产中去⑤。采取这种做法的可能理由有几个:首先上海不是蚕茧的原产地,运输和收购的线路比较长。第二,长江三角洲的桑蚕养殖每年只有两造,而珠江三角洲是五到七造。这个因素导致上海的缫丝厂很难在一年内均衡生产,而珠江三角洲的企业则可以在不同时期收购桑蚕,用于生产。第三,

---

① 徐新吾.中国近代机械缫丝工业史[M].上海人民出版社,1990:690.怡和缫丝厂的设立年代有不同的记载,《上海今昔观》的记录:"第一家机械缫丝厂是怡和洋行在1859年设立的,由美哲(Major)经理,但当时经营这种事业的时机还没有成熟,所以开设了几年便停闭了。"见《中国近代工业史资料》,第一辑上卷,65页。亦有文献认为第一家机械缫丝厂是1862年法国蒲里乌那设计,商号为宝昌,该厂于1866年停产。见陈真编《中国近代工业史资料》,第四辑,三联书店,1961年,109页。

② 汪敬虞.从中国生丝对外贸易的变迁看缫丝业中资本主义的产生和发展[J].中国经济史研究,2001(2):30.

③ 《上海丝厂业之调查》,《经济半月刊》,1928年,第2卷,第12期,见陈真:《中国近代工业史资料》,第四辑,三联书店,1961年,151页。

④ 《上海丝厂业之调查》,《经济半月刊》,1928年,第2卷,第12期,见陈真:《中国近代工业史资料》,第四辑,三联书店,1961年,151-152页。

⑤ 《江浙丝业实地调查录》,《大公报》,1917年4月18-19日,见陈真:《中国近代工业史资料》,第四辑,三联书店,1961年,171页。

第四章 企业家与中国近代缫丝产业的关系

上海缺乏南海、顺德那样就地取材的熟练女工。因为上海的女工都靠外聘，本地人很少从事这项活动。这些虽不是影响机械缫丝企业发展的全部因素，但至少是导致行为短期化的主要因素。

其实投机不是近代机械缫丝业的特点，而是整个缫丝产业的特点。这个做法不是机械缫丝业发展之后出现的，而是传统缫丝产业一个延续的特点。机械缫丝业发展之后，传统流程、环节复杂的缫丝贸易的交易量大为提高，投机的机会更多，也导致了更大规模的投机活动。其中最为著名的就是胡雪岩囤积投机导致失败。胡雪岩虽然非常著名，但是，从其经营的方式和业务范围看，他是典型的传统商人，不是近代企业家①。例如，他在投资轮船招商局的问题上迟疑不决，最终放弃，就是因为他不熟悉近代企业。相反，他在蚕茧流通中的投机，就是传统商业手段的一种延续。从胡雪岩的事例可以观察现代企业家和传统商人的差别。

机械缫丝业并非没有投机性，因为整个行业的行情波动剧烈，套利行为流行，难免会影响到机械缫丝企业的行为。但是，应该认识到，在机械缫丝业的企业发展中，投机性没有被扩大，相反，投机性受到了压制，表现出一种更为谨慎和理性的特点。从营业股东的行为看，他们经营中确实带有某些投机的倾向，但是应该看到，在剧烈波动的行业走势中，辨别机会，规避风险，这些是营业股东随时在考虑的问题。而这些行情波动要与机械缫丝企业的经营特征联系起来。恰恰是因为这些营业股东的活动，通过大规模的内外交易和生产的均衡把市场引向均衡。

这些营业股东具有典型的柯兹纳企业家的类型。按照米塞斯的看法，所有的企业家都是投机者。至少在本案例中展示的上海一带的缫丝企业家表现了投机的某种倾向。但是，就此认为企业家都是投机家，不是对企业家的全面的评价。尤其是面对长三角缫丝业中营业股东的评价问题时，更需要慎重采用科学概念，以便提高对柯兹纳式企业家的认识，同时也反过来检验柯兹纳企业家理论的价值和可扩展性。

按照一些研究亚洲区域发展的经济学家和社会学家的看法，在早期经济发展中，柯兹纳式的企业家起到了很重要的作用。其中 Wee-Liang Tan 在分析新加坡独立后的早期经济发展中，认为占据主导地位的就是所谓的机会主义企业家

---

① 至少他从未参与生产性的活动。杜维明曾经指出："不要把商业资本与工业资本混在一起。商业资本自古以来就有。中国属于商业资本极发达的国家。唐宋之交，商业资本大行其道，尤其是像杭州、泉州、开封等地。不必等到17世纪的资本主义萌芽，中国的商业资本已有发展，而商业伦理也一直持续着。而韦伯要了解的资本主义是一种新的东西，即工业资本主义，乃至现代的 Bourgeois capitalism，所谓布尔乔亚资本主义，即中产阶级代表的资本主义。"（《现代精神与儒家传统》，三联书店，1997年，68页）可见参与的活动性质是决定其身份的一个重要的前提条件。

(opportunistic entrepreneurs),他明确指出了这种企业家类型与柯兹纳企业家的对应关系。Tony Fu-Lai Yu 对香港的分析中也认为香港发展中主要是柯兹纳式的企业家主导①。150 年以前的上海虽然不同于 20 世纪中后期的新加坡和香港,但是,当时的产业正向国际市场延伸,西方的技术优势和中国本土的原材料以及加工能力,这些要素的结合有近似性,这是导致柯兹纳式企业家发展的现实条件。这些作为营业股东的缫丝厂的经营者,能够被归纳在柯兹纳式企业家的范畴之内,而不是简单的传统的投机者。

四、长三角与珠三角机械缫丝企业模式与企业家类型的比较分析

(一)两种模式的差别

长江三角洲尤其是上海民族机械缫丝工业的发展,主要的投资者大半是买办,一部分是丝号商人②;而珠三角的投资者没有买办,陈启沅是从国外回来的企业家,其他投资者也主要是士绅,其中一半是举人③。这个差别也许是有其现实意义的。

另外一个差别是上海的缫丝工业实行租厂制度,投资者分为实业股东和营业股东,工厂由实业股东投资,大部分设备通过购买,是当时最现代化的。而广东则是自己投资建厂,设备也是改进自制。相比之下,长三角的缫丝企业设备更为先进,技术更为成熟。而珠江三角洲缫丝企业的设备为自制的,技术人员也缺乏,都是靠自己的摸索。

上海缫丝厂建立在上海,员工为贫穷地方的外来工,并且脱离原料产地;广东工厂建立在农村,直接利用当地的员工和原材料④。

研究者和当时的商人很早就发现了,虽然上海为代表的长三角的机械缫丝业发展更早,技术基础更为扎实,人才更多,但是在产业和商业上,珠三角的

---

① Tony Fu-Lai Yu. Entrepreneurship and Economic Development in Hong Kong, Routledge Advances in Asia-Pacific Business, Routledge, 1997.
② 汪敬虞. 从中国生丝对外贸易的变迁看缫丝业中资本主义的产生和发展[J]. 中国经济史研究, 2001(2):30.
③ 张茂元. 近代珠三角缫丝业技术变革与社会变迁:互构视角[J]. 社会学研究, 2007(1):36.
④ 彭雨新. 辛亥革命前后珠江三角洲乡镇缫丝工业的发展及其典型意义[J]. 中国社会经济史研究, 1989(1):63-64. 并参见汪敬虞. 从中国生丝对外贸易的变迁看缫丝业中资本主义的产生和发展[J]. 中国经济史研究, 2001(2):33.

第四章 企业家与中国近代缫丝产业的关系

缫丝企业模式发展更为成熟,效果更为显著。这可以从一系列进出口贸易的指标表现出来,至1894年,珠江三角洲的厂丝数量是长江三角洲的4倍以上,长江三角洲的厂丝价格略高,但是,从总销售额上看,珠江三角洲企业依然是长江三角洲企业的2.6倍①。这个问题至今依然是经济史和企业史中一个令人感到迷惑的问题。学者们从不同学科角度给予了一些解读,例如,张茂元和邱泽奇的文章就从技术应用与社会组织的角度做出了自己的解释,认为技术应用方向也是技术创新的一个组成部分,并以此为基础解释了上述矛盾现象。本章则是从企业家类型和作用的角度展开对这个问题的分析。主要结论是:长江三角洲缫丝企业被柯兹纳所谓的机会主义企业家主导,而珠江三角洲早期缫丝企业则被熊彼特所谓创新企业家所主导。

(二)影响两个区域的缫丝企业模式选择的因素分析

缫丝企业发展的影响因素主要有几个:第一个是政府的支持或阻止。早期发展中,无论长江三角洲还是珠江三角洲,地方政府都是采取阻止和限制的政策②。同时,手工缫丝业的从业者也对机械缫丝采取抵制态度,因为机械缫丝业的发展直接威胁到了他们的生存③。除了这些政治社会因素之外,更为重要的是商业因素。张茂元等人的文章认为,长江三角洲的机械缫丝企业不发展的最为重要的商业原因是蚕茧供应的短缺。而造成这个问题的原因是蚕茧产地和加工地的分离,导致新的分工侵害了原来蚕农和丝商的利益,使他们群起抵制,从而造成了机械缫丝企业的不发展④。

上述理由都不具有完全的说服性。政府的阻碍和反对态度是珠江三角洲和长江三角洲面对的共同问题,而手工缫丝业者的反对也是两地共同存在的。珠江三角洲的反对较之长江三角洲甚至更为激烈,曾经发生过捣毁机器、杀死人员的恶性事件。但是,这些并没有阻止珠江三角洲的机械缫丝企业的发展。产地与加工地的分离是一个原因,但是,需要进一步解释为什么长江三角洲的商人不向产地投资,而一定要在上海和

---

① 张茂元,邱泽奇. 技术为什么失败——以近代长三角和珠三角地区机械缫丝业为例(1860 - 1936)[J]. 中国社会科学,2009(1):118.

② 关于上海早期外资的机械缫丝厂发展的一个史料说:"现在这些丝厂都已增扩到比原来的规模大好几倍了,并且仍在继续扩展中。他们这种成就是在对中国官方的阻挠苦斗了好几年的结果。曾有一个时期,中国官府的威胁几乎完全扼杀了这种工业。"《中国近代工业史资料》第一辑,上卷,65页。上面引述的南海、顺德地方政府处理地方乡民砸抢当地机械缫丝企业的官方文献可以看到当地政府的反对态度。

③ "有些中国人怕使用较为有效的缫丝方法会影响民计,因而反对外国的机械缫丝,并设法阻碍鲜茧的供应。"汪敬虞:《中国近代工业史资料》,第一辑上卷,66页。

④ 张茂元,邱泽奇. 技术为什么失败——以近代长三角和珠三角地区机械缫丝业为例(1860 - 1936)[J]. 中国社会科学,2009(1):124 - 126.

无锡等少数中心城市设厂生产,何以珠江三角洲的投资者直接将相关投资投向了乡村?

从上面珠江三角洲和长江三角洲的投资的成分,可以看出一些端倪。上海一带的缫丝企业投资者最早是洋行的外国人,按照规定,他们不能向上海之外的地方投资,只能在上海投资。随后的投资者以上海的买办为主,无论从生意发展的角度,还是他们的身份,都主要在上海从事商业活动,缫丝企业的投资只是他们事业的一部分,因此,他们很难把相关的企业投向产地。而珠江三角洲的投资者从一开始就是民营企业家为主,因此,他们有条件以乡村为基础进行投资活动,并且根据当地的情况,对设备不断改进,取得了适应性的发展。

其实,认真考究会发现,陈启沅创办继昌隆缫丝厂时,设备和地点选择未必经过深思熟虑,而是风云际会的产物。例如,继昌隆的早期设备仅仅是蒸汽煮茧,并没有使用机器动力来抽丝,所以这只能算一个半机械的工厂。与上海创办之初就采用先进的机器设备不同,陈启沅当初这样做,可能是资金不足,无力购买更为先进的设备。但是,就是这样的设备和投资规模,恰恰适应了当时的劳动力水平和市场需求。这种投资很快就产生了示范作用,因为投资低,设备要求不高,所以,很快就被接受,通过模仿,在南海、顺德一带流行起来。显然,企业家的推动作用是一个关键因素。相反,在上海,因为洋行的外国投资者和买办都无法全力在缫丝厂上集中精力,加之在上海投资,设备先进,资源价格高,因此,同等规模缫丝厂的总投资远高于珠江三角洲的企业。一些研究对两地投资规模做了分析,认为珠三角一家机械缫丝厂的平均投资规模是2.6万元,而长江三角洲企业平均投资规模是13万元。投资规模相差悬殊。虽然上海丝厂的产品质量更好,售价更高,但是盈利能力远较珠三角企业为低,这就限制了机械缫丝企业在上海的发展。

当然,长江三角洲和珠江三角洲反对机械缫丝企业发展的势力也不相同。珠江三角洲的势力主要是手工织工。这些人依靠土丝,而养蚕和缫丝本来是农家的收入,但是,机械缫丝企业发展后,很多家庭妇女通过就业进入了缫丝企业,只有养蚕还留在农户当中,而养蚕的收益通过出售给缫丝企业,有了分工的红利,导致养殖规模扩大。因此,在产业链条上,反对力量只有那些手工丝织工人,其他环节都被整合到缫丝企业的产业链条中去了。而长江三角洲传统上在丝织行业产业链条不同环节上有势力强大的商业组织,形成了巨大的阻碍力量,加之早期机械缫丝企业的企业家投入力量不足,无法对抗这种传统势力,因此其发展被延缓。

但是,长江三角洲的企业家并非无所作为。当时的租厂制就是一个企业家的

第四章 企业家与中国近代缫丝产业的关系

制度性创造。通过这种制度,使缫丝厂建设的巨额费用获得了稳定的租金收益,同时,经营缫丝企业的投入远低于初始投资,因此,实际上降低了缫丝企业的进入门槛,使一些小的投资者有机会进入这个行业①。这种做法加剧了行业的竞争,最终会把资源配置通过市场竞争引向最有效率的结果。这样就为企业家的成长提供了大量的机会。

(三) 近代企业家的特殊类型

上海的缫丝企业发展中,一些特点使观察者可以看到很多近代企业才具有的特征,主要有如下几点:股份制为主,独资企业较为少见;营业股东通过借贷来筹措经营资金。

据资料记载,"上海丝厂共有93家,内中独资设立者仅有五厂,其厂务多由厂主聘人经理;此外88家则均系合资性质,其成立情形,大抵由一人发起,招集亲友数人凑集资本数万元(每人少则四、五元,多则一两千元),订定契约(俗称议单),合股设厂,多公推股东一人为经理,亦有另聘经理者。""平时厂务,多由经理支配,经理之下,管理款项出入货料者,有银钱账房及栈房司事;管理工资发给者,有工账房;管理各种工作者,有各部主任及助手。"②从经营形式看,这种方式已经是很现代化的企业结构和管理结构了。

由于长江三角洲有更为完善的金融环境,因此,营业股东的资本投入中很大一部分来自借贷,这样,就使得资本投入和企业发展之间产生了分离。这不仅导致了资本家与企业家职能的分离,而且使江南的企业家学会了与近代商业机构尤其是银行打交道的能力。从这个意义上看,长江三角洲尤其是上海早期缫丝企业的经营者比珠江三角洲的企业主更接近企业家的定义。因此,那些营业股东作为缫丝企业的经营者,已经具备了近代企业家的身份。

但是,这些经营者确实保留了投机者的很多特征,这也是不可否认的事实,很早就被研究者所指出。有研究者明确指出:"然视为投机事业,租厂制丝,全以借押尾营业者亦正不乏人,此中丝质往往不易改良,因急于出货,筹押现款,作为流动资本,甚有随时收茧,随时筹押。"③同样行为,被判为投机,实际如上所论,这种租厂

---

① "营丝厂业者,以房屋机械可以租赁,故其资本数目不必十分丰厚,大概每车预备资本多则二百数十元,少则一百四五十元,即可开厂营业。"《上海丝厂业之调查》,《经济半月刊》,1928年,第2卷,第12期,见陈真:《中国近代工业史资料》,第四辑,三联书店,1961年,152页。

② 《上海丝厂业之调查》,《经济半月刊》,1928年,第2卷,第12期,见陈真:《中国近代工业史资料》,第四辑,三联书店,1961年,151页。

③ 《江浙丝业实地调查录》,1917年4月8-19日《大公报》,见陈真:《中国近代工业史资料》,第四辑,三联书店,1961年,171页。

经营是近代企业家的一个诞生途径,但是确实包含了投机的因素。上面所说的通过参与市场竞争,最终导向了市场的均衡,这种效果并非这些参与者的主观追求,而是从客观效果角度说的。

从利润分配的角度也可以看出,这种租厂制的经营方式,确实显示出投机特点。因为这种企业大多在一个经营期结束时,将利润分配完毕,很少留公积。只有一些规模较大的企业才留有公积,为未来发展留有余地。加之丝厂经营三两年一个合同期,为改善长期质量的投资双方都不愿意投入,这些都是缺乏长期计划和意识的典型特征。这些做法确实都可以概括在投机的概念之下,但是,这并不妨碍他们成为早期中国企业家的一个类型。

相比之下,珠江三角洲的企业主导者虽然身兼资本家和企业家的双重身份,但是,主要是以创新者的身份进入市场和社会的。因此,他们的经济和社会作用发挥得更为充分。

五、结论

这里继续提出了两个问题:第一个问题是,为什么长江三角洲的机械缫丝企业被机会主义企业家所主导,而珠江三角洲则被创新型企业家所主导?另外一个相关的问题是,应该如何评价这两种企业家的社会经济作用?

第一个问题的答案需要深入探索,这里只能提出一个简单的假设:企业家虽然是推动社会经济发展的动力,但是企业家的作用也是在一定的社会经济制度条件之下展开的,换言之,就是制度环境对企业家的能力发挥起着基本框架约制作用。企业家的能动性可在一定的制度框架内发挥到最大,但是无法超越这个环境去发挥作用。珠江三角洲的企业家处在中国地方政府管辖的空白地带,因此有更大的空间发挥自己的能力,较少受到各方面的制约。而上海作为中心城市,地方政府甚至中央政府都保持着对其的强大制约,为企业家行为的发挥留下的空间远较广东的农村为小。因此,上海的企业家更多是在破碎的机会面前拼凑行为空间,这样就导致了其创新行为带有机会主义倾向。

第二个问题是对企业家作用的评价问题。这与第一个问题有关联,应该说,从机械缫丝企业的早期发展看,熊彼特式企业家的社会经济作用比柯兹纳式企业家更为显著,对社会经济的促进作用更为明显。因此可以说,熊彼特式企业家对经济发展的作用更为重要,而柯兹纳式企业家则既是制度漏洞的产物,也是弥补制度漏洞的动力来源。

这样看,可以从一个地区、国家的熊彼特式企业家与柯兹纳式企业家的比例来判断社会经济制度的合理性。一个合理的制度环境下,熊彼特式企业家应该占有更高的比重,而柯兹纳式企业家所占比重高,则说明制度存在着一定的偏差和不合理性。当然如果连柯兹纳式企业家都消失了,则对这种制度的评价就脱离了现有的理论范式,应该重新建立新的评价模式。

第五章
上海机器织布局与中国企业家精神的成长环境分析

中国机器织布事业动议于19世纪70年代,开始于80年代,正式投产是90年代,形成规模则又待十年以后,已经进入了20世纪。在前后长达近40年的时间内,中国机器织布起步艰难,进展步履蹒跚,历经磨难。在这个过程中,士绅和官僚卷入其中,外国商人和技术人员也参与其中。很多人是当时的权臣和成功商人,但是机器织布的创办却举步维艰,很多人(如郑观应)还闹得身败名裂,而早期投资者更是损失巨大。虽然历史学者对这个过程做了很多分析,不断挖掘史料,探微索隐,但真正从企业史角度,对企业家和投资者等不同社会角色发展和作用的分析仍付阙如,本章就从这个角度对这段历史加以探究。

一、上海机器织布局的研究概述

(一)早期记述和资料

对机器织布局的研究可资利用的资料包括:《中国近代工业史资料》第一辑下册,收集了上海机器织布局开创过程中的禀帖、告示以及当事人之间的一些往来通信。这些资料均为原始资料,来源包括《申报》《北华捷报》等中英文报刊文章、告示等资料,以及关册、洋人记录等,收罗丰富,资料完整,至今依然是研究上海机器织布局的主要资料汇集。

对机器织布事业发展的早期认识,散布在郑观应、王韬等人的文集当中[①],其中散布在报刊中的重要文章被收集在《皇朝经世文编》中[②]。

早期创业过程的一些资料散布在李鸿章等封疆大吏的文集中,以及郑观应、经元善、盛宣怀等人的文集中,例如经元善《中国创兴纺织原始记》[③]《盛世危言·纺

---

① 如郑观应《易言·论机器》,王韬《弢园文录外编·兴利》等。
② 吴佐清:《中国仿行西法纺纱织布应如何筹办国家商民均获利益论》,《皇朝经世文编》,26卷,转引自《中国近代史资料选辑》,三联书店,1954年,北京,278-281页。
③ 虞和平. 经元善集[M]. 武汉:华中科技大学出版社,2011:288-303.

第五章 上海机器织布局与中国企业家精神的成长环境分析

织》①等。

盛宣怀的留存档案中,对机器织布局的历史记载很多,这些资料已经收集在《愚宅存稿》中。2001年《盛宣怀档案资料选辑·上海机器织布局》由上海人民出版社出版。这部档案的发行为研究机器织布局的创立过程提供了很多非常翔实的资料,很多原来模糊不清的过程获得澄清,为理解这段历史提供了宝贵资料②。实际上,近年来上海机器织布局的研究逐步深入,很大程度上是因为这部档案的发表。本章也尽可能利用这部档案资料。

（二）研究论文和著作

机器织布是中国较早就开始重视的经济事业,创办过程历经艰难,也一直为学界所关注,有很多早期研究,例如郭荣生于1948年在《纺织建设》中刊载《中国棉纺织业之演进》一文,对中国近代棉纺织业的发展过程和当时的状况做了一个比较全面和详细的研究。

严中平《中国棉纺织史稿》,对中国近千年的棉纺织历史进行了追踪研究,其中,以不大的篇幅描述了上海机器织布局的历史,这是较早对上海机器织布局的研究。其中,对彭汝琮的历史依然缺乏资料,主要是利用《北华捷报》的资料来开展研究的。而对郑观应的研究以及对机器织布局的早期历史,评价中肯,比后来很多研究更为平和,虽然利用的资料仍有缺陷,但是对于历史的评价比后来很多研究更为准确。赵刚、陈钟毅《中国棉纺织史》也有专章讲述上海机器织布局的创立过程,不过大部分内容都是沿用成说,新意不多。

汪敬虞《从上海机器织布局看洋务运动和资本主义发展关系问题》,载《新建设》1963年第三期,比较早地放在洋务运动背景下,对上海机器织布局创设历史进行了研究,资料挖掘利用已经取得了很大进展。这是汪敬虞先生的贡献之处。胡滨《论上海机器织布局》是新时期对上海机器织布历史做专题研究的最早的成果,对机器织布局创办的曲折过程进行了追溯,对于被焚和重建过程也做了研究,可以列为上海机器织布局全面研究的一个重要参考。日本学者铃木智夫《上海机器织布局的创设过程》,对上海机器织布局创设过程中遇到的技术问题进行了专题研究,角度独特,资料利用深入,问题挖掘准确,对机器织布局创设困难的解析明确,对理解这段历史提供了一个新的视角和参考。夏东元和易惠莉在对盛宣怀③和郑

---

① 夏东元. 郑观应集[M]. 上卷. 上海：上海人民出版社,1982:715-718.
② 对这部资料的详细评述参见郭世佑. 研究中国近代棉纺织业史与近代经济史的重要资料——《上海机器织布局》评介[J]. 中国社会经济史研究,2002(4):110-113.
③ 夏东元. 盛宣怀传[M]. 天津：南开出版社,1998.

观应①的研究中,充分利用了盛档资料,从当时复杂的社会人际关系的角度,对织布局创设过程中的重重矛盾以及这些矛盾的社会心理含义加以解剖,对我们理解这段历史中关键人物的作用提供了很好的参考。

陈明杰《中国近代机器棉纺织业建立之困个案分析》②,对织布局创立过程做出分析,多处利用2001年出版的盛档资料,补充了很多资料,虽然观点创新不多,但是依然有独立价值。例如,1885年盛宣怀接任上海机器织布局及指定经元善具体负责的过程和意图;其后龚寿图的离任原因,龚寿图、龚彝图1885年接手与1887年龚照瑗参与过程,均依据盛档资料加以补充。这是早期研究者没有掌握的资料。

(三)其他

张国辉的《中国大百科全书·经济学卷》有"上海机器织布局"词条,篇幅不大,但叙述清晰,陈述事实可靠,评价中肯,历经多年,至今还是定评。

许涤新等人主编的《中国资本主义发展史》第二卷,有一小节介绍上海机器织布局,虽然简短,但是代表了20世纪80年代研究这家企业的基本结论。虽然时间过去了30多年,但是这个介绍依然是最为简洁全面、少有偏见的。

二、关于机器织布的讨论

创设中国自己的机器织布企业动议,最早来自黎兆棠,在他的讽劝下,李鸿章派与其有世交的魏伦先到上海考察,提出意见③。这件事情虽然没有了下文,在上海却引发了轰动,炒热了筹办机器织布企业的舆论。当时不仅如郑观应等商界人士参与其中,而且《申报》连续发表文章,对机器织布事业的发展发表意见④,由此可以看到当时社会的关注程度。当时的主流意见认为中国不但需要创办机器织布事业,而且有能力创办。对于需要,主要是从富国和挽回利权的角度考虑的。李鸿章、郑观应等不同身份的人都持这种看法。这些意见中,对于必要性的讨论主要是从形势角度,很有价值。对于能力,则是从中国自己植棉和纺织的历史悠久角度考

---

① 易惠莉. 郑观应评传[M]. 南京:南京大学出版社,1998.
② 陈明杰. 中国近代机器棉纺织业建立之困个案分析[J]. 长春工业大学学报:社会科学版,2007(3):112-115.
③ 《李兆棠致盛宣怀函》,见《上海机器织布局——盛宣怀档案资料选辑之六》,上海人民出版社,2001年,1页.
④ 虽然早在1874年《申报》就有了关于机器织布问题的讨论,但是,当时还是零星的文章,1876年则在《申报》上形成了一个讨论的热潮。据统计,《申报》在1876年的3月17日、18日、5月16日、8月8日、12日和16日,连续发表了文章,讨论机器织布事业(参见易惠莉. 郑观应评传[M]. 南京:南京大学出版社,1998:204.)。

第五章 上海机器织布局与中国企业家精神的成长环境分析

虑的。但是,对于能力的评估,实在缺乏科学的根据,当时对于纺织的技术和工艺仍缺乏基本的了解。因此,很快就遇到了相对比较内行人的挑战。传教士林乐知就认为,中国的棉花纤维短,只能织成粗布,无法织成细布,而这样就无法达到与西方产品竞争并胜而代之的目的。《申报》也发表有识之士的意见,中肯地提醒中国机器织布的创业者,应该认识到中国所植棉花与外国棉花的区别,要意识到西方机器是根据西方棉花的特点制造的,因此,要自己纺织机器布,应该对西方的机器加以改进①。不过这种意见实际上意味着,西方产品是与中国的丝绸而不是粗布竞争,因此,发展机器织布对民间织布无妨,对收回利权有益。

三、办理机器织布的障碍分析

(一)传统纺织业者和布商的反对

因为专业化分工的原因,棉布生意向来是中国远途交易的大宗,与丝茶相当。松江就是棉布的主要产地,被称为"衣被天下"。因此,在上海发展机器织布,首先就是对传统产业链条的冲击。在上海机器织布局的建议提出前,英国商人就曾考虑过在上海设立机器织布局,由中国商人附股。但是,这个机器织布局的建议甫一提出,就遭到了传统布商的反对。上海布业公所通过决议,一旦机器织布厂成立,布商一概不采购其所产之布。提出这个建议的行会有强大的影响力,因此,建议一经提出,早期准备参与外国投资的中国商人纷纷退却,英商建议不得不放弃②。

(二)遍布官民的抵制情绪

官方和民间对机器织布的反对,很多是情绪性的,主要是担心机器织布对传统的商业与生产结构产生冲击,造成小民收入的下降。例如,在上海布业公所公开反对机器织布的决议通过时,他们就估计,当时的两江总督会反对机器织布发展,至少不会支持这个事业。这个估计应该是根据当时的民间情绪做出的。

(三)对机器织布的技术难点的估计不足

早期提倡办理机器织布的官员和商人,都缺乏近代技术训练,对办理机器织布的技术与工艺上障碍认识不完整。他们可以看到机器织布带来的很多好处,并且也知道提倡办理机器织布会遇到很多障碍,但是他们对机器织布障碍的理解主要局限在意识形态和国内的经济利益上。前者主要是人们对机器织布的心理接受程

---

① 《申报》1877年7月3日。转引自铃木智夫:《上海机器织布局的创设过程》,《近代中国》,第五辑,1985年,255页。

② 赵刚,陈钟毅. 中国棉纺织史[M]. 北京:中国农业出版社,1997:137. 原始资料应该出自英文的《北华捷报》,尚需核实。

度,后者更多是关注机器织布对传统的农村经济结构的影响和百姓利益的损益。论者关注的主要是机器织布对农村的土布生产的冲击,尤其是对农民收入的影响。与电报、铁路不同,中国棉纺织发展已经有了数百年的历史,民间对纺织非常熟悉。因此,布匹本身不会像电报、铁路那样受到民间心理的阻碍和抵抗,但是,对于经济利益的影响则是实实在在的。

不过,随着各方面专家参与到机器织布发展的讨论中,各种潜在的问题被逐步发掘了出来。例如,从技术上,中国的棉花纤维短,难以纺出高支纱,也无法织成细纹布;从管理上,中国的税收结构也不利于国内机器织布工业的发展,等等。这些知识和看法在机器织布工业发展之中逐步形成,成为社会的一般知识,形成了共识。《皇朝经世文编》中收录的吴佐清文章《中国仿行西法纺纱织布应如何筹办俾国家商民均获利益论》,题目本身就很有意味,把一个经济事业发展放在了国家和商民利益之间加以衡量。文章一开始就总结了历来讨论的结果:"或谓宜收种洋棉,或谓宜掺和洋花,或谓宜轻其税厘,或谓宜精其工作,或以机器不多而谓宜多购机器,或谓销路未畅宜设法畅销。言者非纸上空谭,听者亦虚衷采纳。"[①]这些虽然是作者的看法,但是,放在当时的历史条件下,可以看到其话语策略的认知水准及内在历史逻辑。

四、上海机器织布局创立的曲折过程

(一)概述

从1878年彭汝琮正式提出创办上海机器织布局的计划,并且获得了李鸿章的积极响应和批准之后,这个项目就开始启动了。与当时人们的乐观期待相悖,上海机器织布局在历经12年,中间更换了五次团队后,这个万众期盼的企业才最终投入生产。

按照铃木智夫的看法,中国机器织布事业的发展,源于一系列错误的认识,这种认识被他概括在了"洋布自织论"的观念之下。在铃木智夫看来,这种看法是基于一些错误的事实认定:晚清的中国官员和一般人士均认为中国是产棉大国,只要引入西方的机器设备,就可以纺织出西方的洋布,通过洋布的织造,就可以起到抵制西方产品的作用,使已经逐步丧失的利权又被夺回[②]。铃木智夫列举了《申报》从1874年开始的一些评论,指出了这种错误认识的普遍性。实际上,在当时的西

---

① 吴佐清:《中国仿行西法纺纱织布应如何筹办俾国家商民均获利益论》,《中国近代史资料选辑》,三联书店,1954年,278页。

② 铃木智夫:《上海机器织布局的创设过程》,《近代中国》,第五辑,1985年,250-254页。

| 第 | 五 | 章 | **上海机器织布局与中国企业家精神的成长环境分析**

方专家看来,中国的棉花纤维短,不适合采用西方机器,能够织出来的也仅仅是粗布,不仅无法与西方的细布竞争,反而会与中国的民间土布形成争利的关系。在他看来,上海机器织布局创设过程充满了曲折,主要是因为纠正这个错误认识的过程漫长,并且成本过高。

虽然这个看法不无道理,但是,技术问题不是创设过程中的主要问题。机器织布的复杂性并不比现代煤矿更为复杂,关键是看任事诸人能力是不是堪当大任,如果个人能力有所不足,创业团队成员是不是能够和衷共济,共担大任。而事实是,在上海机器织布局的创设中,没有一个强有力的企业家作为领袖,而成员之间也是相互倾轧,互相拆台,导致创设过程漫长而充满艰辛。如今细细拆解开来,才发现中间充满了无谓的争权夺利,而缺乏承担责任,敢于担当的精神。因此,导致上海机器织布局创业过程漫长而艰辛的主要原因并非技术,而是不得人。更为大胆地说,当时中国缺乏合格的企业家和管理者。

(二)彭汝琮的创意和退出

彭汝琮首先正式提出了创办上海机器织布局,分别给当时的南北洋大臣沈葆桢和李鸿章提出建议,并获得了李鸿章的积极响应。在条陈中,彭汝琮提出了集资50万两,建立一个包括轧花、纺纱和织布一体的联合企业①。在这个建议中,他明确资金来源是自筹,不要官府投资,只是谋求官府批准,以示保护。在铃木智夫看来,彭汝琮的可行性报告实际上包含了"洋布自织论"的典型错误,其中不仅有无知,也有可疑的假话。这个条陈的主要内容是通过中印英美的棉花与机织布的比较,最终论证中国可以用自己的棉花织出与英国洋布一样好的布匹。显然,这是错认了中国棉与印度棉的特性差异,另外不同棉花织出来的布匹质量相差悬殊,彭汝琮有意无意地回避了这个事实。其实,这个指责未必正确,当时虽然《申报》等媒体有关于中国棉花的专业讨论,但是,从李鸿章、郑观应等人当时的言论看,这种认识并没有深入到中国社会中。因此,彭汝琮不了解这些知识,也不出人意料。

李鸿章批准了他的建议,这个批复对于机器织布局可能遇到的技术困难没有任何估计,只认为购买织机,建设厂房后,就可以中国棉投入生产,坐等余利滚滚而来。

李鸿章给彭汝琮配备了助手,当时在洋务办理和外国知识介绍上已经名望素著的郑观应出任会办。郑观应对这个任命,从一开始就半推半就,主要是因为任事

---

① 《中国近代工业史资料》,第一辑下册,1034页。

之人并非商界熟人①。他在回复彭汝琮的信中,对这个任命过程以"惊骇"来表示他的心情,他说:"倾承惠书,备承美意,虽蒙见爱之深,转觉相知之浅……未闻执事一语,忽膺重任,惶悚不胜,诚恐误公,有负雅望,特将北洋大臣委札璧还,即乞察收,别举贤能,并求北洋大臣注销,以免歧误。方命之愆,尚祈鉴谅。"②从这个书信看,似乎是彭汝琮推荐的郑观应,所以,李鸿章批准札委之后,是彭通知的郑观应。但是,彭不认识郑观应,他能够推荐郑,显然是团队中其他人的建议。当时李鸿章同时任命的还有卓培芳、唐汝霖和常康。其中卓培芳与郑观应同为太古洋行买办,是多年商业上的伙伴,也许就是他的建议,使彭汝琮接受了郑观应作为团队的成员。郑观应虽然推脱了一番,最终还是接受了这个任命而走马上任。

　　创业过程中,郑观应与彭汝琮的关系很快就恶化了。郑观应无法忍受彭汝琮的做法,上书李鸿章辞差,对彭汝琮大加指责:"局之要务者,或独断而不相谋,或会商而不见纳,惟每至需款紧要,无论巨细,事事责成。自冬至今,皆于捉襟见肘之时,为挖肉补疮之计,甚至房租日用,亦须代措。"③一般学者都是以此段话为依据,对彭汝琮提出批评。实际上,这段话中并非句句属实,相反,大部分内容有些强词夺理。郑观应一方面说彭不与他商量大事,一方面又说,虽然商量但是我的想法他都不采纳。其实现实的企业管理中往往如此,总办很多问题上可以独断。从郑观应的信中看,彭在很多时候还是与郑商议的,只是未必事事听从郑的建议。不过可以推断彭汝琮商业能力远在郑观应之下,毕竟彭汝琮主要是混迹官场,不同于郑观应长期随洋人从事商业,无论知识人脉,自是远在彭之上。因此,筹资之事,主要依靠郑观应,但是预算购地、机器设备等购置,这些花钱的事情都是彭自己主持,加上彭没有商业经验,或者即使有,也在郑观应之下,因此引发郑观应的不满,以辞职表明心态,并借机批评彭汝琮。李鸿章本来就曾查办过彭汝琮,郑观应与彭的矛盾,也引发了李鸿章的不满,他不仅批准了郑观应的辞职信,并且把彭汝琮也给轰了出来,对彭的评价是:"彭前道作事虚伪,专意骗人,毫无实际,其心术品行,至穷老儿不改,可鄙已极。"④显然,这个评价来源于郑观应的告状。从原来李鸿章参奏彭汝琮到郑观应对他的负面评价,再到李鸿章盛怒之下,把他踢出上海机器织布局,人

---

　　①　郑观应在给盛宣怀的函件中,对这个邀请不以为然,说:"奚如织布局事,弟彩礼具薄,不敢滥竽,前经彭器翁贸然禀请会办,弟不胜其任,既已禀辞,不应与闻其事。惟大局攸关,中外仰望,倘有所知,若有知交下问又不敢缄默,以期千虑一得之效耳。"(《郑观应致盛宣怀函》,见《上海机器织布局——盛宣怀档案资料选辑之六》,上海人民出版社,2001年,8页)可见,郑观应确实一直对这个任命不以为然。
　　②　《郑观应集·致彭器之观察书》(下),540页。
　　③　《辞禀北洋通商大臣李傅相札委上海机器织布局事宜》,《郑观应集》,上海人民出版社,1988年,782页。
　　④　郑观应:《盛世危言后编》。

| 第 | 五 | 章 | 上海机器织布局与中国企业家精神的成长环境分析

们对彭汝琮的印象只能是负面的①。这样,上海机器织布局第一个创业团队运行一年后,在郑观应辞职、彭汝琮被辞情况下,就解散了。不过,彭汝琮率先提议创办机器织布,并且把这个计划着手落实,这个功劳还是应该被记住的。

(三)戴景冯接手

郑观应和彭汝琮先后离局,但是机器织布的事业还是要发展的。李鸿章任命戴景冯为总办,并且在他的团队中加入了龚寿图和吴仲耆②。这三个人都是官宦之后,虽然家庭都有经济活动背景,但是终究不是专注商业,对于募股筹资、开基建厂等活动缺乏人望,也没有具体设想,难以进展,所以,这个团队实际上没有什么作为,很快就被李鸿章撤换了。不过,这个局面确实说明了,上海机器织布局已经变成了一个官督商办之局。

(四)戴恒与郑观应团队

戴景冯被辞后,其伯父戴恒接手上海机器织布局的筹办。他除了留用龚寿图之外,再次邀请郑观应出山,并请李鸿章委以会办的名义,襄助自己,合作筹办布局事业。郑观应邀集了经元善、蔡鸿仪和李培松等三位共同筹办。这三位受邀者都是商人出身,熟悉商业规则,并且与郑观应有长期合作的经历,关系融洽。很快,郑观应出任商总办,戴恒作为官总办,这样一个官商结合以商为主的创业团队就形成了③。实际运行中,主要是经元善驻局处理日常事务,郑观应与戴恒都没有专职从事机器织布局的事务,主要是主持布局的规划和重大问题的决策。

戴恒与郑观应一起,很快就拟订了新的计划,禀报李鸿章,批准后,于1881年10月在上海《申报》中以招股集资章程的名义开始连载公布。主要内容依然坚持以中国棉花织西式布匹,以与西方竞争,夺回利权。集股数为40万两,购织布机400台,为了增强投资者信心,请政府酌拨公款外,主要资金依靠自筹,其中,发起

---

① 陈梅龙在其论文《论晚清上海机器织布局的性质》中,以盛宣怀档案为基础,描述了盛宣怀如何阻止彭汝琮创业计划的实现过程:彭汝琮购买了一处地产,作为上海机器织布局的厂基,价格3.2万两白银,由于招股工作不顺利,先由唐汝霖垫付。由于市面上哄传汝霖挪用了所供职洋行的资金,各方面对唐收紧银根,迫使他不得不把地契以4万两白银抵押给盛宣怀。盛宣怀仅给了6 000两白银,但是利用官府力量迫使彭汝琮和唐汝霖履行抵押合约,使这两个人狼狈不堪,最终走向失败。
② "本埠虹口外机器织布厂创设经年,尚未开局。今秋李爵相特札浙江候补道戴景冯观察并司其事。观察因助理需人,复禀请吴仲耆、龚仲人两观察会同办理。"《申报》,光绪五年十月二十八日。参见《中国近代工业史资料》,第一辑,1038页。
③ 对于这个团队成员,上海《申报》文章《书机器织布招商局章程后》有过如下逐一评论:"李爵相撤退前局,委戴子辉太史另行筹议。太史为京口望族,其尊甫富而好普。与蔡嵋清部郎及龚仲仁、李韵亭两观察,各先认股五万两为之初基。龚君系葛仁廉访之介弟,亦八闽殷宦,李君久业淮醝,蔡君业宏沪甬,均为当今巨室。并闻公拟请历办赈务之香山郑君陶斋,上虞经君莲珊任其事。二君久居沪上,熟谙洋务商情,而洞达事理,且公正诚笃,朴实耐劳,初筹赈事已见一斑。"参见《中国近代工业史料》,第一辑,1040页。

者投入一半,20万两,其余20万两则公开募集。招股书中对成本、质量、不同产品的竞争关系都做了详细的说明。

上海机器织布局创设之时,中国已经有了开办轮船招商局、中国电报局和开平矿务局等成熟企业的经验,因此,招股书的撰写已经有了范本可以依据,商民们对于近代企业的投资有了基本的认识,已为人们所接受。因此,对于招股书的具体内容,撰写者和阅读者都有了相当的认识和知识,其中对于现代企业的相关认知已经比较成熟,对于投资的各个专项花费,以及保险、官利、成本、技术、人员管理以及收益和利润推算,都做得井井有条。加上当时办理有道的几家近代企业正在蒸蒸日上,所以,市场上反应积极,筹资之事进展顺利,机器织布局的创办工作取得了实际的进展。

但是,在新的事业进展中,有两点值得评论。第一是十年专利取得的后果评估,第二是对织布机的选型。前者是经济问题,后者是技术问题。后者的解决涉及上海机器织布局本身的发展,前者则涉及对中国纺织工业发展的影响。

1. 织布机的选型

虽然任事诸人都有商业经验,但是,从事现代制造企业的创办,都是第一次,对于织布的知识,也是边干边学。他们拿着李鸿章提供的《泰西纺织事略》一书开始恶补近代纺织工业的基础知识。至此,他们应该发现,布机选择是一个颇为专业、颇具难度的工作,并且是牵扯到上海机器织布局创办成败的关键因素。虽然在当时的媒体上,对于中国棉花是不是能够织出洋布有过一些很专业的意见,但是,这些意见并没有成为社会的共识,即使这些商人们,对此也认识不足。俟章程已定,开始着手选择机器的时候,郑观应等人才意识到这个问题攸关成败。为了谨慎起见,他们把中国的棉花寄到外洋,请英美工厂以它们的机器试织,取得样品后再加评价。在招股书公布一个月后的一个启示上,郑观应等人就载明了此事:"其机器外洋有老式新式,花样不同。已购华花寄英美两国试织,俟所织之布收齐,逐加勘验,择其何处精结而出布快者,然后定造。"①随后于1881年5月,郑观应等又以上海机器织布局名义在《申报》公告:"敝局前将华花寄洋试织之布,英国小样业已寄到,极为精致,美国各织厂大样提货单已来,于一礼拜内亦可寄到。俟布样比较后,即将开厂织布事宜次第议举,随时再行奉闻。至此局虽系创举,验得华花确可纺织洋布,似较各项公司更有把握,尤为稳妥。"对于这个消息,时人和后来的学者一直存有疑问,有专业知识的人很容易发现问题。事后的情况证明,以华花和当时

---

① 《上海机器织布局启事》,《申报》,光绪六年十月十五日,转自《中国近代工业史资料》,第一辑下册,1048页。

第五章 上海机器织布局与中国企业家精神的成长环境分析

的织机,是不可能织出很精致的布匹的。因此,郑观应的这个启事,或者是他说了谎话,主要目的是平息物议;或者他受了西方厂商的蒙蔽,这不是不可能,因为西方企业为了卖机器给中国,纺织机的制造企业可能会与纺织企业联手作假,寄一个另外的样品来。当时就有人有这个怀疑①。总之,最终的实际情况是中国的棉花织不出细布。郑观应毕竟有洋务知识,知道这件事情的利害,所以,在第一个任期中,就曾经与远在美国的容闳联系,请他聘任一个美国的纺织专家。第二次上任之后,郑观应旧话重提,委托驻美领事容闳物色纺织专家,"素悉执事在美有年,留心实学,祈代选聘一在织布厂有历练、有名望之洋匠,到沪商办,拟先寄华棉试织如何,倘织出之布不合销,或所商意见不合,其往来舟资及按月照给薪水伙食外,另给薪水两月,作为罢论。如有卓见,乞勿吝教"②。郑观应的想法是聘用洋匠,首先在美国试用中国棉花,根据试用情况对设备评估改进。一旦决定,洋匠将来华工作,他把待遇条件都已经开好。容闳很快就推荐了人选,这就是此后长期在华工作的美国专家丹科(A. D. Danforth)。这个美国人有长期的企业工作经验,并且有多年的主持纺织企业工作的经验。郑观应很快就寄棉花给美国工程师,请其试织。对初步结果,郑观应本人表示满意,在给郭嵩焘的书信中,他对这个过程做过一个描述:"至华产棉花机织洋布,向有花性不宜之疑,前年曾购花寄洋试织成布,尚未详加考验,今又于七月中购寄各种棉花,分交英美著名织厂试织各种洋布,俟其寄回当更有把握。据容纯甫星使转询熟悉织务之人云:华花织布,照现在织造洋花之机,略为改制即可一式精良。将来定购机器,此层最宜详订也。"③这个结论实际上并不可靠,这个"略为改制"的工作量和后果,实际上比当初估计的要大很多。本来这个问题并非不可解决,但是,创办机器织布局的工作是一个与时间赛跑的过程,在这个过程中,因为商业周期的缘故,最终导致这次创办的失败。

2. 丹科的作用和后续决策

丹科于1881年9月22日首抵上海。在到达上海前,郑观应已经派人寄去棉花请丹科实验。因此,丹科是有了一定把握之后,才启程来上海的。对于郑观应的咨询,丹科的回答实际上很含糊,他认为,以中国当时的棉花,用英美的机器,任何布匹都不可能织出来,只能对设备加以改造,才有可能。这与当初郑观应向投资者交代的还是有差距的。这个答复实际上很悲观,但是也没有完全关闭机器织布的途径。因此,郑观应委托丹科加以改进,然后会照价购买。丹科在中国仅仅两个月,就带着中国棉花,取道英国回到美国。随后,他开始试验,发现以现有的英美机器,

---

① 铃木智夫:《上海机器织布局的创设过程》,《近代中国》,第五辑,1985年,272-273页。
② 郑观应:《盛世危言后编》。
③ 郑观应:《盛世危言后编》,7卷,《上驻英公使郭编仙侍郎书》。

实际上织不出来任何像样的产品。他开始自己着手改造,最终织出来与中国土布相当的产品。从这些事情看,上海机器织布局的早期创设过程,实际上准备严重不足,一切都是边干边学。

3. 十年专利及其影响

收到丹科的报告,郑观应明白了,原本想利用机器织出细布以与外国洋布竞争、收回利权的计划无法实现,相反,机器所织布匹是与民间的土布相互竞争。这样,即使工厂勉强投产,也难以取得当初预想的结果。按照铃木智夫的看法,恰好是在这个背景下,郑观应提出了给予上海机器织布局十年至15年专利的建议。对这个建议,学术界争议很多,有的从知识产权保护的角度给予肯定,有的从压制民间投资的角度提出批评。实际上,如果理解整个建议提出的背景,就知道这个建议实际上是为了上海机器织布局的个体利益所设定的,其针对的对象确实主要是民间的生产和投资。实际上,当时的生产设备是无法与洋商的细布竞争的。不过,郑观应提出的建议采取了西式的话语策略,以保护创业者为理由,以中西商人的竞争威胁为对象,因而看似公允,所以得到了学术界的肯定。

李鸿章在接到郑观应的汇报之后,给中央政府写了著名的《试办上海机器织布局折》,在这个奏折中,李鸿章详细阐述了机器织布对于富国强兵的作用,请求批准十年专利权利的设置①。不过他把郑观应所要求的地理范围从通商口岸扩大了全国,对限制范围,则没有包括外国商人。这个原因很复杂,一方面,当时外国商人没有在通商口岸设立工厂的权力,自然也不用专门强调禁止外国人设立纺织企业。另外一个原因则可能是怕直接招致外国商人的不满,因为这对于北洋通商大臣的职务来说是不适当的,毕竟招商引资是通商大臣的任务。李鸿章的请示被清廷批准后,实际上带来了很多负面影响。首先就是压制了国内的民间投资,上海机器织布局长期没有投产,而民间的投资愿望也一直无法实现。另外就是后来很多外商以及想搭附外商投资的国内商人给政府出了很多难题。

对这个十年专利,学者们的评价霄壤悬殊。有的赞为有效的保护措施,为中国

---

① 关于李鸿章奏折的批准日期,学术界提供的资料不同,现在能够见到的资料是1882年。李鸿章《试办机器织布局折》中提出来:"查泰西通例,凡新设一业为本国未有者,例得以界以若干年限。该局用机器织布,事属创举,自应酌定十年以内只准华商附股搭办,不得另行设局。"英国领事1881年的报告就曾经说过:"上谕已批准布局在上海享有制造的专利。"(《中国近代工业史资料》,第一辑,1053页)另外,总署在1882年一封给美国领事格兰特(Grant)的回复函中曾经说过:"前年北洋通商大臣批准上海华商新设织布公司,予限十年只准华商入股,不准他人再设。也已奏明在案。盖因机器织布系中国创举,必须妥为保护。庶期数年之内得以渐沾利益,若准他人设厂夺利,则首先试办者将被排挤,无以自立。是故不准华商另行设厂,然则何能反而准洋商得设厂欤?"(转引自赵刚,陈钟毅. 中国棉纺织史[M]. 北京:中国农业出版社1997:139 - 140.)可见首次提出这个概念是1880年,1882年是重申和扩展了这个专利的概念。

第五章 上海机器织布局与中国企业家精神的成长环境分析

机器纺织业的发展提供了一个好的保护。另有学者则指为杜绝竞争,导致中国机器棉纺业发展被迟滞十年,最终导致中国在国际棉纺织产品的竞争中落后于日本。对这个问题的评估,不能单纯从现代知识产权的角度阐发,也不能仅仅从直接可观察的后果出发。首先,郑观应提出这个专利权问题,是基于西方的知识产权保护的思想,但是,他的直接动机是认为机器织布公司创立有很多困难,导致这个公司创立会一波三折,达成预定目标的时间难以估计,因此申请保护,以对投资者有所交代。因此,这是一个典型的出于公司自身私利的考虑。从后果上看,中国棉纺织业落后于日本,不仅是起步晚,更主要是中国宏观的政治经济体系还是传统的,而经过明治维新的日本,制度已经变成了现代的,因此,他们是按照现代化方式来拓展实业的。在19世纪最后十年,日本的实业方面不仅在棉纺织上领先中国,也在丝织、茶叶加工等中国传统的优势项目上开始全面领先。

不过,从后果角度看,这个十年合约没有能够保护中国自己的产业,反而大大迟滞了中国机器棉纺织业的发展。因为在这十年中,上海机器织布局的创办曲曲折折,一直没有成功,但是把专利悬为禁令,确实严重压制了民间的投资热情。在十年专利到期后,中国机器棉纺织业的投资热情空前高涨,但是这时候中国已经到了甲午之前,随后的战争和《马关条约》一下子把中国企业推到了已经逐步强大的日本企业面前。观察这时候的形势,人们才发现,中国企业确实丧失了一个最好的发展机会,因此,在几乎没有还手之力的情况下,却被逼直接面对已经身强体壮的日本企业。

4. 集资

郑观应接手上海机器织布局之后不久,就与戴恒之间做了一个分工,郑观应作为商总,事实上主导了机器织布局创设的日常工作。由于郑观应所邀集的四人均为殷实商人,所以,他提出了出资40万两,作为公司股份,创始人每人出资五万两,经元善驻局主持日常工作。这样开局集资就有了20万两,加上亲友附股,第一期集资工作顺利展开。

到1882年中,郑观应就决心开始投资建厂和订购设备,上海机器织布局的创立进入了实质阶段。为了设备订购和厂基建设,开始了大规模的投资。按照1882年5月12日《上海机器织布局启示》,当时号称原始集股4 000股,后增加1 000股,股东一期投入50%,应该集资为25万两,要求股东继续投入后50%。这次集资就不如原来顺利了,至次年的年初,经半年时间,也仅集资不过10万两。这样实收资本为35万两。

1883年上海出现了倒账风波,市面资金短缺,钱庄倒闭,殃及上海机器织布局,尤其是总办郑观应。他把账面未用资金放给了钱庄,这本来是正常的资金处置方式,但是,因为经济危机,这笔资金无法收回。恰在此时,美国订购的机器陆续到货,余款约十万两必须偿付,但是此时,上海机器织布局的账面上已经没钱,郑观应不得已把股票抵押借来一笔款,偿付了美国方面的设备费用。而股票则落入债权人之手。这样原来14万的股票,变成了七万现金,导致了机器织布局实际亏蚀七万①。

5. 郑观应团队失败的意义与作用

对于郑观应团队的失败,铃木智夫的分析认为是郑观应资金运用失败,而这个失败是因为后面25万两自己未能成功筹集,造成这个问题的原因是股东怀疑这个设备是不是能纺出合格布匹,因此不愿意继续投资。

实际上,造成这次创建失败的原因更为复杂。首先是郑观应资金运用的失败,这在于他把资金投入钱庄投机失败后,没有采取积极措施弥补损失,听任不良后果的发展。其次是郑观应与龚寿图之间的矛盾使官商不合,导致关键时刻,官方不施援手。第三是郑观应关键时刻推诿责任,放手机器织布局的工作远遁广东,把机器织布局工作交给了经元善。这种做法不仅惹怒了同事、股东,而且也使主事的北洋大臣李鸿章大怒,指责郑观应"假仁假义"。所以,虽然学者对郑观应的行为也有一些辩护之词,但是,大部分学者认为在这次上海机器织布局创办的失败上,郑观应应该承担主要责任,而且很多还是主观责任,并非完全是客观原因。

---

① 按照郑观应1884年2月25日给盛宣怀的信,50万资金是这样分配的:"计付出机器、地价、水脚、连年局用成本等项约20万两,存款、押款尚未收归者23万两,抵押折耗银七万两。"(《盛档》,转引自陈梅龙.论晚清上海机器织布局的性质[J].近代史研究,1986(3):84.)事后曾国荃查复中对数字做了如下分析:"定章100两一股,先招4 000股,续招1 000股,实收银50万两。以郑观应所招之股为数独多,公立议据,局中一切银钱账目,责成一手经理。郑观应既专利权,竟借众商之资本,便一己之私图,不数年间,所有股本50万两,除付机器、基地、栈房、码头价值银两,其余尽变为各项股票及借纸押银。该道遂于十年二月因前兵部尚书彭玉麟奏调广东,藉此脱难。龚寿图禀揭郑观应擅挪公款,受押股票,利则归己,害则归公,经北洋大臣咨调回沪清理,避匿不到。敕据江海关道查覆:该局原招5 000股,郑观应禀叙仅实收银352 800两,其余银147 200两全系股票,存局作为押款。其已收股银35万余两,除付办机器等项本银209 000余两之外,其余银143 000余两,或已放出,或压股票,均无实银存局。此郑观应经收股本,并为开办,先已亏折,与龚寿图等均无干涉之情形也。"(曾国荃:《查覆织布局务疏》,见《中国近代工业史资料》,第一辑下,1057页)这个数字与郑观应自己的交代是相符的。比照这两个不同来源的数字,可见实际花费20万两,15万两实收资本被放出不能收回。而为了筹集资金付后续机器价款,不得已,把未发出的股票抵押借款。15万两只得不到八万两现银,这地方亏损七万两。不过,从股东角度,先前所花费用实际上除了机器之外,也有亏折,加上抵押未收的资金,实际也已大部分亏折。所以,最终龚寿图等1887年重新接手,要求老股东每股补充30两,补足原来亏折的股票,是一个相对保守的算法(按照1887年7月25日《申报》所刊《上海机器织布局公启》,董事津贴和办公车马等费4万两,工厂用地为3.5万两,机器价款4.5万两,加上不能收回的费用为23万两,共支出35万余两,与上述数字大体相当。但是,实际支出和抵出的部分与上述数据有较大差别,应以郑观应和曾国荃的数据为准)。

第五章 上海机器织布局与中国企业家精神的成长环境分析

(1)资金运用的失败。由于技术原因,在集资完成后,建厂及投产之事不得不一拖再拖。直到1883年,国际金融危机影响上海市面,各只上市股票价值大跌。而郑观应把已经集资没有投入的资金都放给了钱庄,这时候头寸紧张,他所放的款项自然无法收回,市面上哄传他把这笔资金亏蚀,郑观应面临着前所未有的资金和信誉压力。在这个关键时刻,郑观应本应全力以赴地筹措资金,填补漏洞。他非但没有作为,反而临阵脱逃,显示出了他缺乏勇气承担责任的特点。他以中法战事促迫,广东彭玉麟调用为由,把上海机器织布局这个烂摊子甩下,独自奔赴广东,开始了新的事情。

郑观应擅自离开上海机器织布局之后,把布局事宜交给了盛宣怀。盛宣怀虽然接手,但是恰逢天津海关道出缺,他又接受这个实职任命,转赴天津,将机器织布局事宜转交经元善,并且陈述利害:整个布局事宜涉及"弟之名声,陶翁身家,中堂体面,布局成败"①。所以,经元善全力以赴,也是盛宣怀的意图。

论者都说郑观应为人忠厚,性情纯实。其实,从上海机器织布局的筹办就可以看出,虽然郑观应经过洋行的商业历练,有了相当的知识和经验积累,但是他还是缺乏商业上必要的担当精神,关键时刻缺乏勇于任事、承担责任的能力和意识。居然在局面溃烂之时,不顾后果地一走了之,扔下一个烂摊子给自己的好友与政敌,不仅授人口实,而且把自己的多年商业伙伴置于尴尬境地。

(2)郑观应与龚寿图的矛盾。龚郑之间实际上是官商关系。当初戴恒筹办机器织布局,没有商务能力和资金来源,因此约请郑观应出山,作为机器织布局的会办。实际运行时,郑观应被公举为商总。经元善回顾这段历史说:当时重新讨论合同,并"载明一切用人措施全权归郑。定议时戴不在沪,后戴见蔡、李、经均已签字,勉从附和。恐龚因此减色,单禀龚为官总,郑为商总。龚于是予智自雄,而郑颇多为难之处。"本来这个创业团队是戴恒主持建立的,而商董们在戴恒不在时,推举了郑观应为商总,戴恒不得不认可这个决定,但是为了平衡官商关系,他又上帖请任命龚寿图为官总。这时实际上已经种下了官商矛盾的种子。在另外一处,经元善把他们矛盾原因做了一个分析,认为初期矛盾产生是因为郑入局之后,集资顺利,这本来是好事,但是,戴与龚两人觉得自己的脸面过不去,因此,对郑观应等人的行为横挑鼻子竖挑眼,认为他们把集资之事的进展登报是错误行为。虽然郑观应等耐心解释,苦心调停,"然道不同不相为谋,终难水乳"。这种矛盾也是机器织布局失败的原因之一。

(3)失败的深层原因。其实除了上述郑观应的责任,以及官方代表不配合之

---

① 陈旭麓等:《盛宣怀档案资料选辑》之六《上海机器织布局》,上海人民出版社,2001年。

外,更多的问题应该从企业精神不发展的角度加以分析。其中,虽然任事诸位中以商人为主,但是大部分商人是传统商人,并没有创办、管理近代企业的经验,只有郑观应有初步的认识。但是郑观应在洋行中从事的也主要是传统商业活动,虽然他肯于学习,对西方的知识有初步掌握,不过对具体企业运作的技术、商业和财务等方面的知识掌握毕竟不全面,没有切身体验。因此,无论在大局掌控、细节把握上,乃至在商务和政务关系处理上,出现一系列失误,最终导致关键时刻步步失策。例如,他们对机器织布的知识是现学现用的,根据李鸿章给他们的一本《泰西纺织事略》才开始入门,当时国内并没有现成的企业,因此,涉及制造企业的各方面专业知识,想必他们非常匮乏。因此,从企业家成长的角度上看,即使是郑观应,也是非常不成熟的,其他人就更算不得是企业家了,只能算作是不合格的管理者。

(4)失败的影响。郑观应团队的失败不是一个孤立事件,而是当时官督商办企业的集体失败。轮船招商局也是在此时,因为资金运用问题,创业的唐廷枢、徐润团队被官方代表盛宣怀取代。从表面看,机器织布局的情况几乎与轮船招商局完全一样,在官方代表和商民代表的冲突中,官方代表借着经济危机暴露出来的企业资金漏洞,趁机夺取企业的控制权,并且把商民代表撵出企业。但是,细分析具体情况,两个企业完全不同。轮船招商局是一个成熟企业,处于盈利阶段,有很成熟的业务基础,并且有成熟的管理机构和机制。而上海机器织布局则是处于草创阶段,很多技术、经营和管理问题都没有解决。其次,虽然两个企业都存在官商矛盾,但是,在轮船招商局,徐润面对危机力图挽狂澜于既倒,而上海机器织布局中,郑观应回避矛盾,妄图一走了之,主动把企业的控制权交了出去。

虽然有这种差别,但是上海机器织布局和轮船招商局两个企业的商业运作团队失败的后果是一样的,并且是严重的:由于它们的失败,大大迟滞了中国近代企业的发展,这种迟滞是多方面的,首先是企业家成长的途径被堵死了;其次是严重挫伤了投资者的积极性,使近代企业投资在经历了19世纪70年代末80年代初的快速成长后,一下子跌入到了冰点。另外,企业被官僚占据,也妨碍了近代职业管理者及其相关的职业精神的发展。这种局面直到《马关条约》签订之后才有所改善,但是时间的损失是无法挽回的。因此,在晚清中国有了充分的经济发展意愿之后,才发现全面缺乏发展企业的合格企业家和管理者,无法面对来自日本和西方企业的竞争。同时投资者意识也非常不成熟,这些矛盾在大规模的铁路建设中表现了出来,因此,铁路建设矛盾重重,步履维艰,酿成大祸,最终使清政府崩溃。

1883年,上海机器织布局在步履蹒跚两年后,终于失败了。这个失败本来是渊源有自,包括了多方面的原因,例如前面所说的没有适合中国棉花的织布机,也缺乏适当的技术和管理人员。不过,最重要的原因还是体制性的,一方面是创业团

第五章 上海机器织布局与中国企业家精神的成长环境分析

队中郑观应与龚寿图之间的冲突与矛盾;另一方面是财务处理上,郑观应发生了重大失误,而在这个关键时刻,郑观应没有能够挺身而出承担责任,设法挽回败局,反而采取了一走了之的方式,把一个偌大的摊子随意放下,最终导致局面不可收拾,使这一阶段的创业工作以失败告终。

这次事件随后导致了郑观应职业生涯走入下坡路,并且因此而被羁押,财富和人格都受到了损失。

经元善接手后,把抵押给票号钱庄的股票收回,清点之后,发现"在外本股,只剩二十二万数千矣,合之定购已到机器,及基地造栈房一切实用,综核数目不相上下。"①

经元善也曾指出,郑观应亏损七万是誊写错误②。

(五) 龚寿图兄弟团队

郑观应出走织布局之后,他把布局事宜交给了盛宣怀,但实际上是经元善在上海料理后事。在既无资金,也无人手的情况下,经元善勉力支撑,清理账目,料理各方面关系。从经元善此后的一些言谈,可以看出经元善忍辱负重、为人忠厚的本性,在关键时刻,为郑观应抵挡住了来自各方面的攻击。但是,经元善毕竟代表商民利益,又与郑观应关系深厚,因此,不为官方代表龚寿图所接受,双方矛盾一直存在,最终经元善也被踢出局。1887 年,龚氏兄弟龚寿图、龚彝图受李鸿章札委,接手上海机器织布局,进入了实质的官办阶段。

龚氏兄弟对于企业运作几乎一无所知,更不用说复杂的机器制造企业了。他们只能恢复当初郑观应团队的计划,以应对新老股东的需要。而对资金运作,他们在清理旧账基础上,采取招募新股,激活旧股的方法。对于尚存的 2 990 股老股东,约定三个月每股增投 30 两,以补原来的亏空,如果三个月不增投,则三股并为一股③。这种做法激怒了那些股东,市面上传言四起,把怒气都发在了龚氏兄弟身上。有人将这种情况上奏,说当年龚寿图组建织布局,收了 40 万两股银,十年没有进展,现在突然说这些资金已经亏折,而龚寿图把创办事情又转手给了自己的兄弟龚彝图,并且要老股东追加银两。一时言诼纷纷,议论四起,引发弹劾,最终导致朝廷下旨清查。这次清查结果由时任两江总督曾国荃回复,查明了当初亏折的情况,洗刷了龚氏兄弟的嫌疑,并且把当年郑观应的处理方式与后果展示了出来,对经元

---

① 《中国创兴纺织原始记》,转引自《经元善集》,287 页。
② 陈梅龙论文所引盛档中经元善与盛宣怀书信,转引自《郑观应评传》,342 页脚注 2。
③ 光绪十四年十月初二日《申报》所载《织布局公启》申明:"查本局前手所遗机器、地皮、码头、驳岸等件,曾经北洋商宪委招商局总办陈荔南观察及上海县尊裴浩亭明府秉公勘估,计值金 12 万两,约在四折之数。"这是估计折算数的基础。

善和盛宣怀的后续工作也做了记录,可以为分析提供完整的资料。

龚氏兄弟也并非完全无所作为,他们拟定的公司运行章程,还是在很大程度上总结了郑观应团队失败的教训,提出了一些建议,包括削减管理人员人数,资金处置原则,人员管理的规定和财务处理原则等。这些规定体现了企业办理的一些基本准则。虽然这些规定大部分没有获得很好的执行,但是依然可以看作前次失败所买来的一些经验教训,具有标本价值[①]。

(六)马建忠和杨宗瀚团队及上海机器织布局最终投产

无论如何,龚氏兄弟难以取得民间投资的支持,而政府资金有限,难以投入,上海机器织布局的筹建陷入了僵局。1890年,改由马建忠出任机器织布局的总办。虽然马建忠有留学西洋的经历,并且曾在轮船招商局任职,商务经验与识见远在龚氏兄弟之上,但是,毕竟是长期在官府任事,没有民间商民的人脉关系,因此,集资的事情依然没有进展,只是利用招商局的关系,使用了仁济和保险公司30万两白银。由于投资者要求,最终马建忠被李鸿章撤换,由杨宗瀚出任总办,杨宗瀚自己垫付一部分资金,又辗转从地方搞到十万两白银,最终使上海机器织布局在延宕十多年后,于1891年投产[②]。一再蹉跎的机器织布企业终于投产,虽然与当初设想的时间延后很久,规模也并非辉煌,但是收益很好。可惜投产不久,就在1893年遇到大火,设备厂房被付之一炬。但是,也正因为这有限几年的良好营业记录,在付

---

① 对于1887年龚氏兄弟团队的方案,徐蔚南有一个详细摘要:"当时重订新章18条,此项章程特于1887年7月27日(清光绪十三年六月初七日)登载《申报》。举其要者,约有下列各端:
(一)与前局截清界限;
(二)更换新股票,每股票额仍为银100两;
(三)老股每股酌加30两(原每股是100两),三个月内更换新股票,否则作废;
(四)局用每月不得过银300两;
(五)千股以上新股东公举一人司理内柜锁钥;
(六)公举公正明晓局外董事一人稽核月结;
(七)局中股本不得私自挪借;
(八)厂中诸事责成丹科专理;
(九)决照西法订定每日工作时间;
(十)购机400张;所出布匹仍请专利十年。"(徐蔚南:《上海机器织布局的始末》,见《中国近代工业史资料》,第一辑下,1054-1055页)

② 按照《申报》光绪十五年(1889年底)启事,上海机器织布局于十二月初三日试机,初七日正式开工。但是布局经营不好,一再亏损,主事者要继续向洋行借款,被股东反对,李鸿章不得已,撤换龚氏兄弟,任马建忠主持。马在使用仁济和保险公司资金后,仍欲借洋债,被股东和李鸿章反对撤换。可见,机器织布局是陆续投产,逐步增加布机数量,至1891年,才大规模向市场供应布匹。

另外布局营业一直没有达到设计水平,很重要原因是因为各个工艺环节的不平衡,导致设备的水平远未充分发挥。投产时织布机200台,都已经安装,但是因为纺纱能力不足,所以只有40张织布机运行,每天出布40匹,毛利40两。据说要是200张织布机全部开动,则织机出布数量会达到400匹,所得利润也可以算出。

| 第 | 五 | 章 |　上海机器织布局与中国企业家精神的成长环境分析

之祝融之后,李鸿章立刻决心重办,由盛宣怀主持。但是,无论从体制还是名称都已经变更,成为了华盛纺织局。上海机器织布局的历史终止于这场大火。

后人往往把上海机器织布局与杨氏兄弟相连,谓:"无锡杨艺舫(杨宗濂),廉访昆季倡首,禀请北洋筹借股款,以上海为通商总汇之地,于杨树浦地方创办织布局。开始稍亏折,渐由总办经理得宜,物美而出数亦旺,已有起色矣,而不戒于火,致兆焚如,二百数十万巨款,付之一炬。"①投产时上海机器织布局已经在所有方面都远离了创办的初衷。从产品上,上海机器织布局无法生产细布,所生产的粗布无法与西方产品竞争却与民争利,夺回利权的说法更成为空谈。另外,机器织布局不仅没有促使中国近代企业发展,反而排挤民间投资,使中国近代民族工业发展受到多方面的打击。

五、创始人的能力和创业团队的评估

在1893年机器织布局被焚毁之前,共有彭汝琮、戴景冯、戴恒、龚氏兄弟、马建忠及杨氏兄弟等六个创业和领导团队,其中有的团队成员少,结构简单,有的团队成员多,结构复杂。对这些团队的研究是整个机器织布局历史研究的一个非常重要的组成部分,同时也是检验企业精神模型的一个重要分析对象。下面将主要对这部分内容加以分析,第一部分是对团队的关键人物加以评述,然后对团队主要成员的能力加以研究,最后对团队结构特征做一个综合评估。

(一)对个人的评估

1. 彭汝琮

1957年,孙毓棠编辑《中国近代工业史资料》第一辑时,收录关于上海机器织布局的资料,彭汝琮的名字尚未出现,彭汝琮提出的在上海设立机器织布局的禀帖则是从英文翻译的。严中平《中国棉纺织史稿》中也是依据英文资料翻译来介绍彭汝琮的建议,连彭的姓名都无法探知。可见整个20世纪50年代,人们对彭汝琮的了解极其有限。不过,很快学者就在中文的《新报》和《万国公报》上把彭汝琮禀帖和相关文件的原文查找了出来②,胡滨确定了这个禀帖实际的提出者姓名,并且对他的身份、经历做了详细的分析③。他对彭汝琮的经历研究主要依据的是吴语亭的《越漫堂国事日记》,资料罕见,但是比较可靠。易惠莉在《郑观应评传》中,对

---

① 《论宜广设机器织布局以维纱厂之敝》,《中外日报》,1898年10月15日。
② 铃木智夫:《上海机器织布局的创设过程》,《近代中国》,第五辑,1985年,248-299页。
③ 胡滨.论上海机器织布局[J].山东师大学报:社会科学版,1986(6):1-9.关于彭汝琮身份的研究见2页。

彭汝琮的早期经历通过引用李鸿章1870年的弹章,对彭的历史和为人做了最为官方的评价:"彭汝琮前在湖南勒捐银一万两始得离省,其劣迹不问可知。入川曾不数年,招权纳贿之名又播中外,臣遍加咨询,皆敢怒而不承言,其贪利虽不承招,而钻营实有其事。"① 一般史家据此认为这个彭汝琮是一个贪官墨吏。不过,严中平和《中国棉纺织史》作者赵刚、陈钟毅都认为,彭汝琮可能有洋务活动背景。近来人们采取这个看法的很少,主要是因为李鸿章早年对彭汝琮的弹章被发现,加上后来郑观应与彭汝琮之间的冲突,人们把评价的天平倾向了郑观应。实际上,严中平等人的推断并非没有道理,因为彭汝琮的被弹劾是在1870年,李鸿章当时对他的评价是:贪利不承招,钻营实有其事。可见所谓贪财并非定评。即使失意于官场,也不排除此后十年中历经商务洋务。当时风气未开,一般人哪里知道机器织布,彭汝琮能够提出机器织布的动议,见识已经非同一般了②。所以,当年受命考察彭汝琮的李鸿章才会对他的建议做出积极反应。从1870年开始到1878年彭汝琮的历史仍需要更多的资料加以考察证实。

不过在上海机器织布局的早期创办中,因为彭汝琮的言行与郑观应等人有交集,所以,资料实际上很丰富。从当时团队内外的人对彭汝琮的评价看,彭的最大问题是缺乏责任心,作为总办,长期不在局,遇事推诿。在织布局开始筹建之后,购地建房之事都由当时的唐汝霖办理,资金发生缺口,总办却不到场解决。这种做法自然导致了共事诸人的不满③,人品确有问题。

2. 戴恒

戴恒字子攟,又字子辉,江苏丹徒人,同治七年进士,例授翰林院编修,未外放即乞归。从经历上看,他很关注国家的发展,主张维新和富国强兵,因为没有实授官职,缺乏实际政务经验,更未见经商经历,也没有任何商务经验。从目前的资料看,他似乎也没有实际介入上海机器织布局的具体工作。因此,这个阶段中,戴恒挂名,实际主持工作的是郑观应与龚寿图。虽然郑观应是戴恒邀请,但郑观应加入团队后,所要邀请的人,戴恒都照单全收,未加阻止和反对。郑观应被推为商总则未与戴恒商议,是在戴恒不在时确定的。戴恒对此表示了顺应众议的姿态。作为

---

① 易惠莉. 郑观应评传[M]. 南京:南京大学出版社,1998:204-205.
② 易惠莉《郑观应评传》中认为,彭汝琮这个建议应该是与其他商人商议的结果(206页),这个推断应该是正确的。不过即使如此,以彭的名义提出这个建议,也可见他的倡导与核心作用。
③ 《上海机器织布局——盛宣怀档案资料选辑之六》一开始的近20封信函几乎都是关于购地款项事情,其中多次提及彭汝琮避而不见,推卸责任的内容,并且非出自一人之口。如第五封信函中说:"陶斋函谓诸君与器之(彭汝琮)皆不和衷。"(4页)史兆霖也几次提及彭汝琮一直不在场的情况。而赵吉(15封信函)更明言:"彭企之(彭汝琮)打听得洋布局可望成,现已出头来沪,大都以创始人自居,无非妄生希冀而已。"(11页)确实可见彭汝琮的品德问题。

| 第 五 章 | 上海机器织布局与中国企业家精神的成长环境分析

一个平衡措施,他推举了龚寿图作为官总,处理官方事务。从这些事情看,戴恒还是一个很大度和宽容的人。此后,郑观应擅自离局出走,引发矛盾,经元善曾在李鸿章处告状,被李鸿章驳回,说戴恒是个状元,你如何与他计较?[①] 揣摩李鸿章的意思,可以知道以戴恒的地位和为人,他的做法已经很宽容了,你怎么能与他计较呢。也确实没有见到戴恒弹劾郑观应的任何资料。这样看,他不仅是宽容,简直就是不问世事的神仙级人物了。以政府知识精英身份,能够为郑观应创立活动提供一个很大的自由空间,与盛宣怀等人的争权夺利相比,已经是最为适当的官方代表了。也因为他的存在,龚寿图作为官总,在戴恒主政期间,并没有对郑观应的商务活动横加阻挠。不过,也是因为他们缺乏商务经验,因此对郑观应的投资和投机活动未加监督,最终酿成大祸。

3. 龚寿图兄弟

龚寿图、龚彝图兄弟,其中龚寿图作为成员,参与了第二和第三个创办团队,第二个团队主持人戴景冯因故卸任,由龚彝图接手,依然是主持官务。在郑观应离职后,龚彝图最终于1877年正式从经元善处接手,并且主导了第四个团队。在这三个团队中,第二个戴景冯团队,龚寿图仅是一个一般成员;在戴恒团队中,他是官总,理论上与郑观应平行,受戴恒领导。实际上他并未有很大作为,也没有多少实质性的工作。因为这个阶段主要是依靠商股运行,因此,是郑观应主导整个工作。第四个团队中,龚彝图主导了工作,但是,他没有实际商务经验和人脉关系,融资工作进展不顺利,反而因为要老股东补足亏蚀的股本,惹来众议,被人弹劾,幸好是曾国荃认真查核,洗刷了他们兄弟的罪名。但是,他们兄弟也因此无法继续工作,最终出局,离开了参与其中十年的企业。

4. 龚照瑗

龚照瑗(1835~1897年),安徽合肥人,1886年任上海道台,次年被李鸿章指派重办上海机器织布局。实际上的主持人是龚彝图,不过龚照瑗以地方官身份参与,对于推进相关事宜肯定有促进。从龚照瑗的经历看,他还是懂洋务的,但是其商务能力无法评价,因为他没有任何实质的商务经历。

5. 经元善

经元善出身耕读世家,父辈已经进入上海。经元善自小经商,虽然没有进学经历,但是一直好学不辍。本人一心向善,很早就专注于赈济事业,也由此认识郑观应。参与上海机器织布局的创建,是受到了郑观应的邀请,此前在办理中国电报局过程中双方就有合作。从经元善的经历看,他早期主要是一个热心公益的旧式商

---

① 《中国创兴纺织原始记》,转引自《经元善集》,287页。

人,为人忠厚,但是其洋务、商务经验都不丰富,仅有的商务经验也属于传统的丝茶贸易范围。在参与机器织布局和中国电报局的创设时,他开始介入新式企业的活动,由于他为人忠厚,善于学习,所以很能任事。在戴恒、郑观应团队中,经元善仅是一个普通商人成员,但是,他的作用很特殊。虽然郑观应是商总,上面还有戴恒作为官方代表,而真正常川驻局、处理日常工作的是经元善,可见此人踏实肯干,并且不争名位。在1883年后,倒账风波导致郑观应亏蚀大量局产,挂印而去,把个烂摊子扔给了盛宣怀,盛宣怀又让经元善处理后事。一笔烂账,经元善认真清理,收拾局面,一方面倾力办理,力挽危局;另一方面极力维护各方情面,虽不能说是尽善尽美,但是也算得上是上对天听,下合人情。他极力维护郑观应,尽力收回资金,没有任何推脱和逃避。比之郑观应百般回避,德行、做法都高几个档次。对此,郑观应似乎没有多少感激之情。按说两个人之间存在着诸多共同之处,都是好学之士,郑观应倾心西学,经元善一心儒学,两个人相遇之后似应惺惺相惜。没成想,在戊戌变法之后,郑观应一再贬损经元善,甚至曲意维护清廷旨意,诱捕经元善于澳门。虽然在威逼之下,情有可原,但是其为人终究有亏私德。一般人都只看到郑观应的《盛世危言》,赞为觉悟商人。实际上,他的认识和他的做法差别太大,高标道德,行为龌龊,可见知行合一,谈何容易! 如果说郑观应是典型的言语巨人、行动矮子,经元善则正好相反,敏于行而讷于言,真君子也。学者评论说他"涵泳于儒家典籍之中,寓志于功名利禄之外,淡泊宁静,豁达大度,疏财仗义,见善必为"[①],可为确评。

6. 马建忠

马建忠是一个受过西方文科教育的知识分子,也是李鸿章幕中干将,曾主持过轮船招商局工作,中法战争中的招商局船只换旗就是由他策划并且主持进行的。马建忠主持上海机器织布局最终被李鸿章指为空阔不实,被撤换。马建忠曾经写过《马氏文通》,是一本开创性的文法著作,作为知识分子的成就足以傲世。但是,作为企业的管理者和创业者,他缺乏脚踏实地的作风,既没有商人的才干,也没有官方代表的能力,不是一个合格的人选,加之盛宣怀的排挤,因此工作很短一段时间后就出局了。

7. 杨宗濂、杨宗瀚兄弟

杨氏兄弟五人,杨宗濂为老大,字艺芳,亦称艺舫,头品顶戴,候补三品京堂。杨宗瀚,字藕舫,为老三。两兄弟早年随李鸿章平定天平天国。杨宗濂随从刘铭传征讨,杨宗瀚在大营负责章奏文案。战后,杨宗濂曾随刘铭传进驻台湾,办理商务

---

① 马敏. 官商之间——社会巨变中的近代绅商[M]. 天津:天津人民出版社,1995:117.

第五章　上海机器织布局与中国企业家精神的成长环境分析

洋务,兼办台湾铁路。曾因故被参革去道员名号①。1891年,李鸿章电召杨宗瀚赴上海接办上海机器织布局②。当时机器织布局在马建忠的主持之下,挪借了仁济和保险公司的资金,依然不敷使用。马建忠向李鸿章求救,李鸿章非常愤怒,指责马建忠办事空阔,"未能处处踏实"。按照李鸿章的这封书信,似乎已经任命杨宗瀚接手上海机器织布局事宜,但是"杨未到工,想系未便插手"。杨宗瀚兄弟在商人中口碑甚好,所以,李鸿章在天津向商人募款,必须由杨氏兄弟掌管机器织布局方可。"拟酌借20万,令杨契汝衔名成交。"③这是杨氏兄弟接手上海机器织布局的原因。

杨宗瀚接手之后,自己首先垫款数万两,表示了与企业共发展的意愿,随后,从李鸿章处借拨十万两饷银,使延宕多年的上海机器织布局终于完工投产,并且很快就显示出良好的经济效益。此后两兄弟又受张之洞召,在苏州创办业勤纺织公司④,彻底转变成为近代企业家。

从杨氏兄弟的经历看,虽然他们创办企业的经验并不充分,但是,毕竟有办商务、洋务的经验。另外,这两个兄弟敢于任事,不畏艰险,不避嫌嫌,显然是以人品弥补经验,最终把这个企业有声有色地办了起来。也许是他们军事生涯的经历对性格的锻炼起到了重要作用,加上他们也有一些经济活动经验和见识,这些智的部分与德的部分相互融合,使他们的企业活动能够最终成功。他们兄弟的情况正好对比郑观应,郑观应的洋务、商务经验绝对在他们兄弟之上,但是因为任事的责任感较差,所以最终导致了败局。这对后人观察企业家的成败提供了一个对比的样本。

(二) 对团队不同成员的评估

这些评估是从不同角度和要素上展开的,分为几个不同的维度,包括对于商务的知识和经验,对于洋务的知识和经验,对于技术的了解程度,对于产品的了解程度,企业经营和管理能力,人物的品性,包括可靠性、责任感,等等。

本节将依据资料对不同人员做一个评价,填写在表5-1至表5-4中。通过这些具体评价指标,看他们能力的分布,再根据团队能力评价,形成一个评价的案例,观察团队各个成员能力的互补性,综合关系因素,得出团队得分

---

① 《屠光禄奏疏》,3卷,34页。见《中国近代工业史资料》,第三辑下卷,1021页。
② 《中国近代工业史资料》,第三辑下卷,930-931页。
③ 《李鸿章复马建忠电》,光绪十七年五月二十九日,参见《中国近代工业史资料》,第一辑下册,1062页。
④ 《杨藕舫行状》,参见《中国近代工业史资料》,第三辑下卷,1021页。

总和,进而评估团队的总体能力。评估按照五分制打分,资料不确者,则注 B。

1. 彭汝琮团队

彭汝琮团队详情见表 5-1:

表 5-1

姓名	商务能力		洋务能力		技术能力	产品能力	组织能力	人品	
	知识	经验	知识	经验				可靠性	责任感
彭汝琮	B	B	B	B	1	1	2	2	B
郑观应	4	4	4	4	1	1	3	2	2
总和	4	4	4	4	2	2	5	2	

2. 戴恒团队

这个团队所包含的成员众多,结构复杂,也是存在时间最长、实质性工作做的最多的一个团队。其成员除戴恒外,还包括如下一些:龚寿图(三品衔江苏补用道,字仲人,又字仲仁)、李培松(道员,字韵亭)、蔡鸿仪(郎中,字嵋青)、郑观应(三品衔候选道,字陶斋)、经元善(主事,字莲珊),详见表5-2。

表 5-2

姓名	商务能力		洋务能力		技术能力	产品能力	组织能力	人品	
	知识	经验	知识	经验				可靠性	责任感
戴恒	1	1	2	2	1	1	3	4	4
郑观应	4	4	4	4	2	2	3	2	2
经元善	3	4	3	3	1	1	4	4	4
蔡鸿仪	3	4	2	2	1	1	2	B	B
李培松	3	4	2	2	1	1	2	B	B
龚寿图	2	2	2	2	1	1	2	B	B

3. 龚氏兄弟团队

龚氏兄弟团队详情见表 5-3:

表 5-3

姓名	商务能力		洋务能力		技术能力	产品能力	组织能力	人品	
	知识	经验	知识	经验				可靠性	责任感
龚寿图	2	2	2	2	1	1	2	B	B

第五章 上海机器织布局与中国企业家精神的成长环境分析

续表

姓名	商务能力		洋务能力		技术能力	产品能力	组织能力	人品	
	知识	经验	知识	经验				可靠性	责任感
龚彝图	2								
龚照瑗	B	B	4	4	1	1	3		

4. 杨氏兄弟团队

杨氏兄弟团队详情见表5-4：

表 5-4

姓名	商务能力		洋务能力		技术能力	产品能力	组织能力	人品	
	知识	经验	知识	经验				可靠性	责任感
杨宗濂	3	3	3	3			4	4	4
杨宗瀚	3	3	B	B	2	2	4	4	4

（三）对团队领导的结果、能力和作用评估

除了对上述不同团队的不同社会角色和能力要素做个体评价外，很重要的是对这几个团队的总体评价。这个评价主要是从相互关系、处理分歧的方式和能力结构等不同角度展开的，包括团队领袖的能力，冲突的范围和影响，冲突的解决方法和效率，对团队领导结构、能力和作用的评价；另外，还应该评估团队内部结构、能力互补和融合程度。

1. 彭汝琮团队评估

彭汝琮团队中，彭汝琮是唯一的团队首领，对于他的商务和洋务能力都缺乏资料，无法准确评价，同时，其与官方的沟通能力也很值得怀疑。团队中唯一具有商务能力的郑观应则与他不睦，无法有效展开活动。

2. 戴恒团队的评估

戴恒团队，结构最为复杂，戴恒是名义上的首领，但是不承担具体工作。团队首领分为商务和官方两个，郑观应是商务首领，龚寿图是官方首领，他们两个之间并不融洽。但是，郑观应具有显著的商务能力，因此他实际上承担了筹建中的主要工作，并且在较好的环境下，有效推动了筹集资金、制订规划、购买设备等工作。但是，因为缺乏与官方代表的沟通能力，使官商之间始终存在矛盾，在1883年金融风波之后，双方矛盾激化，最终导致创业团队的解体，创办工作停顿。

从结构上，戴恒团队分为三个层次，第一个层次是他自己，作为团队名义首领，不承担具体工作。第二个层次是龚寿图和郑观应，分别代表官商两个方面。第三

个层次是其他几个成员,主要以殷实商人为主,有相当的商业能力,但是近代企业知识缺乏。这个团队中实际主持商务工作的是郑观应。从上海机器织布局创办过程中的五个团队看,这个团队是结构最为健全的。戴恒本人虽然没有商务和洋务经验,但是为人宽厚,留给郑观应的运作空间非常充分,并且对自然形成的治理秩序表示了一种认可。这个团队的缺陷是郑观应作为主要的商务负责人缺乏复杂制造企业的工作经验,对复杂制造企业创立和管理的技术与管理知识都不够熟知,加之实际投入精力的不足,因此导致行动迟缓,他又缺乏全力以赴地解决关键问题的决心和能力,影响了公司业务活动的展开。

作为团队的实际负责人,郑观应没有充分发挥商人代表的作用,客观上,在他的工作过程中,并没有看到官方代表的阻碍,所有的矛盾都是在他出走之后才爆发的。团队中经元善在关键时刻敢于挺身而出,收拾残局,于公对公司,于私对朋友,都算得上是丹心可照。

3. 龚氏兄弟团队的评估

龚氏兄弟团队,缺乏商务能力,与股东之间的沟通存在着重大的缺陷,因此,无法有效推动筹集资金和商务活动的展开。从创业团队的角度看,这个团队的最大问题是缺乏有商务和洋务能力的成员。龚照瑗的参与对于洋务能力的提高有一定作用,但是企业毕竟首先是从事商务和经济活动,而主要成员都缺乏这方面的能力,尤其是与股东的沟通缺乏渠道和共同语言,因此,受到了各方面的压力,最终机器织布局虽然投产,但是他们未能维持个人在公司的地位,被李鸿章撤换。

4. 杨氏兄弟团队的评估

该团队虽然成员不多,却是能力最为平衡的团队,有名望,商务和洋务经验都比较强,同时与大宪关系深厚,相知甚深,因此处理问题的回旋余地大。并且二人敢于任事,能够承担责任,从他们到上海接替马建忠做法的蛛丝马迹看,他们也很知进退。因此,织布局在他们手中成功,既有天时,也有人和。

(四) 不同团队存在的共同问题

1. 互相倾轧

几乎每一个团队的运作中都存在团队内部不同成员之间的相互倾轧,这里面一部分是因为企业运作方针不同造成的,但是也有很多是争权夺利,属于个人意气用事,或者为了个人的名位。唯一避免了这一问题的就是杨氏兄弟团队,所以他们的成功也并非偶然。

2. 缺乏契约精神

除了团队内部的倾轧,还有团队上下之间的相互推卸责任。无论是戴恒、郑观应团队,还是龚氏兄弟团队,都缺乏契约精神,甫一上任,就直接否定前任所签订的契约。戴恒团队上任后,对彭汝琮团队所签订的购机合同以及土地合同等全盘否定。同时,龚氏兄弟团队上台后,否定了前任与美国工程师丹科的合同,并且对招股合同加以修改,直接侵夺老股东权利,而把赔偿责任推给了郑观应个人。可见,当时中国既没有相关法律,也缺乏遵守契约的精神。

六、结 论

上海机器织布局的创设过程一波三折,历尽困苦,是中国近代大企业创立过程中最为复杂和曲折的。造成这个局面的原因是多方面的,最主要的一个原因是中国缺乏合格的企业家群体,也缺乏企业家成长的环境。企业创设过程对于企业家群体的成长不仅没有提供新的机会,反而因为过程中各种因素的相互作用,在很大程度上堵塞了企业家成长的途径,延缓和迟滞了中国企业和企业家发展的进程。这段历史对于我们理解企业家的产生、成长和发展提供了一个反面的教材。

第 六 章
张謇在大生纱厂创办中企业家精神的成长

本章研究的是张謇作为企业家的思想体系和精神构成的主要内容。这个研究是建立在对张謇知识体系的梳理之上的。作者相信,思想体系是建立在知识体系之上的,但是,思想体系的总体倾向与知识体系之间存在着复杂的联系。同时,本章对于张謇作为企业家的实践活动做了梳理。这个梳理是因为这些活动是他的思想体系的一种体现,行动和思想之间存在着一种相互推动的关系

从本章的探索目的看,包括了史实性的探索,也包括了理论摸索。在史实性的探索中,本章尽可能依靠原始资料。首先是《张季子九录》,这部著作是研究张謇的基本资料,是张謇1921年亲自编订的。此后,张孝若据此出版《九录》,把张謇政闻、实业、教育、慈善、文稿、诗词等根据主题,编在九个题目之下。本文研究所依据的是出版于1931年的线装本《九录》。

除此之外,张謇研究中心、南通市图书馆所编订的《张謇全集》,其中第二卷为经济,第三卷为实业,在九录的基础上,收集大量的档案信函,资料丰富,可为参考。

关于张謇的现代研究,名家众多,著作浩繁。本文仅择适者选读采用。其中《大生系统企业史》,采集文献精当,梳理用心,有很高的参考价值。常宗虎《南通现代化》一书,对张謇的生平活动做了专题梳理,撰著用心,成绩斐然。另外,就是张謇研讨会文集,收录文章虽然水平参差不齐,但不乏精作。本研究对一些西方学者的研究成果也择便采用,例如费正清等人编撰的《剑桥晚清中国史》等著作。

关于理论部分,企业家精神的分析,源头文献是韦伯的《新教伦理与资本主义精神》,后来的大部分关于企业家精神的论题都从这里生发出来的。依据这部文献产生的关于东亚或者中国企业家精神讨论的文献众多,其中杜维明《新加坡的挑战》是较早的一部,也是产生了广泛影响的一部。另外,余英时关于儒家伦理的近世转变的分析文章,对于唐宋以来中国思想加以专题分析,很多内容颇具启发意义。

关于企业家的分析大部分是在经济学的体系内形成的,其中熊彼特对于企业家作用的分析是被引用最广泛的一部分。一些西方学者对中国企业家的分析,都是在这个范式下展开的,例如高家龙所著《中国的大企业》,对这个范式的使用十

| 第 | 六 | 章 | 张謇在大生纱厂创办中企业家精神的成长

分纯熟。本章对于企业家作用的分析,采取了熊彼特的分析框架。

一、张謇的知识谱系

张謇是1894年(光绪二十年)恩科状元,通过科举考试,最终达到了中国古典知识分子晋身之阶的最高层,这是士子们梦寐以求的最高荣誉。这一荣誉对中国古典知识分子的意义是多方面的,首先意味着光宗耀祖,也意味着青史留名,还意味着从此进入了统治阶层,成为官员群体的一部分,这一点对知识分子尤其重要:对志向高远者意味着从此可以开始实现其毕生的抱负和志向,即使对庸碌者也会因"朝为田舍郎,暮登天子堂"而平步青云,使生存条件有根本改观。不过,就本文目的来讲,我们更重视科举考试的证明作用,通过层层考试而大魁天下者,证明其对古典知识和文献的完整掌握和完美表述,因而科考的成功是以其寒窗苦读为代价,对古典文献的全面掌握和纯熟理解为基础,并以特定文体(八股)作为表达方式的结果。因此,这张试卷是整个古典知识体系的集中折射,而状元本身也因此成为对古典文化掌握到极致的一个资格证明。因而,追溯张謇的读书经历和范围,不仅是对张謇个人知识谱系,也是对整个古典知识体系的一个描述。

清代科举考试以时文为工具,对于应制之时文,张謇自然有其评价:"策问沿汉以来,诗文沿唐宋以来,制艺沿明以来,试士之法至清大备。"①清末应试之文即包含了自汉代以来科举考试的各项要素;策问的应对时事,诗文的文采和制艺的规范,因为这一体系所包含的复杂要素及万千组合,使学者"往往自剪髫至丁皓馘,习闻之而躬承之,硌硌挚挚,口诵而手披,朝研而夕摩,以奔走于有司之试"②。这个过程漫长而痛苦,需要不断地补充和调整。

古典知识体系包括几个部分,首要的部分是四书五经。为了学习经典,学生们首先需要学习一些宋代以后形成的普及性著作,如《三字经》《百家姓》,以掌握一些最基本的文字知识和社会伦理。早期的经典学习主要是学习文字和音读,主要方法是背诵,在这个基础之上,辅以一些必要的技术性的训练,包括写字、音训及古典诗句训练等。这些训练的直接目的是应试,但是也作为古典知识分子的人格修养的一个部分。在掌握了上述经典和技能后,还要进一步掌握经典及其意义体系,而这一体系在清代主要是依据宋儒,尤其是朱熹的《经注》展开的。在掌握经典及其意义体系和必要技能的基础上,学习历史知识是中国知识分子训练的重要组成部分。在这之外,学者们将进一步掌握其他古典文献,包括一些文集及对经典的非

---

① 《外录自序》,见《九录·文录》(民国十二年版),8卷,6页。
② 《外录自序》,见《九录·文录》(民国十二年版),8卷,6页。

正统的理解及诸子百家的学说。最后一点是清代特有的被强调的知识体系,即所谓考据学。当然,应试的时文是每一个参加考试的人必须要学习的内容。

(一)读书过程和内容缕述

张謇三岁即开始识字,学习背诵《千字文》;至十岁的这七年中,学习了两部分内容,一部分是蒙学训练的基础,包括《三字经》《百家姓》《神童诗》《酒诗》《鉴略》《千家诗》等。这部分训练中除《千家诗》是父亲教授的外,其他都是其乡的邱畏之先生教授的。邱先生是一个乡塾,学识有限,除了学习上述蒙学基础之外,张謇至11岁时,已经学习了《论语》《孟子》《大学》《中庸》四书,并且开始了《诗经》的学习①。

1864年张謇12岁时,改为宋篛山教授。宋篛山认为张謇此前所学《四书》中音训句读错误太多,因而开始重新训练,从《论语》《孟子》《大学》《中庸》入手,每日背诵,并且对《三字经》《四字鉴》《千家诗》的故事进行讲解。在这些训练的同时,技能训练也已经开始,12岁时,张謇写的字已被邻里称颂了②,至13岁时,除四书外,五经中的《诗》《书》《易》《孝经》等已经读毕,并且开始制艺的初步训练。至14岁时,张謇即完成了四书五经这些基本经典的学习,随后转入历史和儒家经典意义体系的学习,并同时进行应考。按年谱记载,至1877年,张謇先后读过的史书有《纲鉴易知录》、《通鉴纲目》、《资治通鉴》、《三国志》、《明季稗史》、《史记》和《前汉书》③。这期间还读了朱熹的《四书大全》并"益进读宋儒书"④,同时在赵菊泉先生的指导下进行严格的制艺训练。

1874年后,张謇的学习进入一个新的阶段,除继续学习历史外,重点转入古典文集的阅读,如韩昌黎、王安石、《陆宣公奏议》、《日知录》及《老子》、《庄子》、《管子》、《说文》和《晏子》,这期间,张謇从《淮河利病书》入手,通过察勘黄河,开始精研治河策略。

应该说,张謇先后师从乡儒邱畏之先生、海门两宋先生、无锡赵菊泉先生、临川李小湖先生、全椒薛慰农先生、武昌张裕钊先生⑤,由于转益多师,其中又不乏名师硕儒,加之张謇聪明好学,因而他的学问功底达到相当深厚的程度。

从年谱及《外录·自序》中看,张謇读书时间集中在三岁至35岁之间,其知识

---

① 《述训》中对其教学水平有评价,"十一岁止,读《诗经》,试对四字,尚不晓平仄。"《九录·文录》,1卷。
② 《年谱》,《九录·杂录》,6卷,3页。
③ 《年谱》,《九录·杂录》,6卷,4-9页。
④ 《年谱》,《九录·杂录》,6卷,6页。
⑤ 《外录自序》,《九录·文录》,8卷,6页。

第六章 张謇在大生纱厂创办中企业家精神的成长

范围完整地涵盖了中国古典知识体系的几乎全部内容,以张謇的聪明勤奋,我们可以认为他的中国古典知识修养至此已经接近极致。

(二) 特点

按当时学者的知识体系看,张謇的知识结构具有以下特征:

首先,张謇的知识体系中没有当时已日渐普及的西方知识。19世纪最后20年,西方知识的传播已日渐广泛,其传播途径已不是仅仅凭早期的商人和教会学校,而有了更广泛的途径,如上海江南制造局所刻的西方书籍已达156种,数百卷之多,各种学校和印书局也广泛出现①。张謇处于江南繁华之地,但是,从目前掌握的资料看,在创办大生纱厂之前,没有史料证明张謇曾系统地接触过西方著作和西方思想。这和康有为(同科进士)形成了鲜明的对照,在这之前,康有为已经系统地接触了西方思想,并且开始了思想转型,但是识见未超出中国古典文献的张謇却成为中国近代企业的先驱者之一,其中意义殊堪探问。

张謇的古典知识虽然完整,但其运用却不同于清代一般文人,他既没有如乾嘉学派的大师们那样,专心从事学术著述,也没有一朝高中即为官仕宦,而是选择了崎岖的创办企业之路。张謇一生称得上学术著作的,只有《周易音训句读》一书。但是,张謇学识也确非一般,例如,张謇在1890年所著的《赣榆释》,这篇不足500字的短文中,旁征博引,其引述《南齐书》《魏书》《隋书》《水经记》《通典》《通志》《元和郡县志》《一统志》《万舆记要》《周礼》《说文段式注》《广韵》《诗经》等十几部著作,并举双声转字的地名十数例,可见其对古典文献及考据方法的熟练程度。

(三) 对比和总结

与唐廷枢所受的西方训练对比,以张謇的知识谱系应付近代企业经营管理活动有明显的缺陷。

首先,张謇明显缺乏近代自然科学知识。张謇从学时代,西方科学知识的介绍已经有了一定规模,但是,从资料上推断,张謇未曾系统地接受过数理化等自然科学的训练。

其次,在从事大生纱厂创办之前,张謇没有任何企业活动经验,甚至缺乏商业活动的经验。至今让人感到困惑的是,基本的计算记账知识,张謇是从哪里学来的?②

---

① 当时有京师同文馆、江南制造局和广学会等机构,译书多达数百种。见:叶晓青.近代西方科技的引进及其影响[J].历史研究,1982(1):3–17.

② 在《九录·实学录》中,张謇有系统的账务记录,虽然只是简单的流水账。韦伯就曾注意到,中国古典学者缺乏基本的计算训练,见韦伯《儒教与道教》,商务印书馆,177 页。

另外,张謇具有丰富的地理知识。张謇从治理黄淮的经验探索中,上承乾隆遗绪,究心古典文献,有了深厚的知识积累,提出过关于水利治理的系统建议。在《九录·政闻录》中,共有七卷标在水利项下。但这种知识的形态还是古典的,而不是近代西方式的。

最后,当时张謇也没有世界眼光,与一般士大夫相比,张謇博闻强识,又有随吴长庆赴朝鲜处理危机的经验,其间涉及各国关系,就其识见,当然远在一般士大夫之上,但是,就其所受教育而言,他还是缺乏系统的世界历史和西方现实社会的知识。

因而可以说,张謇是一个受过系统中国传统教育的知识分子,并且取得了优异的成绩。在这方面,他已达到了极致[①]。但是,换一角度看,同科进士康有为,单纯从成绩上看,其中学功底不在张謇之下,而其西方知识虽不系统,确已经远在张謇之上了。这也许是康有为在变法中态度不同的一个因素,因为他们的知识谱系存在着明显的差异。

从这里也可以看出,一个人的知识谱系与一个人的社会行为之间的联系是复杂的,一个人的性格与所受教育也不是线性联系。张謇对康有为变法期间高骑连驷的做法大不以为然,而知识结构狭窄的张謇确能做出非常之举来。

(四)缺陷

张謇的知识体系中也包含了中国传统文化中对"巫术"(韦伯的术语)的容纳,这不能不说是其重大缺陷。

例如,张謇在科场大魁后,连续写了几篇文章,记述种种先兆[②],甚至在他创办纱厂时,其建筑方向也按"紫气东来"设计,可这恰恰不符合科学的道理(南通纺织博物馆复建的厂房连角度都保留了下来)[③]。

(五)评价

从学术角度,张謇对古典知识的研究贡献很少,而从近代知识体系看,张謇的知识体系也明显缺乏一些必备要素。

张謇随着企业实践的深入,经验的积累,也确实在不断地吸收西方新的知识,也因此不断调整其态度,从《九录》中大量的译文序及所附图表中,可窥见张謇在

[①] 韦伯说过:"官方把持的科举考试是一种普遍教育意义上的所谓'文化'资格证明……考试要确定的是你是否满腹经纶,是否具有一个高雅人所应具有的思维方式,后者是前者的结果"。《儒教与道教》,商务印书馆,173页。

[②] 主要包括:《纪梦》,《九录·杂录》,1卷,15页,《重摹未衣神像记》,《九录·杂录》,1卷,12页等。

[③] 2002年,我到南通探访张謇遗迹,当时博物馆的姜平先生给我介绍大生纱厂的厂房向东26度,并不是科学的设计,而是张謇相信紫气东来的缘故。

第六章 张謇在大生纱厂创办中企业家精神的成长

实践中对西方知识的不断吸收①。

张謇本来就有经世致用的知识观,但在大魁之前,他的知识基本囿于旧学,几乎没有新学知识。创办大生纱厂之后,他对新知识开始孳孳以求,虽然终其一生,其表达方式和范畴几乎仍然全部都是旧式的,但是其视野和思想倾向中还是有了大量的新的因素。

二、张謇的思想资源

张謇的思想有三个基本来源,第一,正统的儒家经典,第二,非正统的思想资源,第三,民间的思想资源。

(一)正统的儒家经典

构成儒家思想资源的基本经典就是常说的四书五经。清代举为正统的是经过宋儒尤其是朱熹解释过的经典,其意义系统已经不同于原始儒家和汉儒的解释体系。宋儒在儒家经典体系上通过思辨结构,建立了一套独特的意义体系,构成了对人的行为的强烈的规范和约束。这套体系虽经明末学者的强烈质疑,但在清代,仍以科举考试的方式,制度化地保证了其在知识分子中的灌输和流转。

张謇是(1870年)17岁时在赵菊泉先生指导下开始系统地学习宋儒著作的②。从张謇毕生著述上看,宋儒著作并未成为其思想的主流。但是,我们仍有理由相信,经过多年的训练,儒家伦理中的基本价值观仍通过潜移默化的作用进入张謇的思想,正统的儒家经典至少在以下几个方面对张謇产生了根本影响。

1. 理性主义的处事态度

儒家思想保留对世界的理性主义看法,尽管从统治策略上,儒家一直默许巫术和神学的民间存在,甚至在"神道设教"的名义下鼓励这种思想的民间发展。但是,正统的儒家还是对世界保持清醒的看法的,如孔子"未知生焉知死""未事人焉事鬼""敬鬼神而远之"的态度,就为理性主义规定了清楚的界限,并留下了充分的活动空间。

2. 积极用世的态度

儒家思想的训练,从根本上是要介入世事的,不单纯是做学者,这就注定了绝大部分知识分子具有积极用世的态度。同样,张謇也一直保持着积极用世的态度。

---

① 张謇在穆湘玥所译《学理的管理法》一书叙及《中国关税问题序》中,对于西学真心推崇,并反躬自问,认真学习。除此之外,他还写了其他一些书籍序言,如《理论实用纺绩学序》《欧美水利调查录序》等,推广西学。

② 《年谱》,《九录·文录》,6卷,5页。

3. 理想主义的抱负

与积极用世的态度相联系,张謇是儒家思想哺育出的最优秀的知识分子之一,他刚正不阿的品格和坚韧不拔的精神均是与匡世救民的理想主义抱负紧密联系在一起的,而这正是儒家思想的精华所在①。

张謇当然不会被动地接受宋儒构建的儒家文本的意义体系,他也以"六经注我"的方式,通过对儒家经典的阐述,构造自己的解释系统。《樊氏勤家别墅记》中,张謇就通过对孔子与樊子对话的阐述,重新肯定了商农的社会政治价值。樊迟学稼受到孔子指斥,但张謇认为,商农是国家大政,因此,孔子在删六经时,对《书·无逸》和《诗·豳风》给予保留,说明孔子是重视商农之政的。而孔子未曾学农与圃,因此自称不如老农,不如老圃,是自明不欺,孔子并未忽视商农。本来,肯定商农价值是张謇对儒家传统思想的否定,但是,这种否定是通过肯定性地对经典重述完成的,这种论说策略不仅是时代局限,也确实是张謇思想资源匮乏的反映。不过,尽管这种价值取向仍在传统的知识谱系中发展,这里却增添了新的维度,提出了一种新的价值取向。

本来经过清初顾炎武对心学,戴震对宋学,颜元对汉学的质疑,思想藩篱已被部分打破,加之乾嘉大师的工作,使疑古之风盛行②,张謇质疑宋学,本不奇怪。但是,不同于一般学者的疑古,张謇是从社会发展的需要出发,直接对孔子所说提出新的解释。

尽管饱读经史子集,并且通过严格的考试证实了古典文化的修养,但张謇不是一个静观沉思的哲学家,也不是如乾嘉大师那样的考据学家,他是一个行动者,是一个通过行动来证实古典道德,通过行动来实现理想,通过行动来体悟真理的探索者。

(二)非正统的思想资源

张謇从事企业活动,面临着其他同时代人所不可能遇到的问题,以状元之尊,从事商务之末,不仅世人不解,就是张謇本人也面临着巨大的心理压力。张謇把自己从事企业活动称为"舍身饲虎",就是这种心理的反映。

对商农作用的肯定,是张謇对价值体系的重新估价和定位的结果。而这种估价和定位不仅是对自我行为的辩护,也反映出在环境压力之下,儒家传统价值体系内在调整的需要。在没有新的思想资源输入的情况下,张謇通过吸收传统非正统

---

① "愿成一分一毫有用之事,不愿居八命九命可耻之官,此謇素志也。"见《致沈子培函》,《九录·文录》,11卷,13页。

② 梁启超:《近三百年学术史》。

第六章　张謇在大生纱厂创办中企业家精神的成长

的思想资源来对环境做出适应性的论说,从而达成价值重新定位和思想的重构。这种情况,可以从两个不同层面解读:从个人角度可以看作张謇内在的心理反映,从客观的文化角度,也可以看成是儒家的思想体系对外界环境刺激的条件反射。

1. 对陆王学派的肯定及对其思想的吸收与转化

陆王心学学派一直作为宋儒程朱理学的补充和对立面而存在于中国思想史上。宋代,理学和心学开山祖朱熹与陆九渊就曾有鹅池之会,辩论经典,砥砺思想,在中国思想史上留下浓墨重彩的一笔。但随着程朱理学确立正统地位,心学一派不绝如缕,直至明代中晚期,才由王阳明复兴起来,一时势力炙手可热,并通过讲学方式,深入民间,促进了儒家伦理对民间观念的整合。

对陆王学派的整体评价不是本文的目的,本文强调的是,陆象山倡导的一些学说对促进专业化为基础的近代伦理发展有独特意义。

"象山之学以治生为先"①,对治生(商业和农业活动)的肯定是象山为儒家伦理带来的新变化,而这种对治生的肯定来源于陆象山对世俗活动的肯定。正是在这个意义上,余英时认为心学学派为中国带来了某些类似新教伦理的内容。

与传统儒家培养人格全面发展的君子的方式不同,新教伦理带给现代社会的是专业化,其以合理化、理性化为旨规,摒弃一切不合理行为,而陆象山学说正好符合这种伦理意识。"夫陆子之学,其要在于严义利之辨,审念虑之动,去意见之私,而其效在于家帅其教,乡化其行,当官而举其职,告君而致其忠,而其原在于使人各名其本性,其言与朱子往往不合,而有讲论辨难弗明弗措之心,无异同门户嚣然不靖之气,岂非百虑而一致,同归而殊途哉。"②这篇文章作于1893年,此时张謇学业已到成熟,对陆象山思想作用的认识也远高于时人一等,尤其是其对陆象山学说"家帅其教,乡化其行,当官而举其职"等的认识,应当说是开启了此后对治生之业肯定态度的先河,这不仅表明张謇对陆王学派的肯定和接受,也显示了新的思想因素的萌芽。

张謇对时人攻击陆象山的言论严词批驳:"蔽者不察,暧暧姝姝,据朱子一时各有所当之言,乖慈湖杨氏涉近禅理之隙,集矢象山,哄为大诟,譬之疾子孙之不谨,而督过其祖宗,又诬蔑之,以涂天下万世必不可欺之耳目,何其缪者与!"有清一代,科举考试,悬朱子解为功令,但张謇大不以为然,"从学之途,不限一辙,使人各就其性之所近而师古焉"③。但学者为功名计,只能"别附朱子而已"。这当然主要讨论的是学习方法,但也强烈表现出张謇对陆王心学的肯定。

---

① 《明清徽商资料编选》,黄山书社,1985年,4-75页。
② 《迻建象山书院记》,《九录·文录》,1卷,7页。
③ 《迻建象山书院记》,《九录·文录》,1卷,7页。

2. 对顾炎武等人的追慕与继承

张謇从思想史上的明末清初实学中直接汲取思想资源，不仅坚定了自身的作为，也找到了某些精神动力。这方面资料，多出现在张謇的私人书信中，如他在《致沈子培函》中说："比常读《日知录》《明夷待访录》，矢愿益坚，植气弥峻，辄欲以区区之愿力，与二、三同志，播种九幽之下，策效百岁而遥，以为士生今日固宜如此。事成不成，命也，无可怨者。"① 显然，顾炎武、黄宗羲的名著中弥漫的悲壮之气及务实精神感召了张謇。在《致丁恒斋函》中，张謇更明确指出顾黄思想引起共鸣之处："亭林匹夫兴亡有责之言，黎洲《原臣》救民水火之义，固常闻之而识之矣。凡夫可以鼓新气，祓旧俗，保种类，明圣言之事，无不坚牢矢愿奋然为之，以为是天下之大命，吾人之职业也。"② 这封信很值得重视，张謇引用亭林、黎洲之志向为自己的志向③，读来慷慨激昂。这种以天下为己任的抱负激发出的豪气，足以使张謇克服各种困难。

上面两段引文均出自1897年，正是甲午之后，张謇历经劫难，创办大牛纱厂一筹莫展之时。值此家国多难之际，黄宗羲、顾炎武等仁人志士的悲愤之言引起张謇强烈的心灵反应是自然而然的。

张謇重实行，轻空言，思想上也是渊源有自："仆于儒重颜李之贸行，于佛亦重苦行而自力者，偏于文则病儒，偏于空亦病佛也。"④

上述思想家地位各不相同，顾炎武和黄宗羲学有本源，蔚为一代宗师，其影响一直延续300多年。而颜元、李塨之强调践履，重实行的作风，虽产生过很大影响，但其实行需要吃苦耐劳和巨大毅力，因而其后学兴盛一时后就归于沉寂了。尽管上述思想家命运不同，但是，这些思想家的共同特点是：鼓励经世致用之学，及其言辞孤傲，不流于俗的学风。张謇正是仰承先师的遗风，躬行践履，知行合一，从而在有限的知识范围内，对环境的巨大变动做出有效反应，开创一代伟业。

张謇在所创企业开业之时，特意强调顾黄颜李，这绝非偶然⑤。

---

① 《九录·文录》，11卷，13页。
② 《九录·文录》，11卷，12—13页。
③ 顾炎武《日知录》中提出亡国与亡天下之不同，认为亡国为易姓改号，保国为君臣之责，而天下是文化和道德，因此"保天下者，亡夫之贱与有责耳矣"（《日知录》，13卷，《正始》），又有："匹夫之心，天下人之心也。"张謇显然接受了顾炎武的这种思想。
④ 《复江易园函》，《九录·文录》，12卷，3页。
⑤ 张孝若在回忆乃父时曾说过："我父对于明末清初诸儒的朴学理论和行事，都十分推重，认为'学问固不当求诸瞑想，亦不当求诸书册，惟当于日常行事中求之'（颜习斋先生语），适合了他的见解，认定读书人的责任，决不是读几句书，做几篇文章就算了事……认为朴学是讲真理实用，确能回复儒理的本质，扫除道学的虚假，凡是读书人，都应往求实用的这条路上走……真理实用在书本上去求，日常行事来用，就是顾亭林所谈'载诸空言，不如见诸行事'的道理。"（《南通张季直先生传记》，319页）

第六章 张謇在大生纱厂创办中企业家精神的成长

颜元反对读书,而以天下为己任,学问归宗于致用,具体就是《尚书》中所提三事——正德、利用、厚生。颜元指斥:"宋人但见料理边疆便指为多事;见理财,便指为聚敛,见心计材武,便憎恶斥为小人,此风不变,乾坤无宁日矣。"① 李塨则指出:道学家不能办事,亦恶人办事。因此,颜元主张:"德性以用而见其醇驳,口笔之醇者不足恃;学问以用而见其得失,口笔之得者不足恃。"②

从中可见,顾炎武、颜元等人对张謇思想的影响之大,从实在的意义上讲,张謇不是思想家,而是一个实行家。他的思想并不深刻,大部分没有超出同时代人的水平,但是他着重践履,知行合一,因而,他取得的成绩同时代知识分子鲜能达到。

(三) 民间的思想资源

张謇出生寒素③,先世为耕读之家,并从事陶瓷生意。其祖父是种田人,张謇之父性喜读书,但是因为家贫,其祖父令其种田,其父偷偷跑回私塾,祖父大怒:家穷,人口众多,不种田,吃什么?④ 塾师替其说情,勉强读完《诗经》即中辍学业。但其父已养成读书的习惯,本来他就办事认真,连种田都要横平竖直,而偏又喜欢上《农政全书》,与张謇叔父切磋交流,其叔用20亩田试验,"字规句摹,费重而收不逮,家人咸笑"。但是,张謇之父从这件事上教育张謇,"汝叔不审土性,而泥守成法,不能取效,坐是为人诟病。然古人不为著书欺人之事,时未至,虽躬行者且惶惑,何论旁观。审观天下大势,非农商不能自立,汝曹志之"⑤。张謇后来从事工商事业,不能不说是受家庭影响。杜维明曾指出中国传统文化的传承途径,在中国的文化里,最好的哲学家一定接触民间文化,从他母亲、保姆、亲友那里从小就接触到民间文化⑥。

我们有理由相信,家庭是张謇汲取民间思想的第一个源泉,这包括以下几个方面:

第一,品德。张謇的父辈均是急公好义、恪守传统道德的典范,要求张謇兄弟为人"谦谨节俭"⑦。张謇曾说:"恩不可轻受",尤其不能"非份财辱父母"⑧。而张謇父母恤灾民,助乡里,这些品德显然通过家传身教影响了张謇,成为张謇此后造

---

① 《年谱》下卷。《九录·专录》,5卷。
② 《年谱》上卷。《九录·专录》,6卷。
③ 关于张謇身世,张謇在《述训》中有详细记载,并散见于其《九录》中。《述训》,《九录·文录》,1卷,9页。
④ 《述训》,《九录·文录》,1卷,9页。
⑤ 《述训》,《九录·文录》,1卷,11-13页。
⑥ 杜维明. 新加坡的挑战——新儒家伦理与企业精神[M]. 高专诚,译,北京:三联书店,1989:389.
⑦ 《年谱》,光绪四年,《九录·专录》,6卷,12页。
⑧ 《年谱》,《九录·专录》,6卷,9页。

福乡里的本。

第二，重商农思想。中国自古崇本抑末，重农抑商，因而士农工商，商为四民之末，并成为官方意识形态。而在士农关系中，又有"万般皆下品，唯有读书高"的观念，很难说张謇未受此等观念的影响。例如，1877年曾有人告诉张謇，吴长庆欲推荐张謇等四人为官，张謇回绝，原因一是不愿叨陪末座，以侥幸进身，另外，"安知我二人之必不以科名进？"①可见，那时还有科举晋身之希望，因此他不愿以保荐晋身，留下无谓之迹。可是，即使在那时，张謇也并未轻视农商，《述训》中记载父亲掷地有声的教导就透露出端倪②。

除了从家庭中传承而来的思想资源，张謇在创办大生纱厂前后，有意从民间汲取各种思想资源。

从1894年起，张謇连续撰写了《述训》、《造桥和尚》及《世麟桥记》，在这些文章中，对业农商的祖父、父母及和尚，甚至是佣工的言行志向加以记载，在平实文字中，可窥见民间诚实好义的品格。造桥和尚专以造桥为业："和尚干此愿外无他能，见人讷讷，言若不尽意，略能诵家常经三五品，亦不尽澈通大义，然佛言利他者，固有所成，不愧和尚名。"而和尚造桥专靠募化，"募捐甚难，每至一家，颂佛劝说，无多寡皆受，受则记于册。或时晚主人留宿，则终夜即床趺坐，诘晨黎明起，持帚为主家扫地；或值田作时，觅锄锹为主家治田，早膳后行，意以力役报餐宿恩也。桥所需资募竣，徒往苏光福大焦山买石，肩一连褡，一褡置干饼，一褡置钱物，途行以步，阻水乃船，饥则就人家以一二文买汤茶探饼饵而食，至晚无可宿之家，则投旅舍，费皆以平日奉经所得自给，不动所募毫厘。石与工至，和尚日自监视，工成列款揭榜于通衢，由是获信于人"③。

张謇于此文写成后的第二年开始创办大生纱厂，而张謇的创业过程，直摹造桥和尚，不仅艰苦卓绝，全凭他契而不舍的精神，而且急公好义，在整个纱厂创办过程中，全不拿股东一文钱，竟至为路费而卖字于沪，这样看来，和尚举动真是感动了张謇，而张謇也不是虚应故事，确实手摹心随。

三、思想转变

正像张謇缺乏近代西方自然科学和社会方面的知识一样，张謇的思想资源也明显缺乏西方渊源，这不但与同时代的康有为等人相比显得闭塞，甚至也无法与早于他的冯桂芬等人相比。冯桂芬的思想明显地受到过西方的影响和激发。因为没

---

① 《年谱》，《九录·专录》，6卷，11页。
② 《述训》作于1894年，这个时候很重要。
③ 《造桥和尚》，《九录·文录》，1卷，12页。

第六章 张謇在大生纱厂创办中企业家精神的成长

有西方思想作为参照,因此,张謇的思想视野在创办大生纱厂时明显受限。这种状况直到他丁忧回籍遇到张之洞后才有了根本转变。

(一) 思维范式

张謇在旧的知识谱系中,通过引入新的思维方式重组各项知识要素和思想要素,从而形成了新的观念和堪称企业精神的价值体系。

所谓思维范式,是指知识和思想体系及其内在组成方式,从前面的分析可以看出,张謇的知识谱系没有太多独创内容,但是,由于新的感悟、新的价值取向和新的思考维度的相互作用,使张謇的思维范式发生了重要变化。

1. 新的思考

哈贝马斯在对韦伯系统再思考的基础上,把合理化(理性化)的知识分为两个部分,一类是工具关系的知识,另一类是交往关系的知识。思维范式的维度就是由知识体系的维度所制约的,但是思想维度又自有其存在的空间。按哈贝马斯的观点,中国古典知识体系像一切旧的知识体系一样,都是缺乏工具性知识,而中国尤其缺乏这种知识。中国传统知识体系是集中在交往行为上的,尤其是集中在家族关系的范围之内,以家族关系为基础,向上可以扩展至君臣关系。因而中国的知识体系,基本上是局限在家庭范围内,所有传统的美德都是从孝生发出去的,所有的关系也是从父子关系生发出去的。张謇在从事企业活动之初,其知识就定位在人际的交往行为中,尤其是以家族为核心的关系中。

但是,就是在这个范围内,张謇拓展了传统的认识空间。

2. 求变的历史观

面对清末形势的巨大变化,张謇也像当时的先进士人一样,建立了变动与应变的时间观和历史观,而这种观念也是建立在托先圣的论说策略上。张謇在《江宁同文馆课艺序》中认为,孔子先王法度后世无法实行,因此,"因其所遇之时,所遭之变,而为当世之法,使不失乎先王之本意,二帝三王之治,其变固殊,其治固异,而其为天下国家之意,本末先后,未尝不同也。然则法所以适变,道所以立本,虽百世可知,用天下务新之气,以被中国之士夫,守先王不忍人之心,以存中国之人类,岂非凡有血气者之责也与?"①

在对待西方知识和教育制度的态度上,张謇明显地持有吸收学习的态度,他在随后1897年的《经义徽字序》中明确提出:"然则罢科举而兴学校,置经义而事士农工商兵各备专科之学,为中国今日计,圣人复起,无以易之。"②

---

① 《九录·文录》,5卷,11页。
② 《九录·文录》,5卷,12页。

形成变动的时间观,这是与中国传统的时间观不同的,张謇曾引用《大雅·棫朴》之诗,其四章曰:"倬彼云汉,为章天下,周王寿考,遐不作人。则直言变旧造新,为法度于天下矣。"①

但是,由于张謇思想资源所限,他虽对世势变动有清醒的认识,但是对变动的原因和趋势却缺乏认识,也没有形成进步的观点。他在《尧舜论》中,对历史上国家和法律道德形成原因的分析没有超出荀子、韩非的认识,这低于当时学术思想界所达到的水平。

中国传统的时间观与西方的显然不同,中国传统的时间观是"天不变,道亦不变"的时间观。如果说其中有变化,也是循环论的,所谓无往不复,一治一乱是这种时间形态在自然和社会中的表现。而清末在西方势力侵入后造成的社会危机,引发了知识阶层的反思,从而出现了求变、应变的思想倾向,并导致了变动时间观的出现,这是当时的普遍潮流。从历史看,这是环境变动诱发的时间观念的自然反应,清末持这种时间观的人很多,最著名的就是康有为等。就时间观的深度、广度及表达的系统性上,张謇当然没有达到康有为的水平,但他们属于一个类型的,都是对西方冲击的自然反应,其中主要是文化的观念,并没有太多的进步观念。直到1898年《天演论》问世后,西方进步的时间范式才深深地嵌入了中国人的思维中,从根本上改变了中国人的时间范式。

(二)天人关系

天人关系自古就是中国哲学的基本范畴,而张謇在企业实践中,尤其是在盐业整顿改良中,沿用了传统的思维范式而加以改造,在其中汇入了新的内容。

首先,张謇认为企业活动,天不可恃。他在《同仁泰盐业公司增股启》中指出,尽管投入巨资,但是"偏值上冬无晴,今春久雨,收盐虽较胜于前三年旧商之数,而按计利,殊未惬望,然因是益只专恃天之即获偶胜,终于必败"。在这里,天人关系不是思辨难题,而是张謇在对传统作业方式和近代作业方式比较后得出的结果。传统的作业方式"恃天者多,恃天故无可必"②。因此,要改变旧的作业方式。

正是在新的作业方法的基础上,在工业化的基础上,天人关系发生了变化,张謇在日本考察盐业时对日法制盐十分推崇:"其法不恃天而恃人,实较中国为优。"③因此,张謇认为推行工业化方法,实际上是"竭尽人力以图胜"。

---

① 《九录·文录》。
② 《吕田同仁泰盐业公司筹办整顿改良说略》,《九录·实业》,2卷。
③ 《为设立盐业公司》,《九录·实业》,2卷,17页。

第六章 张謇在大生纱厂创办中企业家精神的成长

但是在实践中,张謇体会到,事情成败不仅在天,更在于人,在谈到接手吕田盐场第一年收盐大减时,张謇愤愤写道:"宁止恃天之咎,抑私多而妄咎于天也。"①张謇在监察部行新法时,传统势力处处作梗,百般阻拦,这也促使张謇从多方面考虑问题,作业方法当然是制天而用,但是,再好的方法,各方从中作梗,也难取得成效。这使张謇从制度方面而不是天命角度重新思考天人关系,并明确了从制度下手改变现状的决心,这就是变人事应天时的思想②。

张謇不是思想家,而是企业家,但是他在践履之中从切身体验出发,利用传统的思想范畴,在天人关系中注入工业主义的因素,使个人体验的表达获得了一般形式,把制度考虑引入天人关系,从而丰富了中国古典思想。

而竞争意义也借天人关系有所表达。张謇在庚子后主张开盐禁,准洋盐进口,条件是同时准华盐出口,刘忠诚谢绝说:"无此气魄。"而张謇则说:"世界气魄人造之,天之气魄,则搏搏大地,高者山而下者泽,宁便可倚?"③显然张謇认为应在竞争中取胜。

在大生纱厂创办与经营过程中,张謇首先从近代角度对古典的天人关系进行了思考。他强调人的作用,已经开启了近代工业化的思维:"通厂之利,人皆知为地势使然。然开办之始竭蹶艰难,而上下同心力求撙节,其开办之省亦中外各厂所无,即如本地三厘捐,以前此二万锭用花万六担计,每年须出钱一千八百千,彼时以厂力未充,未出一文,此后增锭以倍,则省而入者亦倍是,人事亦居其半焉。"④在《大生纱厂第六篇》中,张謇更指出,商业之必消息时变也,略识商业者皆知之⑤。显然,顺天尽人的概念转化为企业概念,张謇正是在天人关系的传统范畴内,对企业与经营环境的关系进行思考:"纱厂获利之多寡,枢纽在进花出纱,第三说略言之,此中有天时有人事,人事因天时而变动,有有定,有无定。"⑥"通厂之沿革,日异而岁不同,盖商情万变,顺时而动者天,因时而变通者人,未可概一也。"⑦

张謇正如他那时代的人一样,开始建立国际视野,并通过中西,尤其是中日对

---

① 《为设立盐业公司》,《九录·实业》,2卷,17页。
② 正是在实践中,张謇逐步认识到制度的重要性和必要性。章开沅先生认为,张謇是从办实业和教育过程中逐步认识到制度改革的重要性的。见《对张謇的再认识》,《论张謇》,江苏人民出版,1993年。
③ 《癸卯东游日记》,《九录·专录》,4卷,13页。
④ 《大生纱厂第四篇说略并账略》,《张謇全集》,江苏古籍出版社,第三卷,51页。
⑤ 《大生纱厂第六篇说略并账略》,《张謇全集》,江苏古籍出版社,第三卷,61页。
⑥ 《大生纱厂第七篇说略并账略》,《张謇全集》,江苏古籍出版社,第三卷,66页。
⑦ 《大生纱厂第八篇说略并账略》,《张謇全集》,江苏古籍出版社,第三卷,72页。

比,建立了比较观念,又通过比较产生了危机意识①。早期与西方的比较没有唤起人们强烈的危机意识,也很难感觉到中西文化的优劣,但是,甲午事变让中国士大夫阶层确确实实感到了西方文化和制度的先进性,从而真正唤起了危机意识,张謇从事实业的活动正是在这种背景下展开的。

在国际比较下,中国士大夫仅建立了国际视野,也因为意识到中国的落后,从而建立起了未来的概念。而中国传统的时间范式是循环的,未来是过去的重复。虽然张謇没有像康有为、严复那样明确表达了未来的观念,但是,他以自己的实践证实了对未来的憧憬。

四、精神特征

这里的精神特征是指张謇在著作及行为中表现出来的某些固定倾向。

(一)危机意识的发展

清末外国在华的侵略与经济渗透日益加剧,从而引起整个知识界及民族的危机意识,尤其是甲午战争,老大帝国败于蕞尔日本,深深地刺痛了中国人的心。

张謇作为优秀的儒家知识分子,他的危机意识自然较常人为甚,他最早的危机意识表现在对西方文化的日益扩散上面。1880 年,张謇还是长庆军驻山东时,曾著《重修蓬莱县学宫记》一文,对蓬莱已建 70 年的教堂十分惊愕:"峨若蜚廉重现,相望乎云表,则泰西人所建之教堂,崒焉出乎一邑之中也。既至,游乎其学,学之宫焕而穹,其堂若庑,具修以饰。"不仅建筑宏伟,令人惊叹,更让张謇痛心疾首的是:"彼其人则奇袤谲觚,恢张其说,以树敌于孔子,以惑吾民。民之愚者趋焉,曰是一孔子也,其狡者而嗜利者亦趋焉,曰是一孔子也。嗟乎!周政衰瘉,大道陵迟,杨墨之弊,而流为佛老。孰谓佛老之弊,迁变流极以有今日也。兹其可为深痛者与!"②张謇已经强烈意识到儒家伦理受到严重的挑战。

这种挑战还在继续,至甲午之年,张謇虽高中状元,但中国也因战败而陷入空前危机。尤其是准予日人在国内设厂,从此国门洞开,利源外溢,这更激发张謇的危机意识。张謇曾描述:"丙午之际,海上士夫惕于外侮之日亟,于是课教育,谋实业者会相望,踵顶相错,笔舌相磨。"从中可见当时风气,也使张謇本来归耕田亩的

---

① 《东亚文明——五个阶段的对话》,84 页。
② 《九录·文录》,1 卷,2 页。

第六章 张謇在大生纱厂创办中企业家精神的成长

愿望有了新的表现形式①。

《九录·专录》卷四《东游日记》中说:"自丙戌会试报罢,即谓中国须振兴实业,其责任须在士大夫。因先事农桑,竭八年辩论抵持急争进之力,仅成一海门蚕业,甲午后乃有以实业兴教育迭相为用之思。"②

张謇殿试大魁后即丁忧在家,恰在这时,两江总督张之洞(1895年)及刘坤一(1896年)先后见召他。在《致张南皮函》中,张謇抒发了此时的悲愤之情:"每一闻海上风鹤之惊,北方挫衄之频,良友愤时叹嗟之书,深宫痛哭罪己之诏,当食辄辍,中夜忽起,糜心碎胆,不知所云。"③正因为如此焦心劳思,当张之洞告之《马关条约》允许日本在内地设厂,因此为堵塞漏卮,亟应自设工厂时,张謇并非没有顾虑:"余自审寒士,初未敢应,即念书生为世轻久矣,病在空言、在负气,故世轻书生,书生亦轻世……秉政者既凋蔽不足之谋,拥资者又乖隔不能与合,然固不能与政府隔,不能不与拥资者谋,纳约自牖,责在我辈,屈己下人之谓何?踟蹰累日应焉。"④危机意识激发的家国悲凉之感,促使张謇从一介书生和新科状元,毅然下海办企业。而危机意识本身就是企业家精神的本质特征之一。危机意识诱发的心理紧张在郑观应等人身上也有强烈反映,这是清末知识分子的普遍特征,而危机意识所诱发的行为各不相同,张謇是沿着实业救国的方向发展的典型。

这种外在的危机转化为内在的危机意识,成为中国企业家精神的一个构成部分。但是,1949年后中国把不确定性的发展由中央计划来控制,从而使企业经营管理者丧失了危机意识,这也成为国营经济失败的一个心理原因。

张謇的危机意识除表现在实践中外,也以解释《易经》的方式表现了出来。他在《易经遵朱序》中赞扬作者:"以'终日乾乾,夕惕若厉'二语蔽全经之言,尤有合于作《易》忧患与圣人知进退存亡得丧而不失正之训,可谓深切而著名。"⑤张謇则著《周易音训句读》,对易所体现的"君子终日乾乾"的精神深刻牢记。

---

① 张謇在父亲催督下最后一次入京赴试,虽高中状元,授翰林院编修,但此时张謇已下定辞官归籍的决心。这时期他的诗文中,这种意图多有表示,如《奉呈常熟尚书回首》(《九录·诗录》,3卷,5页)之二:悠悠迫中岁,四顾增踟蹰,踟蹰思古人,遥遥唐与虞,另外有"百年已决为农计,四海常参种树书"(《因藏舍人索诸果木于冯果卿同年》,3卷,6页)。最明确的是《有感五行家言》"高歌卉足荷锄去,一笑相惜州南山"(《九录·诗录》,3卷,10页)。
② 《东游日记》,《九录·专录》
③ 《九录·文录》,11卷,10页。
④ 《年谱》,《九录·专录》,7卷,2页。
⑤ 《九录·文录》,7卷,13页。

（二）经济伦理

张謇办企业，确实不是被利润动机所驱动的①。《剑桥中国晚清史》中，法国学者巴斯蒂－布律吉埃写道："像张謇等士绅文人在中国甲午战争以后之所以突然开始投资办现代企业，主要是出于政治和思想动机，他们的行动是由于在思想上改变

---

① 关于张謇创办大生纱厂的动机，常宗虎博士认为是利润动机，并不高尚："御侮惠民之类未免冠冕堂皇……当他估计投资纱厂每年每股百两可获 22 两时，毅然下定了决心。"《南通现代化：1935－1938》，23 页。文中还引用韦伯的观点证明利润动机的重要性。笔者以为，这段论述未反映实际。

其一，韦伯恰恰认为早期企业家精神（他的术语是资本主义精神，但是在文中他区分了企业家和普通职工）是在高尚宗教动机驱动下产生的，他在《儒教与道教》和《新教伦理与资本主义精神》中均明确指出，中国资本主义精神未得到发展，不是缺少盈利动机，恰恰是缺乏高尚的目标和高尚的动机结构，从而在根本上扼制了资本主义企业家精神的成长。

其二，张謇的御侮惠民是否仅是冠冕堂皇的饰词？这要从他的一贯行为和思想看，虽然张謇受的是旧式教育，但是，儒家理想正义深入他的思想，这在各种场所均有表露。他以状元之尊，如果仅为金钱，完全可以走轻车熟路的仕途，犯不上这样艰苦卓绝地去拼搏，显然，这是一个缺乏理想和道德情操的人所无法做到的。

其三，实际上，张謇并没有经商的经历，对未来的风险根本无法确知，如果单纯从算账的角度看，哪一个商人能比张謇会算，而以"思想根性趋向于保守"（常宗虎论文，23 页）的张謇却受利润驱使而"捐弃所恃，舍身喂虎"地从事企业创办活动是很难说服人的。

这里根本上是对利润动机在企业家精神形成中作用的评价问题，这是一个大问题。

利润评价的正当化确实是从古典伦理向现代伦理转变的一个关键性的标志，但是，这种转变经历了迂回曲折的思想路线。在西方，从马丁·路德提出了天职概念到加尔文肯定了世俗职业的正当性，利润一直没有取得正面的伦理评价，但是，在为上帝增荣的世俗活动中，财富被积累了，资本主义的企业形式、法律和政府制度都在这些活动中逐步理性化了，直到有一天，已经充分发展的经济结构和社会体制使一度作为制度伦理基础的宗教强制成为了不必要，利润动机导致的竞争就会引出消费者剩余，利润动机才被亚当·斯密以"看不见的手"的名义，从学理上给于正名。

显然，张謇创办大生企业的动机不仅不是利润，甚至完全与利润无关，在无法判定是否盈利的情况下，张謇主要是根据家国的责任感来从事这些创业活动。可见早期资本主义企业发展的直接动因可以不是利润动机。严格说，商业活动中，利润动机从来都不缺乏，但是，资本主义企业却没有在中国历史上主动发生，可见，现代企业创建中的精神因素远不是一个利润能够解释的，必须置于特定的历史条件下，与相关的条件和要素建立起联系，才有可能看出根源。

常博士在文章中引用的张謇对资本家盈利的肯定也不是张謇创业时的言论，而是在创业二十几年以后的言论，这也无法说明张謇本人具有"追逐利润的狂热性"，更难证明他的思想与儒家义利观是千里之差了（常宗虎论文，22 页）。

常博士还认为张謇的信用观显示出传统的伦理对金钱欲望的强力压抑，在资本主义理性精神中，伦理服务于利润的追求，在张謇那里相反（常宗虎论文，25 页）。

从韦伯引述的富兰克林的话可以看出，资本主义伦理确实具有很强的实用主义性质，但这是资本主义伦理发展到一定阶段的产物，而在早期发展中，确实存在着超越动机对世俗动机的"强力压抑"，正是这种压抑才促成了整个社会体制的理性化程度不断提高。

因此，张謇的这种情况与早期新教伦理与资本主义精神的嬗递关系，从相同发展阶段上看，其结构是相同的。

常博士很谨慎地对张謇不从企业家这个角度进行评价（常宗虎论文，21 页），这表明他力图严谨，但是他却很轻易地把张謇作为资本家来对待（常宗虎论文，24 页、200 页）。显然，关于企业家和资本家的角色划分及作用有讨论的必要。

第六章 张謇在大生纱厂创办中企业家精神的成长

信仰或者受其他思想感染所致,只是在 1905 到 1911 年中国工业出现之后,利润的诱惑才占上风,经济收益才变成主要动机。"①张謇的理想主义来源于儒家的文化使命感和家国意识,这一点,在其文章议论中多有表述。

根据韦伯的观点,早期企业家和工业劳动者的意识形成恰恰是与利润动机相对立的超越动机,新教伦理严格的禁欲主义和对世俗职业的道德肯定导致了严格的职业观念的和职业道德的形成。在这种职业观念和职业道德的约束下,财富以超乎寻常的速度被积累,而所有这些财富只是作为为上帝争光的手段,财富的所有者也只是天国派驻人间的财富守护人,财富本身属于上帝。

这种动机和结果在张謇这一代士人身上以中国观念形式充分地体现了出来。一方面,他创办企业有积极的救世的目的,以高尚的社会理想作为创办企业的基本行为动机:"职本里儒,家承素寒,愤中国利权之外溢,思以绵力自保其方隅。"②另一方面,他在创办企业过程中把传统的美德贯彻始终。张謇特别强调俭字,他说:"孔子,中国古时大教育家也,其美德曰:温、良、恭、俭、让。孟子言古之仁君自恭俭。俭何以是美德,俭之反时曰奢,奢则用不节,用不节则必求于多人,则人必不愿,至于人不愿,则信用决而己亦病,妨人而妨己,故俭为美德。余何的独举俭之一字为诸生助?俭可以养高尚之节,可以立实业之本,可以广教育之施。"③有论者评论张謇的省俭观念,认为张謇把尚俭的观念纳入资本主义大生产体系之中,使之成为"立实业之本",企业经营者是在节俭上建立企业的信用,用节俭自立来树立企业独立进取的形象④。

确实,张謇的理想道德主义与新教伦理的作用异曲而同工,以一个崇高的精神(儒家)或宗教(新教)目标为旨归,以节俭勤奋的工作精神从事企业生产与经营,其结果必然是财富的迅速积累。

张謇的事例表明,儒家精神对近代企业精神有启发性和亲和力,可以激发人从事艰苦的企业活动。正是由于张謇的努力,从而使近代中国企业家精神有了儒家的精神面貌,反过来也促进了儒家精神的近代转变。

另一方面也可以看出,儒家精神的方向性发展特征毕竟不同于新教,新教成批地造就了近代企业家和职业人员,甚至是职工的专业精神。而儒家思想却是在其近代发展中,很偶然地从其优秀分子中输送人员,进入企业家队伍,大部分儒生依

---

① 《剑桥中国晚清史》,下册,中国社会科学出版社,674 页。
② 《九录·实业录》,5 卷。
③ 范健思:《张謇经济近代化模式的儒学特征》,《近代改革家张謇》,江苏古籍出版社,1996 年,837 页。
④ 范健思:《张謇经济近代化模式的儒学特征》,《近代改革家张謇》,江苏古籍出版社,1996 年,837 页。

然在传统的学术或政治领域中活动。

(三)张謇的实学倾向

清代所谓实学,包含广泛,从顾炎武起,破宋学之虚,提倡经世致用之学,一变而为乾嘉诸子的考据之学,而清末在国家危难、西方列强侵犯之下,民族和文化存亡问题以前所未有的危急局面摆在了士大夫面前。而张謇自幼出身寒素,究心实学,21岁时就开始研究淮河治理方略,23岁即读《陆宣公奏议》和《日知录》等著作①,34岁时还随孙云锦在开封幕上亲自查勘黄河决口情况,并主持制定河工计划——"拟疏塞大纲",翻查潘靳书和宋明史书,提出治河方案,并建议用机器治河,但方案未被采用②。

自1884年吴长庆去逝,张謇归家,在家乡提倡桑蚕和种树,所以才有诗文中所提"四海常参种树书"之句。据《年谱》记载,1887年"在家与家人育蚕",又"购柏秧六百余本,槐秧二百余本,分给乡人,又从袁恕堂乞得油桐子千粒下种备给"③。以当时中国的闭塞落后,虽张謇八年辩论抵拼争进之力,仅成一海门蚕业。

以此看来,甲午之后,张謇毅然担负起承包纱厂重任是其实业思想的一种表现形式。

张謇的实学倾向也表现在其著述上。张謇一生著述,系统的著作只有数篇,其中最重要的是《棉谱》和《绣谱》。《棉谱》是早年所作,已佚;而《绣谱》是一本工艺书,由沈寿女士口述,张謇撰写。仅就《绣谱》写作本身,就已经表现出其实学倾向,而这当然也是家族传统在其身上的反映。

张謇的究心实学,在开办纱厂之后,表现更为明显。他到日本考察,记述之详细,目标之明确,决非浮光掠影、走马观花者所能为之。他考察学校,对一院一房、一屋一室,甚或一桌一椅,一草一木,皆能详载备考,对教科书也亲自批阅。他考察工厂,对流程记述清晰,索取图纸,一丝不苟,一部《癸卯东游日记》可以窥见张謇用功之勤,考虑周密。

张謇切实继承了颜李精神,他的文章都是即事谈理,不做蹈空之论,因此,很多文章读来,虽道理浅显,但都是从实际上悟出,平实亲切,饱含智慧。他在日本遇到山东的垦荒农民许士泰,张謇知道他的经历后赞叹说:"世不必读书治政治家言方为人才,凡能平地赤立而发名成业者,真人才也。"④

---

① 《年谱》,《九录·专录》,6卷,10页。
② 《年谱》,《九录·专录》,6卷,20页。
③ 《年谱》,《九录·专录》,6卷,19页。
④ 《东游日记》,《九录·专录》,4卷,22页。

第六章　张謇在大生纱厂创办中企业家精神的成长

创业时，张謇在他的知识谱系和思想资源的基础上，采用了"复古"的论说策略阐释他的实学思想。清代学者，复古是一种常用的论说策略，顾炎武要复汉之古，颜李要复孔孟之古。而张謇则更要复尧舜之古，他说："古昔盛时，自天子而公卿士大夫，而农虞工商，而胥隶仆圉巫祝，莫不有学，故习之有素，持之有具，其应事也不诬，而效于人也给。"①而张謇更指"舜为实业政治家"，认为舜之所以成功，就是因为创办实业，"舜如只是自了治，作个人事业，人孰附之""若非舜之实业发达，亦未必人人归附如此"②。

虽古学有专门，但六艺散佚，因此，张謇主张直接从西方引入实用学问，这在《江宁同文馆课艺序》《经义徵字序》《江生祖母七十寿序》中有明确表述。他说："今外夷所谓政治律例公法格致植物农商医化重电光汽之学，其法骇盗耳目，而其意常与三代秦汉圣人贤豪之言，往往而合，謇尝欲得渊颖有志识之士，数十辈，端场本经训，而各专其一二家之言，以待世变而应天下之所乏生才而有志，此且从事彼族之学，规揽要领，以当于用，而明我三代秦汉圣人贤豪之言。"③在这篇文章中，张謇也认为实学精神合于古圣先贤之意，因此，只要以先王之意实行"彼彝之法度政治皆足以资中国愤发为天下雄也"。但是，由陋儒庸人之意实行，无论是行西方之法还是先王之法，一样有蔽病④。

张謇对西学的评价是比附古圣先贤，事实上已经达到了相当的高度，这也从一个角度说明，在从事企业和教育活动的实践过程中，张謇扩充了自己的知识结构，通过比附古人，张謇为西学的存在找到了历史根据。

事实上，张謇此后对西方知识孜孜以求。

张謇的实学倾向在早期也是以托古的方式加以阐述，在《顾姓谷先生六十寿序》中他就对世所谓雅儒俗儒之说提出质疑，并以孔子为例，"与下大夫侃侃，与上大夫誾誾，孔子之事公卿也；为委吏而当会计，为乘田而长牛羊，亦孔子之事公卿也。孔子进不闻以厌业弃职为高，而退不得有今士大夫任达宽闲之乐也。"⑤

根据章开沅等著《张謇与近代社会》，从1879年开始，张謇就谈论士人治生与用世的关系："今使人学不足以治一生，而侈谈大用，疏矣！然学是以治一生，而碌碌焉无所用于世，则又隘，何则？服田力播，身不可为惰民，说道读书，先必须为名世，此中学问，本是贯通，得圣与贤质证难段，而吾儒之所学，吾学之所用，遂昭然显

---

① 《江生祖母七十寿序》，《九录·文录》，10卷，8页。
② 《记论舜为实业政治家》，《九录·文录》，2卷，5页。
③ 《江生祖母七十寿序》，《九录·文录》，10卷，8页。
④ 《九录·文录》，5卷，11页。
⑤ 《九录·文录》，10卷，3页。

著于天下。"①他也说过："士不治生世大蠹。"②

在大生纱厂创办前后,张謇的思想已经逐步形成,并带动了中国儒家思想的转向。但是,这种转向基本上是在传统的思想资源和思维范畴内完成的,此后对西学的吸收只是不断地印证他的思想。这一点反映了张謇的践履实学的倾向,无论中外思想,均在实行中体悟,但也反映出张謇思维的局限性,毕生未脱中学范围。

五、张謇的企业家角色

(一)基本概念

企业家是近代经济发展中分离出来的一个重要社会角色,一般认为,企业家是经济发展的动力因素之一,甚至被认为是第一生产力的科学技术,也是通过企业家的能动性活动才得以转化为现实生产力。

(二)企业家理论简史

最早分离出企业家角色的是19世纪法国学者坎蒂隆(Carntillon),他不仅第一个提出了企业家(entrepreneur)的概念,而且认为企业家是中间代理人,他以一定价格购入生产要素,并将各种要素加以组合,以能够覆盖成本的不确定价格出售产品③。这个简单的解释,已经包含了后来被大大发展的风险收入和能力出租等各企业家理论的萌芽。19世纪后半期的英国学者已经能够区分出企业家与资本家角色的不同,经济学家针对企业家的现象,发展了各种专门的理论,提出了各种关于企业家作用的解释性模式。这些模式的发展也是随着经济理论的发展而发展的,但是,对企业家在经济发展中的作用都做了肯定性的评价。随着现代经济学和管理科学的发展,人们不仅区分了企业家和资本家的不同角色,也分离了企业家与高级管理者的角色,对企业家收入来源及利润分配进行了广泛的研究,并从均衡模式出发,对企业家的作用做出阐释。尽管熊彼特和柯兹纳(Kirzner)等人的着眼点不同,企业家理论也远未成熟,但是对企业家理论的回顾使我们透视历史时有了一个有力的武器。

(三)企业家张謇

张謇成为企业家是从担负创办大生纱厂的任务开始的。早期企业的创办者绝大多数都有长期经商和从事实业的经历,这些企业创办者利用自己积累的财富和

---

① 《九录·文录》,10卷,《樊迟请学稼一章》。
② 《九录·文录》,14卷,22页,《鲍君墓志铭》。
③ Schumupeter, Joseph A. *Economic Theory and Entrepreneurial History*, in *Essays*. New Brunswick: Transaction Publisher,1949.

第六章 张謇在大生纱厂创办中企业家精神的成长

经验而创办企业。而张謇在创办企业之前,没有任何从事商务活动的经历,也仅有很少的财富积累①,因而,他尽管在大生纱厂有投资,但数量很少,仅是象征性的②。另一类早期企业创立者以官员身份参与创业,如盛宣怀和后来的周学熙。这些人明确由政府任命,利用政府的影响力和保障,广泛招募社会资金,并以政府投资作为基础或先导(如中国电报局)投入近代企业的经营和创办。而张謇创办大生纱厂时,虽有政府职位,但他丁忧在籍,是以士人的身份参与企业创立的。

由于张謇创立企业的这种非官非商的身份,又没有大量的资本投入,因此,他给了我们一个观察早期纯粹形态企业家的机会。

(四)作用

按照熊彼特的看法,企业家的活动是在一定的制度框架内展开的,企业家的作用是创建性的,但是,创建性活动在不同历史时期有不同的具体内容。从张謇创办大生纱厂的具体活动中,可以分离出其作为企业家所起的具体作用:通邮官商、纠集资本、制订规划、建立制度、督促落实③。

1. 通邮官商

当时官商之间的隔膜、戒备,已到了很严重的地步,官督商办的失败,使商民对政府创办企业不再抱任何幻想。所以,在大生纱厂创办上,张謇坚持了商办的原则,尽管在筹股无望的情况下,他以自己丁忧在籍的状元京官身份屡次向官府求援,尤其是利用废置的官机之后,定了官商合办之约。但就张謇和各位投资者看来,只有商办,才能成功,因此,后来张謇就定为"绅督商办"的名号,这个绅,就是张謇④。

但是,当时在中国办企业,还不能没有政府的支持,不能没有商民的投资。政府主要是对商人投资进行保护,因为当时中国没有公司法,没有税法,没有稳定的经济环境,因此,把商与官结合起来,是他创办企业的一个前提。

官场对商民的侵占是一种惯例。"中国的官员,是官也是收税人——事实上当官儿的就是收税人——他们有积累财富的理想机会,在世袭制国家里总是这样……子辈们为了维系财力,甘做继承共同体中的共同继承人,并且提供资金让家

---

① 张謇自述:"謇半生精力耗于实业,艰难辛苦,所历已多,而不敢谓有所得也。"《张謇全集》,第二卷,162页。

② 据《大生系统企业史》梳理的数据,张謇在大生原始投资为2 000两,股份比例不足0.5%。见《大生系统企业史》,21页。

③ 张謇自我描述是:"通官商之情,规便益之事,去妨碍之弊,酌定章程,举错董事,稽查进退,考核功过,等差赏罚,下走事也。"《张謇全集》,第二卷,18页。

④ 参见《为纱厂致南洋刘督部函》,《九录·文录》,1卷,14页。

里的几个成员就读,给他们创造机会,争个有收入的官职,进而使他们的继承共同体富裕起来,再进一步给族人创造当官的机会。"①这种获取财富的方式显然与近代理性主义企业的盈利方式完全不同。在官督商办企业中,政府官员通过把持管理权来以官场方式攫取企业利润甚至资本金。正因如此,官督商办企业才丧失了理性主义的特征,造成投资人与官员的不信任加剧,最终导致官督商办政策的破产,最后连官商合办也为商民所厌弃。

关于官商的隔膜,郑观应在《盛世危言》中也曾多次谈到:"今官商隔阂,情意不通,官不谙商情,商惮与官接……我商人生长中土,畏官守法,彼西商薄视华官,不谙外务,反得为所欲为。若华商有交涉轇輵之事,华官不惟不能助商,反剥削之,遏抑之。吁!是诚何心哉?虽然,官不恤商者,固由官制过于尊严,实亦国家立法之未善,纵有亲民之官、通识时务者,亦不能破格原情,时与商宽晤对坐谈,俾知商务要领,得以补偏救弊。商务之不能振兴也,良以此耳。"②可见当时官商隔绝的原因主要是制度性的,但也是官商双方的观念造成的,为官一方,自古视商人为四民之末,而在商一方,则畏官如虎,因而双方不能沟通。

关于当时官商关系,张謇指出:"中国近日,官皆商也,商可官也,弊在不当通而通;商有事求官,则官利商;官有事求商,则商利官,若官无利商之心,则官尊而苦商,商无利官之心,则商散而雠官,弊在不当隔而隔。欲挽其弊,须自官场冲破一切壅隔始。而官场积习,通一语须钱也,行一牍须钱也,求一见须钱也。"③19世纪70年代,清政府执行的官督商办政策在90年代后已经破产,官督商办企业中,官员由政府委派,企业被视为利薮,政府摊派,官员贪污,加上冗员充斥,先前历办有成的企业均濒临破产,只有中国电报局依仗其垄断地位仍然在有效经营。

正因为官商之间这种复杂的关系,因而,灵活处理官商关系,是当时中国企业家的一个必修的技能。

按照韦伯在《新教伦理与资本主义精神》一书中所发展的观点,企业精神与近代科学以及制度的发展有一个共同的内核就是理性主义。在商办企业逐步取得独立地位的过程中,理性主义必然成为企业精神的主流,而与传统的社会制度与机制的协调成为横在企业家面前的一个重要问题,因而也成为这个时期企业家的一个重要职能。正因为如此,张謇在大生纱厂的《厂约》中写下了"通官商之情"④,作为自己的首要职责,这正反映了当时企业家在这方面的需要。

---

① 韦伯. 儒教与道教[M]. 北京:商务印书馆,2003:139.
② 郑观应. 盛世危言[M]. 郑州:中州古籍出版社,1998:300.
③ 《上南皮尚书陈兴商务、开银行、用人才、变习气要旨》,《张謇全集》,第二卷,54页。
④ 《张謇全集》,第三卷,江苏古籍出版社,18页。

第六章 张謇在大生纱厂创办中企业家精神的成长

官商不能相互理解,相互交流,主要是官府腐败,连皇帝上谕都指出:"近来各省商务未见畅,皆由官商不能联络。"①

2. 纠集股本

大生纱厂集股千难万苦,千回百转。当时正值全国纱织业的低谷时期,"上海各厂因连年花贵折阅,华厂股分给息六厘者止一家,洋厂或息止三厘,坐是凡迭次劝成之股,一经采听他厂情形,即相率缩首而去,甚者以鄂厂之商本无着,苏厂之股息难收为例,一闻劝入厂股,掩耳不欲闻"②。

大生纱厂原来计划集股60万,分别由沪和通二地股东筹集,但是由于集收困难,最早参与集股的多人中,樊芬、陈维镛等知难而退,张謇出于多方面考虑,利用官机,折合股本25万,商人25万股,但是潘华茂、郭勋又先后告退,只有沈均燮、刘桂馨合力支撑。直至大生纱厂投产,股份募集仍不顺利,纱厂开工所需流动资金,均由沈均燮等人挪借而来③。

张謇在集股中困顿万状,但他不以私害公,筹办期间,例不拿工资,筹办费用之省,几年所用不过万两,而差旅费常靠卖字筹集。

大生纱厂的成功,使张謇的威望和信用都达到了一个很高的程度。因而,他再次集股办理崇明分厂时,"稍获资本家之信用,故不一年而得投资者六十余万,视通厂之集股,难易迥殊矣"④。

从西方企业史看,企业家与资本家的分离是很晚的事情,早期创业者几乎都是以个人或家族资本投入。中国近代企业的起步很晚,而19世纪末期,中国传统商人对新式投资机会并不看重,如胡光墉这样的豪富也是在传统商业范围内进行投资。为筹集创办新式企业的资本,当时中国的企业几乎沿用"官利"政策,即公司无论盈亏,股东按年例行得到固定利息的股息回报,这种制度对于企业发展和积累的影响很大,但是对吸引投资还是有相当作用。大生纱厂创办时,也沿用了这种制度,并且是自投入之日起计息,而不是例行的自投产之日起计息⑤。在创办大生纱厂过程中,张謇主要是以绅士的身份,利用个人的影响力来纠合资本的,这是典型的企业家行为。由于张謇在企业中投入很少,因此,就成为一个较为纯粹的企业家。

中国近代企业发展中,一直存在着一个信用环境的问题,韦伯在分析西方信用

---

① 《光绪朝东华录》。
② 《承办通州纱厂节略》,《九录·实业录》,1卷,17页。
③ 《大生纱厂股东提议书》,《九录·实业录》,4卷,1页。
④ 《大生崇明纱厂十年事述》,《九录·实业录》,5卷,8页。
⑤ 《承办通州纱厂节略》,《九录·实业录》,1卷,17页。

环境的形成时认为,清教奉祀一个冷峻的上帝,它以能否理性对待生活和工作来甄别信徒,这样就压制了商人破坏理性的盈利欲,从而保持了信用,创造出信用环境。而中国商人则是以强烈盈利欲作为行为动机的,但是,中国的商人之间不断地讨价还价和不信守承诺,使中国的信用环境一直不好,而张謇这样醇厚的知识分子从商,在其周围创造了一个良好的信用氛围,也因此使资本纠合的工作得以不断进行,从而使大生集团稳步扩大为一个当时中国重要的资本集团。据有关统计,张謇兄弟1902~1913年间,除大生一二厂外,在通海地区还创办了20家企业,均为股份制企业,他们纠合资本548万余两,成为当时中国最大的资本集团之一[1],并进而使南通地区成为近代化的实验室。张謇对南通的影响,至今仍然存在。

---

[1] 《张謇推行股份制经济思想和实践》,《近代改革家张謇》,江苏古籍出版社,1996年,449页。

第六章 张謇在大生纱厂创办中企业家精神的成长

附录 张謇的创业动机与企业家角色分析
——常宗虎博士论文的两点质疑

常宗虎博士的著作《南通现代化:1895~1938》中多次谈到张謇的创业经历,其中关于张謇社会角色的定位及创业动机的分析中,引用史料丰富,但其中两点值得商榷:

(一)关于张謇的社会角色

常博士书中对张謇社会角色的基本定位是"区域现代化领袖人物"①。在同页的脚注上,常博士指出:"由于经济学上关于企业家的定义莫衷一是,本文的论述只吸取其具体内容,而不愿轻易使用'企业家'这一易引起争论的概念。"我推测除学术上的谨慎态度之外,研究区域现代化,把张謇的社会角色放在"区域现代化领袖人物"这个框架内,也确实切题,正因为这种定位更适合分析的需要,因此,没有必要陷入容易引起无谓争论的概念讨论中去,对这种学术上的谨严态度应该赞赏。

但是,常博士在问题讨论过程中,却几次不加讨论地把张謇的社会角色归为"资本家",并从这种社会角色定位对张謇的行为加以品评,这与他在企业家概念使用上的谨慎恰成对照,对此我们不应归咎于常博士的不严谨,更应该归于社会普遍流行的认识:企业的创立者是资本家,如果又有股份,则肯定是资本家。但是,对这个问题有辩白的必要。

其实,对于企业家和资本家不同社会角色的区别,经济学家也是长期未能给予明确,但是,从学术研究角度,做出这种区分是必要的。从对张謇的社会角色说明的角度看,也需要对企业家和资本家这两个不同的社会角色加以区分,这对准确地理解张謇有重要意义。

1. 企业家理论的简史

亚当·斯密在《国富论》中使用了资本家(capitalist)和企业家(undertaker)的概念,但他并未对这两者做出实质上的区别,他是在企业所有者的同一语上使用

---

① 常宗虎. 南通现代化:1895-1938[M]. 北京:中国社会科学出版社,1998:21.

undertaker 的,学术界认为,对企业家和资本家不加以区分是英国经济学家的通病①。

经济思想史家对产生这一现象的原因提出过几种解释:第一种解释认为这源于企业的实践。在英国,直到大规模的铁路公司运营,也就是直到 19 世纪 40 年代之前,一直是由家族为主的中小企业占主导地位②。而这种企业主要靠家族和亲友的投入,所有者就是管理者。第二种解释从英国古典传统出发,这种学术传统认为整个经济体系是自发运动,在这个体系中,似乎管理者、所有者都被规律驱动,除了提供资本以外就无所事事了(参见熊彼特的有关论述)。

第一种解释显然缺乏历史根据。在 18 世纪末,法国学者坎蒂隆(Carntillon)就从经济学角度引入了企业家(enterpreneur)的概念,与作为投资者的资本家概念相区别,并且对企业家做出了说明:他认为企业家是以一种代理人的身份出现的,他以一定的价格购入生产要素,并且将各种生产要素结合起来,进行产品生产。然后再以可以覆盖成本的某种不确定的价格出售。坎蒂隆的企业家概念强调指导(direction)和投机(speculation),他认为,虽然对未来预测的失败会危及自身的财产状况,但是成功是可以预期的。

萨伊坚持了坎蒂隆的思想,他认为通过分析企业家所组成的各种生产要素,就可以构造出企业家的理论,萨伊实际上把企业家理论置于生产论与分配论之间加以构造(熊彼特)。

从学术史的角度看,发源于 19 世纪 70 年代的边际主义和一般均衡理论坚持了英国古典经济学体系,在一个均衡市场中,各种生产要素得到供求关系所决定的回报。在均衡市场体系中,土地得到地租,资本得到利润,劳动得到工资,没有经济利润的存在,也就没有企业家作用存在的余地。正是由于一般均衡理论,企业家理论的讨论被中止了。

此后企业家理论的最重要发展都是在德国和奥地利进行的。

最早是屠能(Johann heinrich von thunen)在其 1850 年出版的名著《孤立国》(The Isolated State)第二卷中较为完整地分离了企业家的功能,并对企业家的收入做了分析,认为利润应该归企业家所有,并提出企业家的收入是来源于不确定的风

---

① 参见熊比特 Schumupeter 及 Swedberg 的文献综述,具体文献如下:Joseph A. *Economic Theory and Entrepreneurial History*, in Essays. New Brunswick: Transaction Publisher,1949;Swedberg, Richard. ' *The Social Science View of Entrepreneurship:Introduction and Practical Applications*' in Entrepreneurship: The Social Science View, Oxford University Press, 2000. 另外可以参考 Kashid Malik. Chinese Entrepreneur in the Economic Development of China.

② Frank Hyneman Knight. *Risk,Uncertainty and Profit*, Houghton Mifflin Company, Boston, New York, 1921:23.

第六章 张謇在大生纱厂创办中企业家精神的成长

险,屠能对风险和不确定的区分随后被奈特大大发展了,形成了新制度经济学的一个远源。

虽然企业家理论一直无法纳入主流经济学的均衡模式,实际上,主流的经济学的一般均衡理论也为企业家理论留下了余地。

到目前为止,熊彼特对企业家功能的说明依然是经济史分析中被引用最多的。他认为企业家是一个革新者,当然是在一定的制度框架下进行工作的,而企业家的特征是对环境变动做出创造性反应而不是适应性反应的革新者(innovator)。熊彼特在其著作中,对企业家功能做出了区分:①引入新的产品;②在老产品生产中引入新技术;③引入新的商业组合,例如开辟新市场或者引入新的供应或者销售渠道;④组织或者重组企业①。熊彼特当然认识到在企业实际运行中,企业家的功能时时与高层管理者的功能是混合在一起的。但是,区分企业家的社会功能是有必要的,按照熊彼特的总体说明,企业家是创新者,因而,其宏观作用就是打破均衡。而企业家所从事的经济活动不可避免地会对社会经济生活产生影响,因此,按熊彼特的看法,搞清企业家的相关理论问题,对理解经济史和一般历史均非常必要(assay Ⅲ)。

柯兹纳从奥地利学派的传统出发,把企业家与不确定性明确地联系了起来,在市场系统中存在不平衡,使企业家能够在对未来的选择行为中确认一种较优的行为,从而可以在获取额外利润中恢复市场均衡。柯兹纳重新解释了坎蒂隆的观点,把企业家与不确性,并通过不确定的预见获取利润作为企业家的特征。而奥地利学派的其他学者则干脆从企业家是风险承担者的角色来认定企业家的特征。这一点对确认企业家有重要的作用,但已超出范围,当另文讨论。

2. 企业家理论的应用

通过对企业家理论的简单回顾可以看出,经济学家对企业家和资本家的角色是做出了严格区分的,这种区分可以从他们在企业经营中投入的资源、收入来源、社会职能及风险承担等不同方面加以区分。也就是说,企业家在企业中投入的是经营能力,他的收入来源于不确定性风险,他的职能是企业的风险决策,而资本家则是企业资金的提供者,其回报是利润(股息),他承担资本风险,他的社会职能是生产因素之一——资本的投入。

一般地说,经济学家和历史学家在追溯早期工业资本主义兴起时,都把企业家作为稀缺资源来看待,尤其把企业家精神的兴起作为近代社会转变的推动力量来

---

① Joseph A. *Economic Theory and Entrepreneurial History*, in Essays. New Brunswick: Transaction Publisher, 1949:226.

看待。

西方的中国学家们也在熊彼特的概念框架下,对中国早期企业家精神(如企业家阶层)进行广泛的讨论。这个讨论曲曲折折,早期讨论中均认为 19 世纪后半期中国近代化的努力中缺乏企业家和企业家精神。但是,随着史料的不断开掘,西方中国学家转变了看法,认为中国近代化努力中,不仅造就了熊彼特意义上的企业家,而且逐步在国民中形成一整套价值观,"使得一般的中国人在给予机会时都能成为杰出的企业家、工人和组织人员"①。

这些研究确实给了我们一个线索,从企业家的功能角度对早期工业化中的个人和组织行为进行分析是鉴别企业家的一个重要方法。但是,在对人物进行分析时,要谨慎地区分高级管理者、资本家和企业家的不同社会角色。

3. 张謇的企业家角色

对中国早期民间企业的分析当中,同样遇到英国早期企业分析中遇到的问题,即所有者与管理者角色集于一人,因而很难单独观察企业家的角色。早期官督商办企业中,由买办转化过来的一些人物确实比较单纯地承担了企业家的某些职能,但是从总体上看,如唐廷枢、徐润、郑观应等均是殷实商人,之后成为企业领袖,也是集资本家与企业家双重角色于一身。

张謇一生经历复杂,他于 1894 年中状元丁忧回籍,第二年在张之洞的劝说下,开始筹办大生纱厂,张謇说:"謇半生精力耗于实业,艰难辛苦,所历正多,而不敢谓有所得也。"②与上述民间实业家和买办转化的企业家相比,张謇在此前是读书赶考及幕府生涯,完全没有经商和办实业的经验。尤其特殊的是,早期民间企业和官督商办企业的创立者均独自或合伙向企业投入资本,而张謇在创办大生纱厂之前,几乎没有财富积累。据《大生系统企业史》记载,张謇向大生纱厂投入的股本为 2 000 两,仅占总股本的不足 0.5%③。

张謇创办大生纱厂与盛宣怀、周学熙等人也不同,盛宣怀、周学熙均以政府官员身份,利用国家资源创办企业。虽然盛宣怀在很多企业创办中投入了股本,甚至上下其手,侵吞公产,但他们一直是以政府官员身份在企业活动的,而张謇以丁忧在籍之身,虽然领命于官方,但是以士人身份创办大生纱厂的。以他非官非商之身份,又没有大量的资本投入,可以说,张謇给人们观察早期企业家的"纯粹"形态提供了一个良好的范本。

不能否认,在大生系统企业的成长过程中,张謇个人及宗族的财富也在不断地

---

① 珀金:《序言:过去的延续》,《中国近代经济的历史回顾》,第 5 页,引自《中国的大企业》,11 页。
② 《张謇全集》,第三卷,江苏古籍出版社,162 页。
③ 《大生系统企业史》,江苏古籍出版社,1990 年,21 页。

第六章 张謇在大生纱厂创办中企业家精神的成长

积累和增加,但是,从张謇在大生系统企业中及社会上所扮演的角色上看,张謇主要是作为一个企业家而不是资本家出现的。

常博士第一次把张謇作为资本家来评论,所联系的事实是张謇的勤俭,他问道:"身为名震全国的大资本家,张謇何以要如此地'吝啬''小气'呢"?[①] 常博士的问题很重要,其实对这个问题,韦伯有过经典的解释,这源于资本主义的理性精神,这种理性精神是从宗教伦理上转化而来的。把韦伯观点稍推展一下,可以这样解读这个问题:作为企业家,就需要也会培养出这种理性主义精神,至于这种精神是从新教伦理或儒家伦理转化而来,是另一回事。可以这样说,俭朴是企业家精神的一个必备要素,而不是资本家精神的必备要素。因此,可这样回答常博士:作为名震全国的企业家,他也是依靠这种"吝啬"和"小气"而成就其事业的。

常博士第二次把张謇作为资本家来评价是张謇反对浙江候补道朱畴在海门设立纺织厂,张謇的作为被归结为"追求成功、自我表现的私欲膨胀使他如同所有资本家一样锱铢必较,也使他视垄断为理所当然"[②]。常博士还把这与韦伯所宣扬的资本主义伦理相提并论。

首先,马克斯·韦伯所描述的资本主义伦理与常博士所描述的张謇的表现不仅不一致,而且恰恰相反,这一点下文讨论。

其次,张謇欲垄断南通市场与生产,这当然不能说出于公益,但是力图以各种手段在市场上取得垄断地位却是企业家最典型的行为之一。熊彼特在分析企业家特征时认为,追求垄断性收益是企业家行为的动机之一,从企业史和经济史上看,成功的企业家都会建立垄断地位,而企业家的成功也以建立垄断地位为标准之一。当然,企业家是在一定的社会经济制度之下展开活动的,企业家的理性化行为是对政治、经济及法律环境做出的策略性反映,以追求效益的最大化。这种行为显然超出了资本家的功能范围而主要是企业家的行为特征。张謇在清末利用政府先例(李鸿章则给予他的织布企业以专利,随后其他官员建立企业时也征求他的同意),巩固大生在通海的地位,从形式上看与资本利益相一致,但考虑张謇行为的社会目标,这种一致也只是表面的,张謇的行为主要还是一种企业家行为,而不是资本家行为。

(二)企业家伦理与利润动机

关于张謇创办大生纱厂的动机,常宗虎博士认为所谓"御侮惠民之类未免冠冕堂皇,实际上,就在踌躇累日反复权衡的过程中,张謇曾仔细算过一笔账,当他估计

---

① 常宗虎. 南通现代化:1895 – 1938[M]. 北京:中国社会科学出版社,1998:24.
② 常宗虎. 南通现代化:1895 – 1938[M]. 北京:中国社会科学出版社,1998:200.

投资纱厂每年每股百两可获利 22 两时,毅然下定了决心,可见张謇投资纱厂,重视科学的举动,很大程度上受着利润的驱使。"①

这个"很大程度"不知多大,但是联系前面常文对"御侮惠民之类未免冠冕堂皇"的评价,几乎已认定张謇创办大生纱厂的动机就是利润了。常博士还把利润动机与韦伯的言论联系起来以证明其体现了"资本主义理性精神",这一言论无论从史实还是从学理上都有值商榷之处。

1. 张謇创办大生纱厂的动机

这一点张謇在公开的文章和私下的书信谈话中多有表露,从这些资料上看,远不是一个利润动机可以概括得了的。张謇曾简要归纳他创办大生纱厂的动机:"职本里儒,家承素寒,愤中国利权之外溢,思以绵力自保其方隅。"②这些文字中透露出的悲愤情怀,在他创办大生纱厂前后都有表露:"每一闻海上风鹤之惊,北方挫衂之频,良友愤时叹嗟之书,深官痛苦罪己之诏,当食辄辍,中夜忽起,糜心碎胆,不知所云。"③

从背景上看,甲午战败,不仅大大触动了朝廷,也大大刺痛了中国广大的知识分子。《马关条约》的签订,使日本获得了在内地设厂的权利,身膺疆寄的张之洞忧从中来,因而与张謇等人磋商,抢在日本人前边创办企业,堵塞漏厄。张謇本来就是忧时之人,当此国难之际,其出面创办企业,当然是以家国的责任感为第一位的。

张謇也具备了创办企业的基础,早在 1880 年随吴长庆军移到山东蓬莱时,就因为注意到西方宗教的扩张而陡然产生危机之感,写下了《重野蓬莱县学官记》一文。甲午之后,这种危机意识在整个士人阶层中发展起来,张謇曾描述当时形势:"甲午之际,海上士夫,惕于外侮之日亟,于是课教育,讲实业者会相望,踵顶相错,笔舌相磨砻。"从中可见当时风气。显然,张謇以"御侮惠民"为目标创办企业绝不是冠冕堂皇之论,而是他的内心反映,也是当时知识界思潮的一个反映。

张謇素守清寒,与富人并不相协,因而,在创办企业中张謇面临着一个巨大的心理冲突,即不得不与富人为伍。张謇描述他的心理矛盾:自少不喜见富贵人,即有声望之要人,亦不轻见。见必不为屈下,盖自恃无往而不得其为贫贱一语。而以读书励行取科名守父母之命为职志,年三四十以后,即愤中国之不振,四十后中东事已,益愤而叹国人之无常识也,由教育不之革新,政府谋新矣而不当,欲自为而无

---

① 常宗虎. 南通现代化:1895 - 1938[M]. 北京:中国社会科学出版社,1998:22.
② 《九录·实业录》,5 卷,5 页。
③ 《致张南皮函》,《九录·文录》,11 卷,10 页。

第六章 张謇在大生纱厂创办中企业家精神的成长

力,反复推究,当自兴实业始。然兴办实业必与富人为缘,而适违素守,又反复推究,乃决定捐弃所恃,舍身喂虎,认定吾为中国大计而贬,不为私利而贬,庶愿可达而守不丧。自计即决,遂无反顾。① 这是张謇几十年后对创业的追述,其中思想过程与当时是否一致,学者自可以依据史料研究讨论(例如对于张謇办实业与教育的关系),但他关于创业动机的描述与当时文字是吻合的,基本上反映了他那时的思想状况。

在上面引文中,也可以看到张謇除了不耻于与富贵之人为伍的心理之外,在创办企业的过程中,他还面临着士人从商面对的巨大社会偏见所带来的压力。张謇大魁之后,本可为官仕宦,即使不愿居天子庙堂,也可以读书励行,而张謇舍弃这些,去从事经济活动,尽管他并非完全没有这一思想基础(详见下文),但终究要面临巨大的心理压力,如果没有更高尚的动机支配,他显然无法支持自己一路艰苦卓绝地走向企业创办的成功。

当时士人创办企业的不只张謇一人,不仅张謇"御侮惠民"创办企业,以这个目标创办企业的人还有很多。因此,《剑桥中国晚清史》的作者明确认为,像张謇等士绅文人在中日甲午战争以后之所以突然开始投资办近代企业,主要是出于政治和思想动机,他们的行为是由于思想上改变信仰或者受其他思想感染所致,只是在1905年到1911年中国近代工业出现之后,利润的诱惑才占上风,经济收益才变成主要动机②。应该说包括张謇在内的一批创立近代工业的士人的主要行为动机基于他们的文化使命感和爱国意识。

张謇创办近代企业的另一个思想基础是他重践履的实学倾向,从思想上,张謇重视实学,服膺颜元的践履作风,他说:"仆于儒重颜李之贸行,于佛亦重苦行而自立者,偏于文则病儒,偏于空亦病佛也。③"他知行第一,质重于文,因而可以在西方知识极端缺乏的情况下毅然担起企业创办大任,这正是重践履作风的反映。在创办近代企业之前,他就曾在家乡养蚕种树,21岁就开始探究淮河治理,以后更广泛地考察和涉猎文史,对水利治理颇有心得,这些都为他日后创办企业打下了基础。

张謇参与近代企业创办的动机当然是复杂的,但是可以肯定的是,利润动机不是其主要动机。通观常博士全书可见,他也不认为张謇是一个唯利是图的人,此处的论述我更愿意认为是一种表达疏漏,因此导致把张謇创业的复杂动机简化为一种单纯的利润动机。

---

① 《大生纱厂股东会宣言书》,《张謇全集》,第三卷,江苏古籍出版社。
② 《剑桥中国晚清史》,下册,中国社会科学出版社,674页。
③ 《复江易园函》,《九录·文录》,12卷,3页。

2. 企业家精神与伦理

常博士在文中几次提到资本主义伦理与精神,并且与张謇的行为进行了对照,例如,他对张謇痛斥朱畴设立新的纺织企业的行为说道:"当他宣称,'有钱人的势焰实在难受,所以我非有钱不可'的时候,我们又一次感受到了马克斯·韦伯所宣扬的那种具有伦理意义的资本主义精神。"① 在另一处,常博士则对张謇创办企业的动机加以阐释,也引用韦伯的话证明利润动机是资本主义精神的体现,应该说,这里存在着对韦伯理论的比较严重的误读。

关于伦理与利润动机,常博士在分析张謇时认为:"张謇的信用观显示出传统的伦理纲常对金钱欲望的强力压抑。在资本主义理性精神中,伦理服务于利润的追求;在张謇那里却恰恰相反。"②

讨论可以从利润动机与资本主义伦理与精神的关系开始。对于企业家精神,韦伯并未提出和加以说明,但是,在《新教伦理与资本主义精神》一书中,韦伯对资本主义精神的分析主要是针对企业家展开的,其中也涉及适应资本主义的劳动者阶层的形成问题。因此,后来的学者把企业家精神从资本主义精神中分离出来加以讨论也是渊源有自,不是无根之谈。经过对韦伯原文的研读,我也认为提出企业家精神更适合本文的目的,可以在更严格的意义上体现资本主义的理性精神。

韦伯对于企业家精神和利润动机的分析远比常博士的描述复杂。按照韦伯的看法,企业家精神的早期发展中,不仅不存在利润动机,恰恰相反,企业家精神发展的动机之一就是"伦理纲常对金钱欲望的强力压抑"。在《儒教与道教》中,韦伯同时指出:中国资本主义精神未得到发展,不是缺少盈利动机,而恰恰是缺乏超越的目标和高尚的动机结构,从而从根本上扼制了资本主义企业家精神的成长③。韦伯详细分析了资本主义企业家精神兴起的思想背景,指出早期资本主义企业家精神中一个深刻的悖论:即目的的超越性与手段的世俗性之间的矛盾。在《儒教与道教》中,韦伯分析了冥想的宗教和禁欲主义教义之间不同的世俗效果,如果福祉与救赎手段具有冥想的纵情醉心性质,那么,这种宗教对世俗生活就很难产生强烈的影响。因为,宗教大师的生活与世人是分离的,可是,当宗教追求其教义在人间落实时,就会形成一种理性化的伦理,从而使世俗行为具有了神圣的意义,"这种世俗的禁欲虽然是出世的,因为他看不起地位与美色,好酒与美梦,世俗的权力与纯世俗的英雄自用,谴责它们都是天国的对头,但是,因为如此,它才不似冥想那样逃避

---

① 常宗虎. 南通现代化:1895-1938[M]. 北京:中国社会科学出版社,1998:200.
② 常宗虎. 南通现代化:1895-1938[M]. 北京:中国社会科学出版社,1998:25.
③ 韦伯. 儒教与道教[M]. 北京:商务印书馆,1995:28.

第六章 张謇在大生纱厂创办中企业家精神的成长

世界,而是按照神的戒条使世界在伦理上理性化。"① 按马克斯·韦伯的观点,新教就提供了这样一种对世俗行为产生强烈约束行为的伦理,在资本主义企业家精神的早期发展中,起决定性作用的根本不是利润动机,而是经过天职观念为中介产生的对世俗职业的肯定,及其刻苦、勤俭等宗教要求的品格,但是,正是由于这种超越的追求与良好的品格,使新教们比其他人更快地积累起财富。这个过程,中国古代学者也发现过,《大学》中说:"生财有大道,生之者众,食之者寡,为之者疾,用之者舒,则财恒足矣。"② 不过,对新教徒来说,积累的任何财富均属于上帝,他只是作为上帝财富的人间守护者存在,因此,他无权对财富做随意的处置。另外,新教徒对财富的追逐有一种严格的道德认识:财富可能导致人放纵懈怠,在这个意义上,他们对财富抱有负面的评价,但是,对于获取财富的劳作,作为为上帝荣耀的增益手段,他们是严格履行的。

因此,韦伯认为,禁欲主义尽管严苛地拒绝财富的诱惑,同时也通过世俗的刻苦劳作不断地积累起更多的财富,这种情形"对于我们在此业已称为资本主义精神的那种生活态度的扩张,肯定发挥过巨大无比的杠杆作用"③。正是在这个意义上,韦伯认为:对于财富的贪欲,根本不等同于资本主义,更不是资本主义精神。

不过,韦伯曾经指出:"资本主义确实等同于靠持续的、理性的、资本主义方式的企业活动来追求利润,并且是不断再生的利润。"④ 这里涉及利润评价正当化的思想史过程。利润评价的正当化确实是从古典伦理向现代伦理转变的一个关键性标志,但是这种转变经历了迂回曲折的思想路线。在西方,从马丁·路德提出天职概念后,逐步衍生出对世俗职业肯定的教义,财富的追求一直没有得到正面的伦理评价,但是,在为上帝增加荣耀以证明自己的选民身份的世俗的劳作中,财富被积累了,资本主义的企业形式,法律和社会管理都在这些活动中逐步理性化了。直到有一天,已经充分发展的经济结构和社会制度作为制度伦理基础的宗教强制成为不必要,利润动机导致的激烈竞争会引向总体的经济平衡,只有在这时,利润动机才被亚当·斯密以"看不见的手"的名义,从学理上给予正名,取得了生存的身份证明。

从思想史的角度看,在资本主义精神的早期发展中,利润动机被伦理严重压制了,只有在经济体制发展到一定程度时,利润动机的直白表现才被社会所

---

① 韦伯. 儒教与道教[M]. 北京:商务印书馆,1995:29-30.
② 《大学》。
③ 韦伯. 新教伦理与资本主义精神[M]. 北京:商务印书馆,1987:135.
④ 韦伯. 新教伦理与资本主义精神[M]. 北京:商务印书馆,1987:8.

认可,并且能够对社会和经济发展起到积极作用,在经济发展的这个阶段,社会理性化程度已经可以约束利润动机的破坏性。而在从前一阶段到后一阶段的漫长发展中,古典伦理对抑制利润动机、推动经济理性化起到了至关重要的作用。

关于这一点,诺思在其著作《经济史上的结构与变革》中也指出:"任何成功的意识形态都必须克服白搭车问题。其基本目的是为了不按简单的、享乐的、个人对成本收益计算来行动的团体注入活力,这是主要意识形态产生的重大推力,因为没有这种行动,无论维持现有秩序,还是废除现有秩序都不可能。"[1]

在中国,商人们从来不缺少利润动机,就如封建政府官员从来不缺乏贪欲一样,但是这些从未导致资本主义企业家的产生。近代企业家精神在中国的发生总体是与西方冲突的结果,但是,从发生层面上,主要是集中在受到良好的教育、有较高道德伦理修养的人身上。这绝不偶然。中国企业家精神的产生途径非止一条,但是,19世纪末儒家知识分子从商在很大程度上是因为家国危难的危机感及"匹夫有责"的责任感起作用。儒家积极用世的哲学引导知识阶层一部分人转向实业救国的道路,对这种内在的精神动机不应低估。其实,在张謇创办企业的时代,士人们还很难从正面肯定利润动机的正当性,反过来说,这时候单纯利润动机也无法引导和推动近代企业及企业家精神的产生与发展。正是因为有超越的社会目标,才使张謇等士人阶层可以百折不挠地从事于企业创办活动,否则单纯从个人荣辱与金钱的角度出发,他为官仕宦就可以达到目标,不用走这样百转千回的曲折路线。

详细分析近代企业家精神产生不是本文的目的,但是,通过对张謇创业过程的简单分析就可以看出,起初他创办企业的目的主要不是利润的动机,而是高尚的社会目标。这种情况与早期新教伦理与资本主义精神的嬗递关系,从发展阶段上看,有同构关系。这也许不是偶然的,其中蕴含的经济史与思想史内涵值得探讨。

可以说,企业家精神的"伦理纲常对金钱欲的强力压制"是一个必经的阶段,只有到企业家精神发展到一个较高的阶段时,才会出现"伦理服务于利润的追求"的状况。

本文不是对常宗虎博士的著作做全面评价,本人无力对社会史著作做出评价,只是就其中一两个小问题展开讨论。客观地说,常博士的《南通现代化1895~

---

[1] 诺思.经济史上的结构和变迁[M].厉以平,译.北京:商务印书馆,1999:5.

第六章 张謇在大生纱厂创办中企业家精神的成长

1938》一书,收集资料之全面,用力之勤,创新处之多,在同类著作中当属上乘,其中一些问题上发掘史料、深入探索,所得结论颇有新意,例如对张謇思想在1895年前后转变的描述就带有开创性①。因此,虽有上述批评意见,我依然认为,在研究张謇的同类著作中,这部著作不仅观点具有开创性,资料也十分全面,笔者从中受益良多,也愿向张謇研究者郑重推荐此书。

---

① 常宗虎. 南通现代化:1895—1938[M]. 北京:中国社会科学出版社,1998:17—21.

第二篇 企业：管理者和股东

第七章
清末的轮船招商局

一、轮船招商局的创立和早期发展

（一）轮船招商局的创立

轮船招商局是创办于19世纪70年代的中国第一个股份制企业，这家企业至今还在发展，其140年的历史，跌宕起伏，可歌可泣之处甚多，也留下了很多的教训。

1. 创建的目的

曾国藩、李鸿章创立江南制造局，是因为在平定太平天国时，对于西方船坚炮利的深刻印象。创办轮船招商局的时候，则是因为办军工企业需要资金，所以，想通过创办商业企业来挽回利权，谋求军工企业的发展。1868年，江南制造局已经造出了第一艘恬吉号兵船。到1870年，沪闽两厂已经造出了四艘兵船。但是由于资金缺乏，两厂不但不能发展，反而处于被裁撤的边缘。朝廷内部对于沪闽两局的裁办争议不休，关键是因财源枯竭，难以为继。所以，强兵必须首先裕饷，也就是要筹集资金。清政府在太平天国之乱后，原本就紧张的财政更形枯竭，虽然开辟厘金为收入来源，作为日常行政支出尚可勉强维持，但要想开辟新的事业，断无可能。但是，对于曾国藩、李鸿章和左宗棠等中兴名臣，无论是基于战争经验，还是对中外关系的忧虑，注意力都集中在强兵富国的策略上。为了筹集资金，他们亟需开辟新的财源，以支撑军工企业的生产。在清末，中兴名臣创办企业，早期是为了强兵，主要希望发挥企业的生产功能，尚没有依靠企业盈利的思想。但是，他们很快就意识到，为强兵不得不解决财源问题，由此开始考虑企业的盈利功能，创办企业的类型和思路也开始有了变化。

挽回长江和近海的航运权也是创办企业的目的之一。在两次鸦片战争之后，西方国家在中国沿海和长江水道上开始了近代航运活动。在第二次鸦片战争之前，这些活动还是零星的民间活动，而在第二次鸦片战争之后，这些活动已经逐渐企业化、规模化了。1862年，美国旗昌轮船公司成立，成为在中国经营的第一家专业的近代航运企业。此后十年间，洋行设立的轮船公司数量达到了八家，江海运输的竞争开始出现。

而对于商民而言,参与近代企业活动,更多的是出于逐利动机。由于西方轮船运输的示范作用,使人们看到了现代机动运输工具的效率和所带来的利益,所以,中国商民纷纷通过各种方式参与西方船运企业。这种参与是多种形式的,第一是附股洋行,例如旗昌公司100万创办资本中,超过60%的股份来自华商;第二是租雇外商轮船诡寄经营;第三种干脆是自购船只,挂洋行旗帜经营。通过这些附股甚至直接的经营活动,商民知道了船运的好处,而且在这个过程中很多买办商人也逐步掌握了近代航运企业的运作和管理知识。可以说,官方和民间在认识、能力等多方面做好了近代航运企业诞生和发展的准备。

2. 闽沪船局的裁撤和轮船招商局创建的提出

1872年初,内阁学士宋晋奏请裁撤闽沪船局,引发了关于船厂前途的讨论,并进而引发了关于创办企业以挽利权的建议。当时主张裁撤船局的人主要指责船局靡费过多。虽然曾国藩、左宗棠明确反对裁撤,但是对于财政问题实际上没有什么办法,反倒是一开始倾向于裁撤的李鸿章明确提出船局必须维持,以防前功尽弃,并图后效。

为了维持闽沪船局,也为了创立企业,挽回利权,李鸿章提出了创办轮船招商局的建议。这个建议的实质是以商办的招商局来支持官办的船厂,这是商办企业创立的起始原因。此后在招商局官办商办问题之上还延续了半个世纪的争夺。

3. 轮船招商局的创办

轮船招商局创办有两个层次的问题:第一是制定适当的制度,物色合适的总办。曾国藩曾说过,物色众商所深信之人,而不要绳以官法。就是说,要有一个商人们信任的人,不能拿官僚的法令去约束这个人。这其中,最重要的是物色合适人选。第二是公司内部的具体管理体制和经营活动的展开。这是需要企业的具体经营者所从事的活动。

轮船招商局实际创办的提议者和主持者是李鸿章。第一个层次问题的关键是人才的选拔和制度建设,这是李鸿章重点考虑的问题。关键人物是总办,即总经理。显然初出茅庐的盛宣怀是不成的,虽然他提出了一个章程,看来周详博备,什么委任宜专、商本益充、公司宜立,但无非是纸上谈兵。有些论者曾设想如果盛宣怀一开始就介入招商局创办,也许招商局早就成功了,这也是盛宣怀自己的看法。但是,盛作为李鸿章的幕僚,李鸿章何曾不想用自己身边的人,但是一个没有任何从商经验和业绩的人,显然能力是不足信任的,于是李鸿章找了殷实商人朱其昂。此人是沙船商人,曾受命负责沙船漕运业务,所以他兼具官商,因与洋行外商有些私人交往,自也能沟通东西。在受到李鸿章札委之后,朱其昂制定了一个正式的章程,提出了官商合办的思路,并就创办的地点、招商、经营等提出了完整的看法。李鸿章提出修改意见:"应仍官督商办,由官总其大纲,察其利病,而听该商董等自立条议,悦服众商,冀为中土开此风气,渐收利权。"①由此正式确立了官督商办的治理体制。

在一番紧锣密鼓的准备之后,招商局在1873年1月17日(同治十一年十二月十九日)正式开局,中国第一家股份制企业正式诞生。

朱其昂既然上任,工作重点就是解决第二层次的问题。这个层次的问题包括招收股本、添置船只、开辟航线、确立体制等多方面,其中确立公司经营的首要问题是招收股本。在这一点上,朱其昂失败了。朱其昂的背景是沙船商人,但是这些商人视近代航运为竞争对手,尤其是轮船对于沙船的大宗业务漕运的争夺,使沙船商人对于轮船经营心存不满。而朱其昂在华商和买办中影响有限,当时承诺投资的胡雪岩和李振玉是旧式商人,对于轮船等新式投资不懂,因此裹足不前,虽然承诺在前,但都临阵退却。所以,招商局开局后很久,招股之事仍没有进展,这迫使李鸿章不得不另择人选,结果是招商局成立不到半年,就开始了改组。

这次李鸿章招募买办商人唐廷枢和徐润入局。应该说,这个思路是对的,唐廷枢和徐润家道殷实,长期从事洋务商业活动,熟悉业务,在洋商和华商中均具号召力。所以,唐徐入局的消息甫一公开,就博得了一片喝彩:"招商局总管委员,今改派唐君廷枢,号景星者,择于六月初一日接事。据闻随带资本并南浔轮船入局营运。而唐君久历怡和洋行,船务亦深熟悉,自后招商局必多获利也。"②

唐廷枢果然不负众望,入局之后,招股之事有突破进展,一年之内,招商局所需1 000股就已足额。从此,招商局经营步入正轨。

唐廷枢入局之后,李鸿章对于体制也做了调整,唐廷枢的职务是总办,增加了商业色彩。组成了以唐廷枢为主,徐润、朱其昂和盛宣怀等人为辅的领导机构。他们的分工是唐廷枢抓总,并且与徐润一道负责招股、添船、揽载,开辟航路,添造栈房等业务活动,朱其昂和盛宣怀负责漕运。应该说这个班子是一个平衡了官民关系、浙商和粤商关系、买办和民商关系的搭配,并且是以商人为主导的,这个班子是堪当大任的。

唐廷枢认定招商局是一个商办机构,他反复强调,招商局为商办之局,应该按照买卖常规办理,谢绝一切繁文缛节和官场作风。这个思想从1873年唐廷枢、徐

---

① 《李鸿章致总署》,《中国近代航运史资料》,第一卷下册,780页。
② 《教会新报》,1873年6月28日,转引自《中国近代航运史资料》,第一卷下册,860页。另外《申报》也有赞颂文字:"唐君阅历外务,洞悉西船运载法制,以此任属之,真可谓知人善任者也。想轮船公事,从此日见起色,其利益岂浅鲜哉。"

润入局开始,到十年后盛宣怀任总办为止,一直被很好地坚持。

(二)招商局创办的文件分析

按照现代企业的规矩,创办一家企业,要有可行性报告,要有股东的合同和公司的章程,还需要更为具体的公司计划,如果需要融资,还要有商业计划书。轮船招商局创办时,还没有这些具体的文件形式,当时也没有传播这些知识的学校,所以,商人和政治家们都是依靠经验做事。具体地说,在企业的创办过程中,面对需要解决的问题,拟定具体文件,这些文件没有特定的格式,需要根据要解决的问题采取不同的方式。但是,把他们当时拟定的各项文件拿出来按照现代的方式细细审读,会发现,这些文件与现代的要求暗合。这说明当时的人们虽然没有受过现代商科教育,但是对于商业问题的解决能力一点儿都不比现代人差。

首先要说明轮船招商局创办的必要性和可行性。这些文件主要是要说服清政府认识到这件事情的重要性,这个事情在今天不难,但是当时非常不易。因为朝廷命官都是受传统的中国经典教育,对于企业和船务一窍不通,何况清廷财政紧张,无力支持这些事业。这就需要对他们进行启蒙教育。这在当时不是商人们能直接从事的工作,需要那些尚属开明的封疆大吏才能做。因此封疆大吏写给朝廷的奏章就成了可行性报告。例如,李鸿章写给总理衙门和清廷关于创办招商局的奏折。这些奏章的写法也很有意思,都是先说原来朝廷已经有了关于这些问题的批复,但是一直办理不利,现在找到了得力之员,可以继续推进了。这是为了减少口舌,好进入正题。否则还需要朝廷先对船务有一个批示,才能进一步上报具体方案。写过这些引子之后,就可以进入正题,说明办理招商局(或者其他企业)的必要性了。最容易说动朝廷的就是军事防务的必要性,刚刚经历了两次鸦片战争和太平天国之乱,清政府对于强化武备有痛彻的认识,很容易就此达成共识。为了强化武备,需要开辟饷源,即所谓裕饷。而开辟新的商务如船务,可以获取利益,并且可以在五口通商的条件下,与外国企业争夺利源,这些理由都是这些疆臣和朝臣共同关心的,既表达了他们的关切,也为新企业创办提供了政治合理性。

我们今天创立一个稍有规模的企业,依然保持着这种习惯,先把国家摆出来,把这个企业在国家中的作用说清楚。一个地方企业也要把这个企业对地方政治经济的影响说清楚才可以。这个传统历时100多年,并没有什么实质性的变化。这一事实,让人们想起诺贝尔经济学奖获得者西蒙和马奇说过的话:"让人更惊奇的不是我们现在知道但过去不知道的事情,而是那些我们曾经知道但已经忘记的事情。"[①]从招商局的案例看,政治和企业活动存在内在联系,而且对于上报的大臣,

---

① 马奇,西蒙. 组织[M]. 邵冲,译. 北京:机械工业出版社,2008:再版前言.

第七章　清末的轮船招商局

企业活动是整体政治活动的一个组成部分,必须从政治上搞清楚才能采取进一步行动。

如果说疆臣的奏折是政治可行性报告,则商人们所撰写的章程就是经济和企业可行性报告了。当时招商局制定了章程,所谓章程,其实就是现在的可行性报告、实施方案和具体的实施计划等多个文件融于一体的文件。招商局创办前后,共有四个章程,一个是容闳起草的,一个是朱其昂和朱其诏[①]起草的,一个是盛宣怀起草的,最后一个是唐廷枢[②]起草的。这四个章程,容闳提出的最早,他虽然是中国第一位美国名牌大学毕业的学生,有很好的学识,但是毕竟商场历练不足。盛宣怀此时对于商务、洋务也并不熟悉,所谓章程可以说是纸上谈兵,即使他的恩师李鸿章也没有当真,这个章程可以说是一个不熟悉商场的人的习作,虽然煞有介事,但是并无实施的基础。如果做一个比喻,盛宣怀的章程与朱、唐的相比,好像一个大学生与一个久经商场的企业家的差别,大学生的作业可以写得中规中矩,但只是作业。朱其昂久经商场,对于船务熟悉,于商务、洋务也有接触,所以章程贴近实际。但是毕竟他对洋务了解有限,对现代企业运行所知较少,因此,具体实施中无法落实。比较起来,唐廷枢的方案作为中国第一个被具体落实的商业企业章程,最具开创性和可行性。与朱其昂的章程相比,唐廷枢的章程主要强调商办。朱其昂强调官办,这是因为朱其昂缺乏融资能力,只能依靠官府,朱的方案也考虑了企业具体运行遵照"买卖规矩",就是说要按照商办企业规则做事,但是实际上,一旦官股进入,这些设想就无法实施了。唐廷枢强调官方不要干涉局务,任由商人经营,这是对一个企业正常运作的最基本要求,并不过分,但是在当时要想达成,也非易事。

唐廷枢的文件包括局规十四条[③],章程八条,还有与徐润共同提出的预算节略。这些文件可以说奠定了早期招商局经营管理的基础。笔者在本书的其他地方还会分析这些章程局规的内容。这里简单说说唐徐预算节略的写法。他们的写法开篇很传统,可以在《古文观止》等古代范文中看到相关的写法:"天下事谋远者不计利,创始者难为功。惟能通盘筹划灼见,功能始善,而又斟酌无弊焉,方可议行。""轮船招商局创千古未有之局,苟非谙练时势,深悉情形者,未免多疑虑。时事变迁,自置轮船招揽货物,以收利权,此正富国便商之要务也。"[④]这个是第一段的写法,从传统很快就转到时事上去了,这些说法虽是套话,但是也反映当时商人们的

[①] 章程原文见《中国近代航运史资料》,第一辑下册,770-775页。
[②] 全文见《中国近代航运史资料》,第一辑下册,846-848页。
[③] 原文见《中国近代航运史资料》,第一辑下册,844-846页。
[④] 《唐廷枢、徐润预算节略》,《中国近代航运史资料》,第一辑下册,848页。

思想状况,至少这些商人是以这些说法来支撑自己的事业的。为自己的行为在家国命运找到一个位置,这是商人们的一个重要支撑力量。这个传统在当代依然延续,可是更多的却变成了套话。但是,这种文件的写法反复提示我们:企业的创建和经营从来不是一个单纯的经济活动,都是与政治存在着或多或少的关系的。这一点在现代的教科书中讳莫如深,商人们只能靠自己的领悟去行动。处理和政治的关系被认为是独门"秘籍",商人们虽然有所体悟,但是从来秘不示人。而这些关系处理往往是在冠冕堂皇的口号之下掩盖着不可告人的行径,这不是处理政治关系的正途。

(三)与洋行之间的价格竞争

1. 近代长江航运中的企业竞争

近代长江航运起步于19世纪50年代,上海开埠后,洋行运作逐渐从广州向中国经济重心江南转移,上海很快就繁荣起来。溯江而上的航运也从传统的木船运输转变为动力帆船运输,近代航运加入到了长江航运中来。徐润和郑观应曾经供职的宝顺洋行是最早介入长江航运的外国洋行,50年代后期,就建立了四艘轮船的船队进行长江运输。当时长江运输没有竞争,因此,宝顺船队获利颇丰,当时水脚,从上海到汉口,每吨货物20两银子,每一个客人则在50两,其所添置的轮船,往往一次从上海到汉口的运输就能够收回成本。

如此高额利润,当然很快就引来了竞争,不过,早期的竞争者都是来自外国洋行。沙逊洋行、广隆洋行和吠礼渣洋行等纷纷加入,最主要的竞争者则是来自美国的旗昌洋行。旗昌洋行的船队甫一进入长江,就引发了激烈的价格竞争。到了1864年1月,汉口到上海的运价为2.5两,7月就降到了2两,宝顺洋行甚至考虑把价格降到1两。在这种激烈的竞争中,旗昌的船队非但没有被宝顺挤垮,反而在1867年收购了宝顺的两条船,从此确定了长江航运的霸主地位。

2. 轮船招商局的航线

轮船招商局在创办之初就以附局之船开辟了上海到广州和汕头的南洋航线,接着在1873年又开辟了到天津和牛庄的北洋航线和长江航线。这些航线的陆续开辟,在洋行垄断的运输市场上打开了缺口,招商局的收入逐年上升,在创立之初的11年中,获得运费收入1 714万两,每年平均收入近200万两。这些收入大部分是从洋行手中收回的利权。到1883年,招商局共有26条船,开出十数条航线。在南洋、北洋和长江三条线路上和洋商展开了竞争。

3. 英美轮船公司针对招商局航线的价格竞争

虽然西方的外交机构对于招商局进入市场表示了礼节性的赞赏,但是作为原来垄断江海航运的旗昌和太古轮船公司,对此却高度警惕,本来相互倾轧的这两家外国公司联手对抗招商局轮船,它们采取高压的竞争手段力图把招商局的业务消灭在萌芽状态。其主要手段就是采取压价竞争的方式力图挤垮初出茅庐的招商局。1873 年,招商局轮船进入长江航线前,太古和旗昌公司轮船的货运价格压低到原来价格的 50%,例如到汉口、九江的货物降为二钱五。而招商局开辟北洋航线后,这两家外国轮船公司的运脚也是大幅度压低,例如到烟台的货物运价从七两降到三两,后来甚至降为一两。太古、旗昌合议水脚,以招商局为共同对手,到了 1875 年,竞争愈趋激烈,洋行轮船客运价格仅为当初的七折甚至五折。

4. 招商局的应对

在激烈的价格竞争中,招商局不仅稳定发展,还逐步壮大,这是出乎洋行的预料的。招商局之所以取得这样的成功,主要的原因有以下几点:

(1)招商局有官方漕运粮食业务和资金的支持。本来招商局是中国企业,虽属商办民营,仍有政府背景,所以,在李鸿章的筹划下,政府给了招商局多方面的支持,其中最主要的是漕运粮食的业务由招商局垄断。

在中国,由于南北朝之后经济中心和政治中心的分离,每年都有大量的粮食由南方向北方的政治中心转运。明清时代的粮食运输主要是经过运河,但是到了清末,运河缺乏治理,运输能力大幅度下降,加上黄河决口,壅塞运河。恰好轮船运输兴起,所以,清政府由招商局开始,把漕运改为由海运进行。这就使招商局有了稳定的收入来源,因为这项业务是政府垄断,所以代表官府的盛宣怀和朱其昂负责此项业务。这使招商局在竞争中占据了先机。按照现代的观念来看,实际上这是政府对招商局的一种暗中补贴。

(2)招商局的总办唐廷枢和会办徐润长期从事轮船运输,不仅对于轮船公司的经营管理颇有心得,而且原来在洋行就是负责揽载,业务熟练,加上在商民中的号召力,所以揽载之事较洋行更为方便,加上招商局的成本较低,这些都是使招商局在竞争中能够取得优势的原因所在。

(3)轮船招商局的招股成就显著,起点高,在经营长江和近海航线的各家企业中是船只数量最多的企业,共 16 艘,仅次于旗昌轮船公司的 17 艘,较之太古的八艘、怡和的七艘远多。这也是轮船招商局在竞争中取得优势的一个原因。另外招商局附股创立保险公司和投资开平煤矿,都对招商局的经营产生了正面的影响。

由于竞争中的这些优势,所以,虽然招商局的官利大,成本高,但是在竞争中还是取得了优势,不但没有被竞争挤垮,反而成为了竞争中的佼佼者,最终挤垮并且收购了最大的竞争对手旗昌公司。

招商局与旗昌和太古在航运中的竞争是中国最早的价格战,给我们观察原始形态的市场提供了一个不可多得的价格战样本。论者常常把外国洋行船队对招商局的价格战上升到民族和政治的高度来认识①。其实,在招商局进入船运业之前,在南北洋航线和长江航运中,外国企业之间也一再发生激烈的价格战。前面已经介绍了外国企业之间的价格竞争,由于竞争残酷,所以到了1867年,旗昌洋行和怡和、宝顺之间曾达成过协议,几方之间划分线路、议定水脚分成制度。到招商局船队进入航运市场前,怡和、旗昌之间的价格竞争一直没有停止,在旗昌的降价竞争压力下,怡和不得不在1873年退出长江航线,旗昌取得了这场价格战的胜利。而这正是招商局轮船起航之年。可见,这种价格战可以视为企业之间的竞争,不必上升到政治高度来认识。当然,这不意味着在市场和企业活动中没有政治,相反,至少在中国近现代史上,企业活动一向不仅是市场活动,从来都是政治活动的一个部分。企业可以脱离政治,但是政治一直在影响企业。其实无论旗昌还是太古,一开始采取残酷的价格战的目的是挤垮刚刚进入市场的招商局。在一个初级市场上,除了价格之外,其他的竞争因素如品牌、服务还没有被有效地掌握和开发,因此,早期企业就在价格这个单一维度上展开竞争,并且价格战发动者的目标很明确,就是以此手段把竞争对手驱离市场。虽然当时的信息传播手段远不如当今,但是,可以看到作为用户的货主在运输企业的价格战中有了更多的选择空间,并且有了更大的收益。而作为竞争对手的招商局实际上没有太多选择,只能跟随降价。

在今天的市场中,价格战依然是一种常见的竞争手段。最近这些年我们看到过电器的价格战,近年来还看到了电商的价格战。很多人指责这种价格战是无序竞争,实际上,这是对市场经济的不理解,市场所有的竞争最终都会归结为价格竞争,而价格战是价格竞争的一个极端形式,是最残酷的形式。还有一些专家武断地给企业出谋划策,说价格战的应对是多样的,可以通过开发新产品和提高品牌的影响力来规避价格战。这是纸上谈兵,实际上面对价格战,短期选择只有一条,就是跟随降价,除此之外,其他的手段在短期内都是无效的。

(四)收购旗昌轮船公司

在航运竞争中,旗昌轮船公司由于经营原因,由早期的盈利到1875年已经陷入亏损,股票价值也大幅度跌落。由于旗昌公司使用木质轮船,既不能与铁质轮船为主的太古洋行竞争,也不能与受到官府和民间共同支持的招商局竞争,加上美国国内出现的投资热潮,使旗昌考虑出售所有财产。

1876年,唐廷枢、徐润和盛宣怀就曾向李鸿章请示收购旗昌的事宜,但是没有

---

① 这涉及当时中外企业竞争平等还是不平等的判断问题。在这个问题上,学者们存在着不同认识和判断。一些学者认为中外企业竞争是不平等的,因为外国企业依仗了不平等条约和自己的资金技术优势,但是,也有学者的结论相反。相关的争论小结可以参见高家龙《中国的大企业》(商务印书馆)一书6—7页。

受到李鸿章重视而被否决。此后,旗昌公司股票大幅度跌落,使旗昌决心尽快歇业,所以通过中间人向徐润接洽,打算以 256 万两的价格出售轮船、栈房和码头等全部资产,并希望尽快成交。徐润认为要价太高,招商局无力购买,旗昌急于出手,主动提出减价至 222 万两,并且主张先付 100 万两,其余同意分期付款。徐润觉得有利可图,先付了 2.5 万两定金,然后携同唐廷枢和盛宣怀到南京向沈葆桢汇报此事,陈述利害。在这个问题上,出身买办的唐廷枢和徐润与出身幕府的盛宣怀虽然意见一致,但是都有担心,只是所担心事情不同,唐、徐担心收购的巨款难筹,而盛宣怀担心收购之后揽载困难,竞争更趋激烈。

针对盛宣怀的担心,唐、徐给他解释,对于经营,他们有把握,由此消除了盛宣怀的疑虑并通过他消除了沈葆桢的顾虑。唐廷枢、徐润、盛宣怀向沈葆桢递交正式报告,首先列举了收购的弊端,并指出这些均不足虑,认为在克服困难之后,此事必成,而且是招商局转机的关键。沈葆桢果然解决了 100 万两的筹款任务,加上商人入股,凑齐了收购的 222 万两价款,于 1877 年初,唐廷枢代表招商局与旗昌公司草签合同,2 月 12 日,签订了正式合同,除了收购全部财产之外,还保留了几乎全部员工,并且承诺遵守旗昌与其他公司的合同。3 月 1 日,旗昌的产业正式换旗。中国近代史上第一次企业收购正式完成。虽然对于这次收购史家褒贬不一,但是主流还是认为利大于弊,主要收益是增加了局产,增强了招商局的竞争能力。

(五) 与太古公司的齐价合同

1. 招商局所签的齐价合同

其实招商局在竞争中的最不利之处就在于招商局采取的经营方式。招商局采用的是旧式的核算方法,入局股本每年都分配官利,也就是无论企业亏盈,到了年底,都要按照股本分配一定比例的红利,股本等于贷款。何况早期政府为了支持招商局,投入了不少资金,加上收购旗昌时,政府投入 100 万两,这些借款股本每年的官利高达数十万两。换言之,招商局的资金成本远高于太古等外国轮船公司。

太古公司借此采取拼命压价的竞争策略,但是,招商局从容应对,你一怒减价,我就乐而跟随。不仅如此,招商局甚至依仗根基稳固,主动出击,把上海的吞吐货物的价格从四两减为七钱。这样一来一往,太古和招商局两败俱伤,渐渐都感到气力不支。为了避免与太古公司的毁灭性竞争,双方终于在太古的求情下开始了谈判,并且正式签订了齐价合同。合同为期三年,约定在长江、宁波和广东内河瓜分利益。所谓齐价合同,就是双方约定,按照一定比例分配总收入,这样就可以避免企业之间的价格竞争。合同签订后,长江客运价格上涨。唐廷枢上禀李鸿章:"来年生意,起色可期。"

当时的齐价合同规定,长江航线招商局六船,太古四船,水脚按招商局五五,太古得四五之数分配。宁波口岸第一年招商局专走,第二年太古分走,水脚也按55%和45%分配。合同1878年1月1日(光绪三年十一月二十八日)开始执行。

在与太古的合同签订之后不久,在唐廷枢的撮合之下,招商局又与唐廷枢的老东家怡和公司签订了齐价合同。三家企业瓜分天津、长江、福州、宁波和温州等的运费。各口岸分配调整如表7-1所示。

表7-1

	招商局	太古	怡和
天津口岸	44%	28%	28%
长江口岸	38%	35%	27%
福州口岸	50%	50%	
宁波口岸	50%	50%	
温州口岸	独走		

随后招商局又与禅臣就广东船运达成协议。

2. 关于齐价合同的评价

当时唐廷枢禀报"事得其平,不致偏累,来年生意,或可起色"。李鸿章的评价是:"所定各条,甚为明晰公允。"

齐价合同在今天肯定是受到严格限制的措施,但是在那个时代是寡头之间避免竞争的一个手段。尤其是轮船招商局作为一个收取利权的民族企业,通过齐价合同可以使在竞争中艰难支撑的经营局面为之一振,取得了喘息之机。

不过,在合同签订不久,怡和、太古等外轮公司就开始了对合同的破坏。史家对此多有评论,但是这些行为从经济学的角度看是一个可以说明寡头垄断不平衡的典型案例。从19世纪的古诺开始,寡头竞争的理论一直是经济学中一个持续不断的争议题目。在1870年前后确立了新古典经济学的一般均衡模式之后,对寡头行为的研究就已开始,但是,直到20世纪30年代罗宾逊夫人和张伯伦分别发表对垄断竞争和寡头的研究成果,这个研究才取得突破性进展,而当代的博弈论研究,把这些寡占行为的研究推向深入。不过,这些研究都是探索解释性的模型,而商人们在实践中,对这些竞争的行为和后果早就有了自己的体认。

由于合同在执行中很快被打破,所以,随后几方又不断地竞争,协商,再竞争,再协商。1884年,唐廷枢趁出国访问的时机,把怡和、太古洋行的行东从国外请来,在上海签订了为期六年的齐价合同。此后这种做法延伸到了中国电报局和其他公司中,成为当时处理竞争的一个通行的手法①。

(六) 中法战争期间的换旗事件

1883年年初,中法战争一触即发。法国开始在中国沿海进行骚扰,承担了运输任务的招商局船也受到侵扰。1883年年初,法国人占领了招商局在越南海防的栈房。唐廷枢出访欧洲的时候,在巴黎向法国政府进行了交涉,并且在法国报纸上发表文章阐明真相,但是没有结果。随着中法之间的战争阴云密布,法国公开扬言遇船劫夺。招商局不得不考虑战争期间的局产保留问题。当时招商局恰好处于人员大更换的时期,徐润因为拖累局产被弹劾,唐廷枢被调往开平矿务局,郑观应调往粤东办理军务,盛宣怀在天津。当时只有马建忠在招商局主持工作。

马建忠敦请英国律师担文查阅国外法律,觉得战争期间转寄资产是一个可行的建议。这个建议得到了李鸿章的赞成。然后就是考虑寄存的东家,考虑到英国法律严苛,有不便之处,最终选定了美国旗昌洋行。旗昌也同意以525万两白银转寄招商局产。中间虽经周折,但是最后于1884年7月29日达成协议,8月1日正式换旗。

由于换旗必须秘密进行,当时知道此事的人很少。所以换旗之后,清政府严厉斥责李鸿章"未经具奏,殊属非是",要求立刻收回。招商局股东更是不知就里,相约到招商局质问马建忠,马建忠百口难辩,只能是隐匿不见。

这件事情当时引发了极大的争议,但是史家对于此事却是意见一致,认为这种做法在战争期间是一个变通做法,也是一个万全之策。

在清廷严旨催逼之下,战争又已接近结束,李鸿章让刚刚走马上任、作为督办的盛宣怀收回招商局产。谈判从1884年11月开始,直到1885年5月17日才达成收回局产的协议,规定从1885年8月1日换旗。但是收回的过程与售卖的过程相比,至今还充满了争议,主要有以下几个问题,一是旗昌的敲诈勒索,索取2.5万两酬劳,他们还要求作为招商局的总办并要求作为李鸿章国外军火买卖的代理。后面的要求实在无理,被招商局拒绝。但是2.5万两白银是付出了。这一直被史学家称为敲诈。另外一个就是盛宣怀为了赎回招商局,向汇丰银行借款20万英镑,条件苛刻,不仅年息七厘,招商局各项财产和账务也要对汇丰公开,一旦发生问题,汇丰可以直接通过划拨招商局产来弥补损失。这是备受后人诟病的。

---

① 关于旗昌洋行与其他长江航运公司的价格竞争,聂宝璋在《中国买办资产阶级的发生》一书第二章,做了资料丰富的详细描述,可以参考,根据这些资料可以做非常好的模型分析。

二、官督商办时期的轮船招商局

(一)招商局官办和商办的争论

招商局的办理方针从一开始就存在争论,朱其昂的方案本来是一个官督商办的方案。但是所依靠的浙江商帮对此心存疑虑,不仅没有鼎力支持,反而在关键时刻撤伙,导致了朱其昂方案的失败。随后,李鸿章邀请唐廷枢和徐润参与招商局改组,他们提出的是一个比较完整的商办方案,随着二人的加入,他们在商界的号召力发挥了作用,招股一事进展顺利,商办方案既起了作用,也因此被李鸿章所接受,所以,19世纪70年代,成为招商局一个完整的商办时代。

不过,在这个时期,也存在着关于商办和官办的争论和权力斗争。从外部看,商办企业在当时还没有先例,因为招商局有政府背景,所以各个官员难免视其为政府产业,纷纷想插手其中。另外,在招商局内,盛宣怀作为官方派遣的会办,一直不安于这个助手位置,希望能够把招商局掌握在自己手中。他认为唯一的办法就是把招商局变为官办企业,所以,招商局的官办商办争论,其实是内部的商人和官员权力争夺的反映,是利益之争。虽然是利益之争,但是,也有是非存在,应该说,唐廷枢、徐润一直是按照商办企业的经济原则处理问题,与盛宣怀把企业视为自己的私人机构的做法相比,更符合企业的办理原则,也代表了股商的利益。

从1879年开始到1884年为止,关于招商局商办官办的争论发生了三次,三次的起因不同,结果不同,但是每次都能够看到盛宣怀在其中的恶劣表现。

第一次是叶廷眷于1879年上书李鸿章,对于招商局经营提出了批评,并且提出了变商局为官局的建议。叶廷眷本来是唐廷枢和徐润的同乡,但是前者在官,后者在商,对问题的看法产生分歧在所难免。何况以官员身份参与企业,叶廷眷的议论难免流于空疏,所以,他的批评当时没有引起局内太大的动静。但是叶廷眷的批评确实引起了唐廷枢的注意,他在招商局内根据情况做了一个动作比较大的改革,并且取得了良好的效果,但是招商局外部的议论还是很强烈的。

首先是舆论界的反映,例如当时的王韬就曾在媒体上对招商局提出过批评。

另外就是赫德代表总税务司发出《谨拟招商局条陈》,对招商局的经营和资产状况进行了全面评估,对于招商局做了很多负面评价,不过他认为原因是招商局领导历练不足,主要问题是滥搭水脚、任用私人两个方面。但是,赫德的方案明显有私人打算,希望以洋人和税务司来参与经营,自然不会取得李鸿章的同意。

1880年年底,以王先谦上奏对于招商局经营提出批评为契机,重提招商局官办的问题,引发了第二次关于商办官办的争议。王先谦的奏折主要是对于招商局经营成果的去向提出质疑,认为在叶廷眷掌握招商局的短短几个月内,招商局就能归还官款,而此后经营形势更好,但是却迟迟不归还官款,因此,他认为这些成果都已经被招商局总办唐廷枢等人所私吞。另外,他建议官款转为官股,把招商局变为官局。这次上奏引发了刘坤一对于招商局的清理和整顿,市面上充斥了关于招商局变为官局的建议。但是这次整顿恰好面临招商局十年来最好的经营形势,所以,最后的结果是唐廷枢、徐润的管理架构和结果获得了南洋大臣的肯定,反而是盛宣怀受到了弹劾,不得不退出招商局,官办之议也暂时平息。

(二) 商局变为官局

1883年,上海发生了中国近代第一次经济危机,出现了倒账风波。徐润因为地产投资失败,牵连局务,李鸿章札委盛宣怀重回招商局稽核维持。盛宣怀名正言顺地把招商局的领导班子遣散,独掌了招商局大权。盛宣怀掌握大权之后,对于原来李鸿章的章程重新加以解释,把招商局变成了官督商办的企业。原来李鸿章对于招商局有一个说法:"由官总其大纲,察其利病","所有盈亏,全归商人,与官无涉。"①对于这个方针,唐廷枢有一个自己的解释,核心就是招商局为商本商办的企业。所以,虽然官督商办的说法从招商局成立就存在,但是所谓官督一块从来就是一个虚词,至少唐廷枢等人是没有认真对待,而商本商办一事却是非常认真地被坚持。但是盛宣怀掌握大权后,重新解释了官督商办,核心是两句话:"非商办不能谋其利,非官督不能防其弊。"换句话,就是一定要把商人置于官府下面认真监督,由商人去赚钱。盛宣怀公布了《用人十条》②,对于招商局用人问题提出了自己的系统方针,举其大要为:督办为官府委派,会办向督办报告工作,受督办辖制,总局根据业务和管理分为八股,由帮办董事负责。这样,招商局就由一个商局彻底变成了一个官局,从此走上了不同的发展道路。这是商办时期第三次也是影响最大的一次争议,最终导致商办时期的结束,官办时期的开始。

(三) 业务发展

招商局的业务在漕运和揽载方面继续平稳发展,局外投资大量增加,这是盛宣怀创办近代企业的需要,也是他通过这些手段扩大自己的资本的一种做法。

在官督商办时期,不仅管理方式发生了变化,而且业务方针也发生了变化。早期唐廷枢等人开辟的远洋航线逐步停办、业务丧失,而内河航运则逐步扩展。虽然后者有和洋行竞争的意味,但是前者确实导致我国丧失了挽救外贸平衡的最后机会。

(四) 袁世凯争夺招商局所有权

1885年之后,招商局一直在盛宣怀的掌握之中,期间虽然经历甲午战争之后

---

① 《李文忠公全书》,第20卷,33页,参见《中国近代航运史资料》,第一辑下册,782页。
② 见《中国近代航运史资料》,第一辑下册,888页。

的波动,但是,盛宣怀确实长袖善舞,很快就取得了新任北洋总督王文韶的信任。他试探王文韶,说是招商局股东主张商办,王文韶马上回复,商办之事免谈,继续官督商办,盛宣怀名正言顺地继续担任招商局的督办。但是1901年后,李鸿章辞世,袁世凯任直隶总督,署北洋大臣。同为李鸿章门生幕僚的袁世凯和盛宣怀之间为了轮电二局争夺,发生了矛盾,并且这个矛盾在此后一直存在于两人之间。

李鸿章辞世后,恰好盛宣怀父亲病逝,按律盛宣怀归沪守制,户部想趁机把本属于北洋大臣的轮电二局收归户部。对此,盛宣怀提出,招商局督办向为北洋大臣札委,视同差事,不是常任职务,因此户部不能收回。他请袁世凯出面,本来是希望袁世凯帮助他保住轮电二局,但是新任总督大人却趁机把招商局从盛宣怀手中夺走,任命了自己的亲信任招商局督办,并且以国有化为名把电报局也委任了自己的亲信。从此就种下了盛宣怀和袁世凯之间的矛盾。

(五)招商局第一次股东大会的召开

严格地说,招商局从第一次唐廷枢等人改组开始,就是一个股份有限公司,但是还保留着某些前现代的特征,其中最主要的就是官利制度和官督制度。不过这只是从制度上看的,另一个方面,从精神层面看,当时的股东没有现代的股东意识,这是一个根本性的问题。在招商局之前,中国只有合伙制的企业,这种匿名的股份有限公司是招商局体制对于中国社会的最大贡献。尽管此前也有很多外国公司采取这种体制,但在中国,招商局是第一家这样的企业。由于招商局举办成功,股份有限公司也被社会广泛接受。股东意识的成长是19世纪末中国市民阶层精神成长的重要方面。其中最主要的外在表现是股东作为企业所有者对于企业投资的权利主张。轮船招商局股东大会的成立就是在这种背景下出现的。

但是在轮船招商局股东大会的召开问题上,还有另外一个重要的因素就是袁世凯和盛宣怀对于招商局权利的争夺。盛宣怀对于袁世凯夺走招商局耿耿于怀,一直在寻找机会把招商局夺回到自己的势力范围中来。这个条件不是一下子成熟的,而是一点点积累的。1906年,清政府改革六部体制,废除实行了几千年的六部制,建立了邮传部等现代部门,盛宣怀被委为邮传部侍郎,就是副部长,为他夺回招商局提供了基础。1908年,在慈禧太后和光绪帝辞世后,袁世凯被贬斥回家,这样盛宣怀夺回招商局的条件就成熟了。但是当时的邮传部尚书是徐世昌,他是袁世凯的死党,他主持邮传部之前,邮传部就有了把轮电二局国有化的议论,并且已经在1908年对电报局进行了国有化。此后招商局的国有化问题也提上了议事日程,而为了夺回招商局,首先就要制止招商局的国有化。

1909年3月,盛宣怀以招商局归商办的名义,联络身在广东的郑观应,通过他召集广东股商,联名申请招商局商办,并要求按照公司法召集股东大会,讨论招商局到部注册,申请商办事宜。同年5月,郑观应在上海设立股东挂号处,负责股权登记事宜,很快就有2.4万股挂号。1909年8月13日,招商局在上海召集第一次股东大会,出席人数723人,代表股数31 164股。会上选举了董事会和查账员,盛宣怀为主席,其余董事均为盛宣怀亲信,盛宣怀在招商局的权利争夺中取得了胜利。会议决定要到邮传部注册,并且在次月制定了招商局章程。郑观应高调到北京赴部注册。邮传部对招商局的章程提出了实质性的批驳,对于注册申请也是不理不睬。这迫使招商局在第二年的股东大会上继续提出注册问题。邮传部提出的管理体制当然不是商办企业,而是招商局商办隶部,实质上是盛宣怀长期采用的官督商办的变相做法。1911年,盛宣怀担任邮传部尚书之后,更加肆无忌惮地把商办隶部解释为官方掌握。实际上无论是袁世凯的国有化,还是盛宣怀的商办隶部,都是出于私心的做法。这种争夺使招商局官气日足,效益下降,千疮百孔,濒临破产。

（六）小结

招商局在清末40年历史中,主要可以分为唐廷枢和盛宣怀两个时期。前一个时期招商局处于初创阶段,又是少有的商办时期,所以业绩蒸蒸日上。但是在盛宣怀时代,公司走向了官僚化,经营不善,最后沦为官方的提款机和盛宣怀的私人银号。在盛宣怀和袁世凯的争夺中,招商局结束了在清朝的历程,其中龌龊,不一而足。

三、轮船招商局的管理

（一）招商局的两任管理团队

招商局从1872年建立,到1911年近40年的历程中,主要可以分为唐廷枢和盛宣怀两个时代。以这两个人为核心,先后主要是两个管理团队在管理招商局,在成立之初,朱其昂也短暂管理过招商局,在后期,盛宣怀曾在1902年至1906年失去了几年管理权。但是,他一直保留着对于招商局的影响,后来又重新夺回了对于招商局的管理权。因此,说招商局在清代的历史就是唐廷枢和盛宣怀的历史,在某种程度上并不为过。

1. 唐廷枢时代的管理团队

唐廷枢是在轮船招商局已经成立半年以后招商运营不利的情况下,出任招商局总办的。当时的管理团队包括四个会办,分别是朱其昂、朱其诏、盛宣怀和徐润。这些人的分工明确,角色搭配得当,是一个互补性很强的管理团队。

总办唐廷枢在海关工作多年,然后下海到洋行。作为买办,因为他的出身和经历,是少数可以和外国官员及商人平等交流的中国商人,因此在商民中有很高的威望。可以说,他做招商局商总办是众望所归。他的出山使陷入困境的招商局招股之事立刻出现了转机。

其他四个人也是一时之选。朱其昂、朱其诏是沙船商人出身,熟悉漕运和船务,由于沙船的民间性,所以他们和民间商人也有天然联系,与官府打交道也有一定的经验。并且,二人作为江南商人,在江浙商帮中有广泛的影响,这样可以联络江浙和民间商人中的招商事宜。

徐润是买办出身,和唐廷枢一样,是中国最早涉足现代轮船运输的人,属于广东商帮,因此在买办商人和广东商人中有广泛的影响,并且熟知现代航运,尤其是熟悉揽载业务。他本人就是殷实商人,带巨资加入招商局,很长时间一直是招商局的最大股东之一,前后投入资本高达48万两。显然,徐润对于招股是做出了非常大贡献的,在招商局此后的经营中,唐廷枢长期出差,到处奔波,日常局务主要依靠徐润主持,所以,他实际上是作为常务副总在工作的,并且一直成效显著。

盛宣怀是一个代表官方的人,虽然此人劣迹斑斑,但是沟通官商方面,常常能够起到别人起不到的作用,这是因为他有官方作为后台,而且熟悉官府运作的程序和情况。例如,在招商局收购旗昌的问题上,他说服南洋大臣,就是因为熟悉官方语言和资金运作方式,做出了很大的贡献。

早期招商局的运作,主要是要解决招股问题,在业务运作上,主要是揽载,另外就是清政府支持招商局的漕粮运输。在招股问题上,对象主要是粤商和江浙商帮,也需要政府方面的支持。因此,这个管理团队可以平衡各方面的利益,也可以和各方面联络,从而使该管理团队成为一个比较稳定的团队,当中只有盛宣怀不时地制造一些麻烦。对这个管理班子,李鸿章曾有一个中肯的评价:"在事五人,本极一时之选,各有短长。景星初尚专壹,自雨声招令入闽后,渐涉纷鹜。两年以来,局事最为纷鹜。徐雨之独立撑撑,艰苦万状,而粤人性愎不受谏诤,同事多与崎龁,然无雨之,则已倾覆。昨来津辞差,未敢遽允,并催令景星回南襄助。……挂名祇盛杏荪、朱毅甫,倘再求退,可否听其自去,免致意见歧出,风浪暗生。"①几乎同时,李鸿章在一封信中叙述招商局内部情况时,指出了盛宣怀不断在上告唐、徐,作为有经验的大臣,他看出了其中问题:"局中如唐、徐、朱,近均和衷。惟杏荪多崎龁,亦久不与闻局务矣。"可见当时的领导班子还是可以和衷共济的,只有盛宣怀为一个是非之人。

1878年后,班子内部有一些小的调整,朱其昂去世,叶廷眷入局为会办,时间

---

① 《李文忠公全书·朋僚函稿》,17卷,41-42页。

很短,因为他是纯粹官员出身,不熟悉商务,到任之后,横挑鼻子竖挑眼,看哪里都不是,搞得招商局内部意见纷纷,李鸿章也很头疼,最后干脆裁撤他的职位了事。没成想,这个叶氏在官场上有些根基,到处散布关于招商局的看法,引发了对招商局的弹劾浪潮。最后把盛宣怀搞得狼狈不堪,退出招商局。唐廷枢虽然回来主持了一段工作,但是,终究是开平矿务局也需要人,所以不能全力以赴,最后,保举了同是买办出身的郑观应入局会办。郑观应可以沟通官商和浙粤商帮,又熟悉揽载业务,也算是得人。

这个班子一直维持到1883年,徐润因为投机地产失败破产,最后不得不退出招商局,盛宣怀得到了梦寐以求的督办职务,把元老都排挤出招商局。招商局改朝换代,进入了盛宣怀时代。

2. 盛宣怀时代的管理团队

盛宣怀是1885年在查办徐润之后接任招商局督办职位的,从此,就成了招商局的掌门人。虽然在官场上,他的职位变来变去,但是对于招商局督办这块金字招牌,他是从不放手。督办和总办不同,总办是商人担任,只是内部的工作职务,而督办则是官方委派的。实际上清朝的官员,职务分为两种:一种是官职,正式纳入政府的官僚体系的编制之内;一种是差事。前者如总督、巡抚之类,后者就是临时职务或者特殊职务,我们常见的钦差大人就是差事。据盛宣怀说,招商局督办就是差事。所以,督办就是政府的官员到企业担任职务,只是这个差事最后变得比政府中的职务更加稳定。

早期的班子除了盛宣怀之外,还有就是马建忠和谢家福两个会办。马建忠也是官府里面的人,曾经出国到欧洲留学,在法国参加过会考,并且在巴黎政治学院取得过学位,受过系统的西方文科教育,熟悉洋务。在徐润离局后,实际上是马建忠在主持招商局工作,中法战争期间的招商局换旗就是马建忠操办的。由于也是李鸿章的幕僚,和盛宣怀的背景相近,因此,被盛宣怀视为对手,在招商局中备受排挤,盛宣怀罗织罪名,很快就把马建忠搞得灰溜溜的,几年以后被李鸿章调任去组建织布局,从此退出了招商局。谢家福是苏州人,曾参与津沪电报的创办,是苏州分局总办,后担任总局提调,因此和盛宣怀熟悉,被荐入招商局担任会办。谢家福虽然和盛宣怀熟悉并且在盛宣怀之下做事,但是对于招商局的运作还是有自己的体会和见解,他主张在盛宣怀长期不能到任的情况下,招商局还是应该设立商总,以主持工作,这样也符合官督商办的意思。但是这恰好是盛宣怀的心病,他不愿意大权分散,更不能容忍大权旁落。而谢家福竟推荐徐润做商总,这更是盛宣怀所不能接受的,最后谢家福出局。

沈能虎是随后在招商局任职最长的一个人物,还有就是三次入局的郑观应。

从管理上看,盛宣怀时代的管理方式是分工负责制。盛宣怀把招商局的管理机构按照业务和职能分为八个部门,然后把会办和商董进行分工,每个人负责其中一两个部门,这些人之间互不统属,但是相互制约,所有人对督办盛宣怀负责。这种管理方式是官僚的方式,不是企业的方式,不符合行政组织体系的统一指挥原则。另外,与唐廷枢时代相比,缺少了股东议事机制,股东们没有了发表意见的途径,这就导致了官督商办的机制里,官方的色彩大大加重,商人处于敢怒不敢言的地位。这个官督商办实际上满足了那些官僚的一己之私,拖延了中国近代企业的发展。

盛宣怀时代的管理团队缺乏稳定性,并且以官僚为主,不仅如此 盛宣怀还把官场的倾轧作风带到了招商局。他为了控制招商局,挤走马建忠,有意扩大沈能虎和马建忠之间的矛盾,并且派沈能虎监视和报告马建忠的行动。这些都不是正常企业管理的做法。不过,官办企业中,最高领导也无法直接挑选自己的团队成员,所以,盛宣怀的做法也是一种处理方式。虽然是一个倒退,但是作为一个历史现象,在现实社会中依然可以看到,所以具有标本意义。

(二) 招商局的管理职位和名称的含义

1. 轮船招商局的名称

轮船招商局的局字,带有某种官僚色彩。其实当时汉语中已经有了公司的名称。但是,早期的官办或者官督商办的企业,似乎都叫局,这不是偶然的。江南制造局、轮船招商局、中国电报局、开平矿务局、上海机器织布局等的局字带有很明显的官僚色彩,是符合这些官办和官督商办企业的性质的。对此,郑观应在《盛世危言》中有一个解释:"案西例,由官设立者谓之局,由商民设立者谓之公司。总理公司之人即由股商中推举,才干练达股份最多者为总办。初未尝假于官,官特为保护耳。今中国禀请大宪开办之公司,皆商民集股者,亦谓之局,其总办或由股份人公举,或由大宪札饬(凡大宪札饬者,无论有股无股,熟识商务与否,只求品级高,合大宪之意者)。皆二三品大员,颁给关防,要以札副,全以官派行之。位尊而权重,得以专擅其事,位卑而权轻者,相率而听命。公司得有盈余,地方官莫不思荐人越俎代谋。"①

2. 督办、总办、会办和帮办

孔子曰:"名不正则言不顺",所以,"必也,正名乎"。追寻招商局和其他相关企业的职务名称是很有意思的事情,从中可以见微知著地了解这些企业管理体制和管理风格的变化。招商局设立之初,朱其昂为总办,这时候的招商局是官局,总

---

① 《盛世危言·商战二》。

办也就是代表官方的。按照朱其昂的方案,在总办之下,还设有总执事一职。总办和总执事的性质不清晰,朱其昂当初是设想让总办由大宪直接委任,代表官方,总执事之下为总办委任,代表商家。这也是因为朱其昂想在官场上谋得一个位置,不过他的能力不足,未能实现这个愿望。

在开业半年以后,招商局就进行了改组,唐廷枢和徐润入局,招商局变成了一个商局,虽然唐廷枢接任的是朱其昂的总办职务,但是由于招商局从官局转为商局,唐廷枢的这个总办也就成为了"商总"①,这个商总虽然不是正式职务称呼,但是显示了唐廷枢这个总办不同于朱其昂的地方,唐廷枢是代表商人的。这一点李鸿章很清楚,他说到请唐廷枢的缘故,指其"贸易有年,声望素著,经理极熟,是以禀请入局,以固商情"②。所以他这个总办是代表商股的。在很长时间内,招商局只有这样一个实际负责人,其他的几人如朱其昂、朱其诏以及徐润和盛宣怀,各负其责,均为会办,就是副总经理的角色。后来张鸿禄与郑观应先后被任命为帮办,这应该是指企业中辅助高层管理的职务,近似于现在的总经理助理。

各地分局早期都是选用"商董"充任,大部分人非唐即徐,被指任人唯亲。

1883年,盛宣怀如愿地排挤了唐廷枢和徐润之后,接任了梦寐以求的总办职务。但是他不满足于这个职位,最终奏请李鸿章,当起了招商局的督办职务。从名称上就可以知道,这个职务代表的不是商人,而是官府。随着他在这个职务上的履新,轮船招商局最终从一个"商局"转化为了一个"官局"。

(三)招商局的总分局管理体制

轮船招商局刚开始建立时的名称是招商总局,既称总局,至少有设分局的打算。轮船运输的特点就是在地理空间上的移动,到哪里都需要有立足之地,因此,设立分局几乎是随着业务发展的必然趋势。果不其然,轮船招商局在天津、牛庄、烟台、福州、厦门、广州、汕头、宁波、镇江、九江和汉口以及国外的很多城市设立了很多分局。

四、招商局的体制与企业精神成长

企业精神成长是企业与市场成长的一个重要方面,需要从不同的侧面加以分析。对于企业精神成长的作用可以有不同的评估,至少在现代企业的发展中,企业

---

① 商总的名称屡次出现在正式文件中,同治十二年七月,李鸿章札委盛宣怀为会办的文件中就明确说:"候选同知唐丞廷枢,熟悉商情,派令该丞驻沪作为商总各在案。现在唐丞司职总,时须亲往各口分局,商办一切。"《中国近代航运史资料》,第一辑下册,836页。

② 《李鸿章札饬候选同知唐丞廷枢》,1873年6月4日,招商局档案,468-2/5。

精神是其发展的一个反映,同时对于企业的发展也有重要的支撑作用。

按照韦伯的观点,企业精神包括企业家精神的成长和近代的职业意识的成长,尤其是职业员工意识的成长。另外,作为对于韦伯观点的补充,股东意识的成长也是企业成长的一个重要的外部条件。

(一) 企业家精神的成长

盛宣怀时代,企业家成长空间逐步丧失。虽然盛宣怀承担了如筹资等一些企业家职能,但是这些职能是其作为官员谋取私利的一个附带职能,是从属于其政治职能的。因此,他的作为是不能作为企业家那样来对待的。

其他如郑观应、谢家福、严潆等人,虽然是商人出身,而且是作为企业家进入招商局的,但是在当时的管理体制之下,这些人更多的是作为官办企业的职业经理人来从事管理的。而企业家所具有的承担风险职能在这种企业中基本丧失了,即使留存少部分也是处于官僚企业的从属地位。这些实际上是阻碍了企业家和企业家精神的成长。

(二) 职业意识的成长

招商局当时的管理人员都是由股东推荐的,本来就有投资之后职务分红的含义,这是对股东的回报方式之一。相似的做法还有官利制度,没有收入,首先固定分红。这些制度并不符合现代商业原则,但为了吸引投资,不得已采取这些措施。这样,进入公司的管理者大部分都有背景,但是大部分又都不懂管理,他们进入企业的主要目的是为了拿薪水,有一份稳定收入。加上招商局有官方业务,官方更会推荐一些完全不懂企业的人进入,导致企业管理混乱。这些人没有商业与管理知识,更主要是没有企业员工或者管理者的职业意识。位高者飞扬跋扈,位低者贪赃枉法,企业管理完全靠最上层几个商人勉力维持。而职业意识的发展要靠长期的锤炼才有可能。

当时招商局在各地分公司负责人都是商人担任的,这些人更像是独立商人,而不是分支机构的雇员。早期管理混乱,经1878年的整顿之后,开始采取了承包制,按照各地的水脚逢百抽五,作为经费,除此之外,不得再侵吞局款。这在一定程度上改进了财务混乱的局面,但是,这种做法对于职业意识的培养没有任何作用,反倒使公司一盘散沙,难以聚拢了。

(三) 股东意识的成长

股东意识是股东对于自己权利主张、运用和保护的意识。在资本主义制度的发展中,股份有限公司是一个重要的形式。股份有限公司使企业的发展脱离了单纯依靠亲友来进行投资的模式,把集资范围扩展到了陌生人的范围。同时,每一个股东只对其投入的资金主张权利,当然,也是在这个范围内承担风险。这种投资形式是伴随着投资市场而形成的,同时也需要有相应的制度保证。从企业精神成长上看,也是伴随着从前资本主义的精神到现代精神的蜕变过程。这包括风险意识的成长,权利观念的发展,以及对于企业的责任意识的发展。

唐廷枢时代,以商人主持招商局的工作,一切尽可能按照买卖规矩来办,对于股东意识的成长提供了良好的制度空间。

首先,当时的制度设计中保留了股东议事机制,股东们定期议事,对于重大问题有发言权。虽然这个制度执行得不好,有些会议流于形式,但是在中国第一个股份有限公司中,唐廷枢和徐润设计的这个股东议事制度是一个粗具雏形的治理制度。另外,招商局采取股东推荐制的高管选拔制度。局中职务由股东推举,各分局的领导都由出资最多的人担任,这种制度的职业化程度很低,但是在当时,确实比起人浮于事的官僚制度,有了很大的进步。

但是这种状况到了盛宣怀时代发生了全面的逆转。

首先,股东地位全面丧失,不仅取消了股东议事的机制,而且用人机制也从商董推荐制变为官府任命为主、主管任命为辅的制度。在缺乏股东监督的情况下,招商局中任人唯亲,任用私人的风气大行其道,肖小竞进,搞得招商局乌烟瘴气。股东成为了官府的仆从,在官方代表为非作歹的时候,这些投资者敢怒不敢言,处于任人宰割的地位。这样,股东意识的成长空间丧失了,股东责任和股东权利等意识的成长途径被堵塞了。这实际上延缓了企业精神的成长。

第八章
中国电报局与清末中国电报事业的发展①

中国电报局是清末三大国有企业之一,被视为最为成功的企业。这家企业是随着清末电报事业发展而设立的一个官督商办企业。其投资主要来自民间,负责当时与民用线路有关的管理经营。中国电报局在清末的名称混乱,最初称为津沪电报局,随着电路延展,管理的范围逐渐扩大,总部迁往上海后,被称为中国电报局,亦广泛称为上海电报局。除了这个全国范围的中国电报局之外,各省还存在着电报官局,负责完全由政府投资的官报管理。因此,当时中国的电报主要分为两个部分,官督商办的中国电报局和各省官报局。直到清朝覆亡的1911年,中国电报才完全统一在隶属邮传部的中国电报局之下,全国电报归于一统。

本章和下一章将回顾这家企业背后的中国电报事业发展的历程以及中国电报的国有化进程。

一、早期的外国线路

1873年,大北电报公司②水线电报在上海成功登录架设,关于大北电报公司架设水线的背景如下:

俄国决心将西伯利亚电线架设至海参崴,然后水线展至中国、日本。承建这项工程的为大北公司。1871年由香港架至厦门、上海,然后达日本长崎,与海参崴相接。线路铺设完毕后,在上海开局营业。刚开始只是收外文电报,以后又编印了数码的电码本,印刷之后分送官商。此例一开,英国大东公司③也将新加坡和小吕宋的两条水线展至香港,再由福州接到上海。这些线路均为水线,从海岸至公司,仍由人力传递。但是,1873年上海租界修马路,大北公司报效巨款,获得允许,沿途

---

① 当初笔者做电报局研究时,电报在日常生活中还有广泛影响,而电报局也是历史最为悠久的一个企业,此后不久,在新型通信工具的冲击下,电报彻底退出了历史舞台。但是到目前为止,居然没有一个可以参考的相对比较完整的电报发展历程的研究。本章并没有全面回顾中国电报的发展,仅就早期发展历史,从企业和经济技术的关系角度提出一些看法,更多的是填补了一些资料的空白。

② 大北电报公司(Great Northern Telegraph Co.):丹麦电报公司,总公司设于哥本哈根。北洋大臣曾与其签订架线合同,在我国电报中有独占权。中国电报局洋员几乎都是来自大北公司。

③ 大东公司(Eastern Extension, Australasia and China Telegraph),英国电报公司。

第八章 中国电报局与清末中国电报事业的发展

建立电杆,架设电线,使线路从杨子路七号到吴淞口,长达15公里左右,与水线相连。这是外国线路首次在上海登陆。当时上海道抗议,但是大北公司不予理睬,且节节推进,其后英国大东公司、法国水线、美国太平洋、德国德荷及日本的上海至长崎间水线,群起而效仿。

二、福建线路的强行建立和买回拆毁

(一)过程

1874年(同治十三年四月二十九日),沈葆桢上书指出,为了加强台湾海防,应建立电报线路。他提出了建立省城福州到厦门的陆线电报,然后从厦门水线到台湾。此折上奏,很快接到上谕:准予所奏,命沈葆桢迅速办理。

但是沈葆桢言过其实,奉了上谕之后,反倒是因循未果。而这一消息到了一向觊觎中国之利的外国人那里,却立刻引发了强烈反应。当时福建各国领事纷纷要求建立电线。福州将军将这些外国领事馆的要求函告总理衙门,总理衙门沿用惯例回答:皇帝上谕所称的设立线路,是指中国自办,与各国无涉。这实际上是否决了各国领事的要求。但是,各国不理睬总理衙门的意见,委托丹麦大北公司承办,并且在通商局委员的帮助下,设立了福州南台至罗星塔的线路60里。对这种强行施工的行径,总理衙门表示了强硬态度,要求收回官办。而此时,丹麦大北公司所设线路的运营也遇到了麻烦,因为是私下强行施工,未经政府批准,因而所过州县,地方官均不加保护,因此被民间盗损严重,这迫使丹麦大北公司要求总理衙门收回官办。

中国政府派当时的通商提调丁嘉玮与丹麦翻译及电局代表叔尔赐和蒂里也商议收归官办的事宜。议定价格为十五万四千五百元洋银。但是由于闽浙总督李鹤年对丁嘉玮的作为不满①,迫使清政府叠次更换代表,先后有郭嵩焘和唐廷枢等人参与此事。最后于光绪二年(1875年)买回后拆毁。

(二)大北电报线路收拆引发的讨论

这次由沈葆桢上书引发西方强行在福建设立电线的事件,最后虽以拆毁补偿而结束。但是整个运作过程中,引发了清政府内部关于办理电报的第一次认真讨论。

由于清政府官员对于西方的总体认知程度很低,对近代科学知识知之甚少,因

---

① 李鹤年光绪元年上奏的附片中对丁嘉玮大加指责:"查该员久官闽省,向有能名,洋务情形,尤极熟悉,今办理此事,种种迁就,隐为洋人掣肘,大属可疑。"中国史学会:《洋务运动》六,上海人民出版社,329页。

此,在办理电报问题上,反对者多,赞成者少,基本态度可以分为三类:

第一类是坚决反对。在福建线路买回拆毁的问题上,工部给事中陈彝的奏章最具代表性,他明确表示反对建立电报,认为电报一事"可用于外洋,不可用于中国"。他认为办理电线会引起一系列危害,主要是两点:第一,电线设立会破坏风水地脉,侵害祖坟。所谓"电线之设,深入地下,横冲直贯,四通八达,地脉即绝,风侵水灌,势所必至,为子孙者,心何以安"①。

这种观点有很深的传统的心理基础,也得到民间的广泛响应或支持。出于对西洋新鲜事物的畏惧,在诸如火车、电线上附会了很多无稽之谈。往往因为水旱风灾,这些西洋的设施就成了发泄对象,如光绪十八年,晋甘两省大旱,导致民间掀起了一股毁线求雨的风气。

在政府内,也把孝道思想作为武器,抵制外洋的事物。如开平矿务局设立铁路线路时,当时的反对者也称铁路震动东陵,且黑烟损毁稼禾,一度开行的唐胥铁路机车被上谕禁止。

陈彝反对办理电报的第二个理由是认为办理电报,必须引入洋员,而他认为局员赞成把已建成的福建线路收归官办,本身就是局员借官办之机,延请洋员,这是他认为不能容忍的。

政府中第二种态度是认为办理电报无害无益,不必多此一举;或者有益有害,两相权衡,不办或者缓办为宜。福建线路收赎拆毁的过程中,当时的闽浙总督李鹤年对于电报设立就是这种态度,他说:"电线之在中国,可有可无,买回本属权宜,赔偿更无是理。"②对电报设立不置可否。

而一向以开明著称的名臣左宗棠在上总理衙门的奏折中,也认为办理电线有害有益,两相权衡,不办为宜。他说:"前年宗棠在福建时,法国美里登即以为请。宗棠面加辩驳,大意即所谓安设地方或妨民间出入,或近田畴,或近坟墓,必非民情之所愿,民人拆毁,牲畜撞损,必有之事,官司万难禁制。且尔意不过为贸易争先起见,不知一商因信线置货卸货,各商就从而效之,彼此齐同置货卸货,究竟不能独得便宜,于商无益,徒招民怨。"③郑观应也曾引用左宗棠的话:"电线有益于国,有害于商。"④

当时的钦差大臣沈葆桢和福建巡抚丁日昌是主张建立电报的人。为了加强防务,两江总督、钦差大臣沈葆桢在福建提出设立电报,这是朝廷要员第一次认真提

---

① 《光绪元年九月初二日工部给事中陈彝奏折》,中国史学会:《洋务运动》六,上海人民出版社,329 页。
② 中国史学会:《洋务运动》六,上海人民出版社,329 页。
③ 《左文襄公全集》,书牍,9 卷。
④ 夏东元. 郑观应集[M]. 上海:上海人民出版社,1982:1011.

出办理电报的事宜。他说:"台洋之险,甲诸海疆,欲消息常通,断不可无电线。"这封奏章立刻得到了朝廷首肯,五月初一日即下上谕:"所请设电线通消息,亦著沈葆桢等迅速办理。"①

三年之后,1876年,福建巡抚丁日昌为了加强台湾防务,叠次向朝廷进言,力主修铁路、设电线,"电线一件,所以达要报、速军情,为用至明……台湾南北路途相隔遥远,文报艰难,设立电线,尤为相宜"②。

不仅如此,丁日昌还从道器关系讨论电报铁路的利害,认为办理路电对于移风易俗、改变社会偏见甚至知识分子的人格都有作用:"中国之言工也,儒在穷其理,匠人习其事,故理与器两不相谋,形而上与形而下难成一贯,今惟因器穷理,即理成器,庶几格致之学,渐有端倪。"③

除名臣上奏,主张加强台湾防务而建立电报之外,当时被委派到福建交涉收赎电报的郭嵩焘于光绪三年四月十一日上书李鸿章,剀切陈词,为国家富强、建立基业计,力主迅速办理电报与铁路。

在丁日昌主持下,从台南到高雄的台湾线路于1876年建成投入使用。

三、早期电报线路的设置

(一)第一条线路

史家均称第一条电报线路是李鸿章于1878年(光绪五年)所设立的。但是,其实历史记载很清楚,第一条线路是丁日昌奏请于1876年(光绪三年)设立的台南和高雄电线。这条线路是利用光绪二年赎买大北电报公司所强行建立的线路而设立的,是国内第一条电线。这条线路在光绪三年九月(1876年10月)完工,纵贯台湾岛。

对于这一点,史家多有遗漏。光绪三十四年邮传部编制的《第一次电政统计表》中,其《电政局沿革》一文,把中国第一条线路归为光绪五年,李鸿章所办北塘至天津线路。此后陈启堃所著《电报事业之中国化》(1925年1月)与1928年谢彬所著《中国邮电航空史》均以大沽北塘至天津的线路为第一条线路。这是因为《马关条约》将台湾划归日本,因而这些作者均未将丁日昌所设线路算为国内线路。这从一个侧面反映出20世纪初中国的这一段屈辱历史。

---

① 中国史学会:《洋务运动》六,上海人民出版社,325页。
② 中国史学会:《光绪三年三月二十五日福建巡抚丁日昌片》,《洋务运动》六,上海人民出版社,329页。
③ 中国史学会:《光绪三年三月二十五日福建巡抚丁日昌片》,《洋务运动》六,上海人民出版社,329页。

（二）北塘至天津线路

从另外一个角度讲，李鸿章于光绪五年（1878年）设立的北塘至天津电报线路，虽然不长，但是确实是大陆电报建设的一个真正开端，这条线路的示范意义极为重要。

李鸿章在北塘大沽训练军队，因此与台湾设置线路一样，这条线路也是出于军事目的。但是，设立台湾线路的主持人仅仅是一个地方巡抚，而且线路设立在偏悬海上的孤岛，因此没有产生大的影响是可以理解的。但是北塘到天津线路的主持人是清政府的封疆大吏李鸿章，他镇压太平军和捻军起义、处理天津教案屡屡得手，声望正如日中天。因此，经其谋划，不仅线路确乎显出军事意义，而且经其宣传，立刻引起天子近臣和封疆大吏的震动和重视。

李鸿章对于这段线路的作用有如下描述："电报线路自海口直达天津，号令各营，顷刻响应。"不仅如此，天津电报的试办成功，恰好是朝鲜事变，"急调南北水陆各营，实赖电报灵捷，其赴机之速，为从来所未有"[①]。电报的军事意义立刻显现出来了。这对推动社会对电报作用的认知起到了绝大的作用。

正是这段电报试办成功，促使清政府下决心办理电报，并且立刻得到了朝野一致的支持。

四、津沪电报线路的设置和津沪电报局的成立

（一）设立

由于天津北塘线路的试办成功，李鸿章经过认真思考，上书朝廷，请求设立津沪电报。在这封奏折中，李鸿章详细阐述了开发设立电报的必要性，并对线路安排、建设预算、资金来源等做了周详的考虑。对于线路敷设完毕之后的日常管理运营，李鸿章也依照招商局的经验，主张招商经办。

关于线路安排，从天津到上海，有海线和旱线两种方案。李鸿章认为："如安置海线，经费过多，且易蚀坏，如由天津陆线循运河以至江北，越长江由镇江达上海，安置旱线，即与外国通中之线路相接，需费不过十数万两，一年半可以告成，约计正线支线横须有三千里。"

关于经费来源，李鸿章提出由淮军军饷下提拨垫付共20万两。

在同一折内，李鸿章即提出了之后成为长期体制的官督商办的设想："沿线分设局栈，常年用费颇繁，拟由军饷酌筹垫办，俟成之后，仿照轮船招商章程，择公正

[①] 《光绪九年八月十七日署直隶总督李鸿章奏》，中国史学会：《洋务运动》六，中华书局，347页。

第八章 中国电报局与清末中国电报事业的发展

商董,招股集资,俾令分年缴还本银,嗣后即由官督商办。"

为了设立津沪电报,李鸿章还聘请丹麦工程师为教习,教授学员,为电报创设储才①。

为了创设津沪电报,李鸿章委派盛宣怀直接与大北公司签订合同,并且由盛宣怀等人推荐人才,其中上海方面,盛宣怀推荐了买办商人郑观应为总办,负责上海局的工作,并且利用其熟悉洋务的背景,联络大北公司,并和天津总局联系。郑观应转而推荐经元善为会办,协助工作,开创了郑观应与经元善之间20年的合作局面。

(二) 对于电报意义的认识

对于电报的意义,李鸿章等官员主要是从军国大计出发加以考虑的。而盛宣怀和郑观应等人则更多从商业角度来加以认识。这一方面固然是因为各人的社会角色不同,考虑问题的侧重点有所不同,另一方面也是由于各人面对的对象不同,李鸿章要说服清政府设立电报,则国防为第一要务;而盛宣怀和郑观应则为说服商民投资入股,当然要把盈利前途摆明在投资者面前,这是招商集股的通常论说策略。不必认为他们对此事有多大把握,更不必认为是认识水平的高低,不信可以把郑观应想办没有办成的上海机器织布局与盛宣怀想办没有办好的湖北煤铁矿的招股书拿来读一读,就知道其与电报局的相似。

李鸿章的论说策略也很可以看出他所面对的形势。电报于光绪八年三月转为官督商办之后,由于每年巡丁费用 万 千两仍由官垫支。因此,朝廷内议论纷纷,认为:"是前项官本既归乌有,而后此又将添拨,商享其利,官劝其需,办理实属未妥。"②李鸿章辩解道,官办电报,如与商民,未免有失体统,因此收归商办,则"国家收消息灵通之益,而无耗损巨帑之虑"。但是又不能全归商办,全归商办,"则局事应由商主持,官即不能过问,中外官报亦应照章给资,官商转多隔膜",而拨垫巡丁费用,则虽名为商办,"仍不啻奉官行事"。这实际上是为了堵上那些官僚之口。

(三) 电报兴办中的困难

这分为两方面:第一是主观方面的,从反对设线到反对与外国连线。在官府中,守旧派自不待言,开明如左宗棠、李鹤年均对办理电报表示出疑虑和轻视,工部给事中陈彝作为保守派更是上折反对。在民间,据不完全统计,仅设线过程中,就

---

① 郑观应在《万国电报通例序》中说:"今合肥使相,督办北洋,筹海之暇,先于津沽创设一线,复开馆育才,延精于电学者勤为讲授,昕夕罔问,愈年而生徒皆训练其事,乃疏请创设旱线。"《郑观应集》下册,1001页,可见在津沪电报创设之前就已经开馆授徒,为创办电报准备人才。

② 中国史学会:《洋务运动》,347页。

曾发生广东增城(光绪八年)、贵州毕节(光绪十三年)、湖南澧州等事变(光绪十七年)。均系洋人曾在当地留有劣迹,以至误认电线为洋物,致成事变。此后山西、甘肃等地发生过因大旱而毁电线以求雨之事①。第二是客观条件:很多线路设立历尽艰险。如云南腾越至省城之电线,仅潞江一处,三日内即瘴故十余人②。而琼州设线,竟瘴故60余人③。

(四) 津沪电报局的设立

电报线路建立后,电报运营的单位也同时设立。李鸿章委托郑藻如、盛宣怀具体经办津沪电报局事宜。郑藻如和盛宣怀与丹麦大北公司签订合同后,由大北公司代购材料,并查勘线路,雇人施工。工程自光绪七年五月初开工,至十月底已经完工,这比原来李鸿章设想的要顺利。

整个津沪电报线路施工自1881年(光绪七年五月初)兴工修建,至十月底竣工④,总投资计湘平银十七万八千七百两⑤。

线路设置完毕后,即刻开始营业。天津电报局也设立完毕。根据光绪九年五月直隶总督张树声奏折,天津至上海,其设总分局八处,其中总局设在天津⑥,由盛宣怀主持。因为是使用淮军军费建立,所以是官局性质。

上海虽称分局,但是与大北公司联络,购买材料,这些活动决定了上海分局的重要性和特殊地位,所以请郑观应主持。

对于电报局的经营体制,李鸿章早有设想。首先由官府出资兴办,只是提倡作用,一旦投产无论赔赚,均应转为商办。因此在上书清廷请求办理电报的奏折内,李鸿章提出了电报实行官督商办的管理体制的设想:"沿线分设局栈,常年用费颇繁。拟由军饷酌筹垫办,俟成之后,仿照轮船招商章程,择公正商董,招股集资,俾令分年缴还本银,嗣后即由官督商办。"

官督商办,既是出于当初设想,也是李鸿章不得已而为之的决策。电报局创办之初,经营情况很不好,从光绪七年十一月至八年二月,共收报费6 000余两,而开支中薪资一项就达19 000余两,入不敷出。因此李鸿章担心官力不支,因此创办之

---

① 光绪十八年三月陕西巡抚鹿傅霖光绪十八年七月护理山西巡抚胡聘之等奏折。
② 王文韶,光绪十六年八月十六日奏折。
③ 张之洞,光绪十三年十一月二十七日奏折。
④ 光绪八年十二月初八日李鸿章奏折,《洋务运动》六,993页。
⑤ 光绪十三年三月初三日李鸿章奏折,《洋务运动》六,364页。
⑥ 关于总分局的内部结构,目前的史料尚付阙如。按《郑观应集》中《创办电报招商章程》列举七局,即总局天津,大沽附入天津,上海为副局,其余为苏州、镇江、清江、济宁、临清。可见七局之说不包括大沽,八局之说则将大沽列入。郑观应在多年后回忆时又说七局,没有大沽,但是李鸿章的奏章中多次提到天津电报局为八个局。

第八章 中国电报局与清末中国电报事业的发展

初,就力主建成之后招商承办。这样,就成为了官督商办的格局。

按照当初的设想和后来的情势,津沪线路铺设完毕之后,即开始招集商股的工作,于1882年初(光绪八年三月初一日)改归商办①。事实上,电报初设,不仅政府内反对者多,民间也了解不多,因此,转归商办时,归还了官本银八万两,其余则约定由军机处、总理衙门、各省督抚将军及出使各国大臣等的头等官报的应收信资,按年核明划抵②,并且声明,待抵缴完毕后,前述各项头等官报仍不付款,作为商办电报对政府的"报效"③。

为了维护线路,电报沿线驻有巡弁,这些巡弁经费在电局归商办之后,很长时间都是在淮军军饷内提拨,这也是李鸿章对电报局的支持。

(五)津沪电报在盛宣怀生涯中的作用

盛宣怀在此前作为轮船招商局的会办,又曾主办开采湖北煤铁矿,但是都没有成效。前者是因为当时盛宣怀历练不足,经验不够,当时处的位置也是一个助手,以盛宣怀的风格,不甘于居人下,所以他干脆不干,因此没有作为是情理中的事情。主办湖北煤铁矿,事属近代实业,虽然总投资不大,不过一二十万,但是千头万绪,需要复杂的管理和科学知识,这些都是盛宣怀不具备的。另外,就是盛宣怀在办理中私心甚重,为了保持对于开矿的控制权,他翻云覆雨,先是主张官商合办,随后怕被招商局合并,又改为官办,最后因为他无法完成集股招商,不得已又考虑商办,最终赔累的一塌糊涂。但是上述这些实业经历,确实也使他积累了经验,所以在电报局的办理中取得了成功。相比之下,电报局的投资规模不大,复杂程度也比招商局和煤铁矿低,所以这是适合盛宣怀的一个事业。另外,电报局迅速取得了成功,对于改为商办也是创造了一个良好的条件。所以,电报局是盛宣怀发迹的起点。

(六)天津线路的延展

天津线路的修建主要是出于军事目的,天津并非政治中心,因此,线路试办成功之后,必须延展至北京,方能与中央政府相互联系。"神京为中外所归响,发号施令需用倍切。"④但是,设想是设想,实施面临着多方面的困难,因为电报刚开始办理,朝廷内外有各种阻力,对此,当时的奏章就有多方面反映。李鸿章说过自己的难处:"电局初设,风气尚未大开"⑤,"臣于创办电线之初,颇虑士大夫见闻未熟,或

---

① 光绪八年十二月初八日李鸿章奏,《洋务运动》六,339页。
② 关于归还的官本及募集的商股,按《电政局沿革概略》为:归还官本六万两,而第一届募集80万两。
③ 光绪十三年三月初三日李鸿章奏折,《洋务运动》六,365页。
④ 光绪九年六月十四日署北洋通商大臣李鸿章折,中国史学会:《洋务运动》六,中华书局,346页。
⑤ 光绪九年八月十七日署直隶总督李鸿章奏,中国史学会:《洋务运动》六,中华书局,350页。

滋口舌,是以暂从天津设起,渐开风气,其于军国要务裨益实多"①。即使如此,当时依然遇到了反对,认为电报进入京城会带来很多问题,最后采取折衷的方法,设立津通报局,在通州设立分局,电报发到通州,然后由马匹转递中央政府各部门。虽然没有把电报直接设立到京师,终究可以比较快捷地联系总理衙门和军机处等要害部门。

五、各省电报的次第举办和中国电报局控制范围的扩大

(一)背景

李鸿章举办津沪电报之后,各省电报次第举办,虽然中间小有挫折,但是,总体上看,电报是洋务运动中最成功的事业,也是商业化最迅速的。从成果上,不仅短期敷设了一个覆盖全国的近代化的通信网络,而且电报局也被认为是晚清中国最成功的企业。

电报能够顺利地次第兴办,主要有以下几点原因:

首先,李鸿章等疆臣对于电报有益于军国大计的认识。李鸿章等人对于近代西方事务的认识是从镇压太平天国运动中取得的,西方坚船利炮在战争中的作用给他们留下了深刻印象②。因此,在兴办各项事业的时候,李鸿章等封疆大吏,无不从强兵出发,希望以西方技术加强政府的防御和进攻的力量。正是基于这种认识,各地疆臣多对兴办电报表示出积极态度。

其次,当时朝廷中,尽管掌握权力的主要是以奕䜣为首的革新集团,但是,作为最高统治者的慈禧太后从有利于统治的角度,扶植保守集团,以限制恭亲王的权力。因此,虽然统治集团中掌权的奕䜣等与疆臣意见几乎完全一致,但是,所作所为不能无所顾忌,必须能够说服慈禧太后和保守集团。这样,一件事情有利于军国大计,是最有说服力的理由。电报对于战守的作用明显,一再被疆臣强调③,因此取得了统治集团内部几乎一致的支持,这是电报事业能够顺利展开的一个重要条件。

电报兴办和铁路兴办几乎是同时提出的,但是铁路举办的投资巨大,技术与组织更为复杂,因此,在电报兴办成功 20 年后,铁路的兴办才为政府所认可,但是,直

---

① 光绪九年六月十四日署北洋通商大臣李鸿章折,中国史学会:《洋务运动》六,中华书局,346 页。

② 在解围常熟太仓的战斗中,长胜军的榴弹炮和迫击炮发挥了巨大威力,从而迅速结束了战斗,这给李鸿章留下了强烈的印象:"炮力所穿,无孔不入……西洋炸炮,战守攻具,天下无敌。"(《李文忠公全集》卷三页十六)。同样的感受,左宗棠在收复杭州时候也有过。

③ 见张树声光绪九年十一月二十八日奏,电报创设不久适逢壬午兵变,赖电报之功,朝廷军事行动迅速,使大臣们初步感到了电报的作用。其后在 1884 年中法战争中,电报的作用更明显地表现了出来。

第|八|章 | 中国电报局与清末中国电报事业的发展

到清朝灭亡,铁路兴办一直没有取得像样的成功①。

津沪电报的迅速成功,不仅使左宗棠这样原本对电报犹疑不决的人迅速转变,也使原来的反对者没有了口实,各地电报就是在这种背景下得以次第举办的。

(二)长江线的举办

长江线是连接上海和汉口之间的电报线路,中间经过苏州、镇江、南京、九江、芜湖等重要商业城市,因此,商业价值极高。商人们都希望该线尽早投入建立。

几乎是在津沪电报兴建的同时,左宗棠就已经着手筹划长江线事。根据左宗棠于1882年初(光绪八年十二月十八日)的奏折称,他已于1880年(光绪七年八月)动工兴建从镇江到两江总督驻地南京的线路。至1881年初(八年正月)已建设完毕。线路长160里,用银15 752两。这条线路是左宗棠办理长江线路的初步尝试。在兴建这条线路时,他同时设立了同文电学馆,以训练和储备人才。

1882年(光绪九年六月),时任两江总督的左宗棠一改原来对于修建电报线的不屑态度,上奏申请设立上海到汉口的长江线路。对于这条线路的作用,左宗棠不仅坚持它对于商业的作用,更把重点放在了电报线路对于军事的作用上。这当然是缘于津沪电报经验的重新评估,重点是在列强环伺情况下线路的防卫作用。确实如费正清所说,这反映出了清代晚期中兴名臣不同于前辈的更宽广的视野和务实精神。

当时西方国家确实多次向总署提出修建长江线的建议,因此迅速修建长江线,以堵西人之口也是促使长江线迅速开工的重要原因。

在1882年(光绪九年六月初三日)左宗棠的奏折中,他举荐盛宣怀总办长江线路,随后又于光绪九年九月陆续荐举王之春、郭道直、龚照瑗和郑观应等人会办此事。

根据左宗棠的奏报,当时朝旨曾有将宁镇线改为商办之议,但是为左宗棠所阻,他当时设想自长江线宣布竣工后,再将宁镇线归并,而后再议商办之事。

(三)浙闽粤线路

津沪和长江电报次第举办的同时,西方国家英法美德提出要办理上海到广东

---

① 关于这一点,李鸿章曾说:"盖电线之在外洋,与轮船铁路相辅并行,其功用亦复相等,其成本则减于轮船铁路不啻倍蓰,尤觉费省而效巨。"(《洋务运动》,346页)

的线路。李鸿章与总理衙门相议阻止,立刻着手自己办理,首先开通了浙闽线路,接着与广东线路连接,浙闽粤线路举办成功。

上述电报线路扩展,虽然源于各省督抚的提倡,但是从组织上都是由中国电报局负责组织实施的。或者虽由各地实施,最终都纳入到了中国电报局的框架之内统一经营管理。

六、电报官局的设立

广西线路是在津沪、长江和浙闽粤线路成功举办之后的又一条重要的线路。这条线路的举办者张树声时任两广总督。津沪线路举办时,他为直隶总督,参与了津沪线路创办,对于电报的作用理解深切。他任两广总督之后,法国在越南和广西一带寻衅,形势危急,张树声立刻想到了兴办电报事宜,他在上奏中指出:"现在法越构兵,事关全局,宫廷宵旰,南顾为劳,凡庙算指挥传电臣处,前敌军报由臣处转电者,南北七千里,顷刻可达。而由粤东至广西镇南关外,二千数百里,水陆兼程,急如星火,非半月不得达,非月余不得往返。……军事瞬息万变,似此缓不济急,能无贻误之虑?臣辗转熟思,非将广州电线展至龙州,不足以相前敌之事机,便朝廷之调度。"①

不过,与前面的线路举办不同,这条线路分为两个部分,从广州到梧州,中间人口繁茂,商务发达,前面的官督商办模式可以照搬,但是从梧州到龙州,中间人烟稀少,商报缺乏,难以招商承办。因此,广东广西线路的举办采取了两个模式,广州到梧州招商承办,用于商业和军事。而梧州到龙州一线则由官方投资举办,主要是用于军事。这个变化导致了电报局经营体制的分立,广州到梧州是商办模式,梧州到龙州为官办模式。为了官办电报局的管理,设立了电报官局,这个模式此后在东北、西北等地区的电报办理上被广泛采用,这样,在中国电报商局之外,形成了归各省督抚管理的电报官局。例如,1886年(光绪十二年),东北线路延展顺利,李鸿章在天津设立电报官局,对这些线路加以管理。

七、电报商局和官局的线路拓展

在上述线路依次举办后,电报的举办依照各地情况,遵循适当的模式,次第展开。李鸿章操办了东北电报,由天津到山海关,然后到旅顺和奉天,最终延展到仁川。张树声把省港电报线路移交给津沪电报局,建立分局。随后津通电报局说服中央政府,直接在皇城和内城设立了两个报房,收发军报和商报,另有烟台线路,光

---

① 光绪九年十一月二十八日两广总督张树声奏,中国史学会:《洋务运动》六,中华书局,353页。

| 第 | 八 | 章 | 中国电报局与清末中国电报事业的发展

绪十一年开始设立四川至广西蒙自线路。东北又设立营口至奉天、吉林和珲春线路。重要的还有台湾到大陆的线路,四川到贵州的线路,梧州到桂林,钦州到东兴,安定至海口,天津至保定等线路,从光绪七年至十四年,仅仅七年时间,中国沿江沿海、内地大部分地区覆盖上了一个通信网络,使清政府疆防海防力量大为增加。这些线路大部分属于中国电报局这个官督商办企业,一部分属于各省的电报官局。而更晚办理的西北电报从保定穿过山西到西安,然后到甘肃直至嘉峪关,前半截线路所经区域商业繁荣,招商办理,后面则是在人烟稀少的戈壁沙漠,则由政府投资,官局管理。

电报商局和官局的线路随各地情况不同而先后设立,至1910年前夕,官商线路共达九万里以上。其中官电线路里程达到49 430里,甚至已经超过中国电报局。表8-1根据《邮传部第二次电政统计表》所列数据,开列了各商线官线设立时间、里程等①。

表 8-1

	开办年月	路线区域	长度	所有权
江苏	光绪八年三月	上海、苏州、镇江、江宁、徐州、海门、通州、常州	3 300里	
安徽	光绪十年二月	安庆、芜湖、大通、寿州	1 592里	
山东	光绪八年三月	济南、济宁、烟台、青岛、德州、登州、胶州、青州、泰安	3 709里	
河南	光绪十四年止月	卅封、河南、怀庆、卫辉、彰德、信阳、陕州、南阳	3 408里	
陕西	光绪十六年八月	西安、潼关等	1 104里	
福建	光绪九年十二月	福州、建宁、厦门、漳州、延平	2 670里	
浙江	光绪九年五月	杭州、宁波、绍兴、衢州、温州、金华、台州	2 793里	
江西	光绪十年四月	南昌、九江、抚州、饶州、景德、萍乡、湖口	2 669.5里	
湖北	光绪十年四月	汉口、武昌、襄阳、宜昌、沙市、荆州、安陆、黄州、武穴、归州、蒲圻、荆门	5 462里	
湖南	光绪二十三年五月	长沙、湘潭、常德、衡州、辰州、永州、醴陵	2 769里	
四川	光绪十二年九月	成都、重庆、万县、夔州、泸州、叙州、资州、永州、涪州、巫山	2 870里	

---

① 原件藏中国第一历史档案馆,邮传部档。

续表

	开办年月	路线区域	长度	所有权
广东	光绪九年十一月	广州、香港、汕头、惠州、潮州	1 499里	
直隶	光绪八年三月	天津、保定、张家口、顺德、正定、沧州、宣化、获鹿、北通州	3 004里	
北京	光绪十年七月	各部衙门及南苑、高碑店、怀来	697里	
蒙古	光绪二十三年十一月	库仑、恰克图、溁江、乌德、明林	2 194里	以上为商办线路,共41 417.5里
直隶	光绪二十五年三月	唐山、栾州、昌黎、山海关、秦皇岛、北戴河、河间、北京、承德、朝阳、广平、大名	2 947里	
东三省	光绪三十二年正月	盛京、营口、昌图、长春、伊通州、宁古塔、珲春、伯都纳、哈尔滨、齐齐哈尔	10 228里	
山东	光绪二十五年十一月	省城、曹州、郓城、香山、官庄、齐河、王庄	1 497里	
江南	光绪七年八月	省城、象山、镇江、浒浦、吴淞、江阴、崇明	434里	
广东	光绪十年八月	省城、佛山、白沙、雷州、化州、高州、琼州、徐闻、韶州、南雄、肇庆	5 646里	
川藏	光绪二十二年八月	雅州、炉城、里塘、巴塘	2 700里	
福建	光绪十七年十二月	福州督署至长门	140里	
甘肃	光绪十六年八月	平凉、泾州、固原、兰州、甘州、肃州、宁夏	3 850里	
贵州	光绪十三年五月	贵慈、黔西	450里	
新疆	光绪十九年七月	省城、吐鲁番、哈密、安西、库车、温宿、喀什噶尔、乌苏、绥来、伊犁	9 956里	
云南	光绪十二年十二月	省城、四靖、宣威、明通、毕节、楚雄、大理、丽江、永昌、腾越、蒙自、开化、河口、思茅	6 242里	
广西	光绪三十三年十二月	省城、梧州、柳江、上思、龙州、庆远、平乐、南宁、寻州、全州	6 045里	以上为官办线路共49 430里
大东公司			24 340海里	

续表

开办年月	路线区域	长度	所有权
小北公司		8 568海里	外国公司办,共32 908海里
总　计		90 847.5里又32 908海里	

八、中国电报局的管理和体制

中国电报局设立于天津,早期称为津沪电报局,是一个官督商办企业。1884年(光绪十年)津沪电报局迁至上海后改称电报总局,设总办一人,会办三人。此后,随着管理的区域越来越广阔,最终称为中国电报局,是少有的加上了国名的企业组织。但是,无论在正式文件还是民间,它也广泛被称为上海电报局。

电报局总局设立三个层次,总局首脑、科、处,另包括电报学堂。至清末时,共有人员135人,另有十名洋员①。关于总局责任,清末邮传部档案中有一段清晰的说明:"凡各省线路,各处分局应办事宜,均以总局为汇归之地,所有调派各局员生,筹发各线路材料,稽核功过,综司出入,端绪至繁,责任至重。而大东、大北两洋公司向与屯局定有各项合同,交涉动关权利,因应必合机宜。近年电务扩充,展拓线路,增设电话,规模日高,经画尤难,自非廉明精干之大员驻扎该处,就近统筹,不足以理繁巨而提纲领。"②

图8-1是中国电报局的组织机构图③。

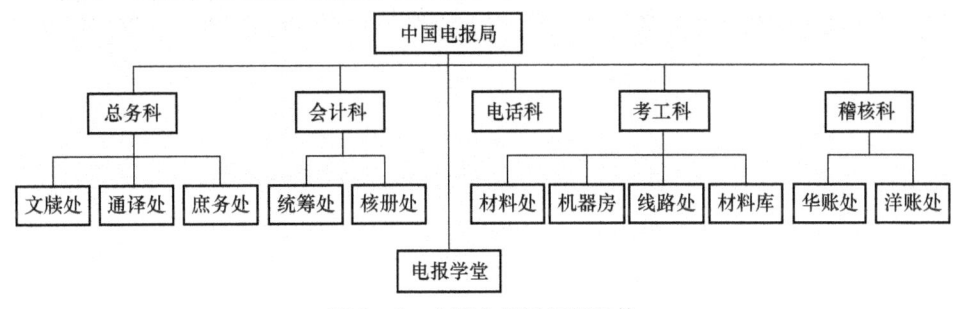

图8-1　中国电报局组织机构

---

① 第一历史档案馆:邮传部档:54号卷。
② 光绪三十二年袁世凯奏折,原件藏中国第一历史档案馆,邮传部档。
③ 根据第一历史档案馆邮传部档案整理。

各个营业单位由分布于全国各处的分局管理,上海电报局共有各省分子局级单位235个,其中分局43个,子局38个,分局体制以南通州为例:负责人为分局委员,下设两名随办总局文案,一名随办总局庶务,收支会办一名,稽核所总办一名,稽核所会办一名。分局下设子局子店①。

子局设置以夔州子局为例:委员一名,领班一名,副领班一名,另有报生三名,工头二名,巡弁巡兵15人。

从一些零散的资料看,当时中国电报局作为官督商办企业,管理体制相对是比较正式的,薪酬待遇也是比较丰厚的。但是,整个企业效率低下,曾引发用户公愤。

九、电报局的教育

"当时电报总局对于管理电生一事,几尽让之上海电报学堂。照沪堂办事章程,职掌为四门,一曰考核,所以定各局领班报生汇考、核考、分数、班等、加减薪水、记功记过、升降赏罚之任。二曰督课:稽查某塾某生接报纯熟,随时考核之,某塾某生功课荒废,随时淘汰之,并查考取新生程度不合,概不收录。三曰调派:凡遇展线设局或假退革故等项,各局缺人之时,无论远近,均由学堂调用。四曰文案:凡遇各局发议案件,各局往返函电,调派备具凭信,各局知照号信,并核拟各项领生功过、加减薪水、四季甄别各案,所有育才用人之责,实以全归学堂。"②这样看来,上海电报学堂不仅是一个电报教学单位,也是翻译、人员考核等综合单位。

除了上海的电报传习所之外,谢家福曾在1892年在苏州创办电报传习所,可以和当时上海、北京的两所学校相较。他是在原正道书院的基础上创办义塾,并且在义塾内创办电报传习所的。传习所内设儒孤和中西两个班,这个学校当时培养了800多人。

---

① 第一历史档案馆:邮传部档49号20卷。
② 汪启堃:《电报事业之中国化》,电流学社,1925年11月,62页。

第八章 中国电报局与清末中国电报事业的发展

链接 夔州电报子局案例

第一历史档案馆中藏有一卷中国电报局夔州子局的资料①,记录了1907年到1908年(光绪三十三年三月到三十四年二月)的情况,包括13个月的财务统计报表和一些零散资料,可以窥见当时中国电报局分局组织结构、人员任免、薪酬待遇等相关信息,对于我们了解中国电报局分支机构的管理有参考价值。兹详录如下:

(一)夔州电报局情况简介

夔州电报局是民办中国电报局38个子局之一,负责430里线路的维护。1907年(光绪三十三年三月),分局共有员工16人,其中一人请假;另有工头二人,负责线路维修;巡弁二人,驻城守卫;三段(上中下)线路巡兵13人。子局还代管了巫山县报房。

夔州电报子局是于1886年(光绪十二年)随中国电报局开通四川电线之后建立的,到1907年(光绪三十三年)时,其营业时间已经超过20年。由于地处偏僻,业务并不繁忙,是中国电报局中少数严重亏损的子局②。尽管如此,由于中国电报局有较好的效益③,加上高度集权的管理模式,虽然亏损严重,夔州电报子局的员工依然像其他地区的子局一样,享受很好的待遇。夔州电报子局光绪三十三年三月收支情况见表8-2所示。

表8-2 光绪三十二年三月收支情况表

月份	上月结存	本月收入	支出					总支出	盈亏
			局用	工资	补贴	房租	其他人工		
三月	129.495	824.925 (181.54)	110	311.5	38.5	12.335	138	752.351	79.354

注:收入项中括号中为报费收入。

---

① 《邮传部全宗》,16卷。
② 夔州电报局每月报费收入在160~300元,全年收入为3 222元,平均月收入仅为240元强,而全年的薪水支出即达4 149元,再加补贴局用等,全年费用高达12 233元,亏损额达9 000元。
③ 1908年上海电报局赢利尽管较上两年有所下降,但仍有近88万的利润。平均分子局单位的赢利为3 800元左右。实际的分子局仅为81个,赢利水平较这个数字为高。而当年四川电报局收入为108 662.38元,支出为55 081.04元,赢利为53 581.348元。

(二)夔州电报局的员工待遇

1. 收入结构

收入一般由以下部分构成:薪水加补贴,补贴包括伙食补贴、夜餐费、夜班灯烛洋补贴,花红分配。

2. 收入状况及比较

当年夔州电报子局的薪水状况如下:领班龚瑞华82元[①];副领班闵昭敬27元,杜致颐21元,夏承综22.3元;其余报生在9~18元。这个工资水平在中国电报局中仅低于平均水平[②],高于同期的川康电报官局的收入水平,见表8-3、表8-4所示。

表8-3 光绪三十三年川康电报官局的人员薪资

	局员	领班	总管	报生	工头	巡丁
川康	34.27	22.96	25.56	10.41	10.36	5.63
夔州		30		15		

表8-4 当年电报局全国平均薪资与夔州子局薪资之比

	局员	领班	总管	报生	巡弁	巡丁
全国	94.68	33.6	86.71	18.49	14.6	5.07
夔州		30		15		

3. 其他待遇

员工享有带薪假期,例如一个叫黄进瑞的报生七月份结婚,十月将其工资补发。

4. 补贴例举

光绪三十二年三月的补贴项为:伙食42元,夜餐费15元,夜班灯烛9元。

(三)1907年(光绪三十三年)的变化

夔州电报子局是四川电报分局的四个子局之一,经营有年,当年的负责人叫汪权,是四川局中六个委员之一,可能是买了一个试用知县的虚衔,尽管夔州局亏损严重,但是负责人即委员的收入还是很高的。而同时的领班龚瑞华仅是四川局14个领班之一,月收入高达82元,这还不算各种补贴,显然是总管一级的人物。每

---

① 龚瑞华虽为领班,但他的薪资相当于总管一级。也许是龚将升任总管,但通过笔者查阅第一历史档案馆现有档案,难以推断。

② 上海电报局收入为:领班34.5元,报生20元,巡弁15.2元,工头13.1元,局员13.6元。

第八章 中国电报局与清末中国电报事业的发展

月上报财务状况的四柱清册上汪权工工整整地书写着自己的官衔和名字,从中依稀可以看出他的认真和踌躇满志。但是这种情况在十月以后发生了变化。汪权被一个叫冯启程的人所取代,而龚瑞华也因此失去了在子局中的位置。

事实上,冯启程买了一个虚衔之后一直在寻找机会谋一个职位,像中国电报局委员就算一个不错的差事。1907年(光绪三十三年),这个机会来了。这年三月十三日,督办电政大臣袁世凯上奏折①,因原中国电报局会办大臣吴重熹调回北京,表奏任命驻沪电政参赞尚部左参议杨仕琦为驻沪帮办。而上一年九月,清政府成立了邮传部,电报与铁路、船政与邮政归邮传部管辖,但是袁世凯的督办大臣职务并没免去,双方的权力斗争在所难免。冯启程正是在邮传部成立一年、杨仕琦被任命为帮办之后,从北京赴夔州上任的。

(四)上任与交接

冯启程带着仆人,从北京启程,先赴天津,改乘海轮转赴上海,到局报到。然后乘江轮至汉口、宜昌,然后买民舟至夔州,一路辛苦,尤其是三峡一段,急流险滩,几乎丧命②。但这依然挡不住他的兴奋。而龚瑞华则早已做好交接的准备,在十月的呈报账册中就注明"卸管夔州电报子局造呈"。冯接办之后,第一件大事就是弥补亏损,因为数额巨大,他是无法从经营上想办法的,但看来他在到任之前就已有准备,到任之后,从成都和重庆两个分局分别给夔州局汇来经费。③ 除此之外就是领班换人。他来之后在交接中对前任极尽埋怨之能事,连橱具不全都写入账册上报④。但也看得出,前任除了无能之外,实在是没有什么好指责的,于是在一个月交接之后,冯启程就名正言顺地在账册上把"接管夔州电报局候补知县冯启程"改为"委办夔州电报子局分省候补知县冯启程"了。

---

① 光绪二十八年十二月上谕宣布将电报收归国有,并任命袁世凯为督办大臣。
② 这一段冯启程的经历源自邮传部档案全宗卷十六,电政局官员履历。
③ 在十一月呈部的清册中,封面上早已注明:"已电重庆电局弥补原结不敷部分",可见邮传部是插手此事了。
④ 在十一月的账册中,第一项就是"弥补前委员汪权由成都局册拨十月份不敷洋陆百柒拾陆元柒角伍分"。在同一清册中,还注明接收中橱具不全,挪揄不满之情溢于纸外。

附录一 中国电报沿革(清)

缘起：

法国人葛罗企图把电报引入中国。1860年他向奕䜣介绍电报功能，并寄送书籍，未被接受。1863年2月，奕䜣又拒绝了俄国公使要求把恰克图线路展接北京的要求。清同治三年，俄国图谋从恰克图架设电线到北京。当时派技师 Brin ST. Hypolite 携带电报机，经蒙古抵达北京，在公使馆内架线安机，从事演示实验，请政府高官参观，乘间提议架线问题，据说，当时公卿大臣也觉得电报很好，但是认为时机不成熟，因此应允以后一旦架设线路，必先考虑俄国提议①。同年7月又拒绝了英国的有关要求。1865年9月，俄国公使向总理衙门递交了《通线揭要》，历数法英美俄等国办线的所得利益，希望政府仿效，但是奕䜣仍未予理睬。1867年，美国领事照会两江总督曾国藩，称其政府派玛高温来华创办电线，总署反对。当时地方督抚除李鸿章外，几乎都持反对态度②。

同治七年(1868年) 英使与清政府总理各国事务衙门商议修约，英使阿礼国曾请求安设线路，遭到严辞拒绝。同样建议，1869年英国重新提起，希望由广州、厦门、宁波等处架设线路到上海。

同治八年(1869年) 美国罗塞尔公司(Russel Co.)从上海轮船码头架一短线，与公司在上海的总部通电，这是中国最早的电报线路。

同治十年(1871年) 大北电报公司自香港至上海，架设海底电缆，1873年，请求清政府允许其在上海登陆，清政府在对方的威逼利诱之下，同意了对方的要求。

同治十三年(1874年) 沈葆桢在福建设线，奉旨钦办，但因循未果。(《电政局沿革概略》，《申报》，1902年12月16日)

光绪元年(1875年) 总理各国事务衙门奕䜣等上奏申述福州电线办理情况，建议将洋商强行修建的陆路电线收归官办，从而引起了一场关于电报的讨论。

当时福建将军派通商局提调丁嘉玮办理此事，但是闽浙总督李鹤年反对，认为"电线之在中国，可有可无"。工科给事中陈彝亦上折反对，认为电线之设，"深入地下，横冲直贯，四通八达，地脉即绝，风侵水灌，势所必至，为子孙者，心何以安"。委员改派郭嵩焘。另外，设立电线，民间阻力也很大，大北公司设立线路时，即被百姓拆毁。甚至到光绪十八年晋甘两省大旱，百姓听信谣言，仍有毁线求雨之举。

---

① 汪启堃：《电报事业之中国化》，电流学社，1925年。
② 参见张国辉.中国新式企业的发动和封建势力的阻挠[J].历史研究，1986(2).

第八章 中国电报局与清末中国电报事业的发展

光绪二年(1876年) 唐廷枢受总署福州将军委派将丹麦大北电报公司电线买归官办。(见《唐廷枢研究》)

光绪三年(1877年) 福建巡抚丁日昌片称二年买回拆毁。

光绪三年(1877年) 丁日昌奏请利用拆毁的福建电线建立台湾南北线路。(丁日昌:光绪三年三月二十五日片。《晚清经济史事编年》误为光绪二年)

光绪三年九月(1876年10月) 丁日昌于台湾主持建成台南至高雄电线。(《晚清经济史事编年》)

光绪五年(1879年) 李鸿章在大沽北塘海口试设电报以达天津。(《电政局沿革概略》)

光绪六年(1880年) 李鸿章上奏试办南北洋电报。声明俟办成之后择公正商人招股接办。(《电政局沿革概略》)

光绪六年九月(1880年) 天津设立电报学堂。(《电政局沿革概略》)

光绪七年十月(1881年) 南北洋电报敷设完毕,共用湘平银十七万八千七百两,由淮军军饷内提拨。在天津设立电报总局,于紫竹林、大沽、济宁、清江、镇江、苏州、上海各设分局。(《电政局沿革概略》,《光绪朝朱批奏折》)

光绪八年春(1882年) 张树声奏办广州至九龙陆线。华合公司商人李王睿承办(中遇村民阻碍,修至香港后,英方又不同意与水线相接,延搁时日)。至九年冬竣工,共费银四万三千二百两。其中商本一万七千二百八十两。随后津沪电报局收购该项目,改华合公司为广州电报分局。(《张树声光绪十年四月二十六日奏折》)

光绪八年三月(1882年) 按李鸿章奏案:津沪电报由盛宣怀招商股接办。三月与六月按期归还官本六万两(五年后按年续还五千两,缴至二万两止,免计息。其余不敷部分以官报款抵划。五年之内,每年巡兵之费一万一千两由官补贴)。(《李鸿章光绪十三年七月初十日奏折》)集股本洋银八十万两。(《电政局沿革概略》,《李鸿章光绪九年八月十七日奏折》)

光绪八年十二月(1883年) 奏请开办上海至广东线路,光绪九年建成。(闽浙线)

英法美德四国请建立万国电报公司,设立上海至广东线,李鸿章与总理衙门相议阻止,并请盛宣怀等招商股筹办闽浙线,与曾国荃所办广东商线衔接。

光绪八年十二月(1883年) 两江总督左宗棠奏请建立镇江到南京的镇宁线,同时设立同文电学馆。电线从七年八月开工,至八年正月完工。共用湘平银一万五千七百五十二两,计程一百六十里,由龚照瑗、郭道直办理。

光绪九年六月(1883年) 两江总督左宗棠奏请建立上海到汉口的长江线。

先是，同治十二年，丹麦大北电报公司设淞沪电线，英国商人欲借此修上海到香港的水线，总理衙门坚持同治九年之议，饬拆丹国旱线。两江总督左宗棠饬盛宣怀等办理，斥资三千两买回。

盛宣怀为长江线总办。

光绪九年六月（1883年）　设天津至北京往来双线二百余里。

电报局设通州，将来官报到局，封交通州，快马驰递。直至光绪二十三年京城才设官局的分站。（《光绪朝朱批奏折》铁路邮电卷第900页上有一个裕禄批驳京师建立官局的意见，设立官局的设想因此搁置）

光绪九年九月十九日（1883年）　左宗棠委派郑观应等会办长江线。

光绪九年十一月二十八日（1883年）　两广总督张树声以军国要务为由奏请开办广州到龙州电线，其中广州至梧州按盛宣怀意见招商办理，梧州到龙州一千六百里由官办，约需银十余万两，由江海关道留存的出使经费中借拨。这是中国电报官线之始。

光绪十年四月（1884年）

李鸿章四月十四日奏折欲修天津至旅顺线，此路没有商报，但费用浩大（十余万两），因此先设北塘到山海关线四百里，需银三万两，由盛宣怀等办理。（《李鸿章光绪十年奏折》）李鸿章在以后追述说，北塘至山海关线路五百三十里，用银三万一千九百六十一两。四月开工，六月底工竣。（《光绪十七年七月李鸿章奏折》）

光绪十年春（1884年）　设广州至虎门及白土冈陆线，共费银一千六百六十三两。为官办报房。（《张树声光绪十年四月二十六日片》）

光绪十年五月（1884年）　加设无锡至江阴炮台及吴淞炮台至吴淞电线。（《光绪十年六月二十二日曾国荃片》）

光绪十年七月（1884年）　修建以山海关为中心，东抵营口，北达沈阳，南至旅顺，包括乐亭及昌黎在内共一千七百里官线。实用银十万七千三百两。（《光绪十七年七月李鸿章奏折》）

设立京城电线，通州电局迁京师，十二月六日通报。转年七月初十日京师泡子河局成立。（《李鸿章光绪十八年奏折》，《光绪十年闰五月二十日总理各国事务奕劻等片》，《晚清经济史事编年》误泡子河为官局。）

光绪十一年五月（1885年）　李鸿章奏请设立沈阳至凤凰城、边门线以达朝鲜官线。用银三万四千六百五十二两，计程六百一十里。（《光绪十七年七月李鸿章奏折》）朝鲜线路部分由中国电报局代筹。

光绪十一年九月（1885年）　李鸿章上奏：原拟设之南宁至云南蒙自之线，因人烟稀少，建议改为从鄂线接至四川，再达蒙自，其中入滇之后二千里为官线，其余

第八章 中国电报局与清末中国电报事业的发展

由中国电报局招商承办。(商线也先由官借支,俟成之后由商分年缴还。)电线于十二年十一月开工,次年二月已与四川线相接。(《光绪十三年四月二十六日总理各国事务衙门奕劻等片》)

光绪十一年十一月初二日(1885年) 李鸿章、希元上折奏请设立自奉天至珲春电线以通电报,其中所提办理方案为:海关拨五万两,商民集三万两,户部拨五万两,为官线。(《光绪朝朱批奏折》,102卷)

光绪十一年十二月(1886年) 李鸿章奏请设立天津至保定官线电报,三百二十里,九月二十四日工竣。由练饷下拨银一万九千一百两。(《李鸿章光绪十一年十二月二十日片》)

光绪十二年八月(1886年) 台湾巡抚刘铭传奏请设立台湾及台海水线(《洋务运动》卷六页378)。十三年四月陆线动工,八月水线由怡和洋行动工修建。十四年二月完工,共费银二十八万两。水陆线一千四百余里,共设报局八处。(《刘铭传光绪十四年五月五日奏》)

光绪十二年(1886年) 李鸿章在天津设立官报总局,至旅顺设分局、报房、栈房十四处。(《李鸿章光绪十二年十二月初三日片》)

光绪十三年(1887年) 当时有北洋、广东及云南三个官局。官局经费为月一百四十两,分局经费为月一百两。(《光绪十三年十月十七日云贵总督岑毓英等奏》)并设立毕节至贵阳官线四百里。

光绪十三年四月(1887年) 广西线路从南宁至桂林工竣。上年十二月初十日电线架至东兴,三百二十里。安定至海口电线七百五十里,琼州线路一千九百里,于十三年闰四月、八月竣工。又南宁至剥隘线八百里,当年十二月开工。(《光绪十三年十一月二十七日两广总督张之洞等奏》)

光绪十三年六月二十一日(1887年8月10日) 中国电报局与丹麦大北公司及英国大东公司在烟台订立《齐价摊分详细合同》。(《晚清经济史事编年》)

光绪十三年八月(1887年) 修建烟台至威海卫官线一百六十里,实用经费三万五千二百九十五两。(《光绪十七年七月李鸿章奏折》)

光绪十三年十二月十五日(1888年) 云贵总督岑毓英奏请设立广西剥隘至云南蒙自之线及云南腾越至省城之线(一千六百里),前者材料由粤省凑办,后者由北洋办四川线所余材料出。(《岑毓英光绪十三年十二月及十四年二月奏折》)工程自光绪十四年二月开始采买,十五年正月开工,五月完工。(《王文韶光绪十六年八月十六日奏折》)

光绪十四年四月(1888年) 李鸿章奏建南雄至南昌电线,以防闽浙线不通所造成的贻误。(《李鸿章光绪十四年四月十四日奏折》)

光绪十四年十一月(1888 年)　法国提出与中国镇南关、东兴和蒙自电线分与法线相接。李鸿章同意,由盛宣怀与法议定章程十二条。张之洞反对。(李鸿章、张之洞十四年十一、十二月奏折)

光绪十五年九月(1889 年)　杨昌濬、张煦上折请办西北电报,所提方案为保定至太原、蒲州、西安由商办,西安至兰州嘉峪关为官办。(《光绪朝朱批奏折》卷一〇二)　光绪十六年八月由西安动工,十月二十日至肃州完工。(《洋务运动》,6 卷,417~418 页)

光绪十六年闰二月(1890 年)　湖广总督张之洞奏请设立襄阳至省城电线,招商承办,由官补给银一万两。十一月奏请设立长沙至汉阳线,招商承办。

光绪十八年三月二十日(1892 年)　陕西总督杨昌濬奏办肃州至新疆乌鲁木齐线路,总长三千二百里。(杨昌濬及总理各国事务衙门光绪十八年三月、六月奏折)

光绪十八年六月(1892 年)　李鸿章派盛宣怀与俄使签订齐价合同十条。议定在海兰泡接水线,在珲春接陆线。(光绪十八年闰六月十五日总理各国事务衙门奏折)

光绪十八年十一月(1892 年)　李鸿章奏请从乌鲁木齐到喀什线路。(《光绪朝朱批奏折》,102 卷) 光绪十九年七月修竣。

光绪十九年九月(1893 年)　薛福成奏请设立电报以报水情。十一月军机大臣批与李鸿章妥议具奏。(《薛福成光绪十九年九月初九日片》,光绪十九年十一月二十四日军机大臣字寄)

光绪二十一年二月初八日(1895 年)　王文韶上奏请设西安至襄阳电线以连陕鄂,以利军机。(《光绪朝朱批奏折》,102 卷)

光绪二十二年六月(1896 年)　中国电报局与大北、大东公司订立齐价摊分合同。凡在中国发电,不分远近,一概价格相同,是为齐价。(《电政局沿革概略》)

光绪二十二年六月(1896 年)　四川西藏线二千七百里(雅州、轳城、里塘、巴塘)。(《邮传部第二次电政统计表》)

光绪二十三年十一月(1897 年)　至内蒙恰克图一线修竣。(《邮传部第二次电政统计表》,《电政局沿革概略》)

光绪二十五年(1899 年)　山东修建自省城至王庄线路一千四百七十里。(《电政局沿革概略》)

光绪二十八年(1902 年)　湘潭线展至永州与广西线相接。又全国添设多处支线。将沪宁线、胶济线等移近铁路。(《邮传部第二次电政统计表》)

光绪二十八年秋(1902 年)　电报总局在上海设立高等学堂。

第八章 中国电报局与清末中国电报事业的发展

光绪二十八年十二月十八日(1903 年) 上谕将电报收归国有,设电政大臣,由袁世凯担任,吴重熹为驻沪会办大臣。

光绪三十一年(1905 年) 中英签订接线合约。(《电政局沿革概略》)

光绪三十二年九月(1906 年 11 月) 清政府设立邮传部,铁路邮电划归邮传部管辖。

光绪三十三年(1907 年) 电局备价四万九千一百五十马克购回德国所修塘沽至北京干线及天津支线。(《电政局沿革概略》)

光绪三十四年二月(1908 年) 邮传部拟订电报国有化方案,三月派员赴上海接受上海电报局。(《电政局沿革概略》)

宣统二年十二月(1911 年) 邮传部上奏请收官局归部办理,实现了电报管理的统一。(《邮传部具奏旨将各省官电归部办理谨酌拟办法折》)

附录二　电政局沿革概略[①]

中国电报之设，缘同治十三年原两江总督沈文肃公奏言其利，奉旨钦办，时未果行。迄光绪五年，故大学士李文忠公毅然行之。先在大沽北塘海口炮台设线以达天津，由为中国创办电报之权舆。翌年遂有试办南北洋电报之请，并声明：俟办成之后，择公正商董招股接办而以官督其事。入奏，奉旨允准。南北洋电报既成，遂援照奏案，由盛杏荪官保招集商股，于八年三月起接归商办。自时厥后行之二十年，历办无异。二十八年奉旨改归官办，特设电政大臣以督之；又降谕旨准由原商股悉仍旧贯。三十二年九月设邮传部，奉旨归部直接管辖。旋于三十二年三月由部派员赴沪接收。是为中国历办电报之关键。以局观之，电报商局自创于李文忠而终辖于邮传部，其中沿革可分为三时代：自五年至八年为官款商办时代；自八年至二十八年为官督商办时代；自二十八年至三十三年为商股官办时代。

迄今夹考其始，觉兹体事大，承其乏者，厥有三难：吾国公司律未定，则集合资本难一；专门学未出，人才罕觏，则规划工程其难二；国际法未谙，外交屡败，则办理交涉其难三。

而是局资本则始由淮军饷内提拨湘平银十七万八千七百两有奇。奏明八年三月接归商办。后既于是年三月、六月按期饬还官本银六万两，五年后按年续还银五千两，以缴至二万两为止，免其计息。其余不敷银两，以军机处、总理衙门、各督抚、出使各国大臣所发头等官报应收信资记册划抵。可见电报初举，赖有官本筹垫，方克成立。至商股接办之始，先集股本洋银八十万元，是为老股。又八年三月起至十八年二月止，为电报第一届至第十届，以商股短派官利提作股本，计洋银二十万元；又八年三月起至二十四年二月止，为电报第一届至第十六届，以商股未派余利，充作股本，计洋银六十万元，两项共计洋银八十万元，较之原始资本，迭倍其数。二十五年公议，老股百元加给百元股票，是年复因展设线路，续招股本洋银六十万元，是为新股，计电报商局前后股本洋银二百二十万元，分作二万二千股，即于是年一律换给股票，以资信守。然此犹仅就商股入资而言也。至电局举债二成者则为沪烟沽之正副水线，本金二十一万镑，息金十九万七千六百四十镑，分六十期摊付；副水线本金四万八千镑，息金四万三千四百八镑，分五十八期摊付。每年分两期：三月底、九月底，两期拨本付息，每期付英金八千三百七十镑，此债盖借自东北两水线公司，而于光绪二十六年所与会订合同者，此电报商局集合资本之情形也。

[①] 《邮传部第一次电政统计表》，原件藏中国第一历史档案馆。

| 第 | 八 | 章 |　中国电报局与清末中国电报事业的发展

　　至工程先藉丹国商人以图其始。光绪五年试设于大沽至天津一带。越三年，乃有津沪线之设。八年以后，线路逐年推广，设闽浙线以通粤东，设长江线以通汉口，由是而东接烟台，西迄成都，即东三省亦相继设线，自奉天吉林宁古塔以至珲春。五年之间，规模粗定。十四年以闽浙一路时有损阻，则续设江西线以与广东来联络；十六年以陕甘以隔尚未阙如，则展设山陕线以利西北交通。十七年以后有增设其关系尤要者，入襄阳线接通西安武昌线，展至湘萍而京恰一线经营，二十三年至二十五年始告厥成。二十六年直隶山西两省线路毁于兵燹；京张沽德线亦于二十七八年间次第展设。二十九年而后以至于三十二年则由湘潭展至永州与广西接线；复添设洪江、永平、贾庄、羊角沟、虎头崖、兖州、松江、石家庄、牯岭、博山、南阳、下口、龙口、三都、台州、饶州、抚州等处支线，又将沪宁胶济等处之线，移近铁路。计四年间，其所展设者，靡不裨不阙漏。及三十三年三月起，以至年终，于直隶则添设永平之线，于广东则添设虎门之线，于江苏则添设板浦之线，于山东则添设归德之线，于浙江则添设拱宸莫干山之线，于四川则添设涪州小桥驿之线，且因云南报务甚简而移线于诏安，因京师报务甚繁，而移线于城外。阅时十月，计截至三十三年岁底，造成陆路电报干线支线，已达三万九千五百二十里之长，而沪烟沽水线、松沪地线尚未计焉。此电报商局规划工程之秩序也。

　　至其交涉，则历观故事，可约分为保全国权与维持商务二项。其关于保全国权者，即如八年十月间，英法美德各使请在上海设立万国电报公司，拟添由沪至香港各口海线，英国使臣格维那并援同治九年总理衙门已允成案，请由英商添设上海至宁波、温州、福州、厦门、汕头各口海线。而我国即于是年奏办浙闽粤三省沿海一带安设水线，嘱托大东、北两公司承办，而电局则援二十二年六月初一日会订三公司电报合同款内第十五条所载公司之线路，除电局允准外，不得再在中国界内推广一节以驳之。后经往返磋商，允将该线由中国买回，仍托两公司承办，其款项即由公司借贷，按年拨本付息，分期摊还。至若松沪汉线，乃丹国商人先于同治十三年间，未经商允我国而擅自设立者。光绪九年，我国援据约章，饬令拆毁，后经议定，由电局备价归银三千两购回。又若德国军线，则于三十三年议定，德国电局当将所有塘沽至北京干线，并铁路至天津支线立即交与中国电局。计木杆钩碗紫（缺一字）线等价德金四万九千一百七十五马克，由中国电局交付，立有中德合约。以上办理各节，事极平和而权无损失，是之谓保全国权。其关于维持商务者，则如中东北三公司订有联合齐价合同，中北公司订有齐价摊分合同。查中东北联合齐价系中国与欧美两洲往来电报摊分之费，中北齐价系中国与俄国往来电报摊分之费，当东北两公司来华暂设水线，我局未与该公司订立合同之前，该两项报费，水线则另收水线之费，本线则另收本线之费，线虽相接，费则各给，随时清还，无所谓摊分也。自二十二年六月初一日齐价摊分合同,所有中国与欧美两洲及俄国往来电报,中国遂不加收本线之费,其本线费一项即附入水线报费总价之内,凡在中国境内所发之报,不分远近,价目一概从同,是谓之齐价,而洋商亦于以称便。三十一年,英国太平洋公司及德荷公司水线展设来华,倘不与联合,该两公司势必跌价招徕,攘我中东北三公司已有之利,遂于是年续订联合齐价摊分合同。又东北公司水线传递,沪福厦互相往来之报,本线传递,沪福厦与香港往来之报,则订沪福厦往来之报,虽走水线,费归中国独得,沪福厦与香港往来电报,虽走本线,费归东北公司独得。该项交涉亦按二十二年六月初一日中东北三公司会订合同办理。他如与各国接线,则订有过线费之约。十四年以来,中法接线而订约;十八年以来,中俄接线而订约;三十一年以来,中英接线而重申订约收费。均极平允,商人利便,是之谓维持商务。

此电报局办理交涉之方法也。

三者即定,而又计之所以可久者,预储其才;谋所以可大者,俾专其利。因于六年奏设学堂,以补助之。学科分按报、测量、高等三塾;复于二十五年奏并电话以附属之。至今北京、天津、广州、上海、太原等地相继开设,此又电报商局设立学堂推广电话之缘起也。

抑又有说者:电报商局既属公司性质,则出入账目必须缕析条分,方昭大信。而该局向以前年三月之始至次年二月之终为一届结算之期。缘其大纲,分收入支出两项。收入项下,除有官报省份往来电报两不计费外,而有本线官报费、本线商报费、齐价摊分费及传递过线等费。历办以来,先亏后盈,以渐发达。支出项下,除商股常年一分官利,并各局费用外,其余中以二成报效国家,一成提奖在事各员,复按商股各给余利一分,更以羡于悉数提取公积,以备大修及展拓建置之用,此又电报商局收入支出之梗概也。于今观者,莫不因其成绩之著、置邮之速而知缔造之艰难,为交通之便。

第九章
清末中国电报局的国有化

从 1903 年开始,清政府用了近七年时间,把官督商办的中国电报局逐步收为官办,并将原来分散在各省的电报官局收到中央政府新设立的邮传部①。晚清创办的官督商办企业在进入 20 世纪后,其发展道路均发生了转折,其历史命运各不相同②。电报国有化,不仅奠定了此后中国电政发展的模式基础,也启动了自然垄断行业尤其是铁路国有化的进程,成为铁路电信发展的百年模式,而路电国有化又是引致清朝覆亡的导火索,其影响是多方面的,很有研究的价值。

本章力求追溯电报国有化的基本历程,尽可能全面地描述国有化过程中各方面的因素及其相互作用,尤其注重电报国有化过程中所表现出来的利益之争,分析各种势力的思想基础,并通过各派表述过程中的不同话语策略来揭示清末经济与实业界的认识水平与思想资源,评价国有化对清末实业精神和企业家精神发展的影响。

一、国有化前的中国电报局

(一)创设

最早提出办理电报的政府大员是沈葆桢。作为钦差大臣,沈葆桢巡视台湾防务后,于同治十三年(1874 年)四月二十九日,上折请求设立福州到厦门陆线电报,然后由厦门水路至台湾,以加强防务③。同年五月初一日即奉上谕:"所请设电线通消息,亦着沈葆桢等迅速办理。"④在这以后,英法美德等曾委托丹麦公司强行在

---

① 电报局国有化的历史,甚至关于中国电报局的历史至今未见到完整的专题分析,只是在一些人物的专题研究中从不同角度涉及过这段历史。比较重要的研究主要有以下几部著作:费惟凯.中国早期工业化[M].虞和平,译.北京:中国社会科学出版社,1990. 夏东元. 盛宣怀传[M]. 修订本. 天津:南开大学出版社,1998. 易蕙莉. 郑观应评传[M]. 南京:南京大学出版社,1998. 较早的著作只有汪启堃:《电报事业之中国化》(电流学社,1925 年 11 月)和 1929 年谢彬于中华书局出版的《中国邮政航空史》。
② 晚清主要的官督商办企业有轮船招商局、中国电报局、开平煤矿和汉阳铁厂,在进入 20 世纪后,开平煤矿一度被私自售与英国公司,轮船招商局经历一番曲折后,正式注册为商办公司,汉阳铁厂联合相关企业成立为汉冶萍公司。
③ 中国史学会:《洋务运动》。
④ 中国史学会:《洋务运动》。

福建设立电线,因政府阻止和民间破坏,工程无法进行,因此,丹麦使臣曾到总理各国事务衙门呈请保护,建议收归官办。这些举动,第一次在朝臣中引起对电报的讨论,反对者多,赞成者少,也许正是在这种背景下,福建线路虽经批准,而最终没有开工建设①,只是把丹麦所建线路买回拆毁②。后人总结这段历史时说:"中国电报之设,缘同治十三年原任两江总督沈文肃公奏言其利,奉旨钦办,时未果行。"③

1879年(光绪五年),李鸿章于大沽北塘海口炮台设电报,直达天津,"号令各营,顷刻响应"④。由于试办的效果很好,李鸿章上书朝廷,请求设立津沪电报。在这一奏折中,李鸿章详述了开发电报的必要性、线路安排、预算及资金来源。关于线路安排,李鸿章认为:"如安置海线,经费过多,且易蚀坏,如由天津陆路循运河以至江北,越长江由镇江达上海,安置旱线,即与外国通中国之电线相接,需费不过十数万两,一年半可以告成,约计正线支线恒亘须有三千余里。"⑤

津沪电线的安设,不仅是一个技术工作,随着电线安设而建立的天津电报总局和各地分局,成为一个企业建制,创立了中国最早的通信企业。天津电报局是使用淮军军饷所办,因此初为官局。但是,李鸿章出于多方面考虑,在电报局创办成功之后,按照官督商办的原则,把津沪电报局转为商办电报局,但是依然保持着官方对电报局的实质控制。

(二)电报的推广

电报创设之后,其军事指挥上的作用立刻发挥了出来,张树声在津沪电报设立不久后的一个奏折对此有说明:"至于遣将调兵,处分军事,虽悬隔山海,而如指掌,则尤以电报为之枢也。中国驿递之报,羽檄交驰,人马俱疲,迟速之效,霄壤悬殊。自光绪七年,北洋大臣李鸿章创设津沪电报,上年夏间,臣在天津遇朝鲜内乱,调集南北洋水陆各军,刻日东渡,得以迅赴事机,实赖电报灵通之力。"⑥与传统的驿递相比,电报的迅速便捷在军事上有巨大的作用,在晚清海防疆防吃紧的环境下,电报的作用立刻被疆臣们所认识,因而,津沪电报线路还在施工之中,原来反对设立

---

① 按谢彬在《中国邮政航空史》中提供的资料,当时电报未能实行的技术原因是号码带字之法尚未发明。参见《中国邮政航空史》,204页。
② 按谢彬在《中国邮政航空史》中提供的资料,当时电报未能实行的技术原因是号码带字之法尚未发明。参见《中国邮政航空史》,331页。
③ 《电政局沿革概略》,见《邮传部第一次电政统计表》。
④ 光绪六年八月十三日,直隶总督李鸿章片,《光绪朝东华录》,1卷,112页,总966页。
⑤ 光绪六年八月十三日,直隶总督李鸿章片,《光绪朝东华录》,1卷,112页,总966页。
⑥ 光绪九年十一月二十八日,张声树奏,《洋务运动》六,353页。

电报的左宗棠就上奏请求设立长江电报线路①,而津沪电报完成之后,英法美德等国又请求设立万国电报公司,要求建立上海至广东线,李鸿章与总理衙门相议阻止,并请盛宣怀招集商股,迅速建立浙闽线,与曾国荃所办广东线路相连。这两条线路陆续兴工,分别于1884年达到汉口和广州②。浙闽粤线路竣工后,适逢中法战争爆发,"南北各局官报纷驰,总理衙门、各省督抚、出使各国大臣等官报之外,如各路统兵将帅及各局所炮台兵船侦探,转运委员,均以洋务军务列作头等官报,以免迟误,自上年闰五月谅山事件起,官报更数倍于前,司事学生日夜值班,刻无暇晷,凡遇电传上谕奏咨各件,关系紧要,不能片刻停留"③。因电报作用突出,投资较小,因而推广很快,后全国陆续架设电线,设立报局。

商报线路既由商人集股,因此,管理统归津沪电报局。由于线路推广,原津沪电报局于1884年(光绪十年)由天津迁往上海④,改称上海电报总局,也称中国电报局。

(三) 商办电报模式

津沪电报的办理是采取官为倡导,垫资筹办,办理有成后售与商股的办法,这成为此后很多线路的办理模式。1883年左宗棠创立长江线路,1856年李鸿章、希元创设奉天至珲春电线等均采用这种方式⑤。

除此之外,在线路推广中,还有其他几种情况:

1. 官商合办

这又分为两种情况,第一种为官商合资,然后转为商办。第二种为官商分段合办。如1885年(光绪十一年)湖广总督裕禄等奏设鄂川电线及汉口武昌跨江电线,即请拨官款,不足部分由商人集资,事竣后由商人分年缴还官款,这就成为官商合办,然后转为商办的模式⑥。另外,1890年(光绪十六年)杨昌濬奏片提出办理西北电报模式,其中保定至西安商务繁盛,由商兴办,西安至兰州人烟稀少,电报主要用于军事,由官举办,这是分段的官商合办方案⑦。

---

① "议铜线铁路信线一事,前年左宗棠在福建时,法国美里登即此为请。宗棠面加辨驳,大意即谓安设地方,或妨民间出入,或近四畴,或近坟墓,必非民情所愿,民以拆毁,牲畜撞损,必有之事,官司万难禁制。且尔意不过为贸易争先起见,不知一商因信线置货卸货,各商即从而效之,彼此各同置货卸货,究竟不能独便宜,于商无益,徒招民怨。"《上总理各国事务衙门》,《左文襄公全集》,转引自《洋务运动》六,463页。
② 《全国电线办理权分类表》,《邮传部第二次电政统计表》,光绪三十四年。
③ 光绪十一年三月初三日直隶总督李鸿章等奏,《洋务运动》六,363页。
④ 汪启堃:《电报事业之中国化》,电流社学,1925年11月。
⑤ 李鸿章、希元奏,《洋务运动》六,372页。
⑥ 李鸿章、希元奏,《洋务运动》六,373页。
⑦ 光绪十六年十一月十二日陕甘总督杨昌濬奏片,《洋务运动》,423页。

2. 完全商办

事实上,中国电报局改为商办后,第一期集资达 80 万元①,其资本陆续投入线路拓展,包括浙闽粤等线路均为商人投资所设。

无论上述哪种模式,所建线路均归中国电报总局管辖,因此,至 1903 年国有化之前,中国电报局成为一个网点覆盖全国的大公司,共有分支机构 235 个,是当时中国分支机构最多的企业②。

(四)管理体制及其变迁

中国电报局虽属商办,但在创办初期,中国既无公司法,投资者也缺乏相关意识,因此,其治理结构按官督商办的模式,向来总办、会办由北洋大臣委派,而督办一直为盛宣怀所兼任,因线路推广,所以在督办二字前所加的地名也越来越多③。而政府内对电报局的管理一直没有设立专门职务,虽有督办,视同差使④。因为总办为北洋大臣委派,电报局也一向被视为北洋利薮。

甲午之后,李鸿章离开北洋大臣的位置,北洋大臣更动频繁,先后出任的有王文韶(1895 年 8 月~1898 年 6 月年)、荣禄(1898 年 6 月~1898 年 9 月)、裕禄(1898 年 9 月~1900 年 7 月)。除王文韶对盛宣怀的经济活动给予支持之外,荣禄和裕禄对北洋所属的企业并没有什么兴趣,虽然义和团运动和八国联军入侵期间,李鸿章回任北洋大臣,但是为时很短,并且精力主要在对外谈判。这种局面使官督商办的局面与早期相比发生了变化,督办者不再是北洋大臣,而成了盛宣怀本人了,盛宣怀的位置更加突出,并进而把电报局视为自己的囊中之物。

二、第一阶段国有化(1902~1903 年)

清末中国电报局的国有化起自 1902 年,中经 1906 年邮传部成立,1907 年宣布赎买商股,至 1910 年将官电局收归国有,全部国有化过程历经七年有余,可分为三个阶段:

第一阶段,1902 年 12 月 12 日,清廷发布上谕,将电局收归官办,正式启动了国有化进程⑤;

第二阶段,1906 年 11 月,清廷下诏厘定新官制,设立邮传部,将路、电、航、邮收

---

① 见《电政局沿革概略》,《邮传部第一次电政统计表》。
② 按电政局统计,1906 年,商办电报局共有分支机构 235 个,其中包括分局、子局、支店及其各层机构所属报房。参见《邮传部第一次电政统计表》,光绪三十二年。
③ 《电政局沿革概略》,《邮传部第一次电政统计表》。
④ 《邮传部总务沿革概略》,《邮传部第一次电政统计表》。
⑤ 《新闻报》,1902 年 12 月 14 日。

第九章 清末中国电报局的国有化

归部管,拉开了第二阶段国有化的序幕;

第三阶段,1910年,邮传部拟定办法,将散布各省的官电局收归部办,至此完成了电报的国有化过程。

虽然在国有化过程中各种矛盾交织在一起,但是,最主要的是官商间的矛盾,它影响着整个国有化进程及其后果。

(一)第一阶段国有化的背景、过程和结局(1902年10月至1903年4月)

电报国有化问题很早就有人提出,甲午之后,郑观应曾提出电报官办,主要是因为当时电报局赢利甚好,因此担心政府要挟,另外,当时电报虽称商局,"视同公产,干预用人之权,弊端颇多",因此与其"为政府所勒索",毋宁干脆"将电报公估值银若干赎归国有"①。但是,此议一直未付诸实施。

1902年电报国有化的直接原因是盛宣怀暂离电报局督办位置后各方争夺电报局的权力。

1902年10月(光绪二十八年九月二日),盛宣怀的父亲去逝,盛宣怀按例辞阙丁忧,暂辞各项差使职务。为保留对各项经济事务的控制权,盛宣怀在其父去逝第二天就通报同属北洋的袁世凯,一方面谀词相颂,一方面要求袁世凯妥善安排各项事宜:"平生知己,文忠而后,莫如我公。现在商约尚未竣事,铁路商务责任重大,均宜遴派贤员迅速接办,伏乞密电,政府主持。"②

而此时户部也力图在盛宣怀丁忧期间掌握原属北洋的经济事业,传言将以张翼接任督办轮电二局,将其纳入户部饷源。盛宣怀急忙致电袁世凯,希望其出面制止,申明轮电二局"发端于北洋,宣怀系文忠所委,并非钦派"。一方面请袁"主持公论,速电略相",一方面邀袁"到沪面商"③。

袁世凯是李鸿章去逝后于1902年4月由清廷实授直隶总督署理北洋大臣的。在获得清末政府中这个最重要的职务后,他趁热打铁,在政治、经济、文化等多方面入手,扩大权力基础。在政治上,袁世凯一方面俯顺舆情,敦请政府改良教育,编纂商律;另一方面大搞结党营私,招权纳贿。④ 为此,袁需要大量金钱,除练兵处的官帑之外,为开辟财源,袁多方插手,挟势敛财⑤。虽上任不久,还未暇顾及轮电二局,但是,户部要想从北洋掠走这两个利源,却是袁万万不能允许的。在接到盛宣

---

① 郑观应:《致督办轮电两局盛京卿论亟宜改良书》,《郑观应集》下,1024-1025页。
② 《寄袁宫保》,《愚斋存稿》(思补楼藏版),58卷。
③ 《寄开封袁宫保》,《愚斋存稿》,59卷。
④ 刘体智:《异辞录》,中华书局,1988年,303条、304条、305条、321条。
⑤ 刘体智:《异辞录》,303条。

怀电报后,袁世凯马上回电,述说前因后果,并且明确表态:"留候(案指张翼)接局,鄙人断不谓然,在津伊曾劝北洋收回,辞以不暇兼顾,因而自谋亦在意中,然内未必予之,当电京阻止。"①

1902年11月下旬,袁世凯赴沪,以吊唁之名,问计于盛宣怀,盛宣怀对轮电及汉阳铁厂三处北洋产业提出了各自解决办法,其中轮船招商局商办,汉阳铁厂借款整顿,还有就是电报以240万两收归官办的方案②。袁世凯回京后即按在上海商定的办法上奏,并劝盛宣怀趁此卸肩,"免受累受谤"③。盛宣怀本希望袁世凯像张之洞那样能力保其留任轮电二局的职务,没想到袁未领会这层意思,竟将轮电二局一把掠入私囊,从此导致了盛宣怀与袁世凯的矛盾与争斗④。

1902年12月12日,清廷发布上谕,决定将电报收发官办,并由袁世凯、张之洞主持此事,上谕全文如下:"各国电务多归官办,凡遇国家要政,传递最称灵速。中国创自商办,诸多窒碍,亟应收回,以昭郑重。着袁世凯、张之洞将中国所设电线核实估计,奏请核拨款项,发还商股,即将各电局悉数收回,听候遴派大员,认真经理,以专责成而崇政体。"⑤

出乎盛袁预料之外,上谕一经发布,商情震动,电股大跌,从每股160元跌至每股90元,其他股票也被牵动跌价⑥。股东们反响强烈,香港股东率先致电盛宣怀质疑此事;而以《申报》《新闻报》为代表的舆论界一片哗然,连篇累牍地发表文章抨击政府电局归官的举措。政府各部门也是百般刁难,不予配合。户部表示:"电线归公,户部恐难筹款。"⑦这使电报官办的事情处于进退两难之地,而盛宣怀也被夹在电局股东和政府之间,进退失据,不得已对股东采取拖延的办法来敷衍。他对股东解释说:"谕旨看法,似系估计后复奏,请筹款后发还商股,后再将各电局收回,派员经理,并无未还股值遽尔收盘之意。"⑧实际上,袁世凯也左右为难,面对电报局员的解释请求,也只得说:"照旧办事。"⑨

其实,电局股东虽反对官办,但在政府压力之下,也准备有条件接受官办方案,

---

① 《开封袁宫保来电》,《愚斋存稿》,59卷,10页。
② 《袁宫保来电》,《愚斋存稿》,59卷,10页,并参见夏东元. 盛宣怀传[M]. 天津:南开大学出版社,1998:338.
③ 《袁宫保来电》,二十八年十一月十八日,《愚斋存稿》,59卷,10页。
④ 刘体智:《异辞录》,346条,239页。
⑤ 《申报》,1902年12月16日。
⑥ 《再论电局收归官办》,《新闻报》,1902年12月17日。
⑦ 《户部王中堂来电》,《愚斋存稿》,59卷,12页。
⑧ 《寄天津袁宫保、江宁张宫保》,二十八年十一月二十日,《愚斋存稿》,59卷,12页。
⑨ 《袁宫保来电》,十一月二十日,《愚斋存稿》,59卷,12页。

第九章 清末中国电报局的国有化

即:首先,一定要用现金收赎,不得转成债券;第二,价格合理;第三,"商电局系三月开办,请照向章三月结账派利后发价收回"①。但是袁世凯筹款无着,赎买方案事实上无法进行。

在袁世凯进退维谷之时,沈子梅向袁世凯分析形势,提出了一个解决方案:"电局一切事权专归督办之员,已成多年局面,不过以股商资本,不得不以商线为名,实则大权早已在官,只在遴派经理大员,即是收管其事,亦合命意,倘可约略敷陈,则转圜无痕,远近滋议自息。"②这确实是个好办法,把袁世凯从进违民意,退抗君命的困境中解脱出来,因此立即被袁世凯、张之洞二位通商大臣接受。张之洞把这个方案归结为"但限商权,不夺商利"③,只是袁世凯提出要设立电政大臣的职务④。方案既定,清廷又于1903年1月15日再次发布上谕,允许股东保留商股,同时委派袁世凯为电政大臣,吴重熹为驻沪会办大臣。吴二月陛见,3月16日(光绪二十九年二月十八日)赴沪,3月19日抵沪局,正式接管电报局⑤。电局官办的事就此尘埃落定。

从结局上看,这一阶段虽称官办,实际上只是北洋系的袁世凯阻止了户部涉足轮电,官民格局没有实质改变,而盛宣怀认为轮电失控,报怨袁世凯,只是其中一个插曲。但是,从深层看,电报归官,虽只是名义,其中确定反映了清政府推行新政缺乏法律保障,而且中央政府权力衰落,任由事件按权力格局发展。不过,事件中商民的强烈反应则是社会上出现的新因素。

1902年电报局国有化的直接动因是盛宣怀暂停督办位置后户部争夺电报控制权,其实质是北洋集团与中央政府的各部门及官方与民间资本的争夺利权,其中又穿插着官僚私人之间的矛盾。而这一事件是在清政府宣布实行新政,民间投资日趋活跃,商业与企业精神日见发展的背景下展开的。电报官有化改变和强化了袁世凯的地位,削弱了盛宣怀对轮电等企业集团的控制,同时严重挫伤了民间投资的积极性,压抑了企业精神的成长,不仅使商人对政府丧失信心,也暴露了袁世凯和盛宣怀为了私利不惜牺牲民间投资者利益的嘴脸。

这一事件暴露了清末政府运行已偏离中央的控制,而建立在各个相互作用的官僚利益集团互相争夺与勾结中,使清政府本来就无力推进的改革措施被消解在争权夺利之中。

---

① 《寄天津袁宫保、江宁张宫保》,十一月二十五日,《愚斋存稿》,59卷,13页。
② 《沈子梅观察上袁慰帅电》,十一月二十六日,《愚斋存稿》,59卷,15页。
③ 《张宫保来电》,十二月初五日,《愚斋存稿》,59卷,16页。
④ 《袁宫保来电》,十一月三十日,《愚斋存稿》,59卷,16页。
⑤ 《申报》,各日消息。

(二)股东和舆论界对国有化的抨击

清廷关于电报归官的上谕甫一宣布,即招致商民的强烈抵制,股东们纷纷采取行动,一方面向政府各大员,尤其是南北洋通商大臣和盛宣怀进行游说,另一方面运动各种社会力量向政府施加压力①,同时恐慌性抛售股票,造成股价暴跌。

以《申报》《新闻报》为代表的舆论界也以最快速度做出强烈反应。《新闻报》于1902年12月14日披露这一消息后,从1902年12月15日开始,连续在首版发表文章,对电局归官提出强烈批评,《申报》也分别于1902年12月16日和12月20日在一版发表文章《论电局改归官办事》和《推论电局改归官办事》,从不同角度对电局官办之害进行了阐述,对政府立场进行挑战。

代表商人利益的《申报》于1902年12月16日在第一篇文章《论电局改归官办事》中,首先详细回顾了商办电报的历史,指出:中国电报赖商人投资,才造成了"通衢大道之中,电竿如林,电线如网"的局面,致"北燕南闽,近若比邻,消息之灵,事机之捷,可谓至矣,尽矣,蔑以加矣,而局中获利之厚,尤超越寻常"。对上谕中所说商办"诸多窒碍"的说法大不以为然,认为,电局虽是商人出资,但是"督办既有大员,各分局又有总办,其规模体制皆仿效官场,是以靡费甚多,而反多贻误"。对于商办官办的作用,作者做出了不同于上谕的判断,认为,电局所存在的问题恰恰是因为官气太浓,但"不至十分溃决者,以尚有商本在内,不能不稍存顾虑也"。因此,既使是整顿局面,也应当进一步民营化,"将督办、总办等名目一律删除,悉由各股东公举富商为之经理,如是始足除官场之积习,振商务之新机"。

四天后,《申报》继续发表社说《推论电局改归官办事》,进一步申述反对官办的理由,从振兴商务和官商关系处提出作者的忧虑。文章认为:"今日之天下,一争利之天下,能争即强,不争即弱。商者,专于争利者也,故各国商务无不以商为宗旨。助商之道,合则利聚,而争易胜,分则利散,而争易败,故各国商务尤以公司为要图。"轮电二局正是办有成效的公司,而一旦收归官有,不仅败坏情形难以收拾,更重要的是"集股之时,借商之力,事成之后,夺商之利"。这样使商情涣散,官办争利,结果使外人得渔翁之利。

1903年1月11日的《申报》发表《述客谈时事》,进一步申论电报官办事,将其与南洋裁撤兵船相提并论,其后果是:"兵士已无不解体,商情已无不涣散,吾恐外人闻之已无不掩口而幸灾乐祸之心,又进一层矣。"

股东意识的觉醒是电报国有化过程中最突出的表现之一。中国传统上股东的

---

① 据说,其间寓居檀香山的股东禀请美国国务卿照会清政府,请以美元五百元购回股票。见《申报》,1908年6月10日。

投资,只凭对企业负责人的信任,股东利益受到侵害也诉说无门。1902年清廷虽宣布新政,并要求袁世凯、张之洞牵头编纂商律,但究竟还没有完成发布。商民中股东意识也没有触发点,但在电报官有过程中,确实显出了商民股东意识的觉醒。事件发生后,股东一起"责宣怀不先集商会议,遽与公谋"。

三、第二阶段国有化(1908年)

与第一阶段国有化是在封疆大吏的主持下展开不同的是,第二阶段国有化是在中央政府新设立的邮传部主持下展开的。邮传部是清末政府新设立的机构,总辖轮船、铁路、电报和邮政四政,成立于1906年11月①。11月6日,清廷下诏厘定官制,为立宪之预备,转日又下诏授各部尚书及侍郎,当时尚书为张百熙,至1908年时,不到两年时间,先后署邮传部尚书者有林绍年(1907年3月)、陈璧(1907年4月)、岑春煊(1907年5月),随后陈璧继续任邮传部尚书②。

邮传部成立后,就秉承国有主义宗旨,力图将所辖企业转为国有,在电报国有化之前,邮传部关于铁路国有化的议论就已甚嚣尘上。电报国有化就是在这种背景之下展开的,从而在清末引起了政府与民间资本最大也是最激烈的一次利权争夺,也引发了一场关于国有与民营的大讨论,讨论的思想资源与成果较1902~1903年第一次国有化时更为广泛,也更加深入。尽管国有化进程严重挫伤了民间投资的积极性,压制了企业家阶层的成长,但是讨论的成果则对民间经济思想的提升和企业家精神的成长有着积极的影响。

(一)第二阶段国有化的原因、过程和结局

电报局原是官督商办企业,管理一向模仿官场,所有官办企业弊病在电报局中均广泛存在。1902年末,电报官办之后,用人行政之权名正言顺归并官府,民间不得与闻,使本已官气十足之局更加糜烂溃决。《新闻报》文章揭露说:"记者昔薄游晋豫各省,尝调查其现象,局员无所事事,坐食厚糈,总局之优者,岁入可万数千金,分局亦不下数千。皆干没商股之赢利以得之者。每局报生数十人,皆取其少年美容止者,平居鲜衣美食,局员无事,则携之遨游戏园酒馆。万钱下箸,挥霍泥沙。"③深知轮电二局的郑观应也曾对邮传部尚书陈璧指陈:"查轮船、电报弊端颇多,非熟

---

① 按陈锦江在《清末现代企业与官商关系》一书中的看法,农工商部与邮传部的分立,反映出清政府在官制改革中并未遵循理性原则。实际上,虽然袁世凯已在1906辞去包括电政大臣在内的八项兼差,但邮传部一直被认为在袁世凯的控制之下,其中陈璧系北洋系的人物,因此,电报国有化中虽以民间资本与中央政府邮传部的冲突为主线,但也反映出政府内部各派系的争斗与妥协。
② 见《中华民国史事纪要》(初稿),1975年。
③ 《邮部电线归官札文驳义》,《新闻报》,1908年6月11日。

悉者不深知,非廉正者不敢言。……往来电码多错,且电报迟于墨信,是否机器不灵,抑报生技术不精？乞饬研究整顿,免外人议论。"①

本来电报局弊窦丛生,众人皆知,第一次国有化过程中对这一问题的成因和解决办法,也有议论。但是,1908年在葡萄牙首都里斯本召开的万国电邮代表大会上,中国将外国人在东北设立电报局,侵害中国主权一事呈诸大会,本想引起与会代表的同情,没想到,因泰晤士报揭露电局腐败,引起代表公愤,要求中国整顿电局,减轻报费之后,才能考虑支持中国收回主权的要求,这一消息经代表传回北京,使本来就想把四政收归国有的邮传部下决心,以整顿为名,率先对电报实行国有化②。

1908年5月13日,上海《申报》率先披露电报局将收回商股,改归官办,奏稿已经拟定,不日将入奏的消息③。几天之后,电报局股东就在各报刊登公告,公开声明反对电报国有,并呼吁各股东迅速行动,召开股东大会,拟定应对策略④。随后,广东股东于1908年5月31日在杏花楼召开股东会议,数十名股东与会,拟定了一篇反对官办的稿件,寄发上海,当场签名者二十几人⑤。其实,在邮传部正式宣布实行国有之前,电报股东就曾禀请商部注册并成立股东会与董事会⑥,但未获批准。1908年6月11日,上海召开电报股东会议,会议程序较广东股东会议更为正式,首先是胡二梅(琪)向股东通报邮传部电报国有的奏折,历陈电报缘起,披露早期各项重要文件。接着会议发言批驳了邮传部的奏折。会议选举了五人组成的董事会,并拟定了一封电报,向军机处、都察院、农工商部和邮传部提出抗议和收买价格的计算方法。此次会议事先曾得到农工商部批准⑦。以后20多天内,设于跑马场商学会内的上海电报股东会与邮传部就电报收赎之事进行了激烈的较量。

首先,上海中国电报股东会公布了办事地点和时间⑧。在盛宣怀召集的上海股东会议上,股东们以电报局第25届账略及市场交易为基准指出,即使将电报收归官有,收购价格也应在240元左右,并且应将26届及27届半年的官利余利及公

---

① 《电覆北京邮传部陈尚书》,《郑观应集》,下册,上海人民出版社,1029页。
② 《西报论中国改良电政之难》,《申报》,1908年6月11日。
③ 根据夏东元的《盛宣怀传》和易惠莉的《郑观应评传》所引资料,电报收归官办系政务会议的决定,但民间传闻为邮传部内电政司主事龙建章,收归官办的奏折即其所拟,参见《电报局奏改官办消息》,《申报》,1908年5月13日及1908年6月29日的《新闻报》。
④ 《电报股东公鉴》,《申报》,1908年5月12日。
⑤ 《粤省电报股商会议情形》,《申报》,1908年6月10日。
⑥ 《电报股东公鉴》,《申报》,1908年5月21日。
⑦ 《上海电报股东会纪事》,《申报》,1908年6月12日。
⑧ 《申报》,1908年6月29日。《电报股东会办事启》,《新闻报》,1908年6月29日。

第九章 清末中国电报局的国有化

积金全数进行分配①。其实,虽然股东言辞激烈,但对电报国有,商股们在无力反抗时也准备接受国有化现实,只是要求一个公平的价格。正如郑观应所说:"邮传部收赎电报商股奏折,义正词严,谁敢不遵。"②

1908年7月17日,上海电政局在各报刊登收股公告:以每股170元加价十元的价格收购电局股票,并限期在光绪三十四年六月底(1908年7月27日)前在上海、天津、汉口、广州、香港、北京等各电局缴票领款,对僻远股东,可以宽限时间。

之前的7月13日,电报股东会也在各报发表公告,宣布不承认邮传部收赎章程。在上海电政局发布收购公告当天,股东会也发布公告,对电局不按股派息表示愤慨,鼓励各股东:"坚持到底,决不交股,以示抵制",并通告粤省股东的支持态度③。

在报刊上刊登上述公告之外,电报股东会多方活动,首先请求向称开明的两江总督张之洞提供保护:"电报归官,商情惶恐,大帅主持保商政策,凡在骈幪,莫不仰赖……商民迫切,无可控诉,不得不披沥以陈,敢乞电达政府,保商等之身家……"④另外,作为中国电报的创始人之一,盛宣怀处于一个尴尬的地位,在电报股东的一再申诉之下,作为邮传部右侍郎的盛宣怀⑤也一再上奏,居间调解。另外,电报股东会还向电政局管理当局发出措辞强硬的质询信,对收赎价格计算及股东权利问题提出严厉质问。

在股东会的强大压力之下,邮传部做了一些策略性调整。例如,针对大部分股东处于观望之中,怕一旦赎回之后,电局重新加价,邮传部一面电明186元为最终价格,绝不加价,另一方面又提出可出具保偿单,"声明赎电价格如有先少后多者,惟电局是问,如数赔偿。如盖钤记,遇有缴票者,各发一纸,以昭凭信"⑥。另外,针对股东会关于历年公积及两年利息,电政局也发出告示,不承认股东会对应分配余利的估价,并提出自己的估价方法。

虽有一些策略性调整,但总的讲,邮传部在收回商股的过程中,态度强硬,不予任何通融,而直至截止日期之前,股东会也率众股东坚持不懈。总的来讲,股东会的号召是有效的。直至截止日期,只收回22 000股股票中的1 545股,其中主要是港

---

① 《电报股东会议纪事》,《申报》,1908年5月27日。
② 《致邮传部右侍郎盛杏荪宫保书》,《郑观应集》,下册,1027页。
③ 《电报股东鉴》,《申报》,1908年7月17日。
④ 《电报股东请江督主持电》,《申报》,1908年7月18日。
⑤ 盛于1908年3月6日被宣布为邮传部右侍郎,但一直没有履任,而是长驻上海。见费惟凯:《中国早期工业化》及《中华民国史事纪要》,1908年。
⑥ 《电政局告白》,《申报》,1908年7月23日。

股①。直至截止日期后的七月初三日(1908年7月30日),股东会还在做最后一搏,发布公告:"本会邀各股东往求盛宫保(原文不清——著者注)回收股一事,已蒙允许电奏,凡我股东应静候,暂勿缴股为是。"②

在双方僵持之中,盛宣怀上奏提出一个调解方法:以后三年内,每年按股提赏洋六元③。但此奏被邮部驳回,股东会最后的希望破灭,在政府的强大压制之下,上海电报股东会于1908年7月31日向各位股东公告:"因邮部将盛宣怀的奏议驳回,敝会办事之力至此已尽,只得即日散会,特此布闻,惟愿有心人永以此事为记念耳。"④应该说,中国商人在专制政府强权之下泣血抗争,虽败犹荣,写下了悲壮的一页。此后,邮传部收股数量如雪崩般增加,1908年8月2日一天就公告了1 581股,至8月10日,已收回11 800余股⑤。至光绪三十四年底,已收回21 400百股⑥,事实上完成了电报国有化。

(二)从电报国有化看晚清政府运作

电报国有,虽久有议论,并有成案,但1908年的第二次国有化中,是邮传部独立坚持,才取得成功。事实上,当时政府内部并非没有反对意见,就连枢臣都被传冷漠反对⑦。据报章批露,邮部上奏后,并未得到常规的"依议"上谕,只是奉旨"知道了","朝廷之意已见于言外"⑧。陈璧后台袁世凯也认为办到此事甚难,而邮传部内部也并非意见一致,在奉旨"知道了"之后,部内就有人"笑谓同人曰:何如两军机,可谓有识矣,言下甚为叹服。闻此议本建自电政司主事龙建章,此折亦其所拟,部中反对者颇议其刚愎取悦,而以右丞尤为反对"⑨。在枢臣冷漠、部内反对、股东压力之下,电报收赎居然成功,从一个侧面反映了邮传部对其坚持的力度。

邮传部的设立不是按理性原则,而是权力在政府各利益集团内分配的结果(农工商部满族大臣负责,而有大利的轮电路邮四政统归邮传部)。其部门运作中,虽然以国家主义为旗帜,但实质上是以权力的扩张为目标的。而作为一个政府部门,其权力取决于对社会资源的控制范围和控制程度,因而,攫取更多的资源是稳固和

---

① 据《申报》和《新闻报》电政局各次收股清单统计。
② 《未缴电报各股东鉴》,《申报》,1908年7月30日。
③ 《盛宫保电奏收回电股》,《申报》,1908年7月31日。
④ 《解散电报股东会告白》,《申报》,1908年7月31日。
⑤ 《申报》、《新闻报》各日电政局收股清单。
⑥ 费惟凯:《中国早期工业化》,256页。
⑦ 《申报》,1908年6月8日。
⑧ 《陈尚书收回电股之为难》,《申报》,1908年8月9日。
⑨ 《收回电报股折之无价值》,《新闻报》,1908年6月29日。

扩大政府部门权力基础的基本方式①。邮传部为扩大权力,出于私利,不顾法律②和公益,坚持电报国有,虽达到了初衷,但也使清政府在商民中威信受损。从这个意义上说,电报股东维护权利的举动是日后导致清政府覆灭的保路运动的先声。

另外,邮传部在枢府压力下达成电报国有,这不仅反映出清政府的运作已经不适应近代化的要求,也反映出中央集权的衰落,政府运作缺乏整体的社会目标和控制手段。在宣布立宪、注重商务实业的政策下,竟允许部门以私利压倒国家利益,使政府完全变成了权力的角逐场,从而使清政府丧失了最后的合法性,最终导致清政府在混乱的社会经济政策中走向灭亡。

电报收归国有使商民与政府进一步离心离德,对政府之后的每个决策均疑虑重重。

从中国企业发展的角度上讲,官督商办虽为时人及后人所诟病,但其早期在李鸿章主持之下,招揽商人,授以权柄,的确培养了如唐廷枢、徐润、马建忠、经元善、郑观应等一批近代企业家,并成就了一批近代企业,为企业发展积累了人才与经验。但是,电报铁路相继官办,使中国失去了培育近代企业家的最大土壤,从而大大迟滞了中国近代企业的培育,延缓了企业家队伍和企业家精神的成长,这是中国近代经济长期停滞的重要原因之一,也是清末电报国有化的最大恶果。对此问题,当时的人就已指出:"今政府将国民已投之资本而欲屏去之、保存之,商埠而欲破坏之,若是则一种人民之稍有实业思想者,皆将裹足而不敢进,稍有资本贮蓄者,皆将止步而不复投。而实业之前途将长此堕落,而不复能有与列强抗驾之一日。"③

四、电报国有化中的理论讨论与企业精神发展

1908年电报国有化的实质是政府与商民对电报局利益的争夺,双方所有争论与讨论均是以利益为基础展开的。但是,与1902年第一次国有化相比,1908年国有化过程中,争论双方均采用了很近代化的思想资源和论说策略,依据新的知识维度,建立了新的分析框架,单从形式上看,就有很大发展,更不论双方争论的范围更加广泛,内容也更加深入,并在争论中提出了一些富有意义的课题,对企业与企业精神的发展起到了促进作用。

(一)国有与民营的讨论

争论双方的中心问题是电报应当国有还是民营,邮传部虽以私利为基础主张

---

① 关于户部各司地位的变迁见《异辞录》301条。
② 其时清政府已颁布《公司律》。
③ 《政府收回电报商股展筑洙昭直线感言》,《申报》,1908年5月,即光绪三十四年四月二十三日。

国营,但所祭起的武器却是西方经验,在奏折中开宗明义引证西方经验,主张将电报收归国有:"查电报为交通全国机关,属于商民者事小,关系于国家事大,各国电报之权皆为国家所独有。"①

在电报归官之时,清廷曾发布上谕,督促商办铁路加快进度,流露出铁路国有的意思,引起社会震动②。因此,民间对国有化的批驳是围绕着电报、铁路两件事共同展开的,相对于邮传部,民间的问题讨论从理论和经验两个层面、政治与经济两个角度分别展开,更加系统也更加深刻。《申报》1908年5月28日的一篇论说中对国有与民营的国际经验进行了系统总结,指出:对国有主义,"欧洲大陆派唱之,英国学派反对最力。众说纷纭,讫无定论"③。作者列举四点理由认为铁路国有不合国情,而作者又从官吏不如国民办事诚实,公司较政府财源丰富,及应当分政府之权等角度,认为中国应当实行民有主义。作者总结道:"总而论之,铁道之当归国有与否,当以本国国势为衡,即各国现行制度亦尚无一定之标准,大抵英美二国归民,比奥二国归官,法国则主义屡变,历七十年而始归国有。"④显然,这比邮传部的文件一言以概之的引用所谓"各国"经验的眼界和识见均高一筹。曾鹏化在《大公报》上发表的《论官办铁路之恶结果,忠告邮部,警醒国民》一文中,对历年来官办铁路的丧权失利现象一一列举,指出:"综观以往,默计将来,凡官办铁路无一不与外人有密切之因缘,即无不得丧权失利之恶果。"⑤从国内经验上指出官府无能,无力承担铁路建设重任。

而电报股东在股东会议上从政治程序上对电报国有提出质疑,指出:"国有主义惟立宪之国能行之,若今日之国会未成,宪法未立,尚说不到国有二字。"⑥而《新闻报》发表的《邮部电线归官札文驳义》中,更从近代国家与商业关系入手,区分专制政府与西方民主政体,指出西方国有为化私为公,而中国则恰恰相反,国有的结果将化公为私⑦。上述关于国有与民营的讨论角度变换多端,可见当时国人视野和历史纵深感较1902年已大有开阔,对问题的范围与实质有了较为深刻与切合实际的把握,整合思想资源与经验的能力也大为提高。

(二)管理与经济学讨论

关于国有化能否改善电报局管理一事,邮部也与民间持相反意见。民间仍然

---

① 《邮传部奏电政拟归官办折》,《申报》,1908年6月12日。
② 上谕于1908年6月25日发布,见《中华民国史事纪要》1908年6月。
③ 《就中国现世论铁道国有之不能实行》,《申报》,1908年5月28日。
④ 《就中国现世论铁道国有之不能实行》,《申报》,1908年5月29日。
⑤ 引自《东方杂志》,1908年第8期53页。
⑥ 《上海电报股东会纪要》,《申报》,1908年6月12日。
⑦ 《新闻报》,1908年6月9日。

坚持了1902年的看法,认为:"商股多则商有监督财政之权,电局员司虽欲丛弊于其中,而究不能毫无顾忌,若一旦全归于官,则官吏之舞弊徇私,自必较前加甚,而以后获利与否,乃真无成算之可操。"①

邮传部与民间还就改进管理方面所涉及的经济学原理进行了探讨,其精细程度,在某些方面近乎学术讨论。邮传部奏折认为:"中国报费昂贵,甲于全球……中国报费凡远省一字之价几与各国二十字相等。且译报有费,密码有费,加急有费,层层盘剥,节节为难,实于电政前途大生阻力。自当酌量核减,以期发达而广招来,嗣后报费日增,即报价日减,核计电报岁入约三百五六十万,若酌减二三成,即在百万以上,此事一行,则商股本息恐无所出,余利更不足言,此减费之无益于商者一也。"本来报费加减属管理问题,中国电报价格高昂,是因为电局官气十足,管理不善所致,并非因商股存在,恰恰相反,在某种意义上说是因为商股在局中无权过问管理所致。

更有意义的是,在上一段话中,邮传部言论虽以公益为名义,实质上却不符合经济学的基本原理。《新闻报》在《邮部电线归官札文驳义》一文中对此加以驳斥,指出:电报在中国收入较少,确实是因为价昂,"因昂而用电报者少,致不得为岁入一大宗耶,故继之曰酌量核减以期发达而广招徕,然则电价既减,斯阻力自消,阻力既消,斯收入即夥,收费既夥,自能媲美各国,而以电报为岁入大宗矣。夫既为岁入之大宗,岂惟本息有所出而已,余利之厚可胜言哉?然而胡又云酌减二、三成,即少收百万以上耶?"②这种分析显然是已经暗合了需求弹性原理,对价格、需求与收入之间关系的分析更为科学合理。《申报》的《驳邮传部收回电报札文》对这一段也加以批驳:"按中国电报所以不发达之故,在乎报费昂贵,部中亦已知之。注1908年6月28日《申报》凡物质之价值过贬,则求多,多必获利,过昂则求少,少必无利,此计学之公例。"从两报的议论看,经济学的基本原理在民间已经有相当普及。

(三)危机意识的发展

对电报收归国有过程中政府收赎资金的来源,股商和舆论保持着高度关心和警惕。关于资金来源,主要有两种说法,一是认为用交通银行的民间股③,一是认为政府举外债款收赎。1908年7月1日,《申报》披露政府正以路款不足,预备向外国银行借款1 000万两。但舆论认为:"现因收回电报,虑人反对,故以路款为借

---

① 《论邮部收回电报商股》,《申报》,光绪三十四年三月十九日。
② 《新闻报》,1908年6月14日。
③ 《申报》,1908年6月27日,"邮部以收回电报事在必行,议归交通银行李厚祐即日购收"。

口,并闻此项借款除收回电股尚有赢余,拟以扩张航路云。"民间对政府向外国举债心存疑虑,除了因为要捍卫股东权利之外,在一个侧面反映了民间在外国资本对中国经济侵蚀加剧的情况下,危机意识的发展。《申报》1908年7月13日发表文章《论邮传部议借外债》,对此加以评论认为:"外债之足以亡国,夫人知之而能文者。"开篇就从国家危亡的角度讨论举债,最后将疑问落到实处,"今日之募借外债,究归何用,外人不得而知"。但是"款项既向自外洋,无论营何事业,仍不外夺国内人民之权利,间接以让诸外人耳"。在邮传部国有化政策传布开后,各报、各股东最大的疑虑就是大权旁落于外国人,因此,有人呼吁邮传部出面澄清,以释群疑。

清末,这种危机意识在社会各层面均有发展,本来引导得当,可以成为经济发展的精神动力,但国有化效果适得其反,将经济发展权从商民转交国外洋行,从而抑制了民间资本的成长,使民间危机意识以政治抗争的方式表现出来,这也是清政府覆灭的原因。

(四)股东意识的发展

中国近代企业的发展自19世纪70年代开始①。在企业早期发展中,中国传统的投资者无权干涉企业经营,因为没有法律保障,因此投资者基本上都是把信任建立在传统的家法和人际网络上,这不仅限制了企业规模的扩大,也因人情所碍,使投资者难以过问企业经营②。

随着近代企业发展,尤其是早期轮船招商局和开平矿务局的成功,推动了中国晚清资本市场的发育,使集股创办企业一度流行。虽经1883年金融危机,但近代公司发展的势头在晚清一直保持着,因企业规模与数量不断增加,投资安全成为股东关心的问题。早期是靠官督商办制度,利用政府权威保护投资者的资金安全,但是,官督商办企业的弊端不断暴露,作为一种治理制度已不为投资者所认可。在这种情况下,清政府模仿西方,于1903年公布商律、公司律,确定公司的法律结构和制度。同时,企业界与经济界人士也将目光投向西方,探索西方企业成长环境。除了呼唤法律之外,投资者对自身权利与责任的认识水平也不断提高,在电报收归国有的过程中,这些认识转化成为争取依法维权的行动。

电报股东依农工商部批准,召开股东大会,到会有五百人之多③,会议依《公司律》选举董事,进行讨论。在整个反对电报收归国有的过程中,电报股东把权利与

---

① 一般认为,第一个官督商办企业为轮船招商局,由于股东投资,又从事近代航运业,因而是第一家近代性质的商办企业。而第一家民营企业通常认为是1872年创立于广东南海的继昌隆缫丝厂。
② 关于这一点,参看陈锦江《清末现代企业与官商关系》,中国社会科学出版社,1997年,79-81页。
③ 《上海电报股东会纪事》,《申报》,1908年6月12日。

法律紧密结合,据理力争,对邮传部奏案也依历年文件加以驳斥,对收赎价值和利润分配也依法提出要求。

这场抗争虽然失败了,但是法律观念的增长和股东意识的觉醒,是20世纪初叶中国经济发展中一个重要的变化,随之而来的是把企业所有者与管理者、企业与政府的关系第一次以近代方式提到了社会议事日程上来,这对促进企业管理思想与企业家精神的成长起到了积极作用。

五、第三阶段国有化——电报官局收归邮传部(1910年)

在民营上海中国电报局之外,很多省份一直存在着官电总局。1910年,邮传部在完成对民营电报的收赎之后,又着手将散布各省的官电总局收归部管,最终完成了全国电报体制与管理的统一。

(一)电报官线和电报官局的建立

津沪电报创建时,是利用淮军军饷。但由于政府财源紧张,线路完成之后,就按照李鸿章的意图,招集商股,将其转为民办,只是一直保留着一等官报的寄发、收费的特权地位。结算是在未完全归还的官款中扣转,扣转完毕之后,仍不收费,作为商局对政府的报效。

电报的作用集中体现在其军事用途中。因此,光绪九年,中法两国在中越边境上摩擦加剧,时任两广总督的张树声为军事布防方便,上奏请求设立广州至龙州线路。张树声原为直隶总督,曾协助李鸿章办埋天津北塘电报,对电报在军事指挥上的作用有切身体会。因此,在边疆不靖的情况下,首先想到了架设电报。但是广州龙州一线山水阻隔,交通不便,不仅施工难度远较津沪线路为大,而且经济落后,"均非通商繁盛之区,电报商务绝少,不能招商接办"[①]。他与出差到粤的盛宣怀商议,把线路分为广州至梧州和梧州至龙州两段,"劝谕商人展设广州至梧州一节,以尽报效之忱。梧州以上则由官筹款"[②]。这是中国第一条官办线路。随后,光绪十年,张树声又建立了广州至虎门的线路。

光绪十年四月,北洋总督李鸿章奏请设立北塘至旅顺电线,线路长2 000余里,因经费困难,先设北塘至山海关线路。这条线路纯属军用,军事上有很大的必要,"军情瞬息变易,非用电报无易速传递而赴事机"。但是,"此路并无商报,应仿照西洋关系国家政务由官造之例,及广州至龙州成案,即由官办"[③]。由于电报作用

---

① 光绪九年十一月二十八日两广总督张树声奏,《洋务运动》六,中华书局,353页。
② 光绪九年十一月二十八日两广总督张树声奏,《洋务运动》六,中华书局,354页。
③ 光绪十年四月二十四日署直隶总督李鸿章折,《洋务运动》六,中华书局,355页。

日益为疆臣所认识,于是,东北、西北等各地陆续因军事原因,兴工修建电报线路。

（二）电报官局的建立

随官报线路日益拓展,为管理线路起见,在线路建设同时,开始设立官电局,光绪十二年,天津建立了官电总局,并陆续开设了北洋、广东和云南三个官电局。之后,各省官电局陆续建立。

在官电线路拓展建设上,民营中国电报局给予了很多业务上的指导和支持,例如修梧州至龙州线路,曾借用浙闽粤的人员和资金。

各省官电局体制上归各省督抚管理,官电局名称上均称为某省官电总局。因此,在很多地方与民营中国电报局的机构重叠,出现了一地二局的情况。在体制上各自独立时,"因官商分办,不得不各清界限"。但是,电局收归国有后,机构重叠的问题就突出了起来。这也是邮传部将电报官局收归部管的一个重要原因①。

（三）各省官电归部

1910 年中,为完成宪政而编制行政纲目,邮传部借机上奏,请求官电归部办理。宣统二年十月初,奉旨允准。宣统二年十二月,邮传部提出归并官电的具体办法。

其实,中国电报局收归国有之后,各省电报官局收归中央是顺理成章之事,邮传部奏折中列举了如下理由：

一是各国电报悉归中央,"乃能收指臂相联之实效"。原来中国电报官商分办,但是,自从商办电报收归国有后,"官电仍归各省自办,彼此畛域未能划一"。因此,"现在厘定职掌,各专责成",正好将其归部管理。

二是原中国电报局收费"向有一定章程","惟官电省份收费既有参差,等次亦不免紊乱"。

三是各省电局机构重叠,同一地上,"分设两局,情形等于骈枝,经费亦不免虚耗"②。

这些不仅是收归中央的理由,也是电报官局收归前后存在的问题。针对这些问题,邮传部奏折上提出五条办法：

- 解决电路拓展的经费；
- 划一收费标准；

---

① 《邮传部具奏遵旨将各省官电归部办理谨酌拟办法折》,《中国第一历史档案馆》,电政 No. 7。
② 以上引文均见《邮传部具奏遵旨将各省官电归部办理谨酌拟办法折》,中国第一历史档案馆,电政 No. 7。

- 清欠款项；
- 归并裁撤管理机构；
- 进行统计。

官电归部后，中国电报的百年模式就此奠定。回顾这段历史，不仅可以窥见当年的创业之难，也对未来的道路有参考价值。

第十章
开平矿务局

一、开平矿务局的创立

(一) 资料来源

关于开平矿务局的早期资料主要分为三部分:第一部分是主要当事人当时为了创办开平矿务局所撰写的文件;第二部分是当时一些当事人所撰写的记述和见闻录;第三是相关人员和机构的记述、研究和评论。

三者当中,第一类文献最为重要,涉及本章内容的主要有唐廷枢和李鸿章的几个文件。唐廷枢撰写的三个主要文件,两个是唐廷枢写给北洋大臣李鸿章的禀报,一个是写给商人的招商章程,零星的还有一些,包括唐廷枢禀开运河、禀开铁路、禀减煤税等,虽然为琐事,也可见事情的进展。李鸿章的文件主要是给前两个报告的批复以及一些涉及开平矿务局的上奏。其中,关于减税的文件最为重要,因为这是写给朝廷的实质性文件,要朝廷给予实质性的优惠政策,不是那种报喜不报忧的上奏。

第二类中,有些是直接相关的人的记述,记录和印证了开平矿务局的开创过程,也可以印证第一类文件的设想。例如,陪同唐廷枢考察开平的同僚专家的记述,第二次陪同唐廷枢考察的柴维振的记述等。这类直接的记述不多,但是资料弥足珍贵。

第三类的类别众多,资料的可靠性不同。有一些是当时的外国机构的研究结果,特别令人吃惊的是,当时英国和日本的机构对开平煤矿的进展做了很多资料收集工作。可见,当时的外国机构就已做了很多现在被称为竞争情报的工作。当然,还有很多报纸记载和披露的信息,这些信息和现在的报纸信息一样,有些资料非常可靠,但是很多是捕风捉影的无稽之谈。

这些资料非常分散,好在20世纪五六十年代的时候,孙毓棠等人把这些零散资料收集了起来,给现在研究这段历史提供了很大的方便。

(二) 为什么创办开平矿务局

开平矿务局的创建与两个人有关,第一个是李鸿章,第二个是唐廷枢。前者是

第十章 开平矿务局

清政府的封疆大吏,颇有抱负,后者则是一个纯粹的企业家,深通英语,谙熟生意,因为能够连接中外,在商绅之中颇具号召力。

这两个人碰在一起,也算是珠联璧合,相得益彰。

其实一个组织,无论是创办还是经营,在现代社会均非一人之力可为。人与人不仅脾气秉性不同,目标也不相同,但是这不一定妨碍组织目标的实现,关键是看碰到一块的人是否合作。而李鸿章和唐廷枢恰好是一种合作的互补关系。说到互补,首先就说他们做这件事情的目的到底如何?李鸿章位列机枢,身膺疆寄,最重要的事情就是发展武备。发展军事力量就需要有武器弹药,而武器弹药,无论是购买还是自造,都需要巨额资金支持。对李鸿章而言,解决武备发展问题的关键就是建立企业,所以,在同治中兴之后,洪杨既灭,他的精力就转向了创办近代企业,以支持军事发展。这就是所谓的洋务运动。他早期和曾国藩一道创立江南制造局,造枪造炮,但是这种纯粹的军事工业,耗资巨大,靡费官帑,非有巨大财力,无以为继。因此他开始考虑创办民用事业,通过商务盈利来支持军务,所以开创了轮船招商局等近代企业。轮船招商局不同于江南制造局,首先是一个纯粹的商务企业,通过民间集资,从事可以盈利的经济活动。这样既可以获利补充发展军事工业的经费,也能够堵塞漏卮,从洋人手中夺回利权。不过对李鸿章,前者最为重要。

在招商局成功之后,李鸿章谋划进一步扩大成果,这就需要建立新的企业,扩大利源,以利国防。因为招商局以江海的船舶运输为主,船舶的能源主要是煤炭,因此,李鸿章自然想到了开采煤矿。煤既可以充当原料,还可以出售,这样既解决了招商局船舶的燃料问题,也可以攫取新的利益,何乐而不为呢?

想法很好,这么复杂的事情,必须有得力的人去办。李鸿章1875年(光绪元年)就奏明皇上,奉明旨在磁州试办煤矿。"旋经屡次委员往查,磁州煤铁运道艰远,又订购英商熔铁机器不全,未能成交,因为中止。"①换成今天的话说,就是多次派人勘察,也从国外定了机器设备,但是,那里运输不便,所定机器也不全,因此被迫中止。其实,这只是官场的套话,敷衍塞责之说,说到底是办事的人不力。煤铁所处均为偏僻之地,哪里有运输方便之处,后面就可以看到,开平也是地处偏远,交通不便,要是开采,解决运输问题就是了,要说设备不齐,补齐就是了。机枢要臣和皇上或者不明就里,更可能是见惯了这种塞责之言,倒是没有追究。不过李鸿章说的也不全是敷衍之词,因为当时中国懂得新式矿业的人才奇缺,就以李鸿章非常倚重的盛宣怀为例,他在勘察开采湖北煤

---

① 《李鸿章集·奏稿》,40卷,41页。

矿失败后说过:"职道于矿学譬如盲人觅径,轨辙难穷,黑夜叩门,枢机莫辨。"自知学识严重不足,无从措手开拓实业。

必是有人提到开平一带有煤铁资源,这次李鸿章委派招商局总办唐廷枢前去考察,算是得人之举。此时唐廷枢44岁,正值盛年,曾经历了上海英国海关总大写、怡和洋行总买办和轮船招商局总办不同岗位的历练,也就是说,有英国政府机构、跨国公司和大型国企的高级职位的经验,成了一个难得的企业人才。果不其然,唐廷枢没有把开平考察当作公款旅游,而是携带了英国工程师马立斯一同启程,"驰赴开平查看煤铁矿情形"。他们舟车劳顿,次日到卢台,转天就到了开平,连续三天,"逐日将煤井铁石细看,似有把握"①。确实,只要细看唐廷枢汇报的条陈,就可以知道,他不仅用心做事,而且有做调查的必要知识和能力。说起来这对当今受过教育的人不算什么事情,但是当时中国教育内容是四书五经,没有科学和数学,要想掌握矿产调查,还真难找到这样的合格人才。唐廷枢到底不同,他虽然出身下层,但是从小受到完整的西式教育,看他的课表,就知道他已经掌握了西方基本的科学知识,又有长期的中外企业工作经验,并且曾经在西方游历多次,见识和能力自非一般官绅可比。此时的他更是历练成熟,可以独当一面了。他自己也有这种使命感,因此,考察后的报告,他从山川形势、铁矿状况,到中外土洋的采煤方法比较,以及成本价值,条分缕析,满盘筹算。从技术到商务,从成本到利润,从竞争到用户,全局了然于胸,细节也思虑周详,报告气势宏伟,步骤清晰,计划可行,至今看来依然是一个简洁明确的商业计划书,即使列入当代大学商学院的案例集,依然让人感到光芒四射。难怪做事严谨、为人严厉的李鸿章看过之后,一概照准,虽逐条批复,但是文不加点,可见十分满意。

上面说李鸿章和唐廷枢是相得益彰、珠联璧合,虽然目标不同,但是可以互补,不仅不碍事业,反而相互助力,推动事情成功。这是因为对唐廷枢来说,军机大事,自不相关,他是企业家,开平考察,看到了天赐商机,自然兴奋异常,有了可以建功立业、发展商务的新机会。所以,他请缨挂帅,要亲自主持开平煤铁开采,李鸿章一口答应,"惟招商局务关系钜要,该道仍照常会商办理,勿得偏废致误责成"。就是说,开平之事由你唐廷枢主持,而招商局也很重要,你也不能辞去总办职务,还得照常办理。招商局在上海,开平煤矿在唐山,当时连火车也没有,从天津到开平尚要两天,而要唐廷枢兼顾上海、开平两地,而且都是负责人,可见此时李鸿章对唐廷枢依仗之深。而李鸿章的目标是"强兵",实现这个目标要靠唐廷枢的富国才能。富国强兵,这是他们能够相互配合的基础。

---

① 唐廷枢:《开平矿务招商章程》,见《中国近代工业史资料》,第一辑下册,617页。

(三) 为什么是开平

开平不是第一个近代煤矿,刘铭传之前在台湾基隆就开辟了现代煤矿,唐廷枢还曾去考察。磁州和基隆是同时被圣恩眷顾的地方,只是磁州的事情没有办好。这无疑使李鸿章感到颜面无光,不得不另寻新址,以图疾进。这样,开平就进入了他的视野。

按照当时人的记载,开平还是荒无人烟之地,那个在磁州办理煤矿不力的英国工程师蒗特生于唐廷枢考察之前的1869年也曾到开平考察,考察后他写道:"从天津到芦台,经过的地方是一片平原,十分荒凉;有些地方连一栋房舍一棵树都看不见,又有些地方只有几块地种着麦子和黍子;但大部分的地上是野草和芦苇。"①多年之后的今天读之,北方农村的萧瑟景象,仍如电影过眼,历历在目。不过这里虽然贫瘠,但是自古人们就发现有煤存在,以土法开采,这纯粹因为当地的农业条件不好,人们通过开矿以补生计不足②。

唐廷枢的汇报中,几乎重复了蒗特生当年的内容,对开平一带的土法采矿做了详细描述。按照他了解的情况,这里采煤是从明代开始的,土法开采,费工费力,方法陈旧:先挖竖井,深六丈到十六丈,遇到煤层,就斜着进入挖掘。开采过程,一边挖掘,一边支撑,一边舀水,苦不堪言,常常因为水大煤少,最终放弃。这种方法本重利薄,仅以糊口,还浪费资源。不过,这种土井遍布开平,可见这里煤藏丰富,如果改弦更张,建立企业,用近代技术经营,就会使局面改观,坐收厚利。

二、早期筹划

(一) 调查研究

1876年(光绪二年),唐廷枢奉檄前往开平考察,到达开平是农历九月二十一日晚,不顾舟车劳顿,他马不停蹄地于二十二日到二十四日,连续三天在开平考察。从他事后上报李鸿章的条陈来看,这三天可没虚度,掌握了需要的几乎所有一手数据,对于决策起到了关键性的作用。在他的条陈中,各种技术和财务及商务数据,条分缕析,精确、简洁、完整。

唐廷枢首先分别介绍了煤铁的资源分布、商务前景和财务数据。先看炼铁:炼100斤铁,需要石灰70觔(十六两一觔,通斤),煤300斤,矿石200斤,工人酬报各

---

① 《中国近代工业史资料》,第一辑下册,613页。
② "自开平向北,山多土瘠,迤南土碱地洼,每年烟秋之间,山水涨发,奔流散漫,常患歉收。穷民无地可耕,惟有藉凿石挖煤,作工糊口。"(《皇朝经世文编续编》,《中国近代工业史资料》,第一辑下册,613页)

值银 7 钱、3 钱和 1 钱,见表 10-1。

表 10-1

铁百斤所需	石灰	矿石	煤炭	人工	合计
原料	70 觔	200 斤	300 斤		
合银两	7 钱	3 钱		1 钱	4.7 钱

煤的相关数据,唐廷枢是从供应链的角度分析的。这个链条包括如下环节:开采的价格－当地的牛车运价－芦台到天津的船运价格－天津当地的装卸人工－税金,他区分了土法开采和西方开采的差别,见表 10-2(每吨合银)。

表 10-2

开采方式	开采价	当地运价	船运价	装卸价	税收	合计(吨)
土法	2.7 两	2.2 两	5 钱	3 钱	7 钱	6.4 两
西法	1 两	2.2 两	5 钱	3 钱	7 钱	4.7 两

而当时在天津、上海的竞争对手主要是英国煤、南方煤、东洋煤和台湾煤,上海价格分别是每吨 8 两、7 两、6 两和 4.5～5 两。他认为开平煤的成色只相当于台湾煤,售价最多每吨 5 两,而煤到天津就已经是 4.7 两一吨了,到上海还要加上水脚、栈租等费用 1.6 两,总价已经超过 6 两了,因此,这种价格断难销售。

难处不仅在成本,还有运输问题,西法采煤,产量大增,按每天 5 000 斤煤计算,需要大车 300 辆,哪里找这么多车来? 既然没有这么多车,就必然需要购置,那样成本就更高了。因此,在这种情况下,开平煤没有商业价值。

(二)解决方法

问题来了:开平有煤,而且煤矿分布很广,可开储量甚多,但是本重利微,无利可图。不过,唐廷枢不是仅仅把问题摆在了这里,他立刻提出了问题的解决办法。看他的条陈,我突然想起了《把信带给加西亚》这个小册子,林肯总统让罗文把信带给不知身处何地的加西亚将军,罗文二话没说,带上信走了,并且完成了任务。这个故事的作者曾经感叹说,这样的下属太少了,所以应该塑像表彰。营销学中也讲美国公司到非洲卖鞋的故事:先让一个到非洲旅行的财务人员顺道考察,财务人员报告:没有销量,因为这些人都不穿鞋。公司又派一个销售人员考察,销售人员兴奋地报告,这里人都不穿鞋,所以市场很大。最后公司还是派一个市场人员去,他看后说:这里的人都不穿鞋,要想卖鞋,首先要教会他们穿鞋,还要让他们有钱买鞋,所以要帮助他们修路,把土产运出,等他们学会了穿鞋,手中又有了钱,他们就成了我们的客户。唐廷枢肯定是没听过这些故事,但是他的逻辑却和故事中几乎一样。

他告诉李中堂,开平煤铁开采有三个方法,涉及开采和运输两个基本环节。第一是开采运输两个环节是土法上马,有现成的经验和人员,就是延续以往民间的方法;第二是开采采取洋法,但是运输沿用以往方法;第三是开采和运输均采用新式方法。按照他的分析,要是想让这些煤能够卖出去,就要降低成本。如何降低?可以在这个产业链中分析,其中开采成本、装卸费和税金,这些我们无法控制,无论洋法土法,都会高于市场价格,唯一可以想办法的是运输环节。开采费用外,当地的运输成本在总成本中所占比重最大,也是唯一可以想办法降低的环节。他提出了一个办法:修铁路,以取代牛车。虽然今天高铁修建也是议论纷纷,但是,对于铁路的修建,大家早已习以为常,只是计算是不是划算。而唐廷枢提出这个方案的时候,中国还没有一条铁路,人们根本不知道铁路为何物,看到气喘吁吁的火车头,必定认为是怪物,避之唯恐不及。修建电报时,就曾经在很多地方遇到官民一致的抵制,说电线乱穿,扰乱祖灵,是可忍孰不可忍。而唐廷枢提出修建的铁路与电报相比,无论从投资规模、技术复杂性和管理的难度,都更加复杂,如果没有勇气和见识,他是不会提出这个建议的。

唐廷枢是把这个事情想透并筹算清楚了,他给李中堂算了一笔账,全路长100里,每里需土地18亩,百里地价共需1.8万两,填土4 500方,需银450两,百里需银4.5万两,筑路需银1万两,设施机车等需要1.8万两,枕木需银5万两,铁轨需银20万两,工费共需银1万两,砖石费用2.5万两,修筑水陆码头2.4万两,全部修路约需银40万两。

这么大投资,回收多长时间,能节省多少成本呢?唐廷枢也算了,每年省下的车费33万两,其中一半给轮船招商局的船作为水脚即可,实省16万两,加上运铁省下3万两,共节省近20万两,换算到每吨煤铁上面,可以节约运费1.1两白银,这样,开平煤的成本就降低到了3.6两一吨,所以,40万两的投资,两年即可收回。这样,煤的市场竞争力就出来了。在天津已经远低于价格最低的东洋煤,即使到上海,也和其有一争。

(三)满盘筹算

这是唐廷枢条陈的最后一部分,也是最关键的一部分。如果说,上面所列数据都是对技术、商务和财务的分析,所谓满盘筹算就是一个综合了。他是煤铁综论,提出了开平建设的总体计划。首先是铁厂、煤矿和铁路,"相为表里,自应一齐举办",总投资共80万两。他计算生铁熟铁,分列了产量,两者相加的销售额为每年40万两收入,各项成本相加是30万两,有10万两利润,而铁路和煤矿的每年利润分别为 19 万两和 7.5 万两,更何况建设工程次第举办,因此投资可以分期到位,减少了利息支出。这样算来,两年即可回收投资。

唐廷枢的这个条陈共 3 500 字左右,这个满盘筹算仅 480 字,已经把所有关键的东西都陈述清楚了。作为商业计划书的典范,应该请现在商学院的学生好好学习。

笔者认真考虑了这个"满盘筹算"的性质,它到底是战略呢,还是计划呢?似乎都是,似乎又都不是。他把关键的综合部分称为满盘筹算,真该好好琢磨这个词:满盘筹算,多具中国特色的概念!古人说战略时,都是采取运筹的说法,运筹就是计算,古语就是筹算,军事上是排兵布阵,企业中是筹谋规划,所以满盘筹算是一个通盘考虑,其中既有大的部署,也有细节的安排,既包括战略,也包括战术,而且仅用了 480 字,就把话说清楚了。所以,现在探索管理的中国化,可以先把唐廷枢的这个条陈,尤其是其中的满盘筹算拿来,按照他的思路考虑问题,什么叫中国式管理?中国式管理首先就是综合性的思维,能够把细节与宏观相结合,能够简洁表达。如果这样说还不清楚,就请看看唐廷枢开平煤矿的开创条陈。

(四) 产品特征

前面说到唐廷枢的条陈构建了一个完整的行动计划或者战略。其实,这短短的 3 500 字,他还对产品的技术特征以及客户市场做了分析。这也是条陈中非常出彩的地方。

先说产品。在第一次考察的条陈中,唐廷枢对产品的是技术指标没有直接回答,因为没有科学依据。但是,他首先介绍了感官印象:"煤身骨轻松,火慢而灰多",质量不好。对于具体意见,他说已经取样,回到天津后,请送北京同文馆和国外的专业机构进行测试,再行据实禀报。可见他对这个问题的态度是科学严谨的,不是主观判断,这和他的教育和工作经历有关。

一年后,产品的化验报告回来了,他据实向李鸿章做了报告,这个产品的技术报告,他做的有数据、有评价,外行内行都可以看懂。数据是依据化验结果对不同的矿石和煤炭做了含量分析。定性报告是总体评价中最为重要的,主要包括两点:第一,煤铁质量虽然不能与最好的相比,但是其"成色既属相仿,采办应有把握"[1]。第二,"磷酸乃铁所忌,硫乃煤所忌。今验开平所产,其铁既无磷酸,其煤又无硫磺,却是相宜之事"[2]。这样的报告简洁清晰,即使没有受过近代科学教育,对于事情的判断也能有一个清晰的标准,最适宜向外行的主管领导进行汇报。不像我们现

---

[1] 唐廷枢:《开采开平煤铁并兴办铁路》,《中国近代工业史资料》,第一辑下册,623 页。
[2] 唐廷枢:《开采开平煤铁并兴办铁路》,《中国近代工业史资料》,第一辑下册,623 页。

在的很多报告,冗长而没有主旨。其实对于外行,本来数据是无用的,他们可以就此向不同专家咨询,因此,关键数据罗列,主要是提供决策的参考,而不是真给领导提供科学教育。相反,定性评价则是非常重要的,不仅表达客观事实,也表达报告者自己的倾向性意见。如果仅仅是意见罗列,最终让领导对专业问题做出判断,就失去了下属和专家的作用。因为这个产品报告简洁明确,所以,李鸿章在向清廷报告时几乎是直接引用。

唐廷枢在商务和财务上非常自信,但是不该臆断的也绝不臆断。商务部分,他认为煤的质量不好,所以在评定市场前景时,采取的是一种保守的估计。这一点对于开平煤矿后来的成功起到了关键性的作用。

(五)用户分析

从企业经营的角度看,有了产品,就要考虑市场运作的问题,首先是产品的用户在哪里,规模多大,是不是稳定,如何招徕,这些问题都是需要立刻解决的。对这个问题,李鸿章和唐廷枢可以说心中有数。首先的第一大客户就是唐廷枢自己做总办(相当于总经理甚至是董事长)的轮船招商局,这个局的船往来上海天津,需要煤的数量就很大,开平煤只要成本适当,就可以优先购买使用。另外,上海天津航线,一向配货不平衡,上海满载货物到天津,回程时往往没有货物可拉。如果开平出产煤,就可以烧着开平的煤,把开平煤拉到上海销售。第二个大客户是北洋名下的官办天津机器局,这个新式的工厂,也需要大量的煤炭,自然是一个客户。这样每年出产的煤就有了稳定的大客户。其余部分,当地可销。这样,早期的销售问题就解决了。

这是当时国有企业的惯有做法,自己做自己的客户,产业连为一线,相互支撑,共同发展。不过,唐廷枢到底是商人,处处强调,诸事处理要依买卖常规。这个买卖常规是他挂在嘴边的一句话,那就是成本节约,买卖公平,虽然都是相关企业,但是遇到买卖时,也要依市价结算,只有在条件相等时,才能优先考虑自己的。

(六)竞争分析

从上面的分析可知,即使有了客户,自己的产品成本和技术指标也要达到基本要求,否则就无法按照买卖常规进行交易,毕竟市场上存在着竞争。因此,要想把市场做好,就要准确地知道竞争对手的情况。

唐廷枢对竞争对手进行了全面和详尽的分析。前面说过,这个分析是在两个维度上展开的。第一是在不同供应商的维度上展开分析,包括国外的英国、日本,国内的台湾、江西等。第二是在不同的供应地点上展开的,主要是天津和上海。而同一个国家或者地区的煤还区分了档次。唐廷枢的分析不仅包括了市场竞争,而且直接延伸到了生产国家和单位的内部成本构成,包括了生产效率分析和工资构成等因素,让人知道从10两银到4两银的煤出自哪里,区别在哪里,市场重视什么,这样就为开平煤进入市场做好了火力侦察,知道自己进入市场后的对手是谁。

唐廷枢把东洋煤作为主要的竞争对手,因为东洋煤的质量一般,但是价格便宜,在天津和上海市场上的竞争将主要围绕着东洋煤展开。后来的事实证明,这个预料是正确的。开平煤因为准备充分,所以进入市场就大获其利,很快随着产量的增加,将东洋煤挤出了市场。

(七)定位

唐廷枢一开始对开平煤做了明确的市场定位,就是一个低价位的低档产品。这个定位其实是不准确的,经过同文馆和英国的化验,证明开平煤铁矿的质量都非常好。因为此前民窑开采的都是表面上的煤,质量不好,而工业方法开采出深层的煤炭之后,是质量良好的煤炭,市面上售价可以到一吨8两银。这样就让开平矿的收入大增,不仅股东和官府高兴,也起到了鼓舞民族士气的作用。唐廷枢的低价开局看似保守,其实就像打桥牌时的弱势叫牌,虽然自己拿了一手好牌,但是为了探得对家和对手底细,先弱叫一草花,摸清各方实力后,再强势上叫,叫到最符合实力的水平,直至六无将封顶。这个弱势叫牌,为以后留下了足够的空间。开平矿的开局低调,但是最终却成为了中国当时经营最成功的企业。有好的资源固然重要,但是更为重要的还是早期的谋篇布局,前面的事情做好了,最终写出了一篇锦绣文章。

从这里可以看出,其实定位不是一蹴而就的,大部分企业有足够的时间来调整方略。孙子曰:立于不败之地,以待敌之可败。在现代的决策科学中,这叫敏感度分析,就是说,你的决策中的条件发生了变化,你会受哪些影响,是不是就会立刻亏损,能不能承担?既然唐廷枢把市场地位放到了最低,那么,最终的煤炭质量好了,只能增强竞争力,更有何惧呢。

三、管理体制和制度

除了上面的经营战略和市场策略这些"硬"的计划之外,还需要更多与自己人打交道的政策。这些问题在现代管理中称为治理机制和管理制度,前者主要是和投资者打交道的规则体系,后者则主要是与企业内部管理层打交道的规则体系。不过,在当时甚至现在的中国,还有一个如何与政府打交道的规则问题。

(一)治理机制

这是一个现代流行的概念,主要是指一个企业的管控机制,即如何处理所有者和管理者之间关系的机制,包括他们之间权利、责任的划分,相互关系处理的程序和规则等。这是当代的热门话题之一。

其实这个问题从来都存在。不过,第一,那时候没有这个概念,但没有概念不等于没有事实;第二,那时候面对的问题与现在很不相同,因为环境不同。

如果用一个词概括开平矿务局的治理机制,那就是官督商办。官督商办是轮船招商局建立时探索形成的一种具有高度创造性的企业治理机制,是中国早期国有企业走向现代化的一个过渡形态。所谓官督商办,就是由官方出面,再由商人出资,双方共同经营企业。采取这种治理机制,是有时代和制度原因的。对此,郑观应有一个解释:"全恃官力,则巨资难筹;兼集商资,则众擎易举。然全归商办,则土棍或至阻挠,兼倚官威,则吏役又多需索。必官督商办,各有责成:商招股以兴工,不得有心隐漏;官稽查以征税,亦不得分外诛求;则上下相维,二弊俱去。"如果官方出钱创办企业,当时的国库空虚,难以出资。而民间资本充裕,但是如果全部交给民间,那些地痞流氓,难免侵扰。可是,过分依靠官方,贪官污吏也会贪蚀。所以官督商办,官商之间分配责任,各司其职,才能取长补短,获得成功。

虽然官督商办已经在轮船招商局施行,但是,在同一体制内,官商关系还是大有讲究,向任何一方倾斜都会导致巨大的差别,而这种差别就会渗透到日常的经营管理上来。唐廷枢曾是轮船招商局总办,对官督商办的弊端理解深刻。别的不说,官方不断有人向企业安插人员就是一个大头疼的事情。为此,他还受到过言官弹奏,说企业人浮于事。他当时解释说,因为招商局有漕运这种官方的业务,因此,官方也不断向企业安插人员,他难以拒绝。从这里可以看出,发现企业的问题容易,找到问题的根源很难,不是外人一瞥就能够深知就里的。那些顶着专家头衔的人,到企业一溜达就发表高论的人,其实往往说出来的话南辕北辙,不着边际。

总结经验之后,唐廷枢发现,企业不能让官方入股,这样官方就无理由安插人员了。所以,开平矿务局开办中,他坚决反对官方入股,就是为了保持商人对企业所有权的完整性,这样才有希望抵制官方的侵扰。但是,如果没有官方的保护,以他的商人身份,难以抵抗地方骚扰,也很难抵御地方官的侵蚀。因此,官督的这个官还是需要的,这个官最好要大,官大后盾就坚实,大树底下好乘凉,是之谓也。

清末三大企业,都是官督商办的体制,而这三大企业的官督商办模式其实随时和随人在发生着变化。在招商局的介绍中,已经分析了在唐廷枢和盛宣怀两个不同管理团队的领导下,招商局的运行方式实质上是不同的。开平矿务局也重复了这个过程,有唐廷枢和张翼两个时代,虽然都是官督商办,但是前者是商办为主,后者是官督为主。前者动辄讲买卖规矩,后者不时强调官场原则。其后果也大不相同,后面还会讲到。

从上层看,有一点一直没变,就是三大企业都归北洋大臣所管。从企业角度讲,这些企业为北洋大臣李鸿章所创建,权臣作为后盾,企业自然乐得依靠。从政府角度讲,这是一个奇怪的事情,企业由谁创办,这个企业就成了谁的私产,朝廷的户部或者工部无权干涉,这也是清末的一大奇观。

(二) 管理体制

管理体制和制度是在治理机制确立之后,内部管理的问题。唐廷枢写了一个关于招商章程的禀报,虽然报给了李鸿章,但是这个章程的对象是写给商人们,写给投资者的。在这个章程上,首先确定了开平的局名:开平矿务局。招股80万两津平银,分8 000股,每股100两,分三期收讫。将来再召20万两。这些对股东的期望说完了,就开始说管理了。

高层管理者:自己首先兼任,创办过程中发现人才,任命为帮办,也就是副总经理。

"请删繁文,事归简易也。查此局虽系官督商办,究竟煤铁仍由商人销售,似宜依照买卖常规,俾易遵守。"①这段话今天读来,看似多余,但是,这其中包含了唐廷枢对招商局官督商办经验的总结。前面说过,虽然官督商办,但是招商局早期股本有官股,也就是官方投资,另外,招商局业务主要是两块,第一是各地的商船运输,包括客货运输,这是揽载;第二是清政府每年大量的粮食运输,这是漕运。漕运这块业务是官方的业务,既然拿了官家的钱,官方不仅公开要报效,还暗地里安插人员,而这些人身无长技,白食俸禄。所以,在开平局的创办中,唐廷枢一开始就禀明宪台,杜绝此事。他很坚决:"请免派委员,并除去文案书差名目,以节靡费。"②之后,唐廷枢讲了股东荐人、土地价款等,总之都是要照买卖常规,所谓买卖常规,就是要股东监督、公平交易、管理者负责等。在当时没有公司律的情况下,这个章程已经很符合企业运作的基本规律了。

不过按照现代企业制度看,这个章程也有现代人不明白的地方,主要是官利制度。"每年所得利息,先提官利一分,后提办事者花红二成,其余八成仍按股均分。"③官利是当时企业的一种流行制度,股东投资,无论企业盈亏,每年必须给股东固定回报,这就是所谓官利。这就是说,股东投资,每年有一份固定回报。这在现代稍懂财务和金融的人看来会感到十分诧异:这样股票不就等于固定回报的债券了吗?确实,这种股票有债券的性质。如果是债券,就不应该再参加红利的分配

---

① 唐廷枢:《禀覆尊批议定开平矿务设局招商章程》,《中国近代工业史资料》,第一辑下册,629页。
② 唐廷枢:《禀覆尊批议定开平矿务设局招商章程》,《中国近代工业史资料》,第一辑下册,629页。
③ 唐廷枢:《禀覆尊批议定开平矿务设局招商章程》,《中国近代工业史资料》,第一辑下册,630页。

了,但是这些股东在拿了官利之后,还要参加红利的分配。这就是说,他们的投入兼具债券和股票的双重性质,但这种投资的基本性质还是股票。为什么要官利呢?没有明确的理由,但是,当时的信用条件不好,投入之后,小股东又没有对公司的控制权,甚至连发言权都没有,因此,固定官利是对中小股东投资的一种吸引机制和保护机制。

四、开平矿务局的开局和早期发展

筹划再周密,也要看落实的结果。开平矿的实质开发取得了巨大的成功,这是与预想一致的,但实际上,开平矿的创建过程,与预想还是有很大差别的。首先就是原来设想是煤铁和铁路共同建设,但是,开平的实际运作中,一开始就放弃了钢铁的开发,全力以赴把金钱和精力都集中在了煤矿的开发上了。随着煤矿的成功,运输问题突出起来,但是,刚开始的解决方法不是原来设想的直接建设铁路,而是挑挖运河,解决运输问题。随着运河开凿,发现一段路程有坡度,运河失效,才最终决定修铁路。可见实际执行与筹划还是有很大的变动。

对于为什么没有按照当初的设想煤铁同时上马,史料没有清晰的说明,后人推断,主要是当时的集资情况不乐观。其实更为重要的原因可能是当时的技术和管理能力都不能够适应这样两个事业共同开拓的局面,其中没有相应的人才是关键。

(一)开平局的早期建设

唐廷枢1878年6月,率领一千人马赶赴开平,7月24日北洋大臣颁发了关防,开平矿务局正式成立。随后,于当年10月20日,正式开钻勘探。转年钻井设备陆续到达,2月正式开凿第一口井,3月开凿第二口井。两井相距很近,仅30米,一号井是为提升井,二号是排水和通风。至两年半后的1881年秋,煤矿开始出煤。中国最为成功的近代企业宣告开始运转,李鸿章兴奋地向清廷上奏报喜:"闻滦州所属之开平镇煤铁矿产颇旺,饬候选道唐廷枢驰往察勘。其质坚色亮,燃烧耐久,性烈而蒸汽易腾,烧尽之灰亦少。就所得之煤论之,可与东洋头号烟煤相较,将来愈深愈美,尤胜东洋。……从此中国兵商轮船及机器制造各局用煤,不致远购于外洋。一旦有事,庶不为敌人所把持,亦可免利源之外泻。富强之基,此为嚆矢。……今则成效却有可观,转瞬运煤销售,实足与轮船招商、机器制造各局向为表里。开煤既旺,则炼铁可以渐图,似于大局关系非浅。"①

开平出煤之后,生意顺风顺水,获利颇丰。无论是股东、官府和还是舆论,都是一片夸赞。唯有竞争对手,尤其是日本煤商黯然神伤,因为开平煤上市后,早期主

---

① 李鸿章:《直境开办矿务折》,《中国近代工业史资料》,第一辑下册,646 – 647 页。

要是销往天津,而这里恰是东洋煤的主要市场,因为价格和质量上开平煤都占优,随着开平煤的供应量增加,东洋煤在一个销售量平稳的市场上占有率逐步降低,最终被挤出了天津市场和周边市场。这在中国近代经济史上是前所未有的现象。因为生产、销售上的成功,时人称开平矿务局为当时中国最成功的企业。在上海股票市场上,开平股票也是价格最高的股票,可见开平矿务局当时在市场上炙手可热的程度。这可不是像现在很多企业作假数据欺瞒投资者获取一时之利,而是一招一式,认真拼搏来的结果。

（二）运输问题的解决

唐廷枢早就意识到了运输问题是未来经营中首先要解决的问题,所以在早期计划中明确提出了解决问题的方案——修建铁路。但是,在当时的社会环境下,修铁路的建议实质性抛出之后,立刻就受到了各方面的攻击。这些攻击来自朝臣、地方官和老百姓,众口一词说不成。主要的反对意见包括以下几点:第一,修路扰民,要占用民间土地;第二,修路侵夺轮船和陆路其他运输方式,导致这些行业的人失业;第三,修路破坏风水;第四,修路使外国入侵更为容易。这样,唐廷枢不得不先采取权宜之计,通过修运河来解决开平煤的运输问题,从胥各庄到芦台挑一条运河。修建运河是在铁路时代前解决运输问题成本最低的方法,中国有数千年修建运河的传统,运河修建和运行的经验丰富。

即使运河挖通,从井口唐山到胥各庄之间依然由于坡度较大,只能依靠陆路运输。这样,在运河修建后,修建铁路又提上了日程。开平铁路当时仅仅从唐山开往胥各庄,称唐胥铁路,总长 16 华里。之所以采取这种做法,主要是避免授人口实,减少阻力,全线以运河为主,这一小段不便修运河,只能以铁路替代,从经济上考虑,这样为佳;从社会考虑,路线不长,阻力较小。这样,唐胥铁路 1881 年开工,据说唐廷枢在铁路轨距上踌躇良久,最后采取了标准轨距。

人们都称这条铁路是中国第一条铁路,这样李鸿章和唐廷枢就功勋卓著,彪炳史册了。但是无论从哪个角度看,这个说法都是不正确的。因为此前怡和洋行在上海建设的淞沪铁路于 1876 年通车,虽然很快就被清政府收购拆除,但是中国土地上第一条铁路的记录却留在了史册上。淞沪铁路拆除后,铁轨设施又转移到了台湾,这是 1877 年的事情,当时台湾总督丁日昌认为面临日本等国的武力威胁,台湾加强武备是第一要务,而修建铁路是加强武备的必要措施。李鸿章等疆臣支持这个建议。唐廷枢曾参与丁日昌的计划,以他游历英国和参与丁日昌计划的经验,对于铁路有了近代认识是很正常的。虽然在台湾修建铁路的计划没有实现,但是,唐廷枢终于在唐胥铁路上把梦想实现了。

唐胥铁路通车后还是受到了压制,认为这条铁路距离东陵太近,车辆震动和喷出的黑烟都不利祖陵,被迫以骡马拉车,成为铁路史上的一个笑谈。此后人们开始逐渐接受了铁路这种新鲜事物,先是唐胥铁路上终于使用了机车,这就是有名的"龙号"机车,其实它的正式名称是"中国火箭"(Rocket of China),是由当时开平煤矿总工程师柏爱特(R. R. Burrnet)的夫人根据英国第一列机车车头名称确定的。唐胥铁路随后延长至芦台,于1888年延长至天津,从此拉开了铁路在中国交通史上的辉煌时代。不过,这条铁路虽然是李鸿章、唐廷枢主持修建的,设计者和技术负责人却是英国人金达(Claude W. Kinder)。因此很多人把完全由中国人主持和中国资金修建的京张铁路作为中国第一条铁路。这些不同的第一各有不同的含义。其中,唐胥铁路是第一条商业上和技术上均成功的铁路,具有突破意义,从此以后,人们接受了铁路这个事物,认清楚了它的作用,这个意义是重大的。

(三)经济效益和市场反应

开平矿务局在1881年秋后出煤后,1882年产量即达3.8万吨,1883年达7.5万吨,1884年达12.6万吨,此后达到了25万吨的稳定产量。随着产量增加,公司也逐步收回成本,到1888年后,开始分红,这在当时中国企业中还是少见的现象。因为大部分投资者还是期望股票市场上挣钱,并不期望公司分红,这与现在中国的情况相似,不过是当时这种风气更胜而已。当时中国没有公司法,一般投资者对于公司运作无法控制,所以,也无法知道公司盈亏,公司侵吞股东钱财的事情多有发生。而开平煤矿不仅盈利,还规规矩矩分红的事情,只能让时人吃惊。

(四)早期的管理团队

早期的管理团队主要是由唐廷枢、天津道丁寿昌、天津海关道黎兆棠组成,后广西候补道吴炽昌常川驻局,直到1885年后,唐廷枢专职于开平矿务局,主持全部工作。

对于唐廷枢开办开平矿务局,李鸿章有一个评价:"唐廷枢熟精洋学,于采办机宜、商情、市价详稽博考,胸有成竹,经理数年,规模粗备。"前面介绍,唐廷枢在历经英国政府机构、跨国公司,转入国有企业,从一个官员而商人,最后变成实业家。这个过程让他的知识愈加丰富,经验愈加完备,不仅熟悉商情,且对于多部门的大企业的理解也愈加成熟,总办开平矿务局,自是不二人选。徐润在招商局一直是会办,就是副总经理,虽然生意上与唐廷枢在伯仲之间,但是在商人中的号召力,尤其是与外国技术人员和商人的交往能力,无法与唐廷枢比肩。而其他如郑观应等更无法与唐廷枢相比,在大规模的企业创办和管理方面,郑观应能力严重不足,从上海机器织布局的创办失败就可以看出他能力的缺陷,不仅是对多部门企业的理解上,也包括责任感和创造性上。盛宣怀的策划和组织能力无疑是一流的,但是,在他那里，企业创办仅仅是他的晋身之阶，招商局和其他盛宣怀掌管的企业中，官僚气息浓厚，腐败蔓延。唐廷枢唯一的不足是与官府打交道的能力。但是，他一方面采取不取官股的方式，把官府对企业的影响降到最低，另一方面依靠李鸿章这位封疆大吏的保护，使自己能够专心于企业，专注于经营管理，从而保证了开平矿务局在其掌管期间，几乎是一马平川地从成功走向新的成功。唐廷枢掌管开平矿务局也分为两个阶段，1878～1885年，他虽为总办，实际上并不常川驻局，而是往返于上海、开平之间，中间还曾出国考察。1885～1892年七年间，他辞去轮船招商局职务，专心打理开平矿务局，这期间开平矿务局除了高歌猛进的业绩增长外，似乎再无故事。可见唐廷枢把公司打理得滴水不漏，不仅为风雨飘摇的晚清贡献了一个优秀的近代企业，也为自己铸就了一座人生的丰碑，以至于人们现在提起开平矿务局，必然想起这个首创者的功劳。

丁寿昌①为安徽人，是淮军将领，在平定太平天国和捻军中屡立战功，后因处理天津教案，率军赴天津，署天津海关道，擢升直隶布政使。从他的经历看，虽然塾师出身，但是戎马一生，而且于1880年开平矿务局草创之初去世，当时李鸿章任用他来协同唐廷枢，主要是因为他的职位，而不是他有洋务或企业才能。

黎兆棠是一个政务官，为政勤勉，政声不错。不过从他的经历上看，他似乎也没有实质参与开平事务。

丁寿昌和黎兆棠的作用主要是处理与地方政府的关系，利用的主要是他们在官场上的地位和经验，对于开平局内的事务他们当不会过多参与，第一他们不懂，第二也未必有兴趣。

吴炽昌是几人中出身最低的，仅为贡生，但是有办理厘务的经验，也曾做过地方官，有一定的处理经济事务的经验。从李鸿章的评价中看，这个人"朴实精详，通晓西国语言文字，于矿务商务尤为熟习"②。故李鸿章奏请把吴炽昌调往开平驻局主持，有一定的道理，至少他可以与外国人周旋。他还曾有一部《客窗闲话》流传于世。不过，吴炽昌在开平驻局理事的时间不长。

（五）技术团队中的外国技师

开平矿务局早期的技术生产肯定是使用洋员办理的。中国当时的教育体系还无法培养出懂得这些新技术的工程技术人员和管理人员。

这些洋员包括了初期陪同唐廷枢考察开平的柏爱特（总工程师）、金达、墨莱

---

① 清末有两个丁寿昌，其中一个是江苏淮安人，为道光二十七年丁未科进士，另外一个就是这里介绍的安徽人丁寿昌。
② 李鸿章：《吴炽昌调办矿务片》，《中国近代工业史资料》，第一辑下册，648页。

斯窝尔。早期的工头也是由洋人担任的。

洋人大部分是技术人员,但是水平参差不齐,其中不乏滥竽充数之徒。李鸿章在办理磁州煤矿时就遇到了麐特生这个半瓶子醋,耽误了磁州煤矿的建设。这一教训深刻,所以,在开平矿务局办理过程中,关于洋员雇佣,李鸿章多次提醒要注意人员选择,如果名不副实就立刻更换。

这些洋人与工人之间常常发生矛盾,一度还因为冲突发生了死伤事件。洋人仗着领事馆的保护,很强硬,管理层在其间周旋,也是一个颇费心机的事情。但是,唐廷枢时代,洋员在管理层面前从来不敢造次,这与唐廷枢熟悉西方语言文化,并且知识与经验远在这些洋员水平之上有密切关系。他知道如何处理这些关系,是中国少数可以平等得体地处理中外关系的企业家。

这种局面一直延续到1892年,唐廷枢刚满60岁,得了时疫而去世。消息传出,舆论界和中外商业界一片悲惜,很多人认为,他的空缺无人能填补。其实前面已经验证,唐廷枢离开轮船招商局后,招商局沦为一个腐败的"官局",而唐廷枢去世后不到十年,经营顺风顺水的开平矿务局就糊里糊涂地转送到了洋人手中,成为20世纪初最为荒唐的经济政治事件。

五、开平矿务局局产的丧失过程

唐廷枢去世后,张翼接手开平矿务局。据说当年同治驾崩后,慈禧太后欲立醇亲王之子为帝,就是这个张翼连夜将其送入宫中,是为光绪帝。虽然是奉命行事,到底是有功于帝后。加上他凭借着王爷的声威,一路敛钱捐官,结交权贵,所以平步青云,在唐廷枢死后,居然做了开平矿务局的总管。

开平矿务局自唐廷枢时代就有很多外国专家,唐廷枢在时,那些外国工程师自然只能规规矩矩。但是遇到张翼这个外行,这些外国专家逐渐胆大了起来,觊觎起开平煤矿。

1900年,义和团运动兴起,天津的洋人和信洋教的中国人都受到了冲击,吓得躲在租界里不敢出来。洋人不信任中国人,怀疑租界中暗藏奸细,又抓又杀。张翼喜好玩鸽子,也住在租界中,洋人们看到租界中鸽子来往,怀疑有人向外通风报信,调查之后,把鸽子主人张翼抓了起来。

张翼一时没了主意,思来想去,最后想到了一个人。这个人就是德璀琳。此人是德国贵族后裔,在中国很多年,因为受到赫德的器重,在税务司内逐级爬升,并且加入了英国国籍,又因为在中法战争中居中斡旋,博得了李鸿章的信任,可以说是长袖善舞,左右逢源。德璀琳是张翼的顾问,在这个时候,他出面是最适当的了。德璀琳也不含糊,马上到太古洋行张翼被关押的地方,把张翼保了出来。

德璀琳保出了张翼,对张翼提出,在八国联军的干涉之下,中国官民财产都有危险,为了免除危险,最好由他做开平矿务局的总办,可以降低危险。毕竟他是外国人,与外国军队打交道有便利之处。张翼于是就委派德璀琳做了开平矿务局的总办:"派天津谷士道甫·德璀琳,为开平煤矿公司经纪产业、综理事宜之总办,并予以便宜行事之权。听凭用其所筹最善之法,以保全矿产股东利益。"此时为1900年6月。

拿到总办职务后,德璀琳约请墨林公司的工程师胡华一块开始整理开平矿务局的资料,对开平矿务局资产进行评估。说起胡华,一般人都不认识,其实他就是美国第31任总统胡佛。当时胡华不过是一个初出茅庐的小工程师,代表英国的墨林公司在河北一带已经做过两年左右的矿产调查,对于开平矿务局的情况略知一二,又经过资料的整理,认为这是一个绝对值得投资的企业。于是德璀琳代表中国,胡华代表英国的墨林公司起草了一份《出卖开平矿务局合约》。当时,张翼本人还被蒙在鼓里,这两个外国人就自买自卖地把合约签订了下来。合约规定:"该德璀琳,与该开平矿务总局,因得有此约内后列之利益,实允将该开平矿务总局所有之地亩、房屋、机器、货物,并所属、所受、执掌或应享之权利、利益,一并允准、转付、卖予、移交、过割与该胡华,或其后嗣,或其所派办事掌业之人。"

胡华带着这个卖约,来到伦敦,向公司的老板汇报,老板奖励了胡华,然后提出要以自己的名义而不是公司的名义购买这部分财产。墨林在伦敦组建了一个东方辛迪加,把股权交给了这个辛迪加,然后在伦敦成立开平矿务有限公司,名正言顺地把开平矿务局变成了英国的公司。

胡华回到中国,修改了原来的合约,将购买者换成了墨林本人,然后让张翼签字。张翼再糊涂也知道他擅自把属于中国的财产卖给英国人,是有杀身之祸的。但是他也不敢拒绝,因为胡华、德璀琳告诉他,要是不签字,前面的事情会引发英美两国外交机构的抗议。为了打消张翼的顾虑,胡华首先是许以重金,答应给张翼五万英镑的股份,并且许以终身督办的职务,对于打点各方的资金也给予方便。张翼权衡半天,事关重大,还是不敢签字,最后和胡华搞了一个副约,说是这次合约实际上是增股合办,而不是卖产业,这样,在别人的撮合之下,张翼和德璀琳、胡华签订了丧权辱国的卖约。

张翼签订的卖矿条约是中国近代史上最大的经济事件之一,其荒唐程度前无古人,所以对这个问题的研究颇多。有人指责张翼昏聩贪婪,以一己之利而牺牲国家利益;有的指责德璀琳、胡华为非作歹,乘人之危、趁火打劫;更有论者认为这是帝国主义侵华活动的组成部分,表现了西方国家经济活动的海盗倾向;还有人认为中国政治混乱,官府溃烂,导致用人不当。

卖约签订,胡华催促张翼向清政府报告。张翼知道这件事荒唐,哪里敢向清政府如实报告,直到几个月后,张翼才向清政府报告说是为了保护局产,特在战乱之中与外方合办企业,在企业中中外平权,和衷共济,为表合作意向,特在矿区悬挂中英旗帜。

在战争期间,更换旗帜,保护企业资产,本来是一个非常之法。此前马建忠就曾在中法战争期间,对招商局的轮船实行过换旗,假由美国公司收购局产,招商局的船舶均更换美国旗帜,保证了轮船在战争期间的安全。这种做法必须在严格保密的情况下进行。正因为如此,所以外界对这种事情往往议论纷纷,政府的监察部门也会弹章迭奏,必要追究责任。知情的少数高官只能推衍糊弄,直拖到战争结束才能公开。而赎回资产时,也会遇到各种麻烦。因此,对这种做法的合法性与后果的把握需要很强的能力,搞得不好,不是掩饰不住真实意图,就是弄假成真,最后导致不可弥补的损失。与留学法国巴黎政治学院的马建忠相比,张翼既无处理洋务的能力,对商务规则也不熟悉。他通过委托代理的方式,把签字权交给了德璀琳,德璀琳就编造谎言,与胡华签订了企业转让合同。这个做法从商务上看是德璀琳擅自扩大了他的受托权利,尤其是加入了自己的私利,更形荒谬。不过,张翼明白利害,不敢在正约上签字,随后英方又搞了一个副约,涉及企业交换的资产清单,张翼居然在这个地方签字了。而随后英方就以张翼曾在这里签字为由,说明张翼对整个过程了解并清楚,签字的合同没有对他隐瞒。可见商务上的规则严格,颟顸昏庸的官吏怎么会懂得这么多细节,糊里糊涂地就钻到了别人的圈套里,被卖了还替别人数钱。

六、龙旗事件

英国人看事情有了着落,行事越发大胆起来,居然把代表中国主权的龙旗扯下,独挂英国国旗。清政府的滦州知州叶溶光率兵巡查至此,发现一向高悬的龙旗没有了,下马交涉,要求局方交代,外方态度强硬,对于叶溶光的交涉不予理睬,叶溶光怒发冲冠,率兵进入矿区,强行升起龙旗,并且把此事逐级禀报。

身为北洋大臣的袁世凯知道此事后开始调查,才发现这个北洋产业居然早已被卖给了外国人,自己还不知道。袁大怒,上表参奏张翼。朝廷听说还有如此荒唐之事,立刻把张翼革职,要求他设法收回局产。张翼在政府一再催逼之下,不得已想到了打官司。但是这个官司可不是那么容易打,开平矿务局已经不是中国企业了,早已变成了一家英国企业,万般无奈,他只得带上懂英语的严复,前往英国去打官司。

经过多次开庭,英国的法院判决,副约有效。换言之,正约中所谓买卖是在战争中的权宜之计,是为了保全财产。不过,英国的法庭还是留了余地,说是本判决不具有强制性。所以,官司虽然表面上赢了,但是因为无法实施,所以实际上是一纸空文,没有实际效力,这样,收回开平矿务局的事情就变得遥遥无期了。

后人评论这件事:"震惊中外,腾笑万邦。"① 由于政府昏聩,人才缺乏,知识不足,最终导致了这种丧权辱国的结果。可见,企业在经济舞台上的表现,与主角的关系巨大,一个由唐廷枢以正剧开幕的大戏,被张翼这个丑角生生演成了一个腾笑万邦的闹剧,只能让中国人多年后仍含泪回味。

---

① 《开滦煤矿的调查》,见《中国近代工业史资料》,第三辑,三联书店,1961年,518页。

第十一章
汉冶萍创建史

  汉阳铁厂、大冶铁矿和萍乡煤矿,创建于张之洞,是19世纪末期中国创建的技术与商务结构最为复杂、规模最大的近代企业。不同于轮船招商局和开平矿务局这两家主要由成功商人实际主持创办的企业,汉冶萍公司的创建是疆臣张之洞雄心勃勃的推动与一系列荒谬技术和管理决策的混合产物。这导致了这家企业从一开始就在一系列无厘头的微观决策下步履蹒跚地缓步前行。相比于轮船招商局和开平矿务局,汉冶萍公司创建之初,缺乏懂得现代科学和企业经营的得力人员,张之洞之下,虽然有一些来源多样、水平不一的外国技术人员,但其余的主事之人都是缺乏近代知识,并且也没有商务经验的候补道员,这些人甚至在中国昏聩的官府中都没有实际职务,缺乏最基本的管理历练。所以,自创办之初起,充满荒唐决策导致的虚縻财务、资源浪费,使汉阳铁厂的发展历程充满了磨难。但是,这家历经磨难的企业最终创办成功,成为当时亚洲规模最大的近代化综合企业,显示了当时朝野追求近代化的历史决心。

  汉冶萍公司的早期历史,主要是从1890年至1911年,共21年。这段历史,按照管理体制分为三个阶段,1890~1895年为官办时代,1896~1907年为官商合办,此后为商办阶段。历史上大部分文件把第二阶段也称为商办阶段,但是,这个时期国家没有相关法律,公司也没有注册,企业性质完全取决于政府与民间代表的谈判结果。而这个时期代表商民与政府谈判的盛宣怀本人也是政府官员,因此,这个时期的性质颇为混乱,称为商办、官商合办和官督商办均有道理,也均不完全正确。1907年清政府公布《商律》,恰好汉冶萍公司产业链条也已完整,公司赴部登记,转为商业公司,是纯粹商办历史的开始。本文主要研究的是1890年至1907年公司的变迁。

一、张之洞的推动

  张之洞在当时的疆臣中属于年资较浅,但是风头正盛的少帅,原来属于清流,经过历练,成为与李鸿章等平起平坐的封疆大吏。从他的科场经历来看,张之洞的传统知识结构是完整并且深厚的,经过廷臣和疆臣的历练,对经国理政、风土民情有了深入的把握。在两广总督的位置上,他与外国人多有交往,对于西洋事物也有较为全面的了解。他的清流之名一直保留,主要是他有很好的大局观,能够从宏观的历史层面理解现实,对于国家和民族命运有深刻的思考。同时,与一般清流的能说不能做不同,张之洞可以说是敢说敢干,这使他在同治中兴诸臣之后能够成为一代名臣。清末四大名臣中,曾国藩、李鸿章和左宗棠都出自同治中兴,兵行千里,赞画军机,功标史册。只有张之洞出自廷臣,资历较浅,这与他的性格和能力有关系。他提倡煤铁和铁路,不像李鸿章等前一代权臣那样来源于与太平天国的战争经验。张之洞的见解来自理性思考,当然与他建功立业的政治抱负有关,虽然没有左宗棠、李鸿章那样的真切,但是却更为冷静。他年轻气盛,必欲有所作为,选择了修铁路、建钢铁联合企业这样雄心勃勃的事业。

张之洞在谈论创办铁厂的意义时,论证深刻,资料完整。他认为这种民用事业的最大作用就是堵塞漏卮,挽回利权。对这一点,张之洞掌握的资料完整,对历年来各个口岸、各个省份钢铁的进口和销售情况了如指掌,对进出口货物的逆差计算精确,对于炼铁将带来的经济和社会意义有清醒的分析。同时,他也分析了煤铁创办后对落后地区的经济和就业的多方面影响,考虑问题周详全面。同时,他也并不是只把眼光局限在利益上面,像中兴诸臣一样,他也重视钢铁在富国强兵上的作用。他像当时的一些人一样,念兹在兹于利权和武备,常常把堵塞漏卮挂在嘴边:"铁厂为武备之源,中华创举。"[①]这反映了他作为疆臣的能力和素质确非一般。

对于在企业创办中面临的主要问题,张之洞也有清醒认识,在探索资源、拟订计划、选派人员、联络中外这些方面,他都显示出了一个大员的能力和见识。在两广总督任上,他从1889年的3月开始,联络大清驻英国的使臣,了解办理铁厂的设备采购问题,有了回音随后就开始要求报价、聘请洋员等。这期间,他从两广总督转任湖广总督,从广州移节武昌,铁厂的筹办进入实质阶段后,他开始派人了解铁矿和煤矿。因大冶铁矿早已有基础,很快就确定了下来,但是煤矿的事情迟迟没有着落,他派员四处打探,并且紧锣密鼓地开始了铁厂的筹备。这些做法,无论从哪个角度评价,都是中规中矩的。

但是,只要把目光转向筹办的细节上来,就可以看到,虽然张之洞注意学习,对细节探寻仔细,但是,在一些问题上,他不仅外行,知识严重不足,甚至有些刚愎自用。例如,早期炼铁高炉的购买,当时的刘瑞芬报来周产200吨高炉的价格,但是在一封电报中透露英国最大的高炉是周产600吨,张之洞立刻要求询价,并且自作主张地把周产600吨换算成每天100吨,要求刘瑞芬迅速下定,而这时候连矿石、

---

① 《张之洞奏铁厂拟开两炉请饬广东借拨经费折》,《汉冶萍公司档案史料选编》,北京:中国社会科学出版社,1992年,120页。

煤炭的来源都没有确定。洪钧电报说了炼钢的贝色麦和托马斯两种不同的方法，张之洞一本正经地回复说，钢炉需要兼炼有磷和无磷的不同矿石。可见，谁官大谁正确的潜规则，在那时候就有，但在科学规律面前，权力表面上的一贯正确不堪一击，必然付出代价。

二、缘起

张之洞作为少帅，曾驻节广州。虽然广州是最早的通商口岸，但是《南京条约》签订之后，五口通商，上海的地位几年间就超过了广州，成为最重要的通商口岸。而福建、上海等在中兴名臣曾国藩、左宗棠和李鸿章等人的主持下，包括江南制造局、轮船招商局和福州马尾船厂等一系列近代军事和民用工业发展了起来。相比之下，广州在这些方面步履蹒跚，裹足不前。这也难怪，自鸦片战争以来，广州一直战事频仍，张之洞从山西巡抚升任两广总督，主要是他条陈战事，力主抗法，朝廷才委派他赴任。而他到任两广总督之后，大部分精力都花在抗法和处理台湾问题上。两年以后，战事结束，海氛清宁，他才腾出精力来考虑教育和经济问题。在创办书院之外，又创办枪炮局，开始了实业活动。在此之前，他缺乏地方大员的工作经验，更没有机会接触洋务、商务事宜。他在朝廷中管理学政等事，从署理两广总督开始，才有了实现更为广大理想的机会和资源。仅两年后，他就提出了创办芦汉铁路的建议，同时开始与清政府驻外公使联络，着手筹建钢铁企业。

关于张之洞筹建钢铁企业有一些传说，把他描述为一个颠顶昏聩之臣。叶景葵曾说过一件事情：当初张之洞欲办铁厂，向驻欧洲的公使刘瑞芬、薛福成商量订购机器的事宜，刘瑞芬等茫然，转覆张之洞：要想办好铁厂，先要把铁矿石和煤炭样本寄来英国化验，根据煤铁的性质来确定何种钢铁炉具，差之毫厘，谬以千里，不能冒昧。据称张之洞回复："以中国之大，何所不有？岂必先觅煤铁而后购机炉？但照英国所有者，购办一份可也。"①这个传说流传甚广，很多人以此例来说明清朝官僚昏庸无能，但是考诸史册未见出处，这个传说应该是编造的。首先，例举的史实错误，当时与张之洞打交道的驻外使臣是刘瑞芬和洪钧，不是薛福成，应该说叶景葵写这个段落时没有详考文档，仅凭风闻，不足为据。其次，张之洞系清朝晚期名臣，所有往来邮件、电报、奏章等文件都有专人收集，印行天下，看他的文集，哪里有这样的信件？加之张之洞系同治二年的殿试第一名，廷试探花，写东西文采斐然，而所传文字粗陋不堪，断不是张之洞的文字。

不过，这个传说也不完全是捕风捉影，前面说过，张之洞在创办汉阳铁厂时，对

---

① 《叶景葵记汉冶萍》，《中国近代工业史资料》，第二辑上册，科学出版社，1957年，468页。

于中国面对的国际挑战和海疆形势了然于胸,但是对于铁厂创建确实缺乏知识,因此,对于采买设备,只要求规模和速度,对于细节虽然有很多问询,但是大规模设备采购的工作断不是他那种知识结构能够胜任的。从他1889年上半年开始发出第一封询问电报开始,到确定设备采购合同,前后不过几个月的时间,中间他还调任湖广总督。往来电报,除了基本的设备提供商的信息之外,确实有很多匿测之论,如对于铁炉的制式尺寸,他专断地定为每天100吨,以此来确定其他设备。这样复杂的购买居然没有专家参与,对于资源、资金没有充分的预估和分析,仅凭几封外行的电报往来就雷厉风行地确定了设备采购事宜,可见当初决策的轻率鲁莽。而他调任湖广总督后,新任两广总督李瀚章对于原定的在粤办厂没有兴趣,提出把所定的设备交给张之洞,由他处理。这样,粤地所定设备马上就转运湖北,其间并没有可行性研究。这样重大的采购和转运,都是凭着长官意志随意决定的,设备随着官员的任职随意调拨。

对李鸿章、唐廷枢创办开平矿务局,我曾经说过,唐廷枢三天的调研,对开平煤铁形势了如指掌,写出了一个可为范本的可行性报告。张之洞对于汉阳铁厂及相关企业所写的文字几乎十倍于唐李,虽然文采斐然,但是,所办事情的结果与唐李相比则相差甚远。不是张之洞不如李鸿章,而是张之洞手下缺少一个像唐廷枢这样的熟悉商务和西方科学的得力助手。所以,尽管张之洞颇费周章,但是进展不顺,可见知识结构和人才对于创办企业的重要性。

不过话又说回来,如果张之洞当初就对后面的各种问题清晰了解,可能当时就已经知难而退,恰是靠了自己的坚持和决心,在遭遇不可预见的困难时敢于直面,以相应的对策和方法不断加以解决,才使这个规模宏大的钢铁联合企业最终屹立在中国土地上。这种魄力和胆识确非平常,显示了他的气概和勇气,这些都是创立事业的人所必需的。所以叶景葵最终评论道:"假使张之洞创办之时,先遣人出洋详细考察,或者成功可以较速,糜费可以较省。然当时风气锢蔽,昏庸在朝,苟无张之洞卤莽为之,恐冶铁、萍煤至今尚蕴诸岩壑,亦未可知。甚矣,功罪之难言也。"① 证诸史实,唐廷枢当年上奏时就是提议煤铁共举,但是后来因为对于预算的估计不足,放弃了铁矿和冶铁,只保煤矿开采的顺利进行。这虽然成就了开平煤矿,但是开平矿务局终究还是没有实现当初的设想。所以,在对未来看不清楚的时候,创业者的勇气和面对困难百折不挠的精神是特别重要的。这并不是说张之洞的草率决策是正确的,但是企业的决策有连续性,一个决策一旦做出,就有很多沉没成本,在面对未来时,人们或者选择放弃,或者选择不断修正,以应对面前的困难,把企业向

---

① 《叶景葵记汉冶萍》,《中国近代工业史资料》,第二辑上册,科学出版社,1957年,470页。

原定的目标推进。前者相对来讲容易。要想坚持向目标推进，有时候不仅是需要勇气和决心，还需要智慧和能力。中国近代企业的创办中，多少人面对困难半途而废，但是张之洞和张謇却能够坚持下来，并且最终让企业屹立起来，仅此一点，就值得后人尊敬。

张之洞很快就清楚了，创办这个企业远不像他当初设想的那样简单。他于1889年年底，到任湖广总督不久，把铁厂创办过程归纳为几点：开铁、采煤、造厂为三大端，随后三天，他又加了一个购机，则创办汉阳企业归为"购机、设厂、采铁、开煤"四大端①，也就是煤矿、铁矿和铁厂的建立。其实除了上面所说的这四大端外，最为重要的还有一大端就是筹款。其余各端中，上面已经谈了购机，下面从筹款说起，然后按照设厂、采矿、采煤三大端依次叙说。

三、筹款

筹款之事百转千回，困难重重，从这件事情，可以看到轻率决策的后果。这是张之洞缺乏基本的经济和企业知识、刚愎自用造成的，但是同时也可从中看到张之洞在汉阳铁厂创建中的政治智慧和优良的意志品质。

在张之洞与刘瑞芬、洪钧等人的早期电报中，并没有提到预算。根据早期的资料，当初张之洞对创立这个铁厂的估计是在140万元以内。这个说法的来源是张之洞调任湖广总督之后，接任者李瀚章要求把张所定的设备转运湖北，其中就涉及金钱报销问题。张之洞解释当初铁厂设想的来源，是预得闱姓捐140万元。这个闱姓是广东一种流行的赌博游戏，每六年更换主持，按照惯例主持要捐一笔款子，称为闱姓捐。恰在1890年应该更换场主，所以预定有这样一笔闱姓捐，张之洞打算用这笔钱来办铁厂。算起来，140万银元，仅合银98万两。张之洞当时设想购买设备不过五六十万两，尚有一部分余款可以作为流动资金，"俟厂成利见，粤商必然争先缴价承领，此数十万之款仍可收回，不过官任其劳，民享其利而已"②。也就是说，一旦办理有效，就可以招商承办，这样既有利于国家，又有利于民间投资。他当时估计办个铁厂的投资不过五六十万两。

不过他既然从广州移节武昌，连这百万两都没有了指望，所以，上任之后，他必须为这些设备的采购安装和运行提供新的财源。张之洞首先想到的还是广东，李瀚章不要这批设备，他马上痛快答应。接着，张之洞提出来，当年我干这事，是因为闱姓捐，因此提出让李瀚章把这批捐款随设备转移到湖北。他说得很婉转："概

---

① 《张之洞咨呈约估筹办煤铁用款折》，《汉冶萍公司档案史料选编》，中国社会科学出版社，1992年，84页。

② 《张之洞致海军衙门》，《汉冶萍公司档案史料选编》，中国社会科学出版社，1992年，81页。

铁机非洞所自请带者,公即嘱令移鄂,即不肯以铁款累粤,布机乃洞所愿带者,公于所筹本款,似宜有以济鄂也。至于利息、还期,通听公斟酌,较之存汇丰等优耳,绝不敢食言也。"①也就是说,这些机器有些是你推给我的,我接受了,但是,当初我劳神费力筹集的这笔钱是不是也得分我一部分,我又不是白拿,会给你利息,算是借款。李瀚章回答说,我和接办商人接触了,他态度很犹疑,因此,这笔钱有没有还难说呢,不过,一旦他捐了这笔钱,我将遵照"雅嘱",划拨一部分给你②。

张之洞明白,就算李瀚章同意,这些已经花出去或者还没有落实的资金都属于缓不济急,必须立刻落实资金。余此时,张之洞已明白,建厂费用不是100万两,而需200万两,张之洞只能利用自己的影响力向中央政府提出拨款要求。但是,当时的清政府经历太平天国大乱,库府空虚,张之洞建厂所需的200万两是一笔巨款,申请必须师出有名。好在张之洞把建铁厂与修铁路一块提出来,海军衙门既然同意这个建议,也把他的建议上奏皇上,获得批准。原来设想修建芦汉铁路,分段实施,每年需银200万两。张之洞就打这笔钱的主意。他向海军衙门提出,修路先要有铁轨,因此,需要先炼钢铁,再修铁路,这样就可以把铁路修建置于中国自己的控制之下,无需借用外款,也不需要向外国采购。这样既堵塞了漏卮,还发展了自己的企业,一举两得,何乐而不为?海军衙门接受了这个意见,同意第一笔款200万两拨付张之洞,用于建立汉阳铁厂。这个批复对张之洞非常重要,因为修建铁路原来计划十年,因此,这样的做法一旦形成惯例,不仅当前的资金问题解决了,后面铁厂的销路也解决了。即使铁厂筹建出现问题,还可以按照移缓就急的方案,继续以这笔资金来支持铁厂建设。无论如何,张之洞当初设想的百万两即可克功的汉阳铁厂,现在已经有了坚实的资金支持,剩下就是放开手脚做实业了。

不过事情发展往往出人意料。李鸿章与张之洞之间存在矛盾,这是世人皆知的事情。当年张之洞作为清流领袖,曾经递上弹章,批评过李鸿章,而张之洞署理两广总督时,李鸿章也曾奏清帝的上谕斥责张之洞用人的失察。这些事情导致两个封疆大吏之间心存芥蒂,虽然张之洞极力修复关系,但是李鸿章并不买账。李鸿章看出来,张之洞所谓移缓就急是为了保铁厂上马,缓建铁路说到底是为了这笔铁路专款。张之洞提出芦汉铁路修建可以缓办,把第一笔专款拿到手里办铁厂。李鸿章也有办法,他直接向太后上奏,提出俄国西伯利亚铁路修建加快,中国必须有所应对,因此修建东北的关东铁路关涉国防,事关重大,不可不急。太后批复要李鸿章抓紧办理,而芦汉路军事意义不大,因此可以缓办,这样,李鸿章就把第二笔

---

① 《张之洞致李瀚章电》,《汉冶萍公司档案史料选编》,中国社会科学出版社,1992年,82页。
② 《李瀚章致张之洞》,《汉冶萍公司档案史料选编》,中国社会科学出版社,1992年,82页。

第十一章 汉冶萍创建史

200万两的铁路专款拿到了自己手里①。

虽然还没有更为着急的资金要求,但是张之洞看到了新的机会。他给李鸿章发电,既然你修铁路,无论关东还是芦汉,都需要铁轨,转年汉阳铁厂要出产铁轨,你是不是可以买我的产品。如果可以,你拿到的那笔资金可以先给我一部分作为预付款,这样我的资金问题解决了,你的产品购买也不必远渡重洋。这不是两利吗?李鸿章回电:你的设想很好,我原则同意购买你的产品。但是,出铁时间还没有定,加上你的质量我也不知道,我还是要先买西洋铁轨。因此,现在无法给你资金,即使以后购买你的产品,也没有预付款之说,我买外国人的产品都是不预付的,价钱还要看你的是不是合适,如果不合适,我也不能购买。李鸿章让张之洞碰了一个钉子。从李鸿章的角度,他有多年经办洋务、商务的经验,他知道办理汉阳铁厂这样的事情,断不是三两百万两银子就能做成的事情,加上张之洞缺乏经验,因此,他断定张之洞不可能在预订的时间内完成。实施证明,李鸿章的判断是对的。

张之洞很快就发现,不要说100万两,就是追加100万两之后,要想按照他订购设备的规模建厂,也远远不敷使用。他不得不另行谋划。既然已经答应中央政府不再找他们要钱,他只能在自己的管辖范围内找财源。首先是原定的200万两,当初拨付了100万两,剩下的100万两张之洞请求拨付。海军衙门说确有这个数,也应该拨付,但是东北防务吃紧,因此按照移缓就急的原则,给了东北,现在只能拼凑。张之洞提出来,既然有这笔款,就不麻烦中央政府了,我从应该上缴的税厘项下截留一部分即可,这样还省得我派人去中央政府领取。海军衙门同意了他的建议。

此时张之洞已经了然,办这个铁厂可不是这点钱能够解决的。他向海署报告,办开平矿务局要用200万两才成功,我这里的企业是三个开平,包括采矿、采煤和炼铁三项,因此,必须有更多的资金才能成功。再向海军衙门提出拨款已无可能,他转向户部,提出在盐厘和厘金项下各划十万两,作为进一步的经费,获得了批准。他向李鸿章求援,受到了冷落,不得已直接上奏皇上,历述开办铁厂的必要和艰难,请皇上亲自干预。张之洞剀切陈词,铁厂办理已经万事俱备,只差最后的一笔资金,一旦资金落实,产品出产,一切情况就会好转。"惟有吁恳圣恩,敕下海军衙门、户部早日定议行知,俾得赶早布置,将各项工程物料、洋匠、华工及早核计,俾免延缓虚縻。"②也就是请皇上亲自干预,以便使工程进展,并且自己保证,所得来的资

---

① "铁路移缓就急,先办营口珲春,续办芦汉,将今年二百万归鄂经历矿炉等事,来年改归东路。"(《海署电》,转引自《汉冶萍公司档案史料选编》,中国社会科学出版社,1992年,82页)

② 《张之洞预筹铁厂开练成本折》,《汉冶萍公司档案史料选编》,中国社会科学出版社,1992年,99页。

金,一定妥为筹划,绝不会有一分一厘的浪费。不过,张之洞不是仅仅给皇上出难题,他是有了主意之后,才提交方案的,就是从自己掌管的粮道杂款之中抽出十万两。这笔钱本来是铁路专款,应该押解北洋,作为将来的铁轨费用。你李鸿章不是不给我吗,我用自己的钱,但是记在你的账上,而且对户部声明,这笔钱不影响我该上缴的京饷。户部自然没有不同意的道理。张之洞就以这种方法左右腾挪,一点点筹来资金,解决铁厂筹办的费用问题。

从1889年开始雄心勃勃地筹划铁厂,到1895年招商承办,整个汉阳铁厂、大冶铁矿和马鞍山煤矿及相关的道路、码头等,花费高达560多万两白银[①]。这远远超出了当年100万两的预计。从这里可见张之洞当初筹划的不足,如果与唐廷枢当年筹划开平矿务局的情况相比,可见二人的企业规划水平相差很多。造成这个问题的原因很多:第一,张之洞对于现代企业的各个具体细节理解严重不足,对于各个要素的预算严重缺乏常识;第二,对于钢铁联合企业的工艺过程理解严重不足,对于钢铁实现商品化生产的细节了解不够,只有不断追加投资;第三,最为重要的,唐廷枢做了周密的调查和筹划,而张之洞没有这样的调查,整体规划是拍脑袋决策的结果。所以就有了后来为了筹款向各个财源拍胸脯保证,结果是资金的窟窿越拉越大,直至最后无法收拾。但是,前面说过,如果不是张之洞有这样的决心,中国可能再迟二三十年也难有这样的联合企业。所以,对于企业创建而言,虽然说谋定而动,但是一旦决心上马,就要放弃其他幻想,敢于面对不同的问题,以势不可挡的决心来克服困难。在这方面,张之洞给我们做了一个榜样。同时,张之洞在筹资过程中百折不挠,积极提供方案,广泛利用信息来源等都值得尊重。

四、设厂

本来这些设备是为了广州设立铁厂购买的。为什么选择铁厂?"窃以为今日自强之端,首在开辟利源,杜绝外耗。举凡武备所资,枪炮、军械、轮船、炮台、火车、电线等项,以及民间日用农家工作所需,无一不取资于铁。"[②]所以选择铁作为兴利除弊的突破口。原来张之洞为两广总督,因此,铁厂设立是从广东本身考虑的,虽然广东这个地方出土铁,但是,在西洋工业冶铁输入后,这些土铁销路受阻,为了堵塞漏卮,"必须自行设厂,购置机器,用洋法精炼,足杜外铁之来。……至于建厂地

---

① 《张之洞奏查明炼铁建厂各项用款折》,《汉冶萍公司档案史料选编》,中国社会科学出版社,1992年,137页。
② 《张之洞奏查明炼铁见长各项用款折》,《汉冶萍公司档案史料选编》,中国社会科学出版社,1992年,137页。

第十一章 汉冶萍创建史

方,择定于省城外珠江南岸之凤凰冈地方,水运便利,地势平广,甚为相宜"①。

随后,张之洞调任湖广总督,因此,这些设备也就随着他转移到了鄂省。马上遇到的问题就是厂址选择,李鸿章和盛宣怀都对此发表过意见,李鸿章少数几封给张之洞的电报中指出:"或谓西洋多以铁石就煤,无运煤就铁者。炉厂似宜择煤矿近处安设。"②也就是煤铁炉三者,应该以煤为中心,其他应该围绕着煤展开。盛宣怀则通过转达洋工程师的意见表达自己的见识:"白乃富云,武昌设厂,是铁石、灰石皆须逆运,恐运费太钜,郭师敦原勘在黄石港附近灰石山处觅定高基,安置炉机,荆煤下运黄石港,与武昌运费必不相上下,此系二百年远计,似宜从郭不从白。"③按照李鸿章或者盛宣怀的意见,铁厂选址或者是靠近铁矿,或者是靠近煤矿,没有独立设置的道理。在这个问题上,实际上张之洞没有征求他们的意见,因为他的主意已定,因此,对他们的意见大不以为然。这回倒不是张之洞固执己见,而是他对厂址选择已经有了自己的见解,选址就定在汉阳。给盛宣怀的回复中,他说了道理,如果把铁厂设在上游,产品的销地在省城,必然导致产成品的往返运输;如果把厂设在大冶,靠近铁矿,运煤中难免中间人员掺假,以次充好。除了上述理由外,他还有一个理由,就是熟练的工程师和员工缺乏,在汉阳设厂,与汉阳兵工厂和织布局等并立,可以共享人工资源。另外,张之洞对下层官员和一般员工的本性极不信任。"厂内员司离工游荡,匠役虚冒懒惰,百人得八十人之用,一日做半日之工,出铁既少,成本即赔。"因此,一定要把厂址放在自己的鼻子底下,可以随时查看。张之洞把这个问题上升到中西文化的高度来谈,说"此则中法,非西法。中法者,中国向有此类积习弊端,不能不防也。即使运费多二三万金,而工作物料虚实优劣所差不止此数十万金矣"④。他说你盛宣怀转达的西方工程师的意见是西方的意见,他们不懂中国国情,所以办法听起来有道理,但是放在中国这些昏官刁民这里,就一定失效,必须把这些人放在自己的眼皮底下,随时监督才能达成目标。

张之洞这些意见有的有道理,有的似强词夺理,但是只有把铁厂放在自己眼皮底下才放心,这是他的最真实的想法。虽然他从技术角度和经济角度多有论证,其中给清帝的上奏中,多方面综合总结,提出选址汉阳五个便利的理由,这是最为全面和正式的表述了。一个近代化的工厂,没有经过深入论证,就从广州的珠江南岸凤凰冈移到了湖北,再经过两个多月,就确定立于汉阳,其他的理由都是临时拼凑

---

① 《张之洞奏筹设炼铁厂折》,《汉冶萍公司档案史料选编》,中国社会科学出版社,1992年,66页。
② 《李鸿章致张之洞电》,《汉冶萍公司档案史料选编》,中国社会科学出版社,1992年,83页。
③ 《盛宣怀致张之洞电》,《汉冶萍公司档案史料选编》,中国社会科学出版社,1992年,101页。
④ 《张之洞致盛宣怀电》,《汉冶萍公司档案史料选编》,中国社会科学出版社,1992年,101页。

的,只有放在眼下才放心是真实的理由。

当然他驳斥盛宣怀,是对盛宣怀不满的一个发泄。

张之洞对盛宣怀抱着一种非常矛盾的心态,一方面,他认为在洋务方面,盛宣怀是一个难得的人才,所以,他在移节武昌途中路过上海,专门致电李鸿章,要求盛宣怀赴上海与他会面,当面向盛宣怀就教关于铁厂办理的事宜。不过这次会面给张之洞的印象不好,首先是盛宣怀主张招商办理的意见与张之洞的官办意见不同,张之洞直接表明他不同意商办的意见。盛宣怀的看法显然是站在自己的立场上,他是北洋的人,本来与张之洞就有矛盾,对于张之洞、李鸿章的不合也心知肚明,因此,对他而言,只有商办,才能取得汉阳铁厂的主导权。另外就是直接接触使张之洞对盛宣怀的为人有了了解,他把盛视为势利小人。后来张之洞曾经在致清流领袖李鸿藻的信中对盛宣怀有过直接评价:"盛为人极巧滑……盛之为人,海内皆知之,我公知之,晚亦深知之。"①所以,他对盛宣怀的意见不予理睬,也是一个正常反应。

五、采矿

在张之洞所谓的三大端或者四大端中,铁矿的确定是办得最为顺利的。本来建立一个铁厂应该事前勘定铁矿和煤矿,但在这些准备都没有的情况下,张之洞就已经定了机器设备,而这些机器设备开始启运之后,铁矿和煤矿还没有眉目。张之洞到湖北之前,盛宣怀曾经领着洋工程师沿着长江调查过铁矿,在湖北大冶发现过铁矿石。张之洞向盛宣怀询问煤铁事宜,盛宣怀把大冶铁矿的事情向张之洞汇报了。张之洞马上派人去调查,发现大冶这个地名就是来自铁矿,唐代就曾经开采冶炼,废渣堆积成一座大山,废渣旁边就发现了铁矿,铁的含量超过60%,是富铁矿。这样就为汉阳铁厂提供了稳定优质的铁矿资源。对这个发现,张之洞广泛宣传,也是起到佐证汉阳铁厂决策正确性的作用。

大冶铁矿的发现给了张之洞很强的信心,使他坚信,中国确实是富有资源,只是没有开发,所以,铁厂建在哪里都无所谓,只是要抓紧时间去发现相应的资源就是了。这对他确定汉阳铁厂的厂址起到了很大的作用。他相信,在大冶一定能够找到好的煤矿。

---

① 《张之洞致砚斋中堂函》,《汉冶萍公司档案史料选编》,中国社会科学出版社,1992年,127页。这篇文献在《中国近代工业史资料》和汉冶萍档案中均出现,后者注砚斋中堂为"未详",其实,砚斋中堂为李鸿藻,李鸿藻是张之洞的前辈,为清流领袖,所以,张之洞对其无话不说,并且尊敬有加,从函中语气即可以读出。

六、采煤

令张之洞没有想到的是,找煤矿成了他办理汉阳铁厂无法逾越的一道难关。本来铁厂之设,应该首先查明煤铁,然后才能购买设备和安设厂基。既然当初张之洞没有做这些前期工作,来到湖北任上之后,当然要竭力寻找铁煤等矿。张之洞上任伊始,就找到了大冶铁矿,兴奋异常,觉得如有天助,剩下的煤炭,只要下功夫去找,诺大的湖北,怎么能没有呢。于是,他移节武昌之后,马上下令开始寻找煤矿。大规模的钢铁生产,需要巨量的矿石和煤炭,因此,运输是一个最重要的因素,这点道理张之洞还是懂得的,所以,他早期寻找煤矿是沿江进行的,就是考虑到运输问题。

首先考虑的是大冶地方。这里有铁矿,如果有煤矿,这是最好的局面,铁厂两大资源密集一处,可以大量节省运输费用。张之洞曾就此请教外国工程师,比利时的工程师白乃富告诉张之洞,大冶这样的优质铁矿,附近百里之内,必有煤矿。这番话让张之洞信心倍增。他派这些工程师前去大冶探矿。按照他的想法,即使大冶没有,大冶附近也会有矿,大冶附近没有,沿长江上下游也会有煤矿,他确实说过:"中国矿产之富,甲于天下"[1],没有找不到煤矿的道理。所以,早期他给勒哈里等人的敕文,要他们率领一干外国矿师,先赴大冶,查找煤矿,如果没有,在大冶附近的沿江一带寻找,如果还没有,则溯江而上,直至巴东,"绘图贴说,禀候核夺"[2]。这话说的多有信心,也就是说沿江勘察,随时画图记录,好像很多煤矿在不同地方分布,只等发现之后,回来等我确定到底用哪里的煤。

张之洞到底做了封疆大吏,虽然对于湖北发现煤铁有十足信心,从做事角度,他还是愿意多做几手准备,因此,在札委手下与洋匠在附近寻找之外,他还与贵州和山西的官员联络,力图从他们那里找到煤矿。张之洞曾任山西巡抚,对山西煤矿有多方面的了解。不过,他的调查还是很细致的,"煤洞距铁矿之远近,煤质佳否,洞内煤层之厚薄,出煤之多少,煤价运脚之贵贱,及土人炼铁向用何煤,泽潞之煤有无运至河南清化镇售卖",以及运价如何,道路如何,能否水运,等等不一而足[3]。

不过张之洞在选择煤矿时看起来是远近皆试,合宜者用之,其实不然。首先,

---

[1] 《张之洞札高培兰登查勘湘黔煤铁矿文》,《汉冶萍公司档案史料选编》,中国社会科学出版社,1992年,71页。

[2] 《张之洞札勒哈里等查勘大冶煤矿文》,《汉冶萍公司档案史料选编》,中国社会科学出版社,1992年,72页。

[3] 《张之洞委员查勘山西煤矿札》,《汉冶萍公司档案史料选编》,中国社会科学出版社,1992年,73页。

盛宣怀当时正筹划开采徐州利国矿,并谋求获得张之洞的支持,把铁厂作为用户,但是,张之洞明确拒绝了,他给李鸿章发电,说大冶已经发现不错的煤矿,何况湖北还有很多不错的煤矿,只是考虑运费,找成本低的开采,"现在决计以楚煤炼楚铁,取材总不出两湖,利国矿只可缓议,所拟奏派督办大员一层,尤可不必"①。张之洞这种做法自然因为他非常不喜欢盛宣怀,对于北洋的事情也一概婉拒。但是,更为重要的是,这时候他对湖北发现适用煤矿还抱有信心。

湖南和江西一带,向来有土煤出产,虽然一开始张之洞并没有考虑用湖南的煤,但是,湖北找煤不顺利,他也曾派员去湖南查勘,并力主发展机器开采。他的札文中多次提到了萍乡,而且萍乡煤炭的质量之好,他也是知道的,但是,萍乡迟迟没有列入适当的铁厂煤炭供应地,这是一个很奇怪的事情,这只能怪当时任事诸员知识欠缺,能力不足,无从判定。从这里就可以看到,当年唐廷枢到直隶开平探矿,一次就确定了煤矿开采的大略,是何等不凡的能力。可见筹办一个近代企业,所用人员的能力、素质是何等重要。张之洞手下,除了一些洋员尚有近代工业知识(但是水平如何也很难断定),其余各员大部分尸位素餐,更有很多昏聩贪腐之辈混迹其中,使张之洞实现设想缺乏人才基础,进程也因此受到了严重影响。

眼看到任湖广总督已经一年,铁厂厂基已经选定,设备也陆续达到,开始了安装;大冶铁矿的开发紧锣密鼓进行,只有煤矿尚无着落,张之洞自然心急如焚,不知所措。在这种情况下,他想到了一个收购民间土煤的方法。他发布告示说,本部堂奉命筹建铁厂,我们湖北湖南地面有大量的煤矿,这实在是我们"独善之地利",得天独厚。现在我们的铁厂要投产,需要大量的煤炭。本部堂布告"商民人等一体知照,各就向所产好煤处所,选择上等煤苗,或仍旧窿,或开新山,或合资伙办,或独立采取"。而且鼓励民间使用简易机器,这些机器使用可以使产量上升。煤炭运来,"临时由鄂省铁政局验明煤样。如果合用,即行购买,或照时价,或议定价值,……断无克扣刁难之弊"②。也就是说,开采的煤质量合格,我一概照价收购。一方面解救民间的贫穷,另一方面也有利于国家。张之洞还把这个告示发布到了四川和湖南等地,想通过广泛发动群众来解决煤炭的供应问题。

近代化生产需要的产品是标准化的,尤其是大规模的冶炼工业,需要符合规格的原材料。虽然土煤开采有千年以上的历史,但是,这种开采效率低下,供应附近居民的小规模使用勉强可以,大规模供应,无论是成本和质量都难以达到要求。只要看看唐廷枢在开平的调查就知道其中的关键。所以,张之洞想采取如此手段解

---

① 《张之洞致李鸿章电》,《汉冶萍公司档案史料选编》,中国社会科学出版社,1992年,72页。
② 《张之洞晓瑜民间多开煤斤示》,《汉冶萍公司档案史料选编》,中国社会科学出版社,1992年,75页。

决煤炭供应的问题,自然难以实现。但是对于张之洞这种敢于探索的精神应该给予肯定。

汉阳铁厂的设备安装完毕之后,煤炭供应问题依然没有解决,这使汉阳铁厂迟迟不能正式投产。可见,哪一个环节没有周密筹划,都可能导致整个事业的脱节,最终影响企业的运行。

七、产品销路

张之洞不是商人,更没有留洋经历,但是,基本的知识还是有的,他深知铁厂建设,如果产品没有销路,是没有前途的。因此,在铁厂还在筹建中,他就开始考虑销路了。不过和唐廷枢等人不同,张之洞确实缺乏商业历练。首先,订购机器的时候,他按照每天100吨的标准来订购设备,这个没有任何现实根据,只是因为当时刘瑞芬给他的回电说,英国最大的设备是每周600吨,张之洞换算为每天100吨[①]。这明显是好大喜功的做法。

不过,这件事情也许张之洞早有打算,因为办铁路和建铁厂这两件事情几乎是同时提出来的。几年以后铁厂商办时,张之洞的上奏中提及了市场状况:"目前中国制造之艺未能各辟畦径,日出新机,农工器具,土铁足用,制造商局,岁购不多,综计用铁大宗,无如路轨,鄂厂采炼,本专为在中国铁路极大漏卮之设。"[②]可见,张之洞知道一般用土铁就可以,即使全国的枪械厂都用铁,数量也有限,真正需要铁厂产品的是铁路。

张之洞为了保证铁厂建设提出了"储铁宜急,勘路宜缓,开工宜迟,竣工宜速"的方针,具体是"前六七年,积款积铁,后三四年兴工修建,两端并举,一气作成"[③]。其实,他这里耍了一个滑头,让海署把有限资金先投入铁厂建设,然后再修铁路,这样,一旦铁厂建成,就可以名正言顺地把钢轨卖给铁路,资金周转的问题解决了,铁厂的销路问题也解决了。

八、官办结局

到了1895年,铁厂创办已经五个年头,投资总额高达580万两以上,远超出了

---

① 见张之洞与刘瑞芬之间的往来函电,《汉冶萍公司档案史料选编》,中国社会科学出版社,1992年,62页。

② 《张之洞奏铁厂招商承办议定章程折》,《汉冶萍公司档案史料选编》,中国社会科学出版社,1992年,133页。

③ 《张之洞奏遵旨筹办铁路仅陈管见折》,《汉冶萍公司档案史料选编》,中国社会科学出版社,1992年,67页。

当初的 100 万两和 200 万两的预计。虽然机器安装完毕,并且试炼了钢铁等,质量尚属不错,但是,因为资金问题,一直不能正常生产。其实即使生产,销路问题还没有解决,即使销路问题解决了,大规模生产的煤炭供应还没有解决。所谓产品质量不错,是张之洞报喜不报忧的说法,实际上,造出来的铁轨并不适合铁路使用,倒是一部分熟铁适合汉阳兵工厂的枪炮制造。对于这种局面,庙堂之上,江湖之间,物议纷纷。1895 年 8 月 2 日(光绪二十一年六月十二日)上谕:"制造船械实为自强要图。中国原有局厂经营累岁,所费不赀,办理并无大效;亟应从速变计,招商承办,方不致有名无实。"这实际上是对张之洞铁厂的一个否定,不过,也为张之洞提出了一个解套的方法。

对于官办五年的结局,户部有一个评价:"臣等查湖北铁政一厂,为中国制造之权舆,亦为外人观听之所系。督臣张之洞由两广移官两湖,奏明以粤省炼铁厂机器改运鄂省,原欲抵制购买外洋钢铁,以收我自有之利权。设厂以来,该督竭力经营,苦心调护,前后请拨巨款,臣部无不一力赞成。匪特以之开拓始基,实亦所以扶持大局也。无如发端虽大而收效甚迟,用意虽深而程功未密。是以公家未受炼铁之益而已受设厂之累。"①这实际上是对官办铁厂的成果做了一个否定性的评价:你为了抵制外洋,收回利权而筹办铁厂,我们主管部门一直调拨巨款,竭力支持。当初的设想宏大,但是收效太慢,至今没见。用意虽然很好,但是不符合实际,所以至今没有成功。本来你张之洞说对我公家有好处,结果好处没见到,反倒使政府蒙受损失。政府财政拮据,无法再继续填补这个无底洞。因此,还是按照皇上的意旨招商承办吧。

客观评价,张之洞创办汉阳铁厂及相关企业,举措宏大,设计草率,雄心和荒谬并存,是中国近代经济史上一个失败的标本。没有像样的计划和预算,凭着长官意志,仓促上马这样一个当时远东乃至亚洲最大的联合企业。这么大的项目既没有可行性研究,也没有专家的论证,甚至在基本条件没有落实的情况下就已订购设备,这导致了此后不断追加预算,以致投产不断延期。湖北铁政局报告总结这段历史说:"湖北创设炼铁厂,厂大工精,事繁费巨,工程之艰苦,机器之笨重,名目之繁多,起运之烦艰,筑基之劳费,凿矿修路开煤炼钢之分歧,随地异宜,随时增补,中国官吏工匠见所未见,实非可以常例相绳。"②虽然开创草率,但是后来坚决推进,克服了重重困难。可以说,这个项目确实显示了张之洞的决心,如果没有他持续不断

---

① 《户部奏遵旨议复铁厂招商承办折》,《汉冶萍公司档案史料选编》,中国社会科学出版社,1992 年,136 页。

② 《张之洞奏查明炼铁见长各项用款折》,《汉冶萍公司档案史料选编》,中国社会科学出版社,1992 年,137 页。

的努力,多方寻找资源,这个项目无法最终成形。

九、招商承办——清末最大的国有企业私有化的试验

1896年,自负而又自信的张之洞,在重重压力之下,不得不接受招商承办的方案。汉阳铁厂及相关的大冶铁矿等企业通过私有化进入了商办阶段。

铁厂"开办以来,巨细万端,而皆非经见,事机屡变,而意计难周,经营积年,心力交困"。现在工厂建好,各项设施"皆以灿然大备,惟是经费难筹,销路未广,支持愈久,用款愈多,当今度支竭蹶,不敢为再请于司农之举,亦更无罗掘于外省之方。再四熟筹,惟有钦遵上年六月十二日谕旨,招商承办之一策。"[1]可见,由官办转为商办,于张之洞是无奈之举。虽然工程完毕,工厂也初步建成,但是,财力枯竭,销路不畅,因此难以为继,只得遵旨招商承办。中国19世纪最大规模的私有化拉开了序幕。

张之洞早期坚持官办,对于盛宣怀提出的商办予以坚决抵制。这主要是对中国商人不抱希望,也是他当初力主企业官办的一个根本思想。他从中西文化的角度,提出了中国下层人的劣根性问题,虽然着墨不多,但是,他提法之尖锐,看法之偏激,不仅当今的民粹主义难以接受,就是近代思想家也很少这样讨论问题。即使在招商承办时,张之洞依然说过:"华商力微识近,大都望而却步,从前会招粤商,迄无成议。"[2]也就是说,中国商人力量微薄,加上见识浅显,所以,靠这些人很难成事。他更说过"中华绅商,类多巧滑"[3]的话,认为这些人太不好打交道。这是当初张之洞坚持官办的主要原因。在极其困难的情况下,张之洞坚持了五年之久,但是,最终在技术、生产、销售乃至政治、经济多方面的压力之下,只得放弃官办,开始同意招商承办。

其实,招商承办的效果,张之洞并不看好。首先就是没有适当的人选,思来想去,只有盛宣怀这一个懂得经济,并且能够沟通官府的人选。张之洞对盛宣怀抱有厌恶情绪,但是又不得已必须用他,他对盛宣怀的评价在写给李鸿藻的信中表露无遗。上面已经说过,有些论者引用张之洞的上奏言语,说张对盛有很高评价。确实,张之洞说过:"该道才猷宏达,综核精详,于中国商务工程制造各事宜均极熟习,

---

[1]《张之洞奏铁厂招商承办议定章程折》,《汉冶萍公司档案史料选编》,中国社会科学出版社,1992年,132页。

[2]《张之洞奏铁厂招商承办议定章程折》,《汉冶萍公司档案史料选编》,中国社会科学出版社,1992年,133页。

[3]《张之洞致蔡锡勇电》,《汉冶萍公司档案史料选编》,中国社会科学出版社,1992年,124页。

经理商局多年,诸有成效。"①其实这些冠冕堂皇的话,反映的更多是一种官场规则,你想,既然任命他作为商办的承揽人,任命书上,还不说几句好话?但是,真实的内心想法就是另一回事情了。张之洞找不到合适的承揽人,只能用盛宣怀,这并不说明张之洞真的赏识盛宣怀,只是不得已而为之的选择。

人选确定之后,盛宣怀就开出了自己接办的条件,主要是几点:第一,还是打着官督商办旗号,因为涉及很多地方和官府的事情,必须有地方和中央政府出面,才能摆平;第二,召集商股100万,接办公司;第三,官本在一定期限内不予偿还;第四,减轻厘税;第五,芦汉铁路的铁轨要用汉阳铁厂的产品,否则商人可以毁约。

这些条件和张之洞当初的设想差别很大,张之洞的设想是商人接办后应该适当偿还100万到200万的官本,剩余部分分年偿还。到了盛宣怀这里,不仅没有偿还官本的条款,而且还要保证销路和减轻厘税。实际上,盛宣怀等仅用了100万商股,就控制了550多万的官本,在此基础上,继续经营。官本偿还待产品销售之后每吨提银一两,算起来,这个私有化是最为无奈的一个选择。

汉阳铁厂的私有化不是清末国有企业的第一个私有化案例,此前还有中国电报局的私有化。但是,这两个私有化有多项不同。首先,中国电报局的规模远较汉阳铁厂为小,汉阳铁厂私有化时,涉及的股本已经高达560万两以上了,而中国电报局私有化时的股本仅有178 500两;第二,中国电报局私有化时已经清晰看到了盈利前景,而汉阳铁厂则根本没有真正完工,更看不到盈利前景;第三,中国电报局的私有化是在建立的第二年,按照原来的计划进行的,但是,汉阳铁厂私有化则是出于无奈。还有一点,虽然不明显,也是一个重要条件,中国电报局和汉阳铁厂的私有化都是盛宣怀主持的,但是,主持中国电报局私有化时,盛宣怀还没有商办企业的经验,而进行汉阳铁厂私有化时,盛宣怀历练已久,对于官场、商场的经验积累已多,所以问题处理更为圆熟老练。总结这段私有化经验对于理解国家和商人对于企业创办和经营的作用依然有现实意义。

十、商办期间管理和技术的改进

盛宣怀受张之洞札委,于1896年5月初到汉阳,随后开始在汉阳、大冶和马鞍山一带以督办身份视察,随后发布公告,宣布招商承办,在管理和技术上采取了一系列措施,力图早日实现正式生产,扭亏为盈。

---

① 《张之洞委盛宣怀督办汉阳铁厂札》,《汉冶萍公司档案史料选编》,中国社会科学出版社,1992年,129页。

第十一章 汉冶萍创建史

（一）管理上的措施

新的经营团队,首先就是任命了新的总办。盛宣怀邀请招商局的现任会办郑观应出任总办。在盛宣怀的视野中,这几乎是唯一人选了。郑观应有洋行总买办的就职经历,与盛宣怀同时办理津沪电报局创办事宜,然后到招商局任职,从帮办做起,盛宣怀掌握招商局后,郑观应升任会办,并且有主办上海机器织布局的经历。这个经历链条说明他做汉阳铁厂总办似乎是一个适当人选。确实,郑观应上任伊始,就提出了一系列相关建议,对于生产、经营、管理拿出了系统的《铁厂筹备事宜十八条》和《铁厂次第筹办张本六十条》,对不同问题条分缕析,尤其是在商务方面和管理方面的建议贴近实际,如能落实,很有价值。

同时,盛宣怀照之各个机构负责人,让他们上报利润、成本和生产情况。除汉阳外,大冶、马鞍山、收发所等机构负责人纷纷出动,调查走访,交出了比较完整的库存、成本和生产数据。这些报告构成了我们今天研究官办和商办初期汉阳铁厂相关结构的一个比较完整的图景。

除了这些报告之外,盛宣怀上任发出的第一个通告就是针对汉阳铁厂德国总管德培的。盛宣怀毫不客气地告诉德培:"此铁厂自四月十一日起,即属公司归于商办,断不能如从前官办样式,处处亏本。从前办事均属不合,现今必须将厂务办法预先商定,总以得利为主。"①信件的指责之态溢于言表。德培即刻回函,强硬回应:"在厂洋人,无分等次,凡中国官员所准者,无不竭力各尽职守。宪谕末段,甚为诧异,某不胜惋惜之至,断难听从。"②不过,德培还是对工作中存在的问题和困惑,同时给盛宣怀写了另外两个函件回复。在回函中除了说明各个不同单位和部门的情况外,专门对自己做了一个解释,说我原来管理的钢铁厂的规模是现在的五倍。如果我的能力不够,克虏伯也断不会推荐我,所以,对我的能力不应该怀疑,而且我会配合你工作。他随后还制定了办事条规,这些制度以前都没有,或者不完全,盛宣怀接管之后,这些制度性文件逐步建立了起来。

不过,商办前期的问题也是明显的。首先是总办不得人。郑观应的能力是不足以做这样大企业的总办的。他的商务能力是没有问题的,但是郑观应没有成功的正职经验,从以往经历上看,他存在着几个重大缺陷:第一是没有面对困难的勇气和决心,往往是知难而退,不是面对问题去解决。第二,就是与周围的关系处理不好。第三是在利益面前往往犹豫不决,很有点像曹操评价袁绍那样,干大事而惜身,见小利又忘命。郑观应作为汉阳铁厂总办时,他的《盛世危言》一书已经产生

---

① 《盛宣怀致德培函》,《汉冶萍公司档案史料选编》,中国社会科学出版社,1992年,139页。
② 《德培致盛宣怀函》,《汉冶萍公司档案史料选编》,中国社会科学出版社,1992年,139页。

了广泛的影响,郑观应也俨然成为了思想界的新星,影响开始超出了商务的圈子。但是,他的缺点没有克服,他以各种理由,不愿意辞招商局的职务,不断以各种理由辞铁厂职务。这搞得盛宣怀好不恼火,但是又毫无办法。这些显出了郑观应思想上的巨人与行动上的矮子的双重人格特征,这种特征不仅伴随了郑观应一生,也影响了他一生,使他难有更大的成就。

(二)萍乡煤矿的开发

盛宣怀团队上任后就开始着手解决煤炭问题。

刚开始盛宣怀团队中几个主要的外来管理者,如郑观应等还考虑移炉就铁或者移炉就煤的方案,但是很快就发现,这些问题已经无法纠正了,只能从最为薄弱的煤炭环节着手。实际上,汉阳铁厂的煤炭供应问题一直没有很好解决。张之洞时代多方寻找,找到了一些煤矿,尤其是马鞍山矿,位置沿江,便于运输。不过试用之后,灰重质劣,只能掺杂使用,还要高价购买洋煤或者开平煤,成本依然居高不下。所以,盛宣怀接手后,把重心移到了寻找煤矿上,萍乡进入了他的视野。

实际上,汉阳铁厂使用的煤炭,一直有萍乡的产品。但是,受到了原来张之洞用楚煤炼楚铁思想的影响,一直没有认真考察萍乡,使用的也是萍乡土煤,价高质次。盛宣怀团队接手后,开始认真考察萍乡煤矿,但是考察过程并不顺利,风波迭起。

被委派去萍乡的官员首先在萍乡一带建立了一些炼焦的窑炉,但是一些当地人趁夜从上游放水,窑炉被冲淹而毁。这些窑炉是应盛宣怀的要求,为冬季的干涸期提前准备的,并且有实验性质。窑炉被冲毁后,地方官连出严示,晓谕乡民,打出张之洞的旗号,要求配合,不得破坏。

但是,事情没有到此为止,《苏报》披露了文廷式接待勘察煤矿的政府大员,并说将有洋人参与此事。一时萍乡宜春一带,群情激奋,指出开采煤炭和洋人介入的多方面危害,先是列举了五不宜,接着发展为十不宜。当时恰逢乡试,诸童生云集,也参与了这个事件,并且上书地方政府,要求悬禁:"近据《汉报》,邑人被革之员文某邀同矿师来萍取煤,此系吸萍之髓而煎萍之膏也。而尚宾堂竟闻允借公所假馆洋人,以作育人才之区,为拔本洄源之举,于事为不祥,于人为犯顺,于地方为陷害,于土产为竭空,诸公乃瞻徇情面,甘为洋奴招附腥膻,污我清静,且后洋人踞此,始则崩坏陵谷,断绝地脉,继则铲伤庐墓,永绝人文,竭本地之精华,绝士民之生路。"①主要是说洋人掠夺中国财富,开矿破坏风水和庐墓,还导致民间煤矿的生意损失。另外洋人借此传教,甚至有伤风化,尤其是假圣人之地接待洋人,断不能容

---

① 《童子揭帖》,《汉冶萍公司档案史料选编》,中国社会科学出版社,1992年,179页。

忍,等等。总之,地方官和一些人欢迎洋人来开矿就是汉奸。

萍乡和宜春一代直接号召乡民对抗"洋人","兹阖邑公同愤议,洋人一到,各家出一丁人,执一械,巷遇则巷打,乡过则乡屠,一切护从通事之人皆在手刃必加之列"①。最后,在地方官严厉公告和上百人的扈从队伍保护之下,考察工作才得以进行。

十一、李维格考察及其结果

萍乡煤矿采取现代化方式用机器开采之后,汉阳铁厂整个工艺体系才真正封闭,形成了一个完整的工业生产链条。这已经到了20世纪开始后五年了。这时候,京汉铁路的建造已经提上日程,其他的铁路也在酝酿甚至开工了。李鸿章等政治对手逐步退出历史舞台,张之洞已经成为朝中支柱。照理,汉阳铁厂应该走上蓬勃发展的道路。但是,汉阳铁厂的产品虽号称精良,其生产的铁轨却被沪宁铁路判为不合格,无法大批量生产,市场并没有真正展开,产品质量成为了汉阳铁厂的痼疾。李维格在解决这个问题上起到了决定性的作用。

李维格,上海人,曾在英国留学多年,回国后随中国的外交人员游历美国、日本等国,1896年后任汉阳铁厂的总翻译等职。大冶铁矿有世界最好、含铁量最高的矿石,萍乡煤矿开采后,煤炭的供应和质量问题也都解决了,何以铁的质量还是存在问题呢?李维格升为会办,主持工作后,盛宣怀问计于李,李维格称必须出洋考察,才能找到解决办法。盛宣怀最终批准李维格的要求。

到达英国之后,李维格遍访名家,遇到专家史戴德,他对李维格所携带的样品进行了化验,告诉李维格:大冶铁矿含铁60%~65%,萍乡煤也是最上等的质量,原料都是上等材料,问题在于,"汉厂造轨之钢,炼不合法。而零星钢件,则为精品。概炼钢有酸法、碱法之别,酸法不能去钢中之磷,大冶铁石,含磷适多,而旧时炼钢,系用贝色麻酸法,背道而驰,宜其凿枘。……而马丁碱法所制之鱼尾版等零件,称为上品。概本厂本有一马丁碱法小炉也。"②就是说,钢的质量不好,是因为炼钢方法不对,大冶铁矿的矿石含磷过高,应以碱法熔炼,但是汉阳铁厂采取酸法熔炼,导致钢材生脆易裂。作为佐证,英国专家指出汉阳铁厂为汉阳兵工厂生产的钢质量就非常好,因为这是采用马丁碱法炼成的,因此,质量就好,但是,这个炉子小,产量少,一直没有引起注意。

回国之后,李维格给盛宣怀打了一个报告,这个报告可以与唐廷枢创办开平矿

---

① 《童子揭帖》,《汉冶萍公司档案史料选编》,中国社会科学出版社,1992年,179页。
② 《童子揭帖》,《汉冶萍公司档案史料选编》,中国社会科学出版社,1992年,179页。

务局的报告相媲美，数据清晰，计算精确，对整个汉阳铁厂的改造提出了具体方案。报告的最后总结，"汉厂必有大发达之一日，惟目前三年，必须上下扶持，方克度过此艰危之境"[①]。与之前张之洞不断许诺不同，这是1905年初提出的报告，到1907年设备改造完毕，1908年创办已经18年的汉冶萍公司终于摆脱了亏损的局面，此时距报告提出恰好三年。官僚，即使是优秀的官僚，与合格的企业管理者之间的差别之大亦由此可见。

问题找到了，首先把汉阳铁厂与大冶铁矿和萍乡煤矿整合为一，建立了汉冶萍公司，改造炼钢炉。李维格在确定设备改造计划之后，采用招标方式来确定供应商，聘请德国著名工程师作为技术负责人。1907年，设备改造完毕，次年公司就扭亏为盈，从此，汉阳铁厂开始进入了稳定发展时期。

在中国近代史上，李维格的出洋考察可以说是效果最著的一个考察，虽然其规模和影响远不如几乎同时的五大臣宪政考察，但是，就其效果看，李维格的考察更为显著。这个考察目的明确，寻访专家，认真求教，最终把汉阳铁厂问题的根源找到，并且奠定了汉阳铁厂持续发展的最后一块，也是最重要的一块基石。

十二、结论

汉阳铁厂最终发展为汉冶萍公司，是中国近代史上最具雄心的企业。不仅因为其规模巨大，而且是当时远东乃至亚洲最早的钢铁联合企业，比日本早了七年。这个企业的创办和早期发展，集中反映了中国早期现代化中的各种问题。知识的不足，人才的匮乏，环境的阻碍，资金的限制，这家企业就是在这些主观和客观的重重阻碍中穿行的，在一系列荒谬的决策、一系列预想不到的苦难前，主办者以毅力、决心和智慧，不断地前行，最终为我们留下了一个百年企业。

[①] 《李维格呈出洋采办机器禀》，《汉冶萍公司档案史料选编》，中国社会科学出版社，1992年，167页。

第十二章
大生企业创办

南通的大生纱厂,是中国近代史上第一家由知识分子出于非利润动机而创办的企业。

不同于当时一些著名企业的创办者,作为大生企业的创办者,张謇是一个纯粹的知识分子。在大生纱厂创办之前,他没有任何经营管理企业的经验。相反,在历经挫折和磨难之后,于1894年的恩科上,终于以41岁年龄,大魁天下,点为状元。在中国古代社会,这意味着张謇从此步入官僚阶层,可以青云直上。但是,在这个历史转机面前,张謇却抛弃了更为顺畅和荣耀的仕途,转向了艰苦卓绝的创办企业之途。

可以说,张謇创办企业,没有任何盈利和利润动机,纯粹出于一种知识分子在国难之前的责任感,表现出的是一种古典士大夫的家国天下的悲悯情怀。比较之下,当时或者略早的轮船招商局和开平矿务局的创办人唐廷枢,在参与创办之前,已经有了非常丰富的企业经历和经济活动的经验。中国电报局的创办人盛宣怀,也在历经失败之后,积累了很多经验,才取得中国电报局创办的成功。比较起来,张謇完全没有任何企业活动经验,虽然他有很好的古典学问的根底,但是完全没有任何近代西学知识。同时,张謇也是家承素寒,创办大生纱厂时也没有资金积累。在这种缺乏必要的经验和知识储备,也没有资金的情况下,居然在几年的时间内成功创办了一个生机勃勃、效益良好的近代企业,使后人在敬仰缅怀之外,也对其企业发展模式产生了兴趣。

一、背景

张謇在1894年大魁之后,按例授翰林院编撰之职,按照以往的惯例,只要发展顺利,进入更高的职位是顺理成章的事。但是,两件事改变了张謇的人生发展路径,一是其父去世,张謇丁忧回籍;二是甲午战争,中国战败,签订了屈辱的《马关条约》。在条约中,中方开放沿海市场,允许日本创设企业。按照"利益均沾"原则,这意味着中国的市场对所有在华有自己利益的国家同时开放。中国实际上已处于前所未有的危机之中。

时任两江总督、南洋大臣的张之洞向下属地方官和乡绅集股创办企业,以与洋

人对抗,挽救利权。张謇回顾这段历史说:"自光绪二十一年,中日约定,有日人得用机器,在中国内地各州县城乡市镇,制造土货之条。九月间,前属南洋大臣张,分嘱苏州、镇江、通州在籍京官,各就所在地方,招商设立机厂,制造土货,为抵制外人之计。通州产棉最王而良,謇因议设纱厂。"①

张謇正是响应号召,开始了企业创办活动。而这个当时的偶然之举,不仅是张謇的人生转折,而且最终成就了中国近代史上最为著名的企业,并且使通州、海门在近代化企业创办上走在了中国的前列。

张謇用六个字概括了他创办企业的动机:开风气,挽利权。这与一般人创办企业的目标殊为不同。

二、集股创办过程

张謇描述自己创办企业的过程:多年以来,"謇之所以忍辱蒙讥,伍生平不伍之人,道生平不道之事,舌瘁而笔凅,昼悬而夜抻者,不知凡几"②。他创办企业,不仅没有任何私人目的,也不是以单纯的经济目的为主,虽然挽回利权存在着经济目的,但是,这首先是国家生存、民族复兴的更高目标的一个从属物。唯其如此,他才能够历经磨难,百折不挠地推进大生企业的创办,最终完成这个几乎无法完成的事业。

张謇是"在假京官,由来素寒",在大生纱厂的创办过程中,他不是以股东身份,而是以一个召集人的身份创办企业的。这种情况不仅中国少见,实际上企业史上也罕见。但是,恰好是张謇的行动为我们理解企业家的社会经济作用提供了一个比较纯粹的样本。

(一)商办

在接到张之洞的示谕之后,张謇开始企业创办活动。1895年秋,他往来上海与南通,与实业界人士广泛商议,汇集了广东商人潘鹤琴、福建商人郭茂之、宁波商人樊时勋,加上通海商人刘一山、陈楚涛及沈敬夫。这些人议为创业股东,分为两部分,前者在上海,为上海董事,后者为通州董事,共谋集股60万两,其中上海集股40万,南通集股20万,厂子设在南通,由潘鹤琴与郭茂之监管银钱。

张謇自述的使命或者角色是"通官商之邮",也就是连接商人与官府,同时也是联络沪董与通董。大局议定,当年年底,奏咨督部立案。

天下之事,议论易,实施难。大生纱厂创办尤其如此。大生创立的框架一经确

---

① 《承办通州纱厂节略》,《张謇全集》,第三卷,江苏古籍出版社,12-13页。
② 《张謇致刘坤一》,《中国近代工业史资料》,第二辑,北京:科学出版社,1957年,1032页。

定,首先就在南通唐家闸确定了厂址,开始购地筹划。随之马上开始了初步的建设。此时,筹款之事尚无眉目。南通这方紧锣密鼓地大兴土木,上海那里则沉静异常,没有进展。沪董起初态度尚属积极,说上海资金不成问题,只要南通集资有了眉目,上海资金可以立时解决,但是实际没有任何进展,一直停顿不前。张謇无奈,亲赴上海,召集沪通董事会议,督促上海股东按照约定集股并且赴南通办理相关勘察和工厂组建各项事宜。但沪通都有董事不堪压力退出筹建,纱厂组建一开始就形竭蹶,难以为继。

(二)官商合办

恰在此时,张謇从张之洞处得到消息,原来订购的一批纺纱设备,共48 000锭,到货三年,长期搁置不用,一直堆放在上海的仓库中,已经锈蚀。当时江宁商务局总办桂嵩庆提出把这些设备折价提供给大生股东,作为投资,与他们合资建厂。虽然沪董考察设备认为可用,但是对于官方以设备入股,沪董不允。理由很明确:"官有股必干涉掣肘,即有约不足信。"①以此为由,要求集股推迟到明年。张謇不得已挺身而出,向股东承诺,一旦官方出现干涉或者翻悔之事,张謇自己孤身担任,与股东无关,"必不苦商"。但是,沪董不同意。客观地说,虽然沪董在集资问题上迟疑再三,但是,他们对官方入股的犹疑态度事出有因,反映了民间对于政府的不信任。商业规则都是以协议合约为准,一个状元的承诺并没有实质性的意义。虽然官方答应让步,但是,潘鹤琴与郭茂之以退出大生纱厂的筹建相威胁。大生纱厂创办的第一步就此搁浅,张謇接到消息,"反复筹虑,彻夜不能寐,绕屋而走"②。

次日,张謇找到郑苏戡商议,重新谋划大生纱厂创建。郑认为必须使用官方的设备,把沪通股东召集到南京,共同商议。张謇迫使官方代表桂嵩庆承诺不仅以设备入股,而且召集六七万股金。经过近20日的商议,股东最终同意使用官机,潘郭沈刘等六人为股东,仍然分为通沪两支,"各任集股25万,是为官商合办,而责任乃专在謇矣"③。

但是,集资之事仍不顺利,签订合约当日,桂嵩庆就对承诺的集股之事退缩,从原来的承诺六七万改口为四五万,但就是这个数,他也没有实现。股东集资之事也没有进展,上海股东一再推脱,不断降低集资数,而落实的进展缓慢,仅通董集资两三万。但是,因为筹建工作已在开展,处处需要用钱,已经出资的南通股东不得已

---

① 《光绪三十三年七月二十一日大生纱厂第一次股东会议上总理张謇的报告》,《中国近代工业史资料》,第二辑,科学出版社,1957年,1025页。
② 《光绪三十三年七月二十一日大生纱厂第一次股东会议上总理张謇的报告》,《中国近代工业史资料》,第二辑,科学出版社,1957年,1025页。
③ 《光绪三十三年七月二十一日大生纱厂第一次股东会议上总理张謇的报告》,《中国近代工业史资料》,第二辑,科学出版社,1957年,1025页。

要求官方拨款支持。这样一来,上海股东又以反对官方介入为由,推迟交款。通沪董事发生分裂,认为双方无法合作,上海潘鹤琴与郭茂之最终退出筹建工作。"计潘郭发议至此,20余阅月,始终未交一文,未办一事也。方潘郭由40万缩至25万而16万,诡状大著,不待推测。"①多年以后,张謇谈论此事仍然激愤异常。不过,如果看当时上海的情况,可以知道,这些商人犹豫不决是事出有因,甚至是合情合理的。因为当时商情低迷,"纱市败坏,华盛、大纯、裕晋,或欲停办,或欲出卖,几于路人皆知,凡以纱厂集股告人者,非微笑不答,则掩耳却走,诚亦由此状况"②。

大生纱厂的创办工作至此又陷入绝境,难以为继了。

（三）绅领商办

创办走入绝境之时,盛宣怀租售上海几个官办纺织厂设备,恰有余力可以办理其他事宜。受两江总督刘坤一联络,张謇到江宁与盛宣怀商议,合办大生纱厂。各认集股25万③,其中约定活本15万两,张謇和盛宣怀各认75 000两。这就是所谓的绅领商办,即张謇作为绅士领导,由商人办理。

与盛宣怀合约签订,张謇心中有底,又开始了大规模的工厂建设。"造厂运机,造工匠房,修闸,砌岸建坝,筑路造桥,一切工程,先后并举,岁终粗毕。"④这些举措,无处不是花费,亟需资金支持。但是,此时的盛宣怀变得杳无音信,"屡催屡请,执约告急之书,几于字字有泪,亦请江督言之。盛百方腾闪,迄不应,而二十五万之望消减"⑤。到了1898年年初,创办工作再次陷入困境。

张謇此时回到京城履任。大生创办已经到了关键时刻,厂房建设接近完成,设备安装过半,并且开始收购棉花,开工已经指日可待。但是,这时厂事只有沈敬夫独力维持,资金匮乏,求告无门,张謇充分体会到了世态炎凉,人情冷暖,并且知道了企业创办之艰难。他后来追溯这段的心路历程:"始而尤人,既而自怨,终知自怨无益,惟有奋进,而进无寸援,退且万碎。"⑥

---

① 《光绪三十三年七月二十一日大生纱厂第一次股东会议上总理张謇的报告》,《中国近代工业史资料》,第二辑,科学出版社,1957年4月,1026页。
② 《光绪三十三年七月二十一日大生纱厂第一次股东会议上总理张謇的报告》,《中国近代工业史资料》,第二辑,科学出版社,1957年4月,1026页。
③ 多年后张謇的回忆是盛宣怀认股不超过二十五万两,但是较早的文件显示是七万五千两。参见《张謇全集》,第三卷,12-13页,及《中国近代工业史资料》,第二辑,1026-1027页。
④ 《承办通州纱厂节略》,《张謇全集》,第三卷,江苏古籍出版社,14页。
⑤ 《光绪三十三年七月二十一日大生纱厂第一次股东会议上总理张謇的报告》,《中国近代工业史资料》,第二辑,科学出版社,1957年4月,1027页。
⑥ 《光绪三十三年七月二十一日大生纱厂第一次股东会议上总理张謇的报告》,《中国近代工业史资料》,第二辑,科学出版社,1957年4月,1027页。

不得已,张謇还是以领用官方设备为由,求救于官府。他先到武昌求救于张之洞,无效,又转而到江宁求救于刘坤一。刘坤一行文下属地方政府机构,责令支持大生纱厂。但是,各地利益不均衡,江督的催促成了一纸空文。这时张謇故旧也是故意躲避,为了节省资金,张謇上海出差,要卖字筹集费用。"己亥春,奔走宁沪,图别借公款不成,图援湖北、苏州例以行厂机器抵借不成,告急于各股东不答。……时已三月,上年汇款到期,若不还则益失信用,无已,以所收八万金之花渐次运沪售卖应付。"①这时候,谣言四起,哄传大生陷入绝境,创办失败。

张謇陷入绝望,"坐困围城,矢尽援绝,曾无一人顾惜"。求告官府,已经词穷,求救股东,"词色甚急"②;"哀于江督,则呼吁之词俱穷;谋于他人,则非笑之声随至",已经到了山穷水尽的地步。在上海谋求办法的张謇一筹莫展。此时沈敬夫写信到上海劝张謇回南通,回来后与通州董事商议,确定了以仅有的棉花纺纱,然后卖纱买花,循环轮转。他们设想如果最终无花之后,就关闭工厂,偿还股东。大计既定,同年四月初,开始试机。没想到产品投产之日,市场复苏,产品畅销,大生纱厂虽然创办过程历经艰险,多次难以为继,但是山重水复疑无路,柳暗花明又一村,投产之后,大生纱厂蓬蓬勃勃地发展起来。股东、员工和海通百姓都享受到了大生企业带来的多方面利益,更进一步把张謇推向了经济建设的第一线,从此中国多了一个卓有成就的企业家。

三、张謇的作用

大生纱厂创办之初、之中,张謇并没有太多投资,这与他的经济状况有关,虽然已经是京官,但是他并没有什么积蓄,无力投资。但是,如无张謇,大生纱厂的创办将一事无成。可以说张謇在大生纱厂的创办中起到了无可替代的关键作用。

(一)联通官商

张謇刚刚高中状元,名动朝野,在清末那种环境下,没有公司律,企业创办本无章可循,但是官府支持不仅是一个前提,也是一个必须履行的手续。从1873年的上海倒账风波之后,官商隔离的局面早已形成,需要有人联络官商,沟通两方,才有可能使企业创办成功,而张謇恰好起到了这样的作用。一方面,张謇召集商人议事,形成商业方案,另一方面,沟通官府,获取支持,在创业团队中,只有张謇有这个

---

① 《光绪三十三年七月二十一日大生纱厂第一次股东会议上总理张謇的报告》,《中国近代工业史资料》,第二辑,科学出版社,1957年4月,1028页。

② 《光绪三十三年七月二十一日大生纱厂第一次股东会议上总理张謇的报告》,《中国近代工业史资料》,第二辑,科学出版社,1957年4月,1028页。

资源和能力。

(二) 提供动力

大生纱厂选址南通,这里风气未开,创办条件并不太好。南通股东实力不足,上海股东犹豫徘徊,张謇不得不绞尽脑汁,各方说服,希望他们能够按照约定提供资源,主要是提供资金,以不断推进纱厂建设。但是,当时的局面恰恰是上海股东顾虑重重,没有动力,而张謇的重要作用就是向这些投资者提供动力。

首先,张謇在籍京官的身份可以提供一定的保证作用,至少说明创业团队可以有效与官方沟通,这对减少其他创业成员的顾虑起到了积极作用。

其次,针对不同的难题,张謇积极主动提供各种解决方案,为创业团队中的投资者做好服务,提供帮助。这无非是以自己百折不挠的精神激励股东,为他们提供信心。

最为重要的,张謇是创业团队的精神领袖。商人追求的主要是利润,他们也并非不关注家国大事,但是他们的识见远远不够,所以,张謇不仅向他们提供行动动力,而且也向他们注入精神因素,这就是企业与国家命运的关联。像张謇这样没有商业经历,没有资金,却能够成为一个创业团队的领袖的,不仅仅在那个时代有意义,而且具有更为长远的意义。

(三) 招股集资

大生创办之难,难在集资。南通当地的股东大部分是旧式商人,开布庄,销土布,资本不大,因此,难以大规模投资。上海的董事中虽然有买办和富商,资本远较通董雄厚,但是,对于通州地面情况了解有限,加上当时市场状况起伏不定,又顾虑于官方对企业的态度,因此,长期徘徊不前,乃至最后大部分退出。实际上,张謇最不应该做,也最没有能力做的事情就是集资,他本人没有资本,与拥有巨资的商人也缺少来往。当时,企业创办虽然千头万绪,但资本不落实,一切无从谈起。张謇实际上兼起了集资的责任,他的招股集资不同于当年唐廷枢、徐润创办轮船招商局,因为唐徐本身就是殷实商人,所以,他们携巨资加入招商局,等于大旗一树,四方响应,所需资本短时间即募集到位。张謇在商界没有任何影响,自己又没有资本投入,要说服这些商人投资谈何容易。因此,他的招股集资过程艰难困苦,一波三折。他只能零打碎敲地收集社会上的散资,加上从官府借调一些资金。大生纱厂最大的投资还是官府的设备投资,这笔投资当然来自张謇的活动。

(四) 确定模式

大生纱厂最终以"绅领商办"之名的民营股份制模式创立,这是张謇经过自觉考虑选择确定的。这个模式为大生纱厂的长远发展提供了一个坚实的基础。

第十二章 大生企业创办

当时的中国,缺乏商业领袖人才。当时北洋李鸿章筹办上海华盛织布局,创立过程长达十年,屡屡换人,最终没有成功,可见当时经营人才的缺乏。大生纱厂早期选择的商办模式由于股东犹犹豫豫,缺乏魄力,长期徘徊,也不得不更换思路。

官方的设备无用,风吹雨淋几年,恰好张謇资金难筹,也是一个机会,但是既然官方有设备投入,纱厂也就转为官商合办了。不过,对于张謇,这只是一个权宜之计,主要是利用官方的能力,完成集资的目标。虽然最终利用官方集资的目的没有成功,但是这也给了张謇一个把企业转为民办的机会,为保持民办的身份,又不使官方的资本落空,张謇想出了"绅领商办"的说法。一方面,张謇确立了自己官商相通的身份,同时保留了企业的民营性质,为官方的干扰设置了防火墙。这一点为企业的长久发展提供了基本保障。另一方面,张謇官商之间的身份,也可以弥补商办企业能力不足的缺陷。这个模式的确立是具有创造性的。

(五)学习模仿

从张謇的经历看,他不仅缺乏企业运营知识,甚至连基本的西学知识都很缺乏,但是他创办企业虽然历经磨难,一旦投产,企业运转却很顺利。看他写的章程和厂约等文件,显示出他对企业运行知识的深入掌握。毫无疑问,创业股东能够从不同角度向他提供企业创办的基本常识。读了《纺工说明书》后序之后我们才知道,在创办企业过程中,张謇不仅汲汲于集资,也博访周咨,广泛学习企业经营管理知识。这在那个时代并不容易,"外人之厂,秘密尤甚,中人之厂即不尽秘密,而亦不能逐事物而陈得失。独常州盛君荔孙遇有咨访,必具首位见告"[1]。因此,后来张謇成功后,也对外人慷慨相助,传授知识。张謇就是从这些学习中掌握了近代纺织企业的知识,随后,这些知识在实践中获得了检验和推广。可以说,张謇的学习能力对于他掌握现代企业的管理和经营知识,起到了重要的作用。

四、张謇的创业团队和管理团队

(一)创业团队的成员和早期关系

创业时期有上海和南通两拨人马,主要是以南通股东为主。无论是创业还是纱厂投产后的管理,张謇主要是依靠南通海州商人。其中沈敬夫、高清、蒋锡坤等人是早期主要的股东,大生纱厂投产后,成为了管理团队的主要成员。就商业知识而言,张謇需要向他们学习,无论早期创业还是后期经营,张謇从他们身上获益甚多。但是作为一个团队,这些不同成员的作用各不相同。

---

[1] 《张謇全集》,第三卷,117页。

沈敬夫，名燮均，南通人，早年读书，曾考中秀才，因主客观因素限制，不得已弃学从商，成为通海著名布商。沈敬夫为人耿直，曾为拨贡名额和减少厘捐据理抗争，在学子和商人中均有很高人望。沈敬夫与张謇认识颇早，在19世纪80年代时，就为了减税问题，联手向官府求告。

在大生创办过程中，沈敬夫是最早的创业股东，起到了中流砥柱的作用，长达五年时间的创办过程中，他始终锲而不舍，对张謇鼎力支持。他贡献的不仅是金钱，在关键时刻也对张謇起到了精神支持的作用。在投产前的最后阶段，面对困局，张謇都心灰意冷，准备放弃。沈敬夫把张謇从上海请回南通，与他商议，采用了"尽花纺纱，卖纱收花，更续自转"这种循环方式，开始了企业经营，终于使大生纱厂起死回生，顺利成长。纱厂投产后，沈敬夫负责进出货，忠于职守，尽心尽责，张謇称其"忠勇"，给予他极高评价。

可以说，沈敬夫几乎是大生纱厂创办过程中唯一一个毫不动摇、奋勇进取的人。尤其在关键时刻，他在资金和精神上支持张謇，所以，大生纱厂的创办，张謇为首功，沈敬夫即为次功，功不可没。

由于沈敬夫是读书人出身，这也是他与张謇相契的原因，虽然后来从商，但是对教育事业还是情有独钟。因此，在沈敬夫离开大生两年后，张謇创立南通师范学校时，沈先生依然慷慨捐助。

木材商高清，祖籍江西，其父在江淮一带从事木材生意，落户南通。高清七岁入私塾读书，13岁放弃学业，后来从事木材生意。他参加张謇的创业团队较沈敬夫稍晚，是1896年，这一年一些创业股东知难而退，恰在如此困难之时，高清加入，并且此后与张謇长期合作，成为主要的管理团队成员。1907年，他回顾创业和管理历程时，说过如下一段话："清自光绪二十二年七月间承总理张季直先生嘱以厂工程事，初随沈、蒋二君赴省订领官机，既而专管建筑行栈、厂屋等事，旋任装机、招工、纺纱，及至续增新厂，所有添备机车、锅炉、电机、灭火机、保险等事，亦清承乏。先后共开纱锭四万八百，历时十载。"这段话概括了他在创业和企业投产后的管理中所起的作用，张謇评价他长于谋虑。可见他善于思考，在管理团队中负责生产。由于设备老旧，故障颇多，又由于技术人才缺乏，主要依靠洋工程师，所以培养人的问题非常迫切。面对这些困难，高清善于协调，保证了生产逐次展开，渐入佳境。

蒋锡坤系典当行出身，在管理团队中负责银钱出入，实际上就是财务部门的负责人，一直到张謇的三哥加入管理团队，蒋锡坤才退出，随后于1904年去世。张謇亲自写墓表，寄托哀思。

大生纱厂的创业团队和早期管理团队的骨干虽然来自各个行业，分析起来，他们还是有某些共同特点。

首先,这些创业者主要是通海本地商人,由于共同的地缘关系,他们有相同的背景和对家乡的情感。其次,这些创业者都有读书求学的背景,在发财致富之后,一直对于发展地方教育事业有着深厚的情结。

(二)创业团队向管理团队的转变

通海的创业股东随着大生纱厂的投产,转入管理,所以,早期的创业团队也是管理团队。但是,投产两年后,这个创业团队就开始有人退出,随后十年,早期管理团队的成员或离世或退出,到新时代开始时,原来的创始成员已经不多。

守业不同于创业。首先,除了张謇,这些创业者本来都是有自己产业的商人,创业时候,虽然艰难,但是他们还是可以分出精力经营自己的产业。而一旦企业投入运营,管理者需要持续地投入精力和时间,这样自己原来的产业就受到了影响。第二,创业者的地位是平等的,但是在企业管理中,出现了等级差别,需要有命令和服从,主要工作方式不再是商议,这种转变的冲击是巨大的,没有充分思想准备则是难以接受的。

创业团队向管理团队的转变过程在大生投产后不久就开始了,而这个转变的标志性事件就是沈敬夫的退出和张詧的加入。张謇有一个评价,说他的成功依靠一友一兄,这个友就是沈敬夫,这个兄就是张詧。

(三)创业团队的解散

随着张謇的三兄张詧加入管理团队,管理团队形成了张家兄弟主持内外工作的格局。

第一个退出管理团队的成员是创业时的中流砥柱沈敬夫。他的退出原因复杂,首先是与张謇在一些问题上发生争论,资料披露的这些争论都是细节问题,但是似乎严重影响了沈敬夫与张謇的关系,此后甚至有与张謇绝交的举动。虽然如此,张謇对沈敬夫的评价甚高,而且这种评论一直保持不变,只是认为沈敬夫的气量不足。据说沈敬夫退出管理团队的直接原因是与负责考工的高清发生激烈争执,愤而挂冠而去。

1904年,蒋锡坤去逝,这时候张詧已经接替了蒋锡坤的银钱董事职位,成为大生纱厂的实际财务负责人。随后,1907年负责考工的高清也退出了管理团队,管理团队的转换基本上完成。

张詧是管理团队替代创业团队的代表性人物。张詧是张謇的兄长,曾任县官,并且与张謇同为吴长庆幕僚,有一些行政管理经验。在大生纱厂开工运行一段时间后,企业进入了稳定的发展时期。张謇劝说张詧辞去政府低层职务,回到南通任大生纱厂的运营负责人,并且与张謇形成了内外分工,张謇主外,张詧主内。不仅在大生纱厂是这个格局,此后大生企业系统乃至整个南通的教育、社会服务等体系都是这个格局的放大。其实,这已经形成了典型的家族式格局,但是,因为张謇贡献的社会性和公益性,因此,无论当时还是此后,人们都不这样评价张謇的团队。

几乎每一个企业都存在创业团队与管理团队的转换问题,大生纱厂创业团队与管理团队的转换只是一个个例,从性质上或者进程上没有什么特殊性,有创业功臣的被冷落,有新人员的进入,有争执,有矛盾。例如,在公事房等建设上,沈敬夫考虑的是降低成本,张謇则更多是考虑享受成果。比较起来,沈敬夫更有道理,但是张謇作为企业的主持人,自然占据了强势地位,最终是沈敬夫服从了张謇。这些做法肯定会导致创业者之间关系的恶化,最终导致创业团队成员淡出企业。

张謇毕竟是有很高修养的人,这些问题的处理也基本上符合君子不为已甚者的古训,他为创业者退出准备了一些条件。张謇个人也尽可能与这些退出的人保持良好的关系,以平和的心态对待这些创业功臣。应该说,大生早期以创业者为主的管理团队的解散既有客观因素,也有主观因素,从管理学的角度,有进一步解剖的价值。

五、大生企业的市场策略

纱厂的销路取决于布匹,而南通的官庄布本身就有很大的市场,因此大生实际上是以南通的布匹制造者为销售对象的。张謇曾经说过,南通是一个大工厂,大生只是布厂的一个纺纱车间。这样,就把传统的资源与新式的制造结合起来,这使大生纱厂辗转投产后,立刻就进入了顺风顺水的发展之中。这个过程对于今天的人们依然具有极大的启发性。

从价值链的角度看,当初张謇等人创业时以纺纱为主是一个正确的选择。按照当时的技术和条件,纺织行业创业也有多种不同的方案,或者是纺纱,或者是织布,或者是印染,或者是纺织并行,但是他们选择了纺纱。从南通的区位产业结构看,这是一个正确的选择。南通自古产棉,棉花质量高,当地民间的纺纱织布业均极为发达,官庄布在市场上口碑好,由于当地商人的推广,这些土布在全国有很大的影响。大生纱厂投产,占据的是纺织行业产业链的上端,向当地提供了质量优良的棉纱,这些棉纱是当地织布的原料。工业化的棉纱生产提高了质量,降低了成本,这样,实际上使南通织布行业在原来名声的基础上,获得了质量和成本双改进,加强了区域产品的竞争力。这样,一方面纱厂的产品有了一个稳定而广阔的销路,另一方面,也推进了南通地方经济的发展,尤其是加强了当地优势产业的竞争力。大生纱厂的产品获得广阔的市场,主要是迎合了当地的产业结构,因此,大生纱厂的案例是现代企业与传统产业结构相结合的一个典型成功案例,在企业战略和市场营销上具有极高的研究价值。

六、张謇的心路历程

创办大生纱厂的过程艰苦困顿,多次到了绝境又转危为安,最终把一件似乎不能办成之事办成,张謇百折不挠的精神品质起到了决定性的作用。但是,就张謇本人而言,在这一过程中经受的心理考验,远不是一般人能够想象的。因此,探索他创办企业的心理过程对于理解企业家的心理具有典型意义。

(一)创业动机

对张謇参与企业创办的动机有很多讨论,他受到的教育使他有古典士大夫的家国情怀,在国家危难之时,挺身而出,为国分忧,这是士大夫的职责。当然,在外侮加剧,国家危难之时,倾自己绵薄之力,挽救危局,这些也具有了近代知识分子的特征。这两点应该是张謇毅然加入企业创办工作的主要动机。在谈到企业创办过程时,张謇反复强调这一点。有些论者认为张謇创办企业是受利润动机支配,这不符合事实,也与他的处境不相协调。张謇状元之身,在籍京官,本来有很好的仕途前景,完全不用创办企业。尤其是在创办企业过程中饱经艰困、流言,他能够坚持下来,古典士大夫的家国抱负起到了绝大的支撑作用。创立一个企业未必一定要在利润动机支配下完成,大生纱厂提供了一个范例。

(二)心理冲突

虽然张謇在先天下之忧的动机下毅然参与企业创办,但是他所受的教育终究是把创办企业这种"从商"视为一种低等的活动,加上企业创办过程中,不得不与各色人等打交道,这是与张謇性格不合的事情,由此,也带给他内心巨大的冲突。

首先就是创办经营企业与为官仕宦的正途之间的比较所带来的心理冲突。本来作为一个刚刚大魁天下,官场上前程似锦的士大夫,突然转入了工商活动,从在朝堂上指点江山,转到了市肆上锱铢必较,这种处境所导致的内心痛苦是巨大的。他把从事企业创立的活动称为"以身饲虎",这是一个形象的比喻。他在致南洋大臣刘坤一的信中说过:"謇则固有罪矣。儒而谋商,嫠人而任数十万之事,不量而屡犯人之所恶闻,三者皆背于道。知其背道则当戒,戒则当退。"[①]虽然近牢骚之言,但也是其在传统意识形态下的一个客观评价。张謇知道,虽然自己的动机高尚,但是每日从事的终究是求田问舍、孜孜于利的活动,在旧时代他的同仁中,被视为不入流,这种内心冲突是可以想见的。

---

① 《为纱厂致南洋刘督部函》,《张謇全集》,第三卷,江苏古籍出版社,17页。

其次,就是为了企业创办不得不与各色人等打交道,这是张謇所不愿意的。他自述说,平生不愿意与富人为友,也不愿意与地位更高的人接触。张謇出身微寒,虽然高中状元之后,社会地位有了巨大改变,但是,他自认为这是个人奋斗的结果,因此,内心养成一种孤傲之气,也是势所必然。不愿与那些争名于朝、争利于市的官僚商人打交道,这是他知识分子的孤傲之气使然。但是,为了创办企业,他不得不天天往来于这些人之间,虚与委蛇,这也导致了他内心的痛苦。

(三)心理品质的锤炼和发展

张謇是一个知识渊博、内心丰富、外表平和、性情刚烈的人,性格上有偏激和不平衡的特点。创办企业的过程使他的性格特点和心理品质受到了多方面的锤炼,形成了更为丰富和更为平衡的人格特征。

首先,在企业创办过程中,使他对人性的理解更为深刻。商人在利益面前的斤斤计较,官员在危难面前的畏葸不前,这些人的所作所为,让张謇失望,甚至愤懑。但是,恰好是这些使张謇不得不依靠一己之力,独立支撑,锻炼了他临危不惧、迎难而上的意志品质。

同时,张謇对那些迟疑的股东,临阵而逃的官员,丢掉了官场上的圆滑,横眉立目,敢怒敢言。看他的书信,指斥潘鹤琴和郭茂之,痛责盛宣怀,甚至讥讽刘坤一等,从商人到下层官员一直到封疆大吏,只要是临阵畏缩,他就不留情面,酣畅淋漓地予以批评,正是这种坦荡,使他挺过艰难困苦,最终成就伟业。

第十三章
清末中国铁路失败与企业精神发展的迟滞及不平衡的关系

铁路建设是清末中国企业乃至政治、经济发展的一个缩影,集中反映了当时中国多方面的矛盾,把社会经济发展中的各项问题暴露无遗,并最终导致了清王朝的覆灭。其实,从开始提出建设铁路,铁路就不单纯是一个企业问题,甚至也不仅是经济问题,而是涉及晚清社会的方方面面。本章从企业精神发展的角度观察铁路建设,力图从这个特殊的视角对铁路的研究提供一个补充性的认知,同时也从铁路发展的视角对中国企业精神的发展提供一个检验。

一、概述

按照本书提供的概念体系,企业精神由不同的要素构成,其中企业家、投资者、管理者和员工分别提供了不同的精神要素,这些要素共同构成了企业精神。企业精神的成长是这些精神要素相互作用和相互推动的。对本书的研究而言,环境对企业精神的推动和限制是更为主要的,虽然企业也对环境的转化和变换产生影响。

本书在前面各个章节中,已经展示了中国近代企业精神发展的一个粗略图景:中国近代企业精神起源于19世纪六七十年代,在19世纪七八十年代,企业发展经历了一个短暂的黄金时期后转入了低潮,这两个阶段可以概括在官督商办的概念下。但是,早期阶段(19世纪70年代)是"商办"为主,这个阶段中国企业发展催化了企业家精神和投资者权利意识的觉醒;在短暂的辉煌之后,很快就转入了官督商办中的"官督"为主的阶段,企业精神发展在企业家成长、投资者保护等方面受到了多方面的压制,这严重迟滞和拖延了中国企业主体的发展。这种状况,在《马关条约》签订之后,尤其是1902年之后才开始改变,出现了企业发展的一个高潮。清政府也开始提供激励性的政策,中央政府政策的调整,为企业发展提供了正向的刺激。清政府主动开始的大规模建设中,最重要的投资项目就是铁路。清政府虽决心修建铁路,但发现面临着一系列资源限制。首要的是资金问题。本来集资是一个成熟的方式,但是,一方面,长期对民间投资的压制使民间缺乏投资的动力,尤其缺乏对政府的信任,社会缺乏发展股份经济的信用环境。另一方面,缺乏有号召力和足够能力的企业家群体,没有堪当大任的企业家,官方和民间都无法对铁路发展提供有效的资源。在这种情况下,加上主事者恣意妄为,把个体或者小集团利益置于公众和国家利益之上,最终导致了王朝灭亡的悲剧结局。

中国清末铁路发展经历了一个曲折的过程,中间屡受挫折。除了早期创立的轮船招商局和开平煤矿,因为得人较为顺利,其后,无论是汉阳铁厂、上海机器织布局等都是一波三折。至于早期的技术和管理,主要是依靠西方人员,如果对这些人员的遴选和控制无法有效进行,也将影响企业的发展。

中国早期的铁路建设,主要是西方势力和清政府之间的较量,民间的投资者和管理者一直处于一个非常边缘的位置。只是在清末修建粤汉铁路时,民间力量有过强力介入,但是对民间意愿和能力的忽视,引发了强烈的愤怒,导致社会情绪从经济领域转向了政治领域,这段历史教训值得总结。但是这个题目超出了本书研究的范围,本章只在与企业家和企业相关的范围内处理相关的资料。

从19世纪60年代马尾船厂和江南制造局开始,尤其是从1872年轮船招商局创立开始,中国企业发展经历了半个世纪仍然没有积累起合格的企业家群体,没有解除投资者的重重顾虑,简言之,没有形成企业精神。人们看到了政府为了完成相应的目标坚定推行国有化,看到了保路运动愤怒的社会情绪,看到了激烈冲撞导致的严重后果,但是在这个现象和后果背后是不是有更为深层次的原因?从经济史和企业史的角度,探究失败的根本原因,这是本章的基本意图,因而本章也是全书最具理论和历史野心的一个部分。

二、背景

虽然人们通常认为工业革命发生在纺织领域,但是铁路对经济发展和日常生活的革命性影响远远超出了纺织业。

铁路是西方事物,在中国最早提出修建铁路的也是西方商人。鸦片战争打开了中国的门户,但是西方商品在中国的销售并不顺利,反而是中国的丝茶出口一直在增加,西方无法平衡进出口,因此打开中国内地市场成为当时外国商人尤其是英国商人的迫切需要。他们在总结对华贸易时认为,税收、交通等是阻碍贸易发展的主要问题。因此,他们一方面敦促本国政府向中国施加压力,迫使中国政府减税减厘,另一方面则一直在探索改善中国内地交通的方法,除了轮船之外,他们认为在中国修建铁路是打开产品销路,实现贸易平衡的重要方式。于是,他们一方面进行勘探和计划,为修建铁路进行准备,另一方面则要求本国政府与中国谈判,谋求中国政府的理解和支持。

第十三章 清末中国铁路失败与企业精神发展的迟滞及不平衡的关系

另外,铁路建设也被视为资本必不可少的出路①。但是,早期的铁路修建建议,在中国一直受到多方面的反对。

三、早期的尝试和阻力

铁路、电报的修建同为西方提出,总理各国事务衙门在同治六年换约前提醒各督抚,掌握各国动向,预为防备,并请各位将军和封疆大吏寻找对策。这时候政府内部一致反对修建铁路,理由大都是"失我险阻,害我田庐,碍我风水"之类。

毫无疑问,中国政府官员、一般百姓和知识分子对西方人提出来的问题,有天然的抵触情绪。这源于西方商人给中国民众留下的"刻板印象":西方人一定会通过损害中国来满足他们的利益。中国给他们丝茶,他们给中国鸦片,中国出口棉花,他们输入洋布,前者直接损害国家和百姓利益,后者则破坏中国的生产结构,减少乡民的收入。即使是发展轮船,也导致传统的沙船业衰落,所以时论认为,西方所提要求,都是不符合中国利益的。

除了利益之外,西方事物往往与中国传统的家族观念和风水观念相冲突。虽然今天风水观念在中国的民间依然有流行,但是,已与19世纪时不同。19世纪时,西方的电线、铁路横冲直撞,人们认为有碍风水,风起云涌地发起了抵抗运动。

(一)清政府关于铁路建设的第一次讨论

1861年(咸丰十年),清政府在第二次鸦片战争失败后,为了加强对外联系,组建了总理各国事务衙门,以处理对外关系,简称为总署。

1865年初(同治四年),总署致信各口通商大臣、将军和各省督抚,指明各国使臣迭次提及铁路电报,"均经本衙门理阻,各在案"。因为这些措施对中国不利,电线(电报)设立后,西方利用,信息传递远迅于中国驿马,则"办事备形掣肘",而铁路之设,使外国人"可任便往来","于大局更有关系"。总署态度明确,要求各大臣、将军和督抚,遵照总署做法,严辞拒绝,"以弭衅端而杜后患"②。

在这封信中,总理衙门态度坚决,并非商询,因此接到信函的衮衮诸公纷纷表态,将按照总署要求严词拒绝国外各方设立铁路、电报的请求。不过,各地方说法各不相同,可见其中的认识差异。

如江西巡抚沈葆桢回函说:铁路会带来巨大的危害,从民间看是损坏庐墓,从国家看是毁害山川,自应拒绝。好在"执事定识定力,确乎不摇",使外国人不敢贸

---

① "商界的主要野心是想使中国进入铁路时代,一半是为了投资场所,一半是为了深入内地市场。"(《中国通与英国外交部》,134 页)

② 《总理衙门档案》,宓汝成:《近代中国铁路史资料》,上册,文海出版社,20 页。

然提议。

江苏巡抚回复说:我以往接触过这种事情,"兹承函示,遵即转敕所属",量外国知道中国官方态度坚决,不敢再提。

两广总督毛鸿宾回复总署,火车疾驰如飞,"占人田业,毁人庐墓,沿途骚扰,苦累无穷",且火车一通,则车马之路断绝,使商民交困。另外,这种惊世骇俗的怪物一旦出现,则授人口实,潜伏民间的匪徒,"乘机煽动,作梗生端"。还有一点,修建铁路"需用百万巨项,岂不徒事虚糜","现已遵照钧示,密敕所属,随时体察,实力阻止"。

可见,在19世纪60年代中叶,清政府的主要官员对铁路的认识有限,心怀忌惮,反对修建。

(二) 第二次关于铁路的讨论

1865年(同治四年),总税务司赫德提出了《局外旁观论》,认为中国应该学习西方,"凡有外国可教之善法,应学应办,即如铸银钱,以便民用,做轮车以利人行,造船以便涉险,电机以速通信"①。

总理各国事务衙门在综合这些外国意见后认为,虽然是外国设议,中国实行,也是一个可以参考的做法。随之,清廷发布上谕,认为上述外国人所提方案,虽然难以实行,但是沿江沿海督抚重臣必须了解实情,有所准备,因此,由各位指名大臣"各就该处情形,亟早筹维"②。

这次发动督抚大臣讨论铁路问题,虽然距上次总署发动讨论仅一年多,但是这次是上谕布置,要求指名大臣密折速奏,重视程度已经到了最高级。同时,上谕与总署之前的态度也不相同,上次总署态度决绝,不容商议,这次上谕要求畅所欲言,态度为商询,要求各位官员"通盘大局,或目前即可设施,或陆续斟酌办理,或各处均属阻滞断不可行,条分缕析,悉心妥议"③。

这次讨论中,各位大臣的意见与上次大致相同,只有左宗棠认为造船与造车的技术相互推演,既然中国可以造船,当然也可以造车,态度较为开明④。

(三) 第三次讨论

1867年(同治六年),次年面临修约,各国将与清政府重新续约。总署上奏,提

---

① 《筹办夷务始末》(同治朝),40卷,20页。
② 宓汝成:《近代中国铁路史资料》,上册,文海出版社,15-16页。
③ 宓汝成:《近代中国铁路史资料》,上册,文海出版社,15-16页。
④ 据贾熟村《北洋军阀时期的交通系》一书,此时李鸿章、沈葆桢等大臣的态度已经发生了变化,不知所据。目前没见到这次讨论中李鸿章的回复,但是,一年以后的李鸿章还在反对建设铁路,可见此时李鸿章态度尚未变化。

第十三章 清末中国铁路失败与企业精神发展的迟滞及不平衡的关系

出预案认为,根据这些年与洋人打交道的经验,这些人"深险狡黠,遇事矫执",条约中明确的条款,"彼必曲其说",条约中不完善的地方,这群洋人一定会得寸进尺,于条约"未载者,更为增添",他们肯定会提铁路、电报、盐斤以及内河航运之事①。随后总署又提上奏,认为修约之时,洋人处心积虑,所求甚多,并且态度强硬,"志在必遂",如果不允,"彼必互相要约,群起交争,甚至各带兵船,希冀胁制,务满所欲,若不允准,无难立起衅端"。总署认为各处将军督抚,"懋膺朝廷股肱,心膂重寄,经理有年,一切情形,无不阅历,当此重订条约,凡彼所觊觎要挟,为我所必争者,谅亦思虑至熟",当此危难之际,应该"互相询谋"②。

与前两次将军、督抚的讨论不同,这次讨论对铁路修建已经有了明确的支持意见。沈葆桢回复:"秦筑长城,当时以为殃,后世赖之;铜钱、铁路,如其有成,亦中国将来之利也。且为工甚钜,目前亦颇便贫民。"沈葆桢也认为,铁路修建会破坏庐墓,必在民间引发争端,不过他说西方人聪明,一定能够找到不破坏庐墓的方法,如果这样,朝廷"便当曲许,否则断难准行"③。

曾国藩从经济角度认为铁路会与民争利,不可实行,但是机器挖煤可以借外国设备,兴中国之利,可以试办④。另外,刘坤一、崇厚、李鸿章基于不同理由,均不同意办理铁路。

这次距第一场讨论才两年时间,总体上虽然是反对意见为主,但是赞成的意见已经出现,说明疆臣对这个问题的思考是在发展的。

(四)早期枢臣、疆臣对铁路讨论的小结

从这些讨论可以看到,铁路的发展从一开始就是与西方紧密联系在一起的。西方极力推介铁路、电报,但是中国对西方抱有戒心,官方认为西方会通过铁路、电报使中国门户洞开,失去防卫能力;而民间认为其破坏风水土地。显然,这种对立不仅是认识的差异,也存在内在的利益冲突。

而西方对铁路、电报和煤矿的认识虽高于中国一般官员和知识分子,但是他们更多是出于自身的利益:第一,这些项目有很高的投资价值;第二,铁路、电报的敷设有利于外国商品推销。

中国的疆臣和枢臣,早期几乎一致反对铁路、电报,主要是从传统观念角度考虑的,当然也包括对洋人意图的防备和对于主权的顾及等。随着对铁路、电报社会

---

① 同治六年五月十八日上奏,见宓汝成:《近代中国铁路史资料》,上册,文海出版社,21页。
② 同治六年九月十五日上奏,见宓汝成:《近代中国铁路史资料》,上册,文海出版社,22页。
③ 《总理船政沈葆桢条说》,宓汝成:《近代中国铁路史资料》,上册,文海出版社,23页。
④ 《两江总督曾国藩奏折》,宓汝成:《近代中国铁路史资料》,上册,文海出版社,24页。

经济价值的认知,才开始逐步接受这些事物。中国铁路的早期发展就是在这种认识的对立和不同利益的博弈中展开的。随着中国发展铁路决心的形成,西方不仅在技术上,而且在资金和组织上主导了中国铁路的发展,这主要是因为中国一直没有形成一个有能力的企业家阶层,无力在铁路建设中承担起相应的责任。尽管封疆大吏早就对西方意图有警惕,因为没有资金和组织能力,铁路建设最后却不得不依靠西方,由此可见企业家的重要性。

四、清政府对铁路态度的转变

清政府对铁路的态度转变有一个过程,推动这个转变的主要因素包括:第一,铁路知识的普及;第二,对铁路军事作用的认识;第三,对铁路商业作用的认识。其中最后一点主要是在民间发展的,但是对推动政府政策的转变起到了作用。

1874 年日本进犯台湾,清政府开始采取行政和军事措施加以保卫。丁日昌以福建巡抚兼任台湾学政,到台湾后修筑了电报线路,同时也提出了修建铁路的建议。丁日昌早就究心于洋务和技术,对于西方的产品和技术了然于心,而台湾孤悬海外,守备困难,修筑电报、铁路便于调兵遣将,因此他提出了修建铁路的建议。恰好此时内地拆毁吴淞铁路,他主张移设备到台湾,获得批准,但因为资金无法解决,最终只得放弃。丁日昌第一次从军事上提出了铁路修建的理由,被曾鹏化称为"修筑铁路见诸章奏者,亦以此为其第一声焉"①。随后,刘铭传从防备的角度,于1880年提出了修建铁路的建议。这是封疆大吏专折上奏铁路建设的第一个折子。朝廷内依然一片反对之声,但这时李鸿章已经转变态度,对铁路修建抱有热情。封疆大吏从国防安全的角度提出了修建铁路可以防止西方的侵略,同时便于自己在饷源不足的情况下,精兵简政,从而扩充防御范围。这次讨论虽然引起高层的重视,但是,"迭据廷臣陈奏,佥以铁路断不宜开,不为无见。刘铭传所奏,著无庸议"②。这次讨论又被搁置。

但是,时代一直向前,李鸿章已经悄悄在开平煤矿修建了一条铁路,效果很好。1884 年,亦谭出任中枢大臣,取代执政 20 余年的奕䜣,铁路政策从此也发生了一个重要变化。清政府从谨慎拒绝,开始走向肯定,并试图办理③。不过因为组织能力不足,所以虽然有了主观愿望,还是没有采取实际行动,直到甲午战败,中国才真正

---

① 曾鹏化:《中国铁路史》,33 页。
② 《清德宗实录》,184 卷。
③ 朱浒. 甲午战争以前清政府的铁路政策[J]. 清史研究,1999(2):71-78.

第十三章 清末中国铁路失败与企业精神发展的迟滞及不平衡的关系

走向了大规模铁路建设的时代①。

五、西方在华修建铁路的意图和实践

(一) 斯普莱计划和八莫路

作为工业革命和铁路的发源地,英国是最早关注中国铁路建设的国家。他们认为,铁路作为一个工具,是打开封闭的中国市场必不可少的。建设铁路有两个好处:第一,铁路建设是资本最好的出路;第二,通过铁路可以打开英国商人们梦寐以求的中国内地市场。在对中国投资铁路的各项建议中,斯普莱计划(Sprye plan)最为著名。

斯普莱是一位曾经在印度军中服役的上尉军官,1858年,理查·斯普莱致信当时的英国外交大臣玛尔梅斯伯利勋爵,建议修建一条由缅甸仰光到中国云南思茅的铁路。他的建议主要是针对俄国、美国来自中国东北和太平洋的贸易竞争。这封信受到当时外交大臣的驳斥,但是斯普莱又通过长信阐述了自己的看法,他强调这条铁路在军事上和商业上的重要性,并且还印发了一个小册子,寻求更多的公众支持。果然,他的建议得到了英国商人和公众的理解和支持。

英国新任外交大臣依然不以为然,把斯普莱计划做了一个摘录,并加以评论:"斯普莱大尉是一个幻想家,耽于最荒唐的想象,耗费了大量公文纸张——虽然他的计划带来一定程度的趣味,但是不能实行。"②

印度的英国殖民政府看到斯普莱计划后,告知英国外交部,认为斯普莱计划不切实际,他们有另外一条建议,修建八莫路,即从印度八莫经孟缅至中国大理的铁路,时为1862年。

1866年,英国利物浦的商人以与法国在安南竞争为由,重提斯普莱计划。与英国国内商人的看法不同,在华的英国商人更看重八莫路,因为他们认为斯普莱路线会与海运形成竞争。1867年,英国政府组建调查团,对拟议中的两条路加以勘探。根据相关的资料,到1870年对斯普莱计划的各个建议文件已经有60多个,主

---

① 关于清政府对铁路态度的转变,李守孔在《盛宣怀与清季铁路建设》一文中,有一个简单的介绍:"先是同治年间,各国纷纷请在华修筑铁路,因风气不开,反对者众,未能实现。及台湾事件发生,少数疆吏始知铁路之不可缓……中法战后,国人深受刺激,观念日渐改变。光绪十三年(1887年)二月,海军衙门请准兴筑津沽铁路,北与唐胥铁路相接。"主管海军衙门大臣醇亲王奕譞原为保守派领袖,竟然上奏支持铁路修建。"甲午战后,中国朝野上下始知铁路之利,反对之声已告匿迹。"(《传记文学》第十四卷第五期,70-74页,转引自《中华民国史实纪要》,1111-1116页)这里把清政府态度转变过程清晰简洁地做了交代。从刚开始一致反对,到支持意见出现(台湾事变),到支持意见成为主流(中法战争),到政府态度彻底转变(中日甲午战争)。

② 英国外交部档案 No. 17, Vol. 470,1858-11-17,转引自《中国通与英国外交部》,141页。

要目标是让英国政府采取强力措施施压,以打开中国市场。但是英国政府认为,英国商人在鸦片战争20年后贸易没有实质增长是中国的产业结构决定的,不能指望通过继续向中国政府施加压力来实现商业目标。因此,这两条路线长期没有实质进展。

对于这些争论,中国很少有人知道①。

(二)其他铁路计划

1865年(同治四年),杜阑德在北京修建了一条铁路,用人推车,"迅疾如飞,京师人惊诧所未闻,骇为妖物,举国若狂,几致大变"②。随后该路被拆毁。

1872年(同治十一年),天津绕租界修筑铁路一条,天津道参加了通车典礼,还乘坐了火车,表示赞赏,随后致书英国领事,赠名"利用",被采用③。

英国商人曾拟议修建一条铁路送给中国皇帝,作为结婚礼物。这应该是最早的铁路公关促销案。当时英国商人为这个计划感到骄傲,觉得这一计划一旦实施,肯定会取得巨大成功,于是让威妥玛试探清政府口风,结果被婉拒④。

(三)吴淞铁路

第一条铁路终究还是修建了起来,出自外国人之手。1872年由美国人布拉特福(Oliver B. Bradford)发起,希望在上海修建沿海港到租界之间的铁路,以解决运输问题。这面临着实质性的障碍:第一,中美1868年条约中,美国明确声明不修筑铁路;第二,中国多次声明,修建铁路是中国的主权⑤。同时,这位美国人并没有资金实力完成这个规划,不过他很快说服了英国社团的商人们,于是组建了吴淞道路公司(Woosung Road Company)。这是为了购地组建的公司,随后改为吴淞电车公司(Woosung Tramway Company)。这个外国公司居然买通上海道台,购买了需要的土地,1873年宣布土地购买完成,1874年则根据英国的公司法组建了吴淞铁路有限公司,资本额10万英镑,总部设在伦敦。这家公司接收原来吴淞电车公司的权利,增购土地,委托怡和洋行代理在中国的铁路业务,1876年1月开始动工兴建,1876年6月底建成通车⑥。中国第一条实质性的铁路诞生了。

---

① 按照曾鹏化《中国铁路史》与肯特《中国铁路发展史》中提供的资料,1864年(同治三年)英国铁路大家斯蒂文森受怡和洋行东邀请,曾来华研究中国铁路规划,并提出了以汉口为中心,修建达上海、北京、广州和经四川达印度的四条铁路的计划,郭嵩焘在光绪三年从英国致信李鸿章介绍这个计划,并称在国内时,在上海格致书院见过这个计划,不过,这个计划的资料都是间接的。
② 李岳瑞:《春冰室野乘》,204页。
③ 《申报》,同治十一年八月二十八日。
④ 波尔考维茨:《中国通与英国外交部》,134-135页,参考《申报》,1873年8月30日。
⑤ 泰勒·丹涅特:《美国人在东亚》,宓汝成:《近代中国铁路史资料》,上册,文海出版社,35页。
⑥ 英国领事商务报告,见宓汝成:《近代中国铁路史资料》,上册,文海出版社,37页。

第十三章 清末中国铁路失败与企业精神发展的迟滞及不平衡的关系

吴淞铁路是窄轨铁路,但是设施是按照正规铁路建设的。初期运行情况良好,七、八两个月的旅客共16 894人。因故停运了一段时间,12月份重新开运,旅客是17 527人,其中游客3 000人,其余应该为商务旅客。根据这些数据,公司对未来的营业抱有信心,他们认为,虽然中国不具备大规模的铁路建设条件,但是吴淞铁路的建设具有示范作用。长江中下游平原具有建设铁路的自然条件,同时该地区经济发达,但是中国缺乏必要的铁路技术、管理和经营人才,同时官府的观念保守,因此短期内并没有大规模铁路建设的可能性[①]。

确实,铁路建设如同电报一样,在建设过程中不仅要冲破官府的阻力,而且面临民间的很多阻力。吴淞铁路从筹办开始,从地方政府到总理各国事务衙门纷纷出动力图阻止。先是上海道冯焌光照会英国领事麦华佗,明确指出,未经批准,修筑铁路,是欺人太甚。同时指出原来的批准购地执照,与修建铁路完全不相干,因此,误用批准证书,也是与前文不符。冯焌光要求英国上海领事下令终止已经开始的工程。同时,他向总理各国事务衙门及南洋大臣沈葆桢上报,总理各国事务衙门照会英国驻华机构,对这种擅自兴工修建铁路的行为提出抗议和警告,指出这种做法是侵犯中国主权。总署的文件理由充分,掷地有声,北洋通商大臣李鸿章也参与其中,比照丹麦在福建修筑电报线路的方式,由中方买回自办。

经过反复协商,最后中国政府收回铁路及各项设施,吴淞铁路在通车一年后于1877年年中,由中国政府买回,本来拟议拆去台湾修建,因为费用问题最终放弃,所有设备设施沉入湖中。

吴淞铁路事件中外争执的因素复杂。西方人为了解决从港口到市区的运输问题;中国政府的考虑则更为复杂,对于新事物的顾忌是一个方面,对于主权的顾惜则是争执的主因。实际上,中国商人或者企业家在铁路发展上是被隐藏在历史背后的。铁路一直是在政治的框架下展开的,虽然有时候也渗入经济因素,吴淞铁路不过是这段历史的一个缩影。

六、开平铁路的兴办及其成功

开平铁路的成功开启了中国铁路的新时代,这是中国自主修建实际运作的第一条铁路。

在晚清,铁路从来都是军国大事,开平铁路却是一个例外。因为,开平铁路纯粹是作为开平煤矿的一个附属物,为了解决煤炭运输问题。这个事业没有遇到太多阻力就很快成功了,也是令人惊奇的一个例外。此后,中国铁路建设虽然受到了

---

① 宓汝成:《近代中国铁路史资料》,上册,文海出版社,37页。

政府的重视,但是几乎每个计划实施起来都是历经挫折。

究其原因:首先,开平铁路花费不多,线路很短,偏居一隅,影响不大,也就没有太多的阻碍,因而容易兴办。后来这条铁路要延展至天津,就需要理由,说是调兵遣将的需要,也成功了;再后来要修到北京的大门口通州,则无论如何是不成了。干线铁路的修建折腾了20年,收效甚微,反倒把清王朝送进了坟墓。

另外一个原因是开平铁路的修建得人,李鸿章提议唐廷枢主持,加上英国的技术人员,这几拨人马珠联璧合,相得益彰,居然把一件很难的事情很容易地做成了。分析这个小团队,对于理解铁路发展后面的一系列失败有标本意义。

先看团队的几个人:李鸿章,清末最有想法和最有权势的封疆大吏,主持了一系列富国强兵的经济事业,包括创办江南制造局、轮船招商局、中国电报局等,创办开平铁路时,开平煤矿已经顺利投产,进入了顺风顺水的发展之中。

唐廷枢,晚清中国最具创造力的企业家,早年接受了"彻底的英华教育",后来供职于港英政府,随后成为跨国公司怡和洋行的买办,很快就介入到了近代企业经营,尤其是轮船、保险等企业。李鸿章看重的是他的商务和洋务能力,因此让他主持轮船招商局的创办,结果一举成功。随后,又转入开平煤矿的创办,这种企业的管理和经营更复杂,唐廷枢也是顺利举办。显然,唐廷枢的综合能力远超出一般商人,对于企业的理解非常透彻,对于从技术到商务各个环节的把握也非常到位。

英国工程师,金达(C. W. Kinder)和博内(R. R. Burnett)。其中,金达坚持开平铁路采取国际主流的轨距,这奠定了一个基础标准。此前修建淞沪铁路为了省钱,采取的是窄轨,金达坚决反对开平铁路采取这个标准。博内为开平铁路打下了象征性的第一颗道钉,而其夫人给火车起了名字——Rocket of China①。

其实,开平铁路也不是没有阻力,按照唐廷枢的计划,一开始就应该修建铁路来运煤,但是反对声音很高,没办法最后采取挑河水运的办法。但是,唐山到胥各庄一段18华里是上坡,运河不起作用,于是唐廷枢于1881年请示,仅在这段路线上修建铁路,并且用骡马拉车,获得了批准。第一条铁路就这样修建完成了。金达用旧锅炉改造了一个小机车,开始在唐胥铁路上运行,结果引发了弹劾,说机车直驶,震动东陵,喷出黑烟,有伤禾稼,被奉旨查办。唐廷枢极力挽救,经查办大臣勘验,距离东陵还有上百里,没有什么损伤,最后终于获得批准。

试行的效果不错,于是唐廷枢请示李鸿章,再向清廷打报告,把铁路延展到芦台,理由是运河运煤,常常因为水枯而停止,影响营业。这个理由充分,获得了批

---

① 第一个英国火车头称为Rocket。参见宓汝成:《近代中国铁路史资料》,上册,文海出版社,121页。

第十三章 清末中国铁路失败与企业精神发展的迟滞及不平衡的关系

准。1886年开始兴工建设,1887年这条85里的铁路建成通车。这样,开平铁路不仅线路延长,而且独立成立了铁路公司,伍廷芳为总经理,但是修路的事情还是唐廷枢主持。这样,在历经20余年的争执与讨论之后,中国第一家铁路企业终于诞生。

七、津通路的建议和芦汉铁路建设的建议

(一)津通铁路建议的提出

开平铁路的修建取得了实效,因此,李鸿章顺理成章地要把这条铁路修建到天津,清政府同意了这个建议。按照设想,应该是采用筹集商股的方法,然后沿着当初的开平铁路延到庐台、大沽乃至天津。为了招股,当时算了一笔账,说是开平铁路已经有了一分左右的利息,大沽、天津之间货源丰富,获利更多。更为了让商人们放心,招股书中承诺,公司按商业规矩,绝不受官府影响,但是商人们不信①。这条铁路要办,资金不到位,只得想办法,议借洋债。本来铁路建设怕洋人插手,但是处此为难之地,不得已出此下策。

虽然招股不顺,但是借债不难,津沽铁路很快就顺利建成了,于光绪十四年九月初五日通车,李鸿章亲自乘车视察,表示满意。这条路的军事意义超过了商业价值,但对于建路者,很重要的一个问题就是如何还款,唯有继续延伸铁路到商业繁茂之地,货物和人员运输量大,增加的收益可以用来还款。因此,津沽铁路刚一通车,周馥等人就通过李鸿章提议续建到通州的津通铁路,将铁路延到京城边上。李鸿章上奏说:"鸿章查看情形,通州铁路似不能不就势接做,于国计民生,大有裨益,关系匪浅。"②海军衙门立刻表示支持。这个建议在清政府内又引发了一场争论,各方面意见纷纷,李鸿章不得不写奏章一一辩驳,海军衙门也不得不说明铁路对经国理政的重要作用。

主政的太后看过之后,认为海署和李鸿章的驳议"辩驳精详,敷陈剀切。其于条陈各折内似是而非之论,实能剖析无疑"。但是,"惟事关创办,不厌求详。在廷诸臣,于海防机要,素未究心,语多隔膜。该将军督抚,身膺疆寄,办理防务,利害躬

---

① "尽管在招股章程中保证公司总办和经理的行动不受官府的影响,保证公司是纯然性商业企业,但却没有人认股,实际上没有一个人认股。当问起天津的资本家们何以不愿附股时,他们答道,我们不相信这班官员们。他们谈到招商局,局中有他们的资产,而处理这些资产,则从未征询过他们的意见,他们对局中事务已无发言权。他们担心铁路公司也将管理成这个样儿,投资的人将对公司的事务无权过问。他们非常反对已被谕旨任命管理这个事务的两个官员,特别是周馥。"(《北华捷报》1887年4月29日,参见宓汝成:《近代中国铁路史资料》,135页)

② 《李文忠公全书·海军函稿》卷三页九,宓汝成:《近代中国铁路史资料》,上册,文海出版社,136页。

亲,自必讲究有素",要求"各抒所见,迅速覆奏,用备采择"①。

(二)芦汉铁路建议的提出和清廷的接受

上谕一下,各位封疆大吏纷纷建言。刘铭传是最早主张建设铁路的,因此极力驳斥反对建路的廷臣的意见。而两广总督张之洞提出应该优先修建芦汉铁路,言之凿凿,规划周密。其中刘铭传、张之洞和黄鹏年的建议最为贴切,而张之洞的建议最为详细。上谕认为,津通铁路本意是开拓风气,因此不必拘泥一处,要求海军衙门对张之洞的建议加以研究,"详细覆议奏明请旨"②。这无疑表明了太后的意图,因此海军衙门马上与李鸿章通气,"奉慈纶交议张疏……张别开生面,与吾侪异曲同工"。海署意识到,张之洞这个建议,李鸿章必不支持,只能转圜,告诉李鸿章,如果不接受这个建议,则津通铁路也不可能被接受,"区区心力,不言可喻,舍此实难为力"③。

虽然张之洞的建议于国有利,但是李鸿章明白,津通铁路虽可不修缓修,他借的洋债却得还,如何筹措,成了他的问题。对这个建议,李鸿章明确表示不满,但是无论李鸿章态度如何,芦汉铁路的建设提上了议事日程。为表决心,反对上马芦汉路的湖广总督被以忤旨为由撤职,调任张之洞为湖广总督,命令他与李鸿章共同主持这件事情,反对的声音就此平息,此后铁路发展进入了干路时代。

对这段历史,需要从另外一个角度加以反思:李鸿章与张之洞虽然是两代重臣,但是,处事方式差异很大,其中李鸿章不排斥商人,一直在寻求与商人的合作,办理轮船招商局、机器织布局等都是尽可能召集商股,利用商人的经商能力。但张之洞则对中国商人抱有很深的成见,处理事务不愿意与中国商人打交道。李鸿章和张之洞两个不同的铁路方案,差别不仅是线路,更为根本的是资金来源和使用方向。在资金来源上,李鸿章一直主张使用商业资金,而张之洞则一直放在政府财政和税收上面。在铁路使用上,李鸿章主张商用为主,张之洞更多考虑国家和民间使用,根本没有对商人(企业)使用加以考虑。假设当年李鸿章的方案获得支持,商用铁路的示范作用会激发民间投资的热情,局面也许会有改观。不过,这仅是假设,因为即使津通铁路成功,商人地位也难有根本改善,这更多是宏观环境和社会经济结构造成的。

---

① 《光绪十五年正月初五日上谕》,宓汝成:《近代中国铁路史资料》,上册,文海出版社,158 页。
② 《光绪十五年四月初六日上谕》,宓汝成:《近代中国铁路史资料》,上册,文海出版社,170 页。
③ 《光绪十五年四月初九日奕譞致李鸿章电》,宓汝成:《近代中国铁路史资料》,上册,文海出版社,172 页。

第|十三|章 清末中国铁路失败与企业精神发展的迟滞及不平衡的关系

(三) 芦汉铁路暂缓①

张之洞对芦汉铁路的规划说得头头是道,真正实施计划,他立刻就发现原来的规划和预算都过于天真了。他的计划被海军衙门和李鸿章挑了一大堆毛病:铁路里程的预计是错误的,不是2 000里,而是3 000里,预算因此不是1 600万,而是3 000万。原来计划从两端修起,每年200万,由直隶总督和湖广总督各自筹办,压力不大;里程和预算调整后,每年需银400万两,这就不是轻松可以完成的。于是,张之洞刚刚上任湖广总督,就对芦汉铁路的方针做了调整,把炼铁、开矿、修路统一考虑,提出了"不外耗为本,计利为末,储材为先,兴工为后"。他分析了铁路建设所需解决的资金来源问题、人才储备问题、铁厂建设问题、征地修桥问题等,提出了"储铁宜急,勘路宜缓,开工宜迟,竣工宜速"的总方针②。这个总体考虑是一个通盘规划,区分了轻重缓急,考虑了民情舆论,首先解决铁厂问题,然后再考虑铁路建设。因此,芦汉铁路建设实际上是暂停了。

李鸿章筹划的津通铁路方案被否,又不支持芦汉铁路,以军事部署为理由,提出了修建关内外铁路的计划,并且加紧施工。这条铁路本来就在他拟议之中,原来设想是津通铁路修通之后,有了好的收益再转而向山海关外续修,接续津沽铁路。而既然否定了津通铁路,则只有调整计划先修关内外铁路。

这个事实说明晚清疆臣的重要性,中央政府最终不得不妥协于疆臣。

(四) 芦汉铁路的建设

重拾芦汉铁路的话题是1895年甲午战败之后,清王朝从上到下对铁路、电报建设于国防的意义有了深刻的认识。大规模的铁路建设正式提到了日程上来。芦汉铁路这个已有定议的计划自然被优先考虑。

当时的湖广总督张之洞和北洋大臣王文韶被清政府委以重任,设法议定具体的实施计划。此时的形势已经大变,因甲午战败,李鸿章已经失势,张之洞成为朝廷重臣,朝廷对铁路建设的认识有了积极的改变。这次筹议芦汉铁路,张之洞从容应对。先是筹资,张之洞认为中国商人不可依靠③,唯一的方式就是以铁路为依托

---

① 关于芦汉铁路与疆臣张之洞的关系近年来有一些研究,其中比较有影响的主要是:吴剑杰. 张之洞与近代中国铁路[J]. 武汉大学学报:哲学社会科学版,1999(3). 朱从兵. 张之洞与芦汉铁路的建设[J]. 广西师范大学学报:哲学社会科学版,2003(4). 另外还有一些是与借债有关的研究,如马陵合. 晚清铁路外债观初探——以芦汉铁路为中心[J]. 史学月刊,2001(6).
② 《张文襄公奏稿》,18卷,3页,参见宓汝成:《近代中国铁路史资料》,上册,文海出版社,186页。
③ "华商集股,断无其事"(光绪二十一年七月十八日,张之洞致总署电,宓汝成:《近代中国铁路史资料》,上册,文海出版社,221页)。这是张之洞一贯的想法,他不相信华商的能力和品行。

来借洋债①。清末很关注铁路的主权问题,尽力避免西方对铁路主权的侵占,因此张之洞和王文韶都反对集股建铁路的方案,外国股东以隐秘方式入股,最终可能导致权利丧失。

不过,与这些封疆大吏的看法不同,清廷下旨要求芦汉铁路商办,各督抚大员辅助,并且明令不得掣肘。清廷做出这个决定,除了因为商人的游说之外,主要原因是财政紧张,官款无着,把这个事情推给商人对政府是一个解脱的方法②。

当时有四个商人号称集资千万,分别为广东商人许应锵、方培垚,还有刘鹗和吕庆麟。清政府认为凡是可集资千万以上者,就可以建立公司,兴办铁路,所以这些人都号称集股可达千万。王文韶和张之洞不相信中国有能集股千万的商人,于是命令这些商人到天津和武昌面商,实际上是当面质询,以探真实。果不其然,许应锵躲到了国外,其他几个人,有的直接坦白背后是洋人,有的则举不出集股的证据。最终,两位大臣把这个方案否定,要求以盛宣怀为首,通过组建中国铁路公司的方式借洋债来修建芦汉铁路。

张之洞让盛宣怀出任铁路总公司的总办。本来张之洞非常不信任盛宣怀,不过还是说了盛宣怀一些好话:"环顾四方,官不通商情,商不顾大局,或知洋务而不明中国政体,或易为洋人所欺,或任事锐而鲜阅历,或敢为欺谩,但图包揽而不能践言,皆不足任此事。该道(盛宣怀)无此六病。"③

在厘清思路、否定商办、选定人才之后,在光绪二十二年七月二十五日,张之洞和王文韶联衔上奏,提出了芦汉铁路的方案,即建立铁路总公司。为了使铁路修建有总体统筹,铁路总公司应该把相应的干线铁路都纳入其范围,为了响应上谕商办的原则,铁路总公司首先考虑集商股办理,不足之处,则举洋债。总办人员选定盛宣怀,"特以此事关系全局,得人甚难,反复焦思……确知非该员不能胜任,自不敢不据实上陈。圣明在上,自当具有权衡"④。这时候,芦汉铁路的建设方案,经过盛宣怀的策划,张之洞和王文韶的商议,已经成形。其中最为让人感慨的是,按张之洞对盛宣怀的了解,他是不喜欢这个人的,但是,举朝望去,堂堂大清王朝居然没有另一个可以胜任的人选。在洋务运动几十年之后,大清王朝最为缺乏的依然是近代企业的组织者和领导者。

---

① 在六月初九日和七月十八日两封致总署电报中,张之洞明确提出了借洋债的思路。并且认为,以铁路为主体举债,不仅不涉及主权,而是价格也是可以接受的。
② 光绪二十二年三月十二日上谕,《德宗实录》,387 卷,9 页,参见宓汝成:《近代中国铁路史资料》,上册,文海出版社,223 页。
③ 《愚宅存稿》,24 卷,23 - 24 页,参见宓汝成:《近代中国铁路史资料》,上册,文海出版社,251 页。
④ 宓汝成:《近代中国铁路史资料》,上册,文海出版社,255 页。

第|十三|章 清末中国铁路失败与企业精神发展的迟滞及不平衡的关系

张之洞等人的一贯想法认为铁路建设各国都是"官建之,商因之"[1]。上奏之后,总署于九月初三日开会商议,同意王文韶、张之洞方案,初六日上奏,十三日盛宣怀受召见,十四日上谕下达,批准建立铁路总公司,盛宣怀为督办,给予专折上奏的权利,批准招商股700万,借洋债2000万,提拨官款1000万,从芦汉铁路开始,次第举办粤汉和苏沪铁路。

其中商股集资一直不顺,因为中国商人对新式企业本来就了解不多,加上官商隔膜,因此商人实际上不愿意参与官方主持的铁路建设。而官款又由于政府缺乏资金难以落实,所以,实际上只剩下了借洋债一条路。盛宣怀等人不愿意英国人参与太深,又顾忌其他大国的要挟,最终选定了比利时的公司作为借款对象,认为比利时小国,便于交流和沟通。1896年,李鸿章访问欧洲时就与比利时国王会谈过兴办铁路的问题,比利时在各国之中开价最为合理,并承诺不参与铁路经营、建设中公开招标等条件。这个借款合同的谈判,枝节横生,千曲百折,最终在光绪二十四年中订立合同,上奏朝廷,请求批准。实际上,比利时没有能力支持借款,因此法国和俄国趁机出面,公开和暗中支持比利时合同。英国认为法国插手太多,侵害了它的利益,因此向总理各国事务衙门提出交涉。由此可以看到第一条干线铁路修建的重重困难。

在历经波折之后,这条铁路终于在光绪三十一年十月十七日(1905年)黄河铁路桥竣工后,宣告全线通车。张之洞和袁世凯(时任北洋大臣、直隶总督)验收后改芦汉铁路为京汉铁路。铁路开通之后,收益甚佳,对于后续线路的继续修建起到了非常好的示范作用。不过,由于清政府人事变迁,芦汉铁路建成后,设于上海的铁路总公司被裁撤,沪宁铁路交由唐绍仪接办。

(五) 津镇铁路

此议出自容闳,当时正在筹建芦汉铁路的张之洞和王文韶极力阻止,主要的理由:一是津镇路会与芦汉路形成竞争关系。其实,这是表面的理由,主要原因是清朝的资源有限,如果投入津镇铁路,芦汉铁路的资金、人员等都会受到巨大的压力。不过,这些理由难以动摇中央政府的决心,因为江浙历来是经济中心,过去与北方联系主要是依靠运河,但是到清朝末年,运河湮塞不通已久,虽然海运可以弥补一部分,但是铁路运输无疑是一个更好的方案。所以虽然张之洞等人又举出军国安全为理由,认为德国占领山东修建济青铁路,如果再建设津镇铁路,一旦有事,德国驱兵沿铁路一日可达京师,国家安全受到重大威胁,但这些理由都没有动摇中央政

---

[1] 《光绪二十二年七月十五日张之洞、王文韶请拨已借洋款为铁路股本片》,宓汝成:《近代中国铁路史资料》,上册,文海出版社,255页。

府的想法,津镇铁路获得中央政府的批准。

津镇铁路最终没有在容闳手中办成,封疆大吏无法阻止的事情,外国却很容易地做到了。德国占领山东,反对津镇铁路通过,这样一来,路线要重新选择,争来争去,最后只得搁置。可见中国近代的铁路发展是在列强利益的版图中展开的,这个历史背景不能忽略。

八、粤汉铁路商办及其得失

(一)粤汉铁路的中外交涉

粤汉铁路是接续芦汉铁路之后修建的一条相连的线路。甲午战败之后,朝臣和绅商们反思失败原因,认为没有铁路是一个重要原因。因此,修建铁路成为建立国家防卫体系的一个重要选项,一遇战事,调兵遣将,布防便利。同时,商民们和朝臣早就认识到修建铁路对于经济发展的重要作用,广东财赋之区,湘中矿产之地,道路一通,产品销路通畅,国家堵塞漏卮,商民收获利权。

《马关条约》开放外国在中国设置工厂、修建铁路的权利,一时之间,俄国占领东北,德国占领山东,法国深入广西,英国谋求长江流域的铁路。铁路修建不仅是外国向中国输出资本、创造财富的直接手段,而且通过修建铁路,沿线设置站房,圈地采矿,建立警察,俨然独立王国,通过谋求修路权利,西方列强对中国已成瓜分之势。因此,甲午之后,对于由中国自己主导,修建粤汉铁路,以从列强的窥伺中寻求出路已形成共识,朝廷上反对铁路的声音已经彻底消失了。

但是,如何修路,朝野认识不同。当时负责修建芦汉铁路的张之洞强调铁路由国家主持建设,他对中国的商人不抱任何希望,认为这些人认识短浅,唯利是图,不可依靠。而粤湘鄂三省绅商则主张商办。

经过一段时间的讨论,官方代表张之洞、王文韶和盛宣怀等人形成了官方主持、借款速修的方针。其中官方主持的方针又包含外争主权、内争官权两个方针。从中外、官商两对矛盾看,似乎中国的官方控制了粤汉铁路的主导权,其实是西方势力一直实际支配着粤汉铁路的修建主导权。政府表面上拒绝西方的势力介入,但是自身缺乏修建铁路的资金、技术和管理能力,最终不得不依靠西方,只是采取以夷治夷的方式。盛宣怀等人在芦汉铁路修建中,采取向比利时借款的方式,来规避英国对这条铁路的觊觎。在粤汉铁路的修建中,采取了与对中国尚没有直接领土要求的美国公司签订合同的方式。

在粤汉铁路的修建方式上,李鸿章、张之洞和王文韶等封疆大吏的态度是明确的,就是要中方主办,而所谓中方主办就是官方主办。但是,当时的政府财力无法支撑这样大规模投入的铁路建设,因此,不得已考虑商借外债。但是,从前面的介

第十三章 清末中国铁路失败与企业精神发展的迟滞及不平衡的关系

绍就可以知道,清政府在 19 世纪 60 年代就在高层多次讨论了铁路建设的相关政策和主张,清政府十分警惕西方对铁路修建的觊觎。粤汉铁路位于英国势力范围的长江流域,因此首先就要防备英国的插手。而粤汉铁路与芦汉铁路相连,与俄国的东北铁路一脉相通,断不能让俄国继续插手粤汉。德国已经取得了山东铁路修筑权,随着津镇铁路提上日程,德国势力介入过深,封疆大吏们不得不有戒心。因此,最终只有对中国没有领土要求的美国最为保险。盛宣怀等人开始与美国人接触,迅速与美国合兴公司达成协议,1898 年 4 月 20 日,伍廷芳在美国与合兴公司签订《粤汉铁路借款草合同》,并且在 1900 年签订了正式合同。

这个合同的条件对中国非常不利,而对美方则是一个商业上的胜利。随着八国联军入侵中国,合同被推迟执行,随后合兴公司主要领导人去世,合兴公司的其他人员对这个合同并不热心,把 2/3 的股份转移给了比利时,激起了中国官民的强烈不满。湖广总督张之洞以三省商民的名义,向主办铁路的盛宣怀施压,最终于 1905 年 8 月 29 日,由驻美公使梁诚在美国首都华盛顿与美国公司签署了赎股协议,向美国公司支付 675 万美元,废除原来的合同,粤汉铁路收回中国自办。

(二)绅商与官方的争夺

废约行动最终取得了成功,中国商民在张之洞等地方大员的带领下,把已经丧失的铁路修筑权收回。但是,对进一步的铁路修建和发展方针,官方和民间并没有统一的意见。双方虽然在废约问题上获得了暂时的一致,但是在修路问题上,双方基于各自立场又发生了冲突。

虽然铁路收回,但是,政府大员们早就立定主意,要由官方主持随后的粤汉铁路建设。张之洞明确表示,虽然粤省风气开放,商民财力雄厚,但是,鄂湘两省闭塞,商民力量不足,因此,全路建设一定要由官方主持,借债修建。

广东商民不甘示弱,在收回路权之后,于 1905 年 8 月成立了以郑观应为首的粤路总公司,开始了粤路商办的历史。

同样,在粤汉路废约之后,两广总督岑春煊坚持干线官办的方针,并且提出了摊官款、筹公款和集民款三个集资方式。这个方针显然与商民的想法相对立,尤其是摊派公款实际上就是加厘加税,遭到了广东绅商的强烈不满和抵制。广东绅商提出了减税免捐的建议,针锋相对地主张铁路商办。1905 年 12 月 13 日,岑春煊召集会议筹商粤汉铁路办理方法,商民代表群情激奋,措辞激烈地反对官方的方针。会后,商民一方面抗议官方的蛮横镇压,一方面着手实施商办方案,并立刻将方案付诸实施,成立相应的组织,组建铁路公司,着手从组织上、资金上与人员上采取切实步骤,实现铁路商办的目标。

岑春煊扣押了在会议上激烈发言的黎国廉,在广东引发风潮,粤商和民众连续集会,对岑春煊的做法表示抗议,通电政府和全国,表示粤路商办的决心绝不动摇,敦促政府释放黎国廉,并号召粤商招募商股。正月初十日开会号召,不数日,应募者竟集成巨额资金,预期成功在望。于是十二日总商会自电商务部报告募集之盛况,并重请释放黎国廉。嗣后岑总督奉上谕于二十一日释放黎国廉。据云曾表示"绅商等既已有敷设铁路之基础,即无强行官民合办之必要,并准许归为商办"①。

面对这种局面,张之洞作为路政的实际主持人,一方面给岑春煊出主意,让他设法转圜,不可一意孤行;一方面劝解绅商,让他们理解政府苦衷。最终清政府同意绅商们的商办建议,使这一阶段的争议告一段落。

令人遗憾的是,此后商办铁路公司没有投入全部精力于铁路建设中,而是陷入了激烈的内部纷争。以香港股东为代表,中小股东对九善堂等大股东的做法不满,以驱逐郑观应为口号,开展了激烈的对抗。公司的会议无法正常召集,日常工作难以正常开展。在随后的几年中,总办不断更换,总办和副办互不统属,相互掣肘。舆论界也对企业的日常经营管理加以评议。商办的粤汉铁路成为失败的样本,随后在干路国有化中,被作为典型提了出来。

(三)粤汉商办主体结构分析

此前对粤汉铁路乃至清末企业发展的分析中,学者们多采取传统的绅商概念②,对于这段历史起到了一定的理论概括作用,但是无法准确描述清末铁路修建的争执和冲突中官方之外的力量。其实用企业和产业的角度对这个问题加以分析最为妥帖。朱从兵等人认为,清朝亡于保路运动是因为近代社会力量的崛起。其实,按照本研究的概念体系分析,清朝亡于保路运动恰恰是因为近代社会力量的不发展。在这里,最重要的是对社会力量概念的准确构建和定位。

从1906年粤汉铁路商办开始,至少在广东,绅商作为一个社会力量,在铁路商办的过程中起到了关键性的推动作用,成为各省绅商保路运动的一个表率和先锋。

---

① 宓汝成:《近代中国铁路史资料》,上册,文海出版社,1051页。
② 马敏:《官商之间——社会巨变中的近代绅商》(天津人民出版社,1995年)中,重点提炼并讨论了绅商的概念。这个兼有官方(绅)和民间(商),体制内和体制外色彩的绅商概念是在晚清重商主义历史下形成的。通过当时的捐官制度,使商向官渗透,随后对商业的提倡导致官向商的转化,这些社会机制导致了晚清绅商阶层的形成。应该说,绅商概念可以较为准确地反映晚清商业从业者的社会身份标志。另外,朱从兵等人在其论文《铁路与近代社会力量的成长》(《江海学刊》,2012年5月,158-169页)中,提出了铁路修建中新的社会力量的崛起。他把这个社会力量从"绅商"基础上加以扩充,包括了绅商、新式知识分子以及与铁路相关的农民、小手工业者和小商人。他强调绅商是这个社会力量的中坚。本研究是对企业群体的研究,包括了企业家、投资者、管理者和技术人员以及企业的员工。这些是企业构成的主要社会要素。因此,本章重点分析企业家和投资者在整个铁路发展中的地位和作用。

第十三章 清末中国铁路失败与企业精神发展的迟滞及不平衡的关系

这些是从社会政治史角度的观察,而从企业史的角度,这一阶段的铁路商办是不成功的。

首先,广东商办的铁路公司一直没有稳定的领导层,第一个经营班子以郑观应为主,但是在其主持公司事务的一年内,一直面临着内外的压力,无法正常履职,最终不得不遗憾隐归。随后的班子由回乡守制的外交官梁诚主持,他在废约中起到了重要作用,身为第一届留美学生,又有外交经验,深得广东绅商拥护,但是他毕竟没有实业经验,因此,很难在商业上有所作为。随后是梁诚的留美同学,办理京张铁路成功而在中国最为著名的工程师詹天佑出任总办。

这三个经营班子的特点都是精英主持。其中郑观应做过多年的洋行买办,商务经验丰富,随后从19世纪70年代末期开始介入官督商办的中国企业,包括轮船招商局、中国电报局、开平煤矿和汉阳铁厂等。应该说,商务、洋务上他都有经验。另外,郑观应勤奋好学,留心西洋事务,并且乐于传播新知识,写《盛世危言》而名动一时,成为名士,奠定了商人之外的新知识传播者的地位。不过,他有明显的缺点,首先就是没有作为企业主要负责人的成功经历,凡是作为首要负责人的工作,都没有成功,包括上海机器织布局和汉阳铁厂。分析他失败的原因,主要是关键时刻缺乏勇于承担的责任感,还有就是没有技术知识,也缺乏关键的组织能力,对于个人利益过于看重。这些缺陷有些是属于能力上的,有的是属于品格上的,有些是能够弥补的,有些显然是不能弥补的。这些导致他无法承担起重要企业的创立和领导工作。

清末商办铁路创办过程中,最为缺乏的是企业家人才,造成这个问题的原因非常复杂。清末从19世纪60年代就开始创办近代企业,70年代开始有了轮船招商局、继昌隆缫丝厂、开平矿务局等企业,第一代企业家已经开始成长,随之形成了股票交易等机制。股票交易机制不仅促进了近代企业的发展,更重要的是使经营知识获得了广泛的传播。但是,伴随着80年代初期的金融危机,中国企业的发展转入了官督商办的"官督"为主的阶段,中国企业家成长的机制被历史性地打断。从企业史的角度看,到《马关条约》的签订,中国企业的发展在政府的主导下,不仅使上海机器织布局以及相关企业的发展进程缓慢,更为严重的是迟滞了企业精神的发展,企业家发展局限在一个狭小逼仄的空间内,面对破碎的市场机会,通过拼凑的方式,在缫丝等行业中小规模地发展,而熊彼特式的创新型企业家的发展空间完全丧失。同时,因为官办企业的贪腐浪费严重,导致一度非常高涨的近代企业投资热潮被浇灭。从19世纪80年代后,商人们对官办企业的投资无例外地敬而远之,官商隔阂成为了时代的标志。这导致了商民们在近代企业发展中的财富和知识积累都不足,面对新的投资机会时总是观望不前,即使有意愿,其资金能力和心理承受能力也无法支持大规模的投资。

粤汉铁路商办就是在这种时代背景下发生的。

铁路是近代技术最为先进、组织最为复杂、投资规模最大的经济事业。中国企业半个世纪的发展,居然没有为铁路的发展提供必要的企业家储备。上海开埠之后最早的买办商人主要是广东商帮,其中确实孕育了唐廷枢、徐润、郑观应等早期企业家,但是,这个过程没有持续发展,企业家成长的土壤逐步丧失,企业家的培养过程也中断了。因此,到了铁路商办阶段,没有具有企业家能力的商业领袖,当年创办轮船招商局和开平矿务局的局面无法再现。中国缺乏合格的企业家群体这个事实,虽然一直没有获得重视,但是,这确实是清末铁路事业失败的原因之一。而造成这个问题的不是哪一个人,而是历史的后果。

另外,就是企业家或者商业领袖与投资者之间的关系。除了企业家之外,企业的投资者是现代企业的主要支撑力量之一,积极和富有实力的投资者是现代企业发展的支柱。这种积极和实力,表现在有相应的财富积累,有投资企业的意识,有企业运行的基本知识,有关于投资者权利责任的基本概念。粤汉铁路以九善堂和商行组织①为代表的大股东作为主要投资者,是组建铁路公司的主要基础,显然不是一个合格的投资群体。虽然与各地商人相比,广东商人相对富有,并且有近代企业的投资愿望,但是这个群体的缺陷也是非常明显的。首先就是这个群体大部分缺乏企业运行的基本知识,对于股份公司的运行机制和投资者的作用认识不清,还是按照传统的商人和经理人的方式对待铁路公司。在投资者和企业家的关系上,明显是投资者处于支配地位,但是企业家(商业领袖)不成熟,对投资群体没有有效协调和驾驭,导致铁路投资和建设的迟缓,投资者的利益得不到实现。总之,企业家与投资者之间的不平衡,导致了粤汉铁路发展中缺乏有效的管理和规划,最终为官方收归国有提供了口实。

另外,在大小股东关系的处理上,大小股东都采取了激烈对抗而不是遇事协商的态度,这一点表明了粤汉铁路投资者并非近代商人,他们还是按照传统的方式对待不同的投资者,没有清晰的股东行为准则意识,没有股份平权的意识,大股东随意操纵经理人员的选拔和任用,等等。中小股东无法保护自己的利益,于是就诉诸

---

① 善堂是中国近代形成的一种社会慈善组织,晚清广泛参与了多方面的政治、社会和经济活动。广州有九善堂和七十二行的说法,具体内容见罗晃朝《清末民初广州的九善堂七十二行》(《岭南文史》,1992年,第7期,63-64页)。关于善堂和商行的形成,尤其是在清末的社会作用,可以参考相关的研究论文:王琴,周锐.清末民初传统慈善组织与教会慈善组织之比较——以广州九善堂和两广浸信会为代表[J].黑龙江史志,2010(17):29-31.夫马进.中国善会善堂史——从"善举"到"慈善事业"的发展[J].中国社会历史评论,2006,17:1-6.

第十三章 清末中国铁路失败与企业精神发展的迟滞及不平衡的关系

公众舆论,引发社会风潮。

正是基于上述的分析,所以笔者认为,粤汉铁路为代表的清末铁路建设的失败,最主要的原因在于企业家群体的不发展,没有一个能够支撑近代企业发展的社会中坚力量。在社会要求铁路加速发展的背景之下,这样就导致了社会力量的严重失衡,使清政府最终倾覆。

九、铁路国有及清朝覆亡

铁路国有化是清朝灭亡的直接原因,对这段历史的研究资料汗牛充栋。本章按照企业精神研究的框架筛选资料,分析相关的问题。

(一)铁路国有化的背景

第一是清政府整顿和调整组织机构,把原来由疆臣把握的洋务和商务企业创立的权力收归中央,由邮传部负责轮电船路四政。

第二是电报国有化的成功。比较起来,电报是办理成熟的事业,商民们获利虽然不多,但是依然是一个少有的成功企业。清政府一纸上谕就把商民的权利褫夺殆尽,虽然历经激烈抗争,但是最终以邮传部为代表的政府取得了胜利。显然,比较起来,清政府将铁路国有化的理由更为充分,因此朝廷下定决心,不惜一搏。

(二)铁路国有化的实质

这次由盛宣怀为首的邮传部发动的国有化,本质上是私人利益集团以国家利益的名义,发动的一场争夺铁路主导权的活动。这场铁路国有化的首要对象是被其他官僚利益集团所掌控的铁路修建权利,这些权利分散在不同的官僚集团手中,盛宣怀为首的邮传部力图通过国有化的方法,把这些权利集中在自己的手中。由于这场国有化政策的制定基础是非常狭隘的集团利益,这个政策几乎触及和侵害到了所有人的利益,包括地方政府权力集团以及社会商民。因此,这个政策引发了强烈的抵抗和反弹,最终导致了清政府的覆亡。

其实,从法理和学理上,铁路国有化的理由是深刻并有说服力的,受到了广泛的肯定[①]。从具体的案例看,铁路国有化的实施比电报国有化的道理更为充分,但是因为政策的具体制定建立在过于狭隘的利益集团的基础上,侵害了几乎全社会各个不同阶层和集团的利益,因而受到了激烈而全面的抵制。

(三)中央政府威望衰落与集权企图的冲突

本来清末的经济事业开创于北洋,一直被盛宣怀所掌握,但是袁世凯署理北洋

---

① 马陵合. 论清末铁路干线国有政策的两个驱动因素[J]. 社会科学研究,1996(1):86-91. 其中对当时立宪派对铁路国有政策的支持以及当时各界对铁路国有讨论的结果所做的综述,可供参考。

大臣后,趁盛宣怀守制的机会,把轮电二局攫于自己的麾下,然后又由唐绍仪分别掌管不同线路的修建,架空中国铁路总公司,最终导致铁路总局于 1906 年被裁撤,使盛宣怀失去了最为重要的立足阵地。因此,在 1908 年袁世凯被开缺回籍之后,盛宣怀强势回归,并且迅速采取措施在经济领域中重夺原来执掌的权力。

盛宣怀要利用自己掌握的机构来实施设想,这个行动是针对袁世凯的,但是不经意间把矛头指向了北洋集团,并直接影响到地方将军督抚的权利和利益。

清末洋务事业都是在各地封疆大吏的主持下进行的。铁路虽然是国家事业,但是举办一向由各方大员主持,政府权力早就旁落在了地方大员这边。这是清末中央与地方关系中的一个显著特征。邮传部将铁路国有化的意图,是要从封疆大吏的手中夺取利权,虽然也是为对铁路等进行全国统一规划,但是在中央权威已经严重衰落的情况下,这种做法事关中央政府与地方政府的权力分配,地方官员不配合和不支持。

(四)企业家能力的不发展与商民摆脱束缚的努力

从某种程度上看,中国近代企业家和投资者,一直与政府之间存在着密切的合作关系。从企业家能力的角度看,除了善于处理商务和洋务关系外,还应该具有与政府打交道的能力。这种能力在中国近代早期的企业发展中起到了很重要的作用,主要是因为在商法缺乏的环境下,企业正常运作必须有政府的保护和支持。但是,政府一直力图越俎代庖地去做企业应该做的事情,尤其是盛宣怀这种以经济事业作为晋身之阶的官僚,似是而非地承担着应该由企业家承担的历史责任,反倒把真正的企业家排除在经济事业的发展之外。这些内外因素导致了中国近代企业家群体发展缓慢,陷入停滞甚至衰退,在社会需要企业家的时候,没有人能够主动承担这个历史重任。到晚清,我们看到没有唐廷枢、徐润这样的商人,经济事业本应由企业家来操作,却只能任由官僚操弄,最终酿成不可收拾的局面。

十、结 论

铁路不单纯是一个经济事业,有清一朝,铁路一直是外国与中国政府、商人之间相互博弈的对象,其间充满了正义与邪恶、阴谋和算计、利益与信念、愚昧与进步,很难在一个简单的框架下展开全面的分析。从企业角度看,清末铁路发展的缓慢和失败的原因复杂,但是缺乏合格的企业家和投资者群体是一个重要的却一直被忽视的原因。造成这个问题的根源是清政府长期奉行的官督商办的方针严重压制了企业精神的发展,从而导致了商民积怨的大火烧毁了清王朝这座大厦,其间的奥秘值得探索,再探索。

后　记

一、清末企业精神发展的历史和逻辑过程

企业精神的发展主要是指企业家精神和股东意识这两个相互区别又紧密联系的精神要素的成长发展过程①。这个发展过程不是一马平川,而是曲曲折折,千回百转。不同阶段,两者时而相互推动,时而此消彼长。

从1871年轮船招商局成立开始,清末企业精神的发展分为四个阶段,每一个阶段的特点都不相同。

第一阶段,1871~1883年,标志性事件是轮船招商局成立,到1883年上海倒账风波,招商局唐廷枢团队瓦解。

这个阶段标志着企业家正式登上了中国近代经济的舞台,唐廷枢、徐润和朱其昂等人入执招商局。这个阶段中国近代企业开始强势出现,在官督商办的体制下,商办占有中心地位,这些从商人买办转化而来的企业家在一个相对宽松的治理环境下展开早期的企业创办和发展工作,因此,企业家精神获得了激励,发展较为顺畅,也获得了社会的积极响应,股东投资近代企业的积极性大幅度提高。因为股东较少参与企业日常活动,因此股东意识还处于起步阶段。

第二个阶段,1884~1895年,标志性事件是盛宣怀执掌轮船招商局,结束于《马关条约》签订后,中国的国门洞开。

从这个阶段开始,招商局为代表的企业从官督商办中的商办为主转为官督为主,企业家精神和股东意识的发展陷入低谷,向近代企业投资的股东们开始顾虑重重。此阶段,官方主导了中国电报局、汉阳铁厂等近代企业的投资。同时,开平矿务局等企业也有发展。

第三阶段,1896~1906年,标志性事件是《马关条约》的签订,直到1906年清政府改组,建立农工商部和邮传部,形成了新的政府组织形式。

《马关条约》签订后,国门洞开,危机激发了民间和知识阶层的危机意识,并且激发了对于西方企业制度的探索,从而进入了一个新的企业创立的高峰。与第一个阶段相比,这个阶段的企业家精神最为令人瞩目的特点就是危机意识和民族主义。另外,随着西方思想的传入,经济科学和法律体系的发展,股东意识中的利润动机获得了学理化的表述,第一次脱离了传统的义利之辨。

---

① 也包括职业理性的发展,但是,职业理性的发展更为独立。

这一阶段，政府颁布了商律和公司律等必要的法律文件，取消了科举考试，把注意力集中到了近代科学等西方科学上来。

第四阶段，1907~1911年，农工商部和邮传部成立，中央政府在与主导近代企业建设的地方势力集团的博弈中，开始采取切实的步骤把对经济和企业发展的主导权控制在手中。

但因为缺乏资源和金钱，清政府不得不依赖外国借款来实现相应的计划。对以铁路为代表的相关企业首先从商民手中收归国有，以便与外国资本合作。如此一来自然就激起了民间的抵抗，捍卫自己的利权。股东投资者们借用民族主义对抗政府的剥夺，但是采用了一种激进形式的民族主义，股东意识畸形发展，结果反而从内部压制了企业家和企业家精神的发展。

企业家精神经过早期发展后，从1883年到清朝覆亡的不到30年间，企业家精神的发展受到多方面的影响，从而使大规模铁路建设时期，面对复杂的技术和组织要求，缺乏深孚众望、能力出众的企业家。不同于19世纪70~90年代，20世纪以后，清政府已经全面接受了近代化的方案，但是因为没有堪当重任的企业家，企业的发展进程受阻。这不仅使经济发展进程受挫，而且导致社会情绪从沮丧转向愤怒，超越了经济的界限，变成了一场政治的抗争，最终导致清王朝的覆灭。

清末的企业家和股东均不成熟。粤汉铁路在抗议收回利权奏效之后，股东和投资者的目光很快就转向了铁路公司内部，指责其贪污受贿、效率低下等。股东按照堂口又分为不同帮派，行为幼稚，充满了私利，从而纷争不断。企业家不成熟是因为此前20年制度构建中压缩掉了对企业家发展有利的空间，到需要企业家的时候，才发现能够创立复杂企业的企业家太缺乏。股东不成熟则因为他们身上还残留着旧时代的遗风，没有按照近代企业的经营原则和投资原则来理解企业活动，而是按照古代的东家-伙计的关系处理企业家与股东关系。

二、清朝为什么灭亡

清朝灭亡是因为不适应新技术所带来的组织形式。清政府重视可富国强兵的新技术，但是技术却导致了它的灭亡。李鸿章说过，当时的清朝面临的是一个三千年未有之大变局。他明白这个道理，只是没有能力扭转这个变局。

其实比李鸿章早一点，欧洲的恩格斯参观完博览会，看到改进的火车头博得了众人的喝彩。恩格斯说，这些人哪里知道，这个现代的特洛伊木马将要把资本主义送入坟墓。在中国，确实是因为火车(铁路)把清政府送入了坟墓。

中国发展电报遇到的荒唐事更多。最早是一些外国企业背着总理衙门私自设立电报线路，沈葆桢作为钦差大臣处理此事。沈葆桢调查一番后报告说应该收回

后记

自办,结果在朝廷内外引发一番争论。例如,当时的工部给事中陈彝,明确反对上马电报:第一电线设立,横冲直撞,破坏地脉,影响风水,为子孙者,何以心安? 另外,上马电报,必要聘请洋人,这是不能容忍的。

即使是左宗棠这样的中兴名臣也对电报不屑一顾,他说:鄙人赞化军机三十载,兵行十五省,没有电报,从未失机。可见从军事上有没有电报无关紧要。从商务上,左宗棠对法国的美里登说,"尔意不过为贸易争先起见,不知一商因信线置货卸货,各商就从而效之,彼此齐同置货卸货,究竟不能独得便宜,于商无益,徒招民怨"。

不过电报的成功也是最为迅速的。当时李鸿章在天津训练士兵,架设了一条电报线路,"号令各营,顷刻响应"。随后恰遇朝鲜壬午事变和中法战争,赖电报之功,朝廷军事部署迅速,在朝臣中引发震动。当时的参与人之一张树声对此深有体会:电报和驿马传递,显然前者反应迅速,"遣将调兵,处分军事,虽悬隔山海,而如指掌"。相比之下,羽檄交驰,人马俱疲,迟速之效,霄壤悬殊。因为军事上的作用明显,所以马上得到了朝廷的赞成,不过迟迟不让电报进京城,而是在通州设立了一个电报局,电报到此接着是驿马传递,可见对此还是心存疑虑的。

第一条铁路是开平矿务局为了运煤而修的唐胥铁路,但是投入运行后,朝中就弹章迭奏,说是机车直驶,震动东陵,而且喷出黑烟,有伤禾稼。开平煤矿无奈,只得雇马匹来拉机车,成为有名的马拉火车。

最后,还是李鸿章以军事作用为由,说服清朝政府兴办铁路,但就是这个兴办铁路把清政府拖进了泥潭,从而灭亡。

谁都知道,清朝是因为辛亥革命灭亡的。但是辛亥革命为什么发生? 因为保路运动。为什么发生保路运动? 因为清政府要把民间建造的铁路国有化。为什么要国有化? 政府冠冕堂皇的理由是民间没有能力修建铁路。国有化的真实原因是这样吗? 是,又不全是。民间确实是搞不了铁路,这就接近清朝灭亡的实质性原因了。为了应对西方的挑战,政府必须富国强兵,富国强兵就要向西方学习先进技术,要在企业这种组织形式之下运作,为此需要有相应的人才。这种人可不是在学校里就能培养出来的,这种人才需要学校培养,更需要长时间的商业实践,是在市场里成长起来的。换句话说,一个需要新技术的国家,必须有能够发挥技术的企业,企业要由合格的企业家来掌握,而合格的企业家必须经过市场的锤炼才能得以养成。而盛宣怀式的"官商"是不足以担当此大任的。

所以清朝的灭亡,可以说间接亡于没有企业家和企业家精神。为什么没有企业家,企业家去哪了? 这是本书力图要回答的一个大问题,而答案就在各个章节中。但是这些答案是不是切中要害,还需各位读者、方家判断。

参考文献

中文论文

[1] 陈佳琪. 科学管理在中国经济中的早期应用[J]. 财经问题研究,2002(12).

[2] 陈绛. 唐廷枢与轮船招商局[J]. 近代史研究,1990(2):31-64.

[3] 陈诗启. 论中国近代海关行政的几个特点[J]. 历史研究,1980(5):66-78.

[4] 范师任. 中国丝业对外贸易之史的观察[J]. 社会杂志 1933,1(2).

[5] 顾国达,徐俊良. 论我国蚕丝业的多中心起源[J]. 浙江大学学报:人文社会科学版,2003(3):42-48.

[6] 胡滨,李时岳. 李鸿章和轮船招商局[J]. 历史研究,1982(4):44-60.

[7] 胡滨. 从开平矿务局看官督商办企业的历史作用[J]. 近代史研究,1985(5):96-120.

[8] 蒋国杰. 留学生与西方科学管理思想在中国的传播[J]. 徐州师范大学学报:哲学社会科学版,2007(3).

[9] 李霞. 近代中国实业教育的历史考察[J]. 湘潭大学学报:哲学社会科学版,2005,29(2):126-131.

[10] 李艳红,方成军. 试论中国蚕丝业的起源及其在殷商时期的发展[J]. 农业考古,2007(1):166-168,204.

[11] 李玉. 晚清国人公司意识的演进[J]. 四川大学学报:哲学社会科学版,1996(1):78.

[12] 刘广京. 唐廷枢之买办时代[J]. 台湾清华学报,1961(6):161-180.

[13] 邵一飞. 试析自梳女习俗的起源、构成和基本特征——以广州地区自梳女习俗为例[J]. 文化遗产,2012(2):143-152.

[14] 汪敬虞. 关于继昌隆缫丝厂的若干史料及其值得研究的几个问题[J]. 学术研究,1962(6):60-69.

[15] 汪敬虞. 19世纪外国浸华企业中的华商附股活动[J]. 历史研究,1965(4):39-74.

[16] 汪敬虞. 论中国资本主义两部分的产生[J]. 近代史研究,1983(3):103-128.

[17] 汪敬虞. 试论中国近代的买办阶级[J]. 历史研究,1990(3):89-108.

参考文献

[18] 汪敬虞. 从中国生丝对外贸易的变迁看缫丝业中资本主义的产生和发展[J]. 中国经济史研究, 2001(2):23-28.

[19] 汪敬虞. 从唐氏三兄弟的历史看近代中国资产阶级的产生[J]. 近代中国, 2002(12):73-99.

[20] 汪熙. 论郑观应[J]. 历史研究, 1982(1):18-38.

[21] 王新生. 广东与长野器械缫丝业比较研究[J]. 历史研究, 1993(3):88-102.

[22] 王玉茹. 开滦煤矿的资本集成和利润水平的变动[J]. 近代史研究, 1989(4):148-166.

[23] 吴振兴. 近代珠江三角洲机械缫丝业的发展及其对社会经济的影响[J]. 广东社会科学, 1991(5):25-30.

[24] 夏东元, 杨晓敏. 论清季招商局的性质[J]. 历史研究, 1980(4):55-66.

[25] 肖朗. 中国近代大学学科体系的形成——从"四部之学"到"七科之学"的转型[J]. 高等教育研究, 2001, 22(6):99-103.

[26] 徐磊. 论企业家精神的三个层次及其启示[J]. 外国经济与管理, 2006, 28(2):44-51.

[27] 许康, 莫再树. 科学管理最初引进中国的标志性事件[J]. 中国科技论坛, 2005(6).

[28] 许康, 陈晓辉. 我国科学管理先驱者杨杏佛的效率观[J]. 科学决策, 2005(11).

[29] 叶晓青. 近代西方科技的引进及其影响[J]. 历史研究, 1982(1):3-17.

[30] 张玉法. 清末民初的外资工业[J]. 中央研究院近代史研究所集刊, 1987(16):129-169.

[31] 张玉法. 清末民初的官督商办工业[J]. 中央研究院近代史研究所集刊, 1988(7上):35-59.

[32] 张玉法. 清末民初的民营工业[J]. 中央研究院近代史所集刊, 1989(18):315-351页.

[33] 张国辉. 中国新式企业的发动和封建势力的阻挠[J]. 历史研究, 1986(2):41-50.

[34] 张国辉. 甲午战后四十年间中国现代缫丝工业的发展和不发展[J]. 中国经济史研究, 1989(1):91-125.

[35] 张茂元. 近代珠三角缫丝业技术变革与社会变迁:互构视角[J]. 社会学研究, 2007(1):23-49.

[36] 张茂元, 邱泽奇. 技术为什么失败——以近代长三角和珠三角地区机械缫丝

业为例(1860—1936)[J]. 中国社会科学,2009(1):117-132.
[37] 郑淑蓉,吕庆华. 中国商学教育的历史演进[J]. 天津商业大学学报,2011,31(3):62-68.
[38] 彭雨新. 辛亥革命前后珠江三角洲乡镇缫丝工业的发展及其典型意义[J]. 中国社会经济史研究,1989(1):63-64.

中文著作

[1] 常宗虎. 南通现代化:1895—1938[M]. 北京:中国社会科学出版社,1998.
[2] 陈锦江. 清末现代企业与官商关系[M]. 王笛,等,译. 北京:中国社会科学出版社,1997.
[3] 杜维明. 现代精神与儒家传统[M]. 北京:三联书店,1997.
[4] 顾长声. 从马礼逊到司徒雷登[M]. 上海:上海人民出版社,1985.
[5] 聂宝璋. 中国买办资产阶级的发生[M]. 北京:中国社会科学出版社,1979.
[6] 陆费逵. 实业致富新书[M]. 北京:中华书局,1915.
[7] 梁启超. 中国近三百年学术史[M]. 北京:东方出版社,1996.
[8] 林庆元. 福建船政局史稿[M]. 福州:福建人民出版社,1999.
[9] 乔还田,晋平. 洋务运动史研究叙录[M]. 天津:天津教育出版社,1989.
[10] 石元康. 从中国文化到现代性:典范转移[M]. 北京:三联书店,2000.
[11] 汪敬虞. 唐廷枢研究[M]. 北京:中国社会科学出版社,1983.
[12] 王云五. 工商管理一瞥[M]. 北京:商务印书馆,1943.
[13] 夏东元. 盛宣怀传[M]. 修订本. 天津:南开大学出版社,1998.
[14] 谢彬. 中国邮政航空史[M]. 上海:中华书局,1929.
[15] 徐新吾. 中国近代机械缫丝工业史[M]. 上海:上海人民出版社,1990.
[16] 易蕙莉. 郑观应评传[M]. 南京:南京大学出版社,1998.
[17] 虞和平. 清末民初经济伦理的资本主义化与经济社团的发展[M]. 北京:中国社会科学出版社,2001.
[18] 刘志琴,等. 近代中国社会生活与观念变迁[M]. 北京:中国社会科学出版社,2001.
[19] 余英时. 内在的超越之路[M]. 北京:中国广播电视出版社,1992.
[20] 张廷金. 科学的工厂管理法[M]. 上海:商务印书馆,1920.
[21] 郑观应. 盛世危言后编[M]. 郑州:中州古籍出版社,1998.
[22] 章鸣九,等. 洋务运动史论文选[M]. 北京:人民出版社,1985.

参考文献

学位论文

[1] 常国良. 近代上海商业教育(1843-1949)[D]. 上海:华东师范大学,2006.
[2] 吴玉伦. 清末实业教育制度研究[D]. 武汉:华中师范大学,2006.

翻译著作

[1] 贝拉. 德川宗教:现代日本的文化渊源[M]. 北京:三联书店,1998.
[2] 戴乐尔. 学理的管理法[M]. 穆藕初,译. 中华书局,1915.
[3] 狄百瑞. 东亚文明——五个阶段的对话[M]. 何兆武,等,译. 南京:江苏人民出版社,1996.
[4] 杜维明. 新加坡的挑战——新儒家伦理与企业精神[M]. 高专诚,译. 三联书店,1989.
[5] 费惟恺. 清末现代企业与官商关系[M]. 王笛,等,译. 北京:中国社会科学出版社,1997.
[6] 费正清. 剑桥中国晚清史[M]. 北京:中国社会科学出版社,1993.
[7] 费正清. 剑桥中华民国史[M]. 上册. 北京:中国社会科学出版社,1993.
[8] 高家龙. 中国的大企业[M]. 樊书华,等,译. 北京:商务印书馆,2001.
[9] 马歇尔. 经济学原理[M]. 廉运杰,译. 北京:华夏出版社,2005.
[10] 芒图. 18世纪的产业革命[M]. 北京:商务印书馆,1997.
[11] 奈特. 风险、不确定性和利润[M]. 郭武军,刘亮,译. 北京:华夏出版社,2011.
[12] 诺思. 经济史上的结构和变迁[M]. 厉以平,译. 北京:商务印书馆,1999.
[13] 里亚·格林菲尔德. 资本主义精神——民族主义与经济增长[M]. 张京生,刘新义,译. 上海:上海世纪出版集团,2009.
[14] 钱德勒. 看的见的手[M]. 北京:商务印书馆,1987.
[15] 桑巴特. 现代资本主义[M]. 北京:商务印书馆,1958.
[16] 泰罗. 科学管理原理[M]. 北京:社会科学出版社,1984.
[17] 韦伯. 新教伦理与资本主义精神[M]. 于晓,等,译. 北京:三联书店,1987.
[18] 韦伯. 儒教与道教[M]. 北京:商务印书馆,1995.
[19] 克劳德·小乔治. 管理思想史[M]. 北京:商务印书馆,1985.
[20] 熊彼特. 经济发展理论[M]. 何畏,等,译. 北京:商务印书馆,1997.

西文文献

[1] Baumol, William J. Entrepreneurship in Economic Theory. American Economic

Review, 1968, 58(2): 64 - 71.

[2] Baumol, William J, John C Panzar, Robert D Willig. Contestable Markets and the Theory of Industry Structure. San Diego: Harcourt Brace Jovanovich, 1982.

[3] Blaug, Mark. Entrepreneurship Before and After Schumpeter', in Economic History and the History of Economics. New York: New York University Press, 1986.

[4] Bruce A McDaniel. A Contemporary view of Joseph A. Schumpeter's theory of the entrepreneur. Journal of Economic Issues, Vol. XXXIX No. 2, 2005.

[5] Davidsson, Per and Wiklund, Johan. Levels of analysis in entrepreneurship research: Current research practice and suggestions for the future. Entrepreneurship Theory & Practice, 2001, 25(4): 81 - 100.

[6] Douhan, Robin, Gunnar Eliasson & Magnus Henrekson. Israel M. kirzner: An outstanding Austrian contributor to the Economics of entrepreneurship. Small Business Economics, 2007, 29: 213 - 223.

[7] Francois Facchini. l'entrepreneur comme un home prudent, La revue des Sciences de Gestion, Direction et Gestion, No. 226 - 227, 2007: 29 - 38.

[8] Hen - pi'ing Hao. The Comprador in Nineteenth Century China Bridge Between East and West. Harvard University Press, 1970.

[9] Kirzner, Israel M. Classical Economics and the entrepreneurial Role, in perception, Opportunity, and Profit. The University of Chicago Press, 1979.

[10] Kirzner, Israel M. Creativity and/or Alertness: A Reconsideration of the Schumpeterian Entrepreneur. Review of Austrian Econmics, 1999, 11(1 - 2): 5 - 17.

[11] LELOUP, Sandrin. Les entrepreneurs Smithiens: Le fils de l'homme pauvre, l'homme prudent et le Faiseur de Projets. Cahiers d'economie politique, No. 42, 2002: 75 - 87.

[12] Matis, Herbert. The entrepreneur as "economic leader": Joseph A. Schumpeter's theorem revisited, History of thought and economic history, 2008(2).

[13] McDaniel, Bruce A. A Contemporary view of Joseph A. Schumpeter's theory of the entrepreneur. Journal of Economic Issues, 2005, Vol. XXXIX No. 2: 485 - 489.

[14] Mises, Ludwig Von. Human action. New Haven: Yale University, 1949.

[15] Schumupeter, Joseph A. Economic Theory and Entrepreneurial History, in Essays. New Brunswick: Transaction Publisher, 1949.

[16] Schumpeter, Joseph A. the Creative Response in Economic History. Essays Transaction Publishers, New Brunswick Shane , Scott The Foundation of Entrepreneurship Edward Elgar Publishing Limited, Glos, UK

[17] Shane, Scott and S. Venkataraman. The Promise of Entrepreneurship as a Field of Research. The Academy of Management Review, 2000, Vol. 25, No. 1:217-226.

[18] Tony Fu – Lai Yu. Entrepreneurship and Economic Development in Hong Kong、Rutledge, London, 1997.

[19] Swedberg, Richard. 'The Social Science View of Entrepreneurship: introduction and Practical Applications' in Entrepreneurship: The Social Science View. Oxford University Press, 2000.

人名索引

A

阿礼国，Rutherford Alcock，1807～1897，曾担任英国驻上海领事，参与组建上海海关和工部局，并参与镇压小刀会起义。本书中涉及他向中国政府要求设立电报线路。 208

菴特生，英国煤矿工程师，19 世纪 60 年代曾参与磁州煤矿的勘探，被认为名不副实。 239，251

B

巴尔弗，Balfour，曾在马礼逊学校教授化学。 63

巴斯蒂·布律吉埃，法国当代学者，对中国现代史颇为熟悉。 146

巴特雷，D. E. Bartlett，美国人，曾向马礼逊学校捐赠大量图书。 61

白乃富，曾在张之洞手下任工程师，外国人，能力一般。 263，265

贝拉，Robert Neelly Bellah，1927～，美国社会学家，曾任哈佛大学和加州伯克利大学教授。对日本和宗教进化有研究。 316

伯内，S. W. Bonney，? ～1864，美国传教士。曾在马礼逊学校任教。 57

布朗，Samual Robbins Brown，19 世纪美国人，美国耶鲁大学毕业生，曾担任马礼逊学校的教师和管理者。 28，48，49，50，54，55，56，57，58，59，60，61，62，63，64，65，66，67，75

C

曹操，155～220，字孟德，一名吉利，小字阿瞒，东汉末年著名政治家、军事家、文学家。 271

岑春煊，1861～1933，原名春泽，字云阶，清末政治家。 225，303，304

岑毓英，1829～1889，字颜卿，号匡国，清末大臣。 211

曾国藩，1811～1872，初名子城，字伯涵，号涤生，清代名臣、理学家、政治家、书法家、文学家。 58，76，81，169，170，208，237，256，257，291

曾鹏化，曾在清末民初的铁路总公司任职，著有《中国铁路史》一书。 230，292，294

柴维振，曾陪同唐廷枢考查开平一带的矿产资源，并有记述。资料不详。 236

陈璧，1852～1929，字玉苍，晚号苏斋，福建人，曾任晚清政府邮传部尚书。 225，228

陈楚涛,南通人,曾与张謇一同创办大生纱厂。资料不详。 276

陈慈玉,台湾中央研究院研究员,长于中国近代经济史研究。本书引用其关于机器缫丝的研究成果。 90

陈启堃,曾于1922年出版《电报事业之中国化》一书。资料不详。 193

陈启沅,1834~1903,字芷馨,广东南海人,是中国第一家民营机器制造企业继昌隆缫丝厂的创始人。 6,8,93,94,95,98,100

陈彝,?~1896,字六舟,号听轩,1862年进士,曾任安徽巡抚,敢于直言。曾反对发展电报。 192,195,208,311

陈真,《中国近代工业史资料》第三辑、第四辑主编。 91,96,101,312

慈禧,1835~1908,叶赫那拉氏,名杏贞,咸丰帝的妃子,同治帝的生母。清末实际统治者。 182,198,251

D

戴乐尔,泰罗的早期汉译。请参阅泰罗。 316

戴震,1724~1777,字东原,一字慎修,号杲溪,清代著名语言文字学家、哲学家、思想家。 136

担文,William Venn Drummond,1842~1915,19世纪下半叶在上海活动的英国律师,曾在中法战争中主持轮船招商局的换旗事宜。 179

德璀琳,Gustav von Detring,1842~1913,英籍德国人,长期任职于天津海关税务司,曾创办中国邮政。与李鸿章和赫德交往深厚。参与开平矿务局转卖。 251,252,253

德培,德国工程师,曾于清末任汉阳铁厂总工程师。 271

蒂里,清同治朝丹麦电报局代表,参与处理电报线路收归中国政府事宜。 191

颠地,Lancelot Dent,1799~1853,鸦片战争时期英国著名的鸦片商人,英国议院幕后鼓吹、策划发动侵略战争的核心人物。 54,60

丁嘉玮,清同治朝官员,曾处理福建电报事件。 191,208

丁日昌,1823~1882,字禹生,又作雨生,号持静,清朝洋务运动主要人物,军事家、政治家。 192,193,209,248,292

丁寿昌,1826~1880,字乐山,清淮军将领。 249,250

董儁翰,字庆辉,号新甫,浙江长乐人,曾任御史。 39,40,75,81

杜维明,1940~,哈佛大学教授,现代新儒家学派代表人物,是当代研究和传播儒家文化的重要思想家。 2,45,97,130,139,315,316

E

恩格斯,Friedrich Von Engels,1820~1895,德国思想家、哲学家、革命家,马克

思主义的创始人之一。 310

二程,程颢(1032~1085),字伯淳,又称明道先生;程颐(1033~1107),字正叔,又称伊川先生。二人都是北宋著名的理学家和教育家,并同为宋明理学的奠基者,世称"二程"。 10

F

樊迟,前515~?,名须,字子迟,春秋末鲁国人,是孔子七十二贤弟子内的重要人物。 136,150

樊时勋,清末宁波商人,曾参与大生纱厂创办,后退出。 276

范师任,湖南汝城人,曾在民国政府任职,对近代经济和消费有过研究。 91,313

范旭东,1883~1945,原名源让,字明俊,后改名为范锐,字旭东,中国化工实业家,创立天津碱厂等多家企业,是中国重化学工业的奠基人。 4,5

费维恺,Albert Feuerwerker,当代美国汉学家,对中国早期资本主义发展有研究。 27

费正清,John King Fairbank,1907~1991,哈佛大学终身教授,美国著名历史学家,主要从事中国近现代史问题研究。 68,130,199,316

冯桂芬,1809~1874,字林一,号景亭,中国晚清洋务运动思想的表达者。有《校邠庐抗议》一书传世。 140

富兰克林,Benjamin Franklin,1706~1790,美国著名的政治家、外交家、哲学家、文学家、航海家以及美国独立战争的领袖,18世纪美国著名科学家和发明家。 146

G

高家龙,Sherman Cochran,美国康奈尔大学历史系教授,主要研究中国近代经济史和商业史。 42,47,130,175,316

高清,1850~1912,字立卿,江西龙泉人,南通木材商,与张謇共同创立大生纱厂,任考工董事。 281,282,283

葛罗,Jean-Baptiste Louis Gros,1793~1870,第二次鸦片战争中指挥法国军队。本书中指明他向奕䜣等中国朝臣介绍电报功能。 208

龚照瑗,1835~1897,字仰蘧,号卫卿,曾任上海道台,主持重建上海机器织布局。晚年任职英法意比公使,参与抓捕孙中山的活动。 106,123,127,128,199,209

古诺,Antoine Augustin Cournot,1801~1877,法国数学家和经济学家,以提出古诺均衡模型著称。最早描述了寡头竞争。 178

顾炎武,1613~1682,本名继坤,改名绛,字忠清,清朝著名思想家、史学家、语言学家,著有《日知录》等。 136,138,139,148,149

顾长声,早期西方宗教在中国传播的

人名索引

研究者,有多部著作和译著存世。是当代这个领域研究的开创者。 28

光绪,爱新觉罗·载湉,清德宗,1871~1908。清朝第十一位皇帝。 12,27,33,39,40,41,71,111,112,119,120,125,131,139,153,178,182,191,192,193,194,195,196,197,198,199,200,201,202,203,205,206,207,208,209,210,211,212,213,214,215,218,219,220,221,223,227,228,229,233,234,237,239,251,268,276,277,278,279,282,292,294,297,298,299,300,301,312

桂嵩庆,字芗亭,一作香亭,清末洋务官员,曾任上海商务道台。参与大生纱厂创办。未能尽力受到张謇讥刺。 277

郭道直,清末洋务官员,曾任金陵兵工厂总办,参与多项企业和商务活动。 199,209

郭茂之,福建商人,曾参与大生纱厂的早期创办,未尽力而中途退出。 276,277,278,286

郭师敦,英国矿业专家,曾受盛宣怀委托勘察矿石,发现大冶铁矿。 263

郭嵩焘,1818~1891,字伯琛,号筠仙、云仙、筠轩,别号玉池山农、玉池老人,晚清官员,湘军创建者之一,中国首位驻外使节。 113,191,193,208,294

H

哈贝马斯,Jürgen Habermas,1929~,德国当代最重要的哲学家、社会理论家之一,法兰克福学派第二代中坚人物。 141

哈珀,Happer,曾参与马礼逊学校教学的牧师。资料不详。 57

韩昌黎,768~824,字退之,唐朝文学家、思想家、政治家,唐代古文运动的倡导者,著有《昌黎先生集》《外集》等。 132

郝延平,1934~,美国哈佛大学博士,曾任多家大学历史学教授,精研近代史。 29,31,42

赫德,Robert Hart,1835~1911,英国人,字鹭宾,曾担任晚清海关总税务司半个世纪,著有《中国论集》等。 42,81,180,251,290

洪钧,1839~1893,字陶士,号文卿,同治年间状元,曾任清政府驻俄、德、奥、荷大臣。 257,259

胡二梅,?~1915,名琪,安徽桐城人,工山水。 226

胡佛,请参阅胡华。 252

胡鸿猷,1888~?,早年就读于南洋公学,随后去美国滨州大学沃顿商学院留学,又赴德国柏林大学。归国后任铁路管理学校校长,随后任交通大学北京学校主任。 19

胡华,Herbert Clark Hoover,1874~1964,美国第31任总统。早年曾参与中国开平矿务局的盗卖事件。 252,253

胡林翼,1812~1861,字贶生,号润之,晚清中兴名臣之一,湘军重要首领,官至湖北巡抚。 81

胡雪岩,1823～1885,名光墉,字雪岩,晚清时期的著名商人。 8,71,73,97,171

黄宽,1829～1878,名杰臣,号绰卿,早期马礼逊学校学生,后出国留学,先后就学美国和英国,毕业后回国从医,是中国最早的西医医师。 53,56,58,63,75

黄宗羲,1610～1695,字太冲,一字德冰,号南雷,别号梨洲老人、梨洲山人、蓝水渔人、鱼澄洞主、双瀑院长、古藏室史臣等,明末清初经学家、史学家、思想家、地理学家、天文历算学家、教育家。 138

黄佐卿,名宗宪,清末实业家,曾在上海任洋行买办,1881年创办公和永缫丝厂。 6,96

J

机昔,William·keswick,怡和洋行早期行东,唐廷枢早年在其手下做买办。 29

吉布里,19世纪耶鲁大学老师,资料不详。推荐布朗来华到马礼逊学校任教。 53

加尔文,John Calvin,1509～1564,西欧宗教改革家、神学家,基督教新教的重要派别加尔文教派的创始人。 7,50,146

蒋锡坤,南通典当业商人,参与大生纱厂的创办,并担任管银职务。 281,282,283

杰休茨,Jesuits,曾为中国的文官们编撰过汉语的数学和天文学课本。资料不详。 66

金达,Claude William Kinder,1852～1936,英国人,曾任开平矿务局总工程师,主持设计了唐胥铁路。 249,250,296

经元善,字莲珊山,号具易子,晚清著名慈善家和实业家,曾参与机器织布局等多家企业的创办,任上海电报局总办。 27,104,106,111,115,116,117,119,123,124,126,128,195,229

K

坎蒂隆,Richard Cantillon,1680～1734,17世纪末18世纪初资产阶级古典政治经济学家,著有《商业性质概论》一书。 150,156,157

康有为,1858～1927,原名祖诒,字广厦,号长素,又号明夷、更甡、西樵山人、游存叟、天游化人,近代著名政治家、思想家、教育家,主导戊戌变法,著有《新学伪经考》等著作。 133,134,140,142,144

柯兹纳,Israel M. Kirzner,1930～,当代奥地利经济学派掌门人,现任纽约大学经济学教授。 1,21,89,97,98,99,102,103,150,157

克罗齐埃,Michel Crozier,1922～,法国巴黎政治大学退休教授,组织社会学的开创者。 37

孔子，前551~前479，孔氏，名丘，字仲尼，中国春秋末期的思想家、政治家、教育家，儒家学派的创始人。 60,135,136,141,144,147,149,186

魁奈，François Quesnay，1694~1774，法国经济学家，重农主义的领袖，政治经济学体系的先驱，被称为"欧洲的孔夫子"。 42

L

黎兆棠，1827~1894，字召民，广东顺德人，曾任天津海关道，参与开平矿务局创办。 106,249,250

李塨，1659~1733，字刚主，号恕谷，直隶蠡县人，颜元弟子。著名思想家。 138

李瀚章，1821~1899，字筱泉，一作小泉，李鸿章之长兄，清朝大臣，官至两广总督。 258,259,260

李鹤年，1827~1890，字子和，号雪樵，1845年进士，官至闽浙总督。 191,192,195,208

李鸿藻，1820~1897，字兰孙，号石孙，砚斋，直隶高阳人，晚清重臣，任军机大臣，清流派领袖。 264,269

李鸿章，1823~1901，字子黻、渐甫，号少荃、仪叟，清末重臣，同时是将领兼外交官，洋务运动的主要领导人之一。 11,13,27,31,32,33,36,38,40,41,44,69,71,72,73,76,77,78,79,80,81,82,84,85,86,104,106,108,109,110,111,112,114,116,118,119,120,121,122,123,124,125,128,159,169,170,171,172,173,175,176,177,178,179,180,181,182,184,185,187,193,194,195,196,197,198,200,208,209,210,211,212,218,219,220,221,229,233,236,237,238,239,242,243,246,247,248,249,250,251,255,256,257,258,260,261,262,263,264,266,273,281,290,291,292,294,295,296,297,298,299,301,302,310,311,313

李泰国，Horatio Nelson Lay，1832~1898，英国人，参与清朝海关的创建，1855年至1863年间任清政府首任海关总税务司。 75,86

李王睿，清末商人，资料不详，曾承办广州九龙电报线路，后被商办电报局接办。 209

李维格，1867~1929，字一琴，亦作峄琴，江苏吴县人，早期留学英国，后任职汉阳铁厂，经赴英考察，改造铁厂后产品质量大幅度提高。 273,274

李小湖，江西临川人，曾在江宁为张謇老师。 132

李振玉，清末茶商，后为清美央行买办，曾与朱其昂等共同制定轮船招商局章程，最终退出。 71,171

理雅各，James Legge，1815~1897，近代英国著名汉学家，曾任香港英华书院校长，将"四书五经"译为英语。 51

利维，Marion Joseph Levy. Jr，1918~2002，普林斯顿大学社会学教

授,美国社会学家,终生从事现代化理论研究。 47

梁启超,1873~1929,字卓如、任甫,号任公,别号饮冰室主人,中国近代思想家、政治家、教育家、史学家、文学家,推行戊戌变法,推动君主立宪制,倡导新文化运动,支持"五四"运动。 12,136,315

林肯,Abraham Lincoln,1809~1865,美国第16任总统,南北战争期间废除了南方各州的奴隶制度,内战结束之后,遇刺身亡。 240

林钦,字畅锺,英文名字Acum,怡和洋行总买办,推荐唐廷枢进入怡和洋行,并取代自己为总买办。 29

林庆生,早期马尾船政局派往欧洲的留学生,被评价为可以管理铁厂。 17

林庆元,1936~,福建师范大学历史系教授,著有《福建船政局史稿》等。 19,315

林日章,早期马尾船政局派往欧洲的留学生,被评价为可以管理化学工厂。 17

林绍年,1845~1916,字赞虞,福建闽县人。1874年进士,以谏阻重修颐和园名噪一时。曾任军机大臣,邮传部尚书。 225

林则徐,1785~1850,字元抚,又字少穆、石麟,清朝后期政治家、思想家、诗人,因其主张严禁鸦片、抵御西方列强的侵略,在中国有"民族英雄"之誉。 54

铃木智夫,1937~,原爱知学院大学教授。专攻东洋史和中国经济史。 105,107,108,109,113,114,116,121

刘鹗,1857~1909,江苏丹徒人,精通各个学科,并参与企业实践活动。所著《老残游记》,是享有盛誉的讽刺小说。 300

刘广京,1921~2006,哈佛大学博士,师从费正清,经济史专家,在美多家大学任教。 27,28,29,30,33,43,49,61,69,313

刘坤一,1830~1902,字岘庄,在甲午战争、百日维新、义和团乱、清末新政等晚清历史事件上均发挥过重要作用。 31,41,145,181,276,278,279,285,286,291

刘铭传,1836~1896,字省三,淮军将领,洋务派骨干,为台湾的现代化奠定了深远的基础。 124,211,239,292,298

刘瑞芬,1827~1892,字芝田,安徽贵池人。以诸生入李鸿章幕,出使欧洲,任英法意比大使。 256,257,259,267

刘一山,南通名士,与张謇共同创办大生纱厂。 276

刘忠诚,请参阅刘坤一。 143

龙建章,1872~?,广东大良人,1904年进士,曾任户部主事,民国后任邮传局长,交通部总长等职。 226,228

卢作孚,1893~1952,重庆合川人,中

国现代著名企业家,民生公司的创办人。 4,5

陆费逵,1886~1941,字伯鸿,号少沧,中华书局创办人。 315

陆象山,1139~1193,原名陆九渊,号象山,字子静,南宋著名理学家、教育家,是中国"心学"的创始人。 137

路德,Martin Luther,1483~1546,德国宗教改革的发起人,罗马公教奥斯定会的会士、神学家、神学教授。 50,146,163

罗宾斯,Lionel C. Robbins,1898~1984,英国经济学家,对经济学方法和理论有多方面贡献。 54

罗宾逊夫人,Joan Robinson,1903~1983,英国女经济学家,剑桥大学教授,新剑桥学派的代表。 178

M

马建忠,1844~1900,别名干,学名马斯才,字眉叔,留法学生、清末洋务派官员,维新思想家、外交家、语言学家,著有《马氏文通》一书。 12,77,79,120,121,124,125,128,179,185,186,229,253

马克思,Karl Heinrich Marx,1818~1883,马克思主义创始人,哲学家、经济学家,著有《资本论》《共产党宣言》等。 83

马礼逊,Robert Morrison,1782~1834,英国基督新教传教士,汉学家和翻译家。第一位来华的新教传教士,全文翻译《圣经》,编纂了《华英字典》,并创办英华书院。 4,28,48,49,50,51,53,54,55,56,57,58,59,61,62,63,64,65,66,67,68,69,75,315,319,323,324,327,328,330,331,332,335

马立斯,美国工程师,随唐廷枢考察开平煤矿。 238

马良,清末人物,曾对早期招商局工作提出批评。 39

马敏,四川雅安人,华中师范大学历史教授。 124,304

马奇,James G. March,1916~,多领域管理大师,组织决策领域最有贡献的学者之一,1970年成为斯坦福大学的管理学教授,同时担任政治学、社会学、教育学教授。 172

马歇尔,Alfred Marshall,1842~1924,英国新古典学派经济学家,当代经济学的创立者,现代微观经济学体系的奠基人,其主要著作有《经济学原理》。 316

玛尔梅斯伯利勋爵,19世纪中叶曾任英国外交大臣。资料不详。 293

玛高温,Danieljerome Magowan,美国浸礼会传教士,曾在广东和宁波传教,与华蘅芳等合作翻译作品,介绍西方科学。 208

芒图,Paul Mantoux,1877~1956,法国历史学家,巴黎高师毕业。对产业革命等有研究。 42,43,316

毛鸿宾,1811~1867,字寅庵,号菊

隐。山东历城人，1838 年进士及第，曾任湖南巡抚、两广总督等要职。　290

茅元仪，1594～1640，字止生，号石民，浙江归安（今吴兴）人，明代将军，辑有《武备志》。　70

美里登，清末在华活动的法国人，曾动员左宗棠敷设电报线。资料不详。　192，218，311

孟子，前372～前289，名轲，字子舆，中国战国时代著名思想家，儒家中地位仅次于孔子。其言行主要收录于《孟子》一书。　65，132，147，192

米尔恩，Milne，曾参与马礼逊学校教学的外国人。资料不详。　57

米塞斯，Ludwig Von Mises，1881～1973，奥地利经济学家，激进自由主义者，思想受门格尔影响，并且直接影响了哈耶克等人。　97

宓汝成，1924～，浙江慈溪人，中国社会科学院经济研究所研究员，名誉学术委员。　289，290，291，294，295，296，297，298，299，300，304，313

闵昭敬，清末中国电报局夔州子局副领班。　206

墨莱斯窝尔，英国矿师，资料不详，唐廷枢时代曾参与开平矿务局的开发。　251

墨林，英国商人，墨林公司所有者，参与开平矿务局的收买。　252

穆藕初，1876～1943，名湘玥，曾留学美国，后为企业家和梅花专家。曾翻译泰罗《科学管理原理》。　316

N

奈特，Frank Hyneman Knight，1885～1972，美国20世纪最著名的经济学家，芝加哥学派的开创者。区分了不确定性和风险。　1，69，157，316

聂宝璋，1922～，中国社会科学院经济研究所研究员。　27，178，312，315

诺思，Douglass C. North，1920～，美国经济学家，1993年诺贝尔经济学奖获得者，新经济史研究的开创者。　164，316

P

潘鹤琴，清末广东商人，参与大生纱厂的早期创办，后退出。　276，277，278，286

彭汝琮，19世纪末期曾在上海倡议建立上海机器织布局，并主持初创阶段工作，后未达目标而移交。　105，108，109，110，111，121，122，126，127，129

彭雨新，1912～1995，武汉大学历史系教授，长于经济史研究。　90，98，315

彭玉麟，1816～1890，湖南衡阳人，字雪琴，湘军将领，曾任两江总督等要职。　116，117

彭泽益，1916～1994，湖南人，中国社会科学院研究员，经济学家。编有

《中国近代手工业史资料》等。 90

璞鼎查，**Sir Henry Pottinger**，砵甸乍爵士，清政府译为璞鼎查。1789～1856，鸦片战争英方首领，英国首任驻香港总督。 59，67

Q

钱德勒，**Alfred D. Chandler，Jr.**，1918～2007，企业史研究的开创者，哈佛大学企业史教授。 37，316

邱畏之，江苏海门人，曾任张謇启蒙老师。 132

邱泽奇，1955～　，湖北仙桃人，原北京大学中国社会科学调查中心教授。现为重庆大学公共管理学院院长。 90，99，315

R

荣禄，1836～1903，字仲华，号略园，瓜尔佳氏，满洲正白旗人，晚清政治家，官至总理各国事务大臣，兵部尚书。 220

容闳，**Yung Wing**，1828～1912，中国第一位留美学生。著有《西学东渐记》。 28，31，48，49，50，53，54，55，56，57，58，63，75，113，173，301，302

S

萨伊，**Jean Baptiste Say**，1767～1832，法国经济学家。法国第一个经济学教授，现代法国经济学的开创者。 156

桑巴特，**Werner Sombart**，1863～1941，德国社会学家和经济学家，著述甚丰，均为名著。 1，2，5，9，316

司徒雷登，**John Leighton Stuart**，1876～1962，美国基督教长老会传教士、外交官，曾长期担任燕京大学校长，并任驻华大使。 4，28，50，51，53，54，56，315

斯奎尔牧师，**E. B. Squire esp.**，19世纪西方传教士，马礼逊学校的教师布朗夫妇来华时，曾在其家居住。 58

宋晋，？～1874，字锡蕃，江苏溧阳人，清末官员，道光二十四年进士，曾挑起船厂裁撤之议。 170

宋篷山，曾任张謇业师。资料不详。 132

孙毓棠，1911～1985，江苏无锡人，中国社会科学院历史研究所研究员，历史学家。编有《近代工业史资料》等。 33，121，236，312

孙云锦，1821～1892，字海岑，安徽桐城人。在任职通州时，解决张謇冒籍风波，对张謇有提拔之功。 148

孙子，名武，春秋末期军事家，兵家流派的代表人物。传世有《孙子兵法》。 244

沈葆桢，1820～1879，字翰宇，又字幼丹。晚清重臣，是"同治中兴"时洋务运动的重臣之一。 77，81，109，177，191，192，193，208，217，289，290，291，295，310

沈敬夫，1841～1911，字燮均，江苏海门人。早年专心举业，后转入商业，成为著名的布商。与张謇共同创立大生纱厂,在资金上给予张全力支持。　276,278,279,281,282,283,284

沈能虎,晚清大臣,曾任直隶通永道,轮船招商局负责人,马建忠的副手。　79,185,186

沈寿,1874~1921,初名云芝,号雪宦,我国第一位刺绣艺术大师。　148

沈子梅,即沈能虎。　223

盛宣怀,1844~1916,字杏荪(杏生、荇生)、幼勖,号补楼愚斋、次沂、止叟等,清末政治家,洋务运动的代表人物。　11,27,35,36,38,41,42,47,69,71,72,73,74,75,76,77,78,79,80,81,82,83,84,85,86,104,105,106,109,110,116,117,118,119,120,121,122,123,124,151,158,170,171,172,173,175,176,177,179,180,181,182,183,184,185,186,187,188,189,195,196,197,199,209,210,212,217,219,220,221,222,223,224,226,227,228,233,237,245,249,250,255,263,264,265,266,269,270,271,272,273,275,278,286,292,300,301,302,303,307,308,309,311,315

施怀雅,John Samuel Swire,太古洋行行东。　33

史戴德,英国矿学家,曾受李维格所托,对汉阳铁厂所使用矿石化验并提出设备改进建议。　273

叔尔赐,19世纪中期曾代表丹麦电报局与闽省官员接触。　191

T

泰罗,Frederick Winslow Taylor,1856~1915,美国古典管理学家,科学管理理论的主要倡导者,被后人尊称为"科学管理之父"。　18,316

唐国安,1858~1913,字国禄,号介臣,珠海唐家镇人,中国第一批留美学生,清华学校第一任校长。　48

唐杰臣,1862~1904,名荣俊,字秀兴,号杰臣,第一批留美学生,唐廷植长子,曾任怡和洋行总买办,并在上海创办公共事业。　48,49

唐茂枝请参阅唐廷植。　48,49

唐绍仪,1862~1938,名绍怡,字少川,清末民初政治家,中国第一批留美学生。曾任民国第一任总理,后任中山县长。1938年被暗杀。　48,74,301,308

唐廷庚,1835~1896,字建廉,号应星,唐廷枢胞弟,马礼逊学校学生,后长期在招商局分局任职。　28

唐廷枢,1832~1892,曾名唐杰,字建时,号景星,又号镜心,马礼逊学校学生,曾在香港和上海海关任职,后任怡和洋行总买办。1872年创办轮船招商局,任总办,后创办开平矿务局,任总办。是中国早期优秀的企业家。　4,7,9,11,15,17,27,28,29,30,31,32,33,34,35,36,37,38,39,40,41,42,43,44,45,46,47,48,49,50,51,

52,53,58,61,69,71,72,73,74,75,
76,77,78,79,80,81,82,83,85,86,
87,118,133,158,171,173,175,176,
177,178,179,180,181,182,183,184,
185,186,187,189,191,209,229,236,
237,238,239,240,241,242,243,244,
245,246,247,248,249,250,251,254,
258,262,266,267,273,275,280,296,
297,306,308,309,313,315

唐廷植,1828~1897,唐廷枢胞兄,为马礼逊学校学生,后为美国乔领。归国后任职上海海关,随后接任怡和洋行总买办。 4,28

屠能,Johann Heinrich von,1783~1850,德国农业经济和农业地理学家。主要研究农产品的运输与农业生产区域的关系问题。 156,157

W

汪敬虞,1917~,湖北蕲春人,中国社会科学院社会研究所研究员,经济史专家。 4,6,9,14,27,28,29,30,31,32,33,43,44,48,49,51,85,90,91,93,94,96,98,99,105,312,313,314,315,333

汪权,清末中国电报局夔州电报子局委员。 206,207

王安石,1021~1086,字介甫,号半山。宋代政治家、文学家、思想家、改革家,"唐宋八大家"之一。王安石变法是历史上最著名的改革之一。 132

王韬,1828~1897,初名利宾,又名翰,字紫诠,江苏长洲(今吴县)人。近代中国著名洋务思想家、政论家、文学家。 12,16,104,180,206,207

王文韶,1830~1908,字夔石,号耕娱、庚虞,又号退圃。清末大臣,官至政务大臣、武英殿大学士。 182,196,211,212,220,299,300,301,302

王先谦,1842~1917,字益吾,清末学者。著名的湘绅领袖、学界泰斗。著有《虚受堂文集》。 41,77,79,180

王新生,1956~ ,中国社会科学院日本研究所研究员。对日本政治制度和经济发展有深入研究。 90,314

王阳明,1472~1528,字伯安,浙江余姚人。自号阳明子,世称阳明先生。中国明代最著名的哲学家、教育家、军事家、文学家。其学说世称"阳明学"。 137

王云五,1888~1979,名鸿桢,字日祥,号岫庐,曾长期担任商务印书馆总经理。1946年后去职从政。后去台湾。 215

威廉·贝尔,英国牧师,曾向马礼逊学校捐赠。 61

威廉·麦西,William macy,19世纪马礼逊学校教师,美国人,马礼逊学校解散后,回到耶鲁大学。 55,56,61,63

威妥玛,Thomas Francis Wade,1818~1895,曾任英国驻华使馆中文秘书,1868年发明威妥玛式拼音,帮助外国人学习

中文。目前在一些大学或者商标拼写上还保留有该拼音法的痕迹。 294

韦伯，Max Weber，1864～1920，现代社会学的开创者之一，对20世纪西方思想有广泛影响。 1，3，4，5，6，7，9，28，37，44，45，46，47，50，97，130，133，134，141，146，147，152，153，159，160，162，163，188，316

卫三畏，Samuel Wells Williams，1812～1884，美国汉学家、语言学家和传教士。1833年来华，1877年回美国，任职耶鲁大学，是第一个中文教授。 58

魏伦，清末人物，与李鸿章有世交，资料不详。 106

文廷式，1856～1904，字道希（亦作道羲、道溪），号云阁，江西萍乡人。1890年进士，状元。支持戊戌变法，后出走日本，沉溺文坛，有词名。 272

吴炽昌，字炳勋，号南皋，广东四会人，清末同光年间曾任多处地方官，开平矿务局创办时曾驻局工作。 249，250

吴长庆，1833～1884，字筱轩，庐江县南乡沙湖山人。淮军将领。 134，140，148，160，283

吴重熹，1838～1918，字仲饴。历任福建按察使、北洋大臣，江西巡抚，河南巡抚等职。 207，213，223

伍廷芳，1842～1922，字文爵，号秩庸，广东新会人，曾在英国求学并获得学位，清末著名外交家。 297，303

X

西蒙，Herbert Alexander Simon，1916～2001，美国心理学家，卡内基梅隆大学教授，研究领域涉及认知心理学、计算机科学、公共行政、经济学、管理学和科学哲学等多个方向。 172

希元，1843～1894，字赞臣，伍弥忒氏，蒙古正黄旗人，贵族出身，曾任黑龙江和吉林将军，后任闽浙总督。 211，219

夏承综，清末夔州电报子局副领班。 206

夏东元，1920～，江苏靖江人，华东师范大学历史学教授，对中国近代史尤其是经济史有开创新贡献。 36，42，79，81，82，83，84，105，217，222，226，314，315

谢彬，1887～1948，湖南人，曾任湖南大学经济系主任，著有《中国铁道史》《中国邮电航空史》等多部著作。 193，217，218，315

谢家福，1847～1897，字绥之，一字锐止，号望炊，晚又号锐庵，江苏苏州人，参与中国电报局创办，并担任轮船招商局高级职务。 79，185，188，193，204，217，218，315

熊彼特，Joseph Alois Schumpeter，1883～1950，美籍奥地利裔经济学家，其企业家理论和对经济周期的研究有广泛的影响。 1，6，21，24，28，42，43，69，89，93，99，102，130，131，

150,151,156,157,158,159,305,316

徐经郢,清末上海工业专科学校(上海交通大学前身)商科学生,后赴美留学,1918年任上海交通大学铁路管理科科长。该管理科是中国第一个管理专科。 19

徐润,1838~1911,又名以璋,字润立,号雨之,曾为宝顺洋行总买办,随后从事茶叶生意,1873年与唐廷枢共同创立轮船招商局,并广泛参与近代企业、慈善和文化活动。 31,33,34,35,36,40,47,48,71,73,74,77,78,79,81,82,83,85,86,118,158,171,173,174,175,176,177,179,180,181,183,184,185,187,189,229,249,280,306,308,309

徐世昌,1854~1939,字卜五,号菊人,又号涛斋,晚号水竹村人、石门山人、东海居士等。清末、北洋政府官僚,北洋政府总统。 20,182,308

徐新吾,现代中国纺织、丝绸和江南工业史研究者。著述颇丰。 90,96,315

许道身,浙江钱塘人,清末官员,曾与容闳共同提出创办轮船公司的章程。 31

许涤新,1906~1988,经济学家。曾任中国社会科学院副院长、经济研究所所长,汕头大学校长等职。 90,96,106,315

薛福成,1838~1894,字叔耘,号庸庵。近代散文家、外交家。薛福成的著作基本上均已编入《庸庵全集》。 12,17,212,257

薛慰农,1818~1885,字澍生,安徽全椒人,清末学者,张謇的老师。 132

Y

亚当·斯密,Adam Smith,1723~1790,英国苏格兰哲学家和经济学家,现代经济学的开创者,他所著的《国富论》被认为是第一部现代经济学著作。 146,155,163

严潆,字芝眉,清末实业人士,曾任招商局会办,并参与创办中国通商银行,任总董。 188

颜元,1635~1704,原字易直,更字浑然,号习斋。直隶博野人,清初思想家、教育家,颜李学派创始人。 136,138,139,161,188

杨昌濬,1826~1897,字石泉,号镜涵,别号壶天老人,曾任陕甘总督和闽浙总督。因杨乃武与小白菜一案而被贬,随后启用。曾参与筹建台湾省,督西北军事。 212,219

杨锦森,南洋公学商科早期毕业生之一,留美学生,回国后参加清廷考试,授商科进士。后留校任教。 19

杨杏佛,1893~1933,名铨,字宏甫,江西清江人。经济管理专家,中央大学教授,传授科学与现代管理知识。 314

杨宗瀚,1842~1910,入李鸿章幕,负责文书,后协助刘铭传处理台湾事宜。在危难时出任上海机器织布局会办,办理得法,取得成效。 19,

120,124,125,127

杨宗濂,1832~1905,曾办理团练,与太平军作战。办理多地商务、盐务,并创办业勤纱厂,并率众在天津抵抗八国联军。 19,121,124,127

叶景葵,1874~1949,字揆初,号卷盦,别称存晦居士,浙江杭州人,1903年进士。后从事实业,任兴业银行董事长等职。 19,257,258

叶溶光,清末官员,曾任滦州知州等职。 253

叶廷眷,1826~1886,字顾之,广东香山人。曾任职上海,有督办轮船招商局的经历。 31,40,41,180,184

奕䜣,1832~1898,号乐道堂主人,中国清末大臣,洋务派首领。 198,208,292

奕劻,1838~1917,清末大臣。清末新政时期领班军机大臣,废军机处后,首任内阁总理大臣。 210,211

余英时,1930~ ,历史学家、汉学家,台湾中央研究院院士。 130,137,315

虞和平,1948~ ,浙江宁波人,中国社会科学院近代史所研究员。近代经济史专家。 12,217,315

裕禄,约1844~1900,字寿山,清末大臣。1898年授军机大臣、礼部尚书、总理各国事务衙门大臣。 210,219,220

袁绍,153~202,字本初,东汉西园八校尉之首,曾联合各路诸侯讨伐董卓,后被曹操打败。 271

袁世凯,1859~1916,字慰亭(又作慰庭),号容庵,中国近代史上著名的政治人物。辛亥革命后,成为中华民国首任大总统。后恢复帝制失败,忧惧而亡。 84,181,182,183,203,207,213,221,222,223,225,228,253,301,307,308

袁恕堂,清末人士,资料不详,张謇曾从他处购买油桐种子。 148

Z

造桥和尚,张謇《九录》中记载的一个募捐造桥的和尚,品格高尚。 140,148

左宗棠,1812~1885,字季高,一字朴存,号湘上农人,清朝大臣,著名湘军将领,官至东阁大学士、军机大臣,收复新疆的主要功臣。 140,148,169,170,192,195,198,199,209,210,218,219,256,257,290,311

詹天佑,1861~1919,广东南海人,第一批留美学生,曾主持修建京张铁路。 305

张百熙,1847~1907,字埜秋,一作冶秋,号潜斋。清末大臣,著名教育家。 19,225

张伯伦,E. H. Chamberlin,1899~1967,美国著名经济学家,哈佛大学教授,垄断经济理论的提出者。 178

张詧,1851~1939,字叔俨,张謇三兄,世称张三先生。曾为清政府知县等小官,后协助张謇管理大生企业体

人名索引

系。 283

张鸿禄,字书和,清末无锡富商,曾任轮船招商局帮办,在上海的住宅张家花园颇负盛名。 187

张謇,1853～1926,字季直,号啬庵,1894年恩科状元,中国近代著名的实业家、教育家,主张"实业救国"。 4,5,7,9,10,11,17,47,83,130,131,132,133,134,135,136,137,138,139,140,141,142,143,144,145,146,147,148,149,150,151,152,153,154,155,158,159,160,161,162,164,165,259,275,276,277,278,279,281,283,284,285,286,312

张金生,19世纪中期马尾船政学校学生,早期留学生。 17

张树声,1824～1884,字振轩,清末淮军将领,曾任北洋大臣等要职,提倡"采西人之体,以行用"。 196,198,200,209,210,218,233,311

张廷金,1886～1959,字贡九,江苏无锡人,第一批庚款留美学生,译著《科学的工厂管理法》,曾在日占时期任交通大学校长。 315

张孝若,1898～1935,名怡祖,字孝若,近代著名实业家张謇的独子,为民国四公子之一。 130,138

张煦,1822～1895,字蔼如、南坡,号南浦,甘肃灵武人。清代大臣,曾任陕西、湖南和山西巡抚等职。 212

张翼,生卒年月不详,直隶通州人。原为醇亲王侍从,后历任清江苏候补道、直隶矿务督办、热河矿务督办、工部侍郎、路矿大臣等职。 130,138,221,222,245,251,252,253,254

张裕钊,字廉卿,亦作濂卿,号濂亭,1823～1894,湖北武昌人,师从曾国藩,书法和文章均佳。 132

张之洞,1837～1909,字孝达,号香涛、香岩,又号壹公、无竞居士,晚年自号抱冰。清末著名的政治家、军事家和洋务派代表人物。 19,81,84,125,141,145,158,160,196,211,212,222,223,225,227,255,256,257,258,259,260,261,262,263,264,265,266,267,268,269,270,272,273,274,275,276,277,279,298,299,300,301,302,303,304

赵景建,字君简,南洋公学早期学生,留学西方,归国后任职中国铁路总公司。 19

赵菊泉,1806～1882,名彭渊,字养怡,菊泉为号,曾为张謇老师。对张謇要求甚严。 132,135

郑观应,1842～1922,本名官应,字正翔,号陶斋,别号杞忧生、慕雍山人、待鹤山人。早年为外国洋行买办,后参与多家国内企业的创办,著有《盛世危言》。 145,152,158,174,179,182,183,185,186,187,188,192,195,196,199,210,217,221,225,226,227,229,245,249,271,272,303,304,305,306,313,314,315,316

郑苏戡,郑孝胥,1860～1938,近代书法家,文物专家,曾任清政府官员,后

任职伪满洲国。 277

郑藻如,1824~1894,字志翔,号豫轩,又名玉轩,广东香山人。曾为曾国藩、李鸿章幕僚,办理商务洋务。曾任职江南制造局。 196

锺天伟,清末人,曾对轮船招商局和中国电报局经营发表意见。资料不详。 39,75

周文,马礼逊学校最早的六名学生之一,后曾入林则徐幕。 53,54

周学熙,1866~1947,字缉之,号止庵,安徽至德人,中国近代实业家,山东大学第一任校长。 151,158

朱其昂,?~1878,字云甫,上海宝山人。早期为沙船商人,家累巨万。后创办轮船招商局,任总办、会办。 6,31,36,38,40,69,70,71,72,73,77,80,82,83,85,170,171,173,175,180,183,184,186,187,309

朱其诏,朱其昂弟,轮船招商局早期主要管理者之一。 31,72,75,77,173,183,184,187

朱熹,1130~1200,字元晦,一字仲晦,号晦庵、晦翁、考亭先生、云谷老人、沧洲病叟、逆翁,别号紫阳。南宋著名的理学家、思想家、哲学家、教育家、诗人,闽学派的代表人物,是孔子、孟子以来影响最大的儒学大师。 131,132,135,137

庄森,19世纪英国怡和洋行洋员,资料不详。 29